高等院校小学教育专业教材

小学班级管理
（第三版）

主 编◎邓艳红

华东师范大学出版社
·上海·

图书在版编目(CIP)数据

小学班级管理/邓艳红主编. —3版. —上海：华东师范大学出版社,2022

ISBN 978-7-5760-2451-7

Ⅰ.①小… Ⅱ.①邓… Ⅲ.①小学—班级—管理 Ⅳ.①G622.421

中国版本图书馆CIP数据核字(2022)第020083号

小学班级管理(第三版)

主　　编	邓艳红
责任编辑	师　文
特约审读	时方圆
责任校对	李琳琳
装帧设计	俞　越

出版发行　华东师范大学出版社
社　　址　上海市中山北路3663号　邮编　200062
网　　址　www.ecnupress.com.cn
电　　话　021-60821666　行政传真　021-62572105
客服电话　021-62865537　门市(邮购)电话　021-62869887
地　　址　上海市中山北路3663号华东师范大学校内先锋路口
网　　店　http://hdsdcbs.tmall.com

印　刷　者　上海昌鑫龙印务有限公司
开　　本　787毫米×1092毫米　1/16
印　　张　20.5
字　　数　446千字
版　　次　2022年6月第3版
印　　次　2025年1月第12次
书　　号　ISBN 978-7-5760-2451-7
定　　价　49.80元

出 版 人　王　焰

(如发现本版图书有印订质量问题,请寄回本社客服中心调换或电话021-62865537联系)

第三版前言

党的二十大报告首次把教育、科技、人才进行"三位一体"统筹安排、一体部署,指出"教育、科技、人才是全面建设社会主义现代化国家的基础性、战略性支撑",并强调"教育是国之大计、党之大计。培养什么人、怎样培养人、为谁培养人是教育的根本问题"。这深刻体现了国家对新时代、新征程教育的基础性、先导性、全局性地位和作用的强调与期待。中小学教师是"培养造就大批德才兼备的高素质人才"的主力军,而在教师队伍中,"中小学班主任与学生接触较多,沟通便利,影响深刻,肩负着育人的重要职责"。因此,"班级管理"课程也相应被列为教师教育的专业核心课程,"班级管理"课程教材便是引导师范生、其他教师候选人以及在职教师成为中小学生值得信赖的"人生导师"的重要媒介。基于这样的认识,我们这本《小学班级管理》教材在编写及修订时始终秉持认真严谨的态度,因此得到了全国两百余所院校师生以及其他读者的广泛认可。

2016年底,习近平总书记在全国高校思想政治工作会议上指示:"教材建设是育人育才的重要依托。建设什么样的教材体系,核心教材传授什么内容、倡导什么价值,体现国家意志,是国家事权。"《中共中央办公厅、国务院办公厅关于加强和改进新形势下大中小学教材建设的意见》(2016)和《全国大中小学教材建设规划(2019—2022年)》(2020)都强调,教材是国家意志在教育领域的直接体现,是落实党的教育方针的重要抓手,是解决培养什么人、怎样培养人、为谁培养人这一根本问题的重要载体,而"高等教育教材重点是学术理论创新,打造精品,凸显中国特色"。本次《小学班级管理》教材的修订围绕凸显"中国立场、中国智慧、中国价值"展开,一方面体现党和国家的新精神、学术研究的新成果,另一方面也更新了实践案例,并对章节之前的"学习目标"和之后的"视野拓展""实践探究"等栏目都进行了调整,以充分展现班级管理理论的与时俱进,更好地体现对班级管理实践的指导,进一步"适应提升学生实践能力、创新创业能力需要"。具体来说:在第一章"小学班级与班级管理"中增加了针对"互联网+"时代班级的存在与发展问题的讨论,明确了班主任的"实践性知识"在班级管理理论中的地位;在第二章"小学班主任的职责与素养"中,依据《中共中央、国务院关于深化教育教学改革全面提高义务教育质量的意见》(2019)、《中国教育现代化2035》(2019)和《中小学德育工作指南》(2017)等内容更新了班主任的育人职责,并将《新时代中小学教师职业行为十项准则》(2018)作为"视野拓展"内容呈现;在第三章第四节"组建班级学生的核心团队"中,将区别于传统"班干部"的"学生核心团队领袖"简化为"学生团队领袖";第四章"班规的制定与执行"补充了新修订的《中小学生守则》(2015),将"常规程序"术语调整为更易于理解的"日常规程",并根据《中国儿童发展纲要(2021—2030年)》(2021)、《中小学教育惩戒规则(试行)》(2020)等内容相应做了更新;第五章"班级文化的营造"依据《教育部等九部门关于防治中小学生欺凌和暴力的指导意见》(2016)、《教育部、中共中央宣传部关于加强中小学影视教育的指导意见》(2018)等增加了相关内容,增添了优秀在线主题班会的观摩内容;第六章"班级活动的指导"补充了班主任组织小组合作活动时的分组经验,依据《中共中央、国务院关于全面加强新时代大中小学劳动教育的意见》(2020)加入了"班务劳动的指导"的相关内容;第七章"班级学生发展影响因素的协调"增加了微信群、家长志愿者作为"家校合作"的方式的相关内容;第八章"小学各年段学生特点与管理"增加了一些新的案例和资料;第九章"特殊需要学生的引导"更新了案例,规范了"注意缺陷多动障碍"术语的使用,补充了"双重特殊学生的特点及其教育干预"的资料;第十章"班级管理评价"归纳整理了《教育部关于积极推进中小学评价与考试制度改革的通知》(2002)、《教育部关于推进中小学教育质量综合评价改革的意见》(2013)和《义务教育质量评价指南》(2021)三个不同时期文件中关于学生综合素质评价的内容与指标,修订了评价分类及其阐释,更新了第二节"小学生综合素质评价的实施"中的案例;第十一章"中队辅导员角色的履行"增加了关于"少先队的由来与发展"在新时期发展的延伸,根据《中国少年先锋队标志礼仪基本规范》(2017)、《共青团中央、教育部、人力资源和社会保障部、全国少工委关于加强新时代少先队辅导员队伍建设的意见》(2020)、《中国少年先锋队章程》(2020)和《少先队活动课程指导纲要(2021版)》(2021)等新文件进行了相关内容的更正,增补了具有时代特色的活动案例;第十二章"小学班主任的自我管理"加入了党的二十大报告精神,并更新了"班主任专业成长推荐书目"和案例等。全书在版式上也加强了一致性和丰富性。

本次修订团队仍主要由原版编著者组成。主编邓艳红(首都师范大学初等教育学院教授)负责修订工作的组织和全书的审核以及补充修正,并对第一至第四章、第十章、第十一章做了重点修订;万平(北京市东城区史家胡同小学正高级教师、北京市特级教师)负责第五章的修订;李红延(清华大学附属小学高级教师、北京市"紫禁杯"优秀班主任特等奖获得者、清华大学社会科学学院积极心理学研究中心研发顾问)负责第六至第八章的修订;俞劼(首都师范大学初等教育学院副教授、副院长)负责第九章、第十二章的修订;唐延延(首都师范大学初等教育学院讲师)负责第十章部分内容和第十一章的修订;徐爱杰(首都师范大学初等教育学院副教授)也提供了修订意见。

再次感谢华东师范大学出版社,尤其感谢师文编辑的细致工作!感谢所有使用本教材的师范院校的师生和其他读者的大力支持!但愿我们的努力没有辜负读者们的期望!

邓艳红
2023年6月

第二版前言

在 2011 年教育部颁布的《教师教育课程标准（试行）》（2011）中，"班级管理"是三年制专科、五年制专科及四年制本科小学职前教师教育的课程模块，也是三年制专科和四年制本科中学职前教师教育的课程模块，由此可见班级管理对于中小学教师之必要。鉴于小学教育及小学生的独特性，本教材主要围绕如何做好小学班主任工作、如何开展小学班级管理进行编写，故命名为"小学班级管理"。

《小学班级管理》第一版自 2010 年 7 月出版以来，被近 20 个省市的高等院校本科和专科小学教育专业选作教材，得到了师生们的充分认可。同时，也得到了许多小学在职教师和从事班主任研究的理论工作者的高度赞誉。短短五年，重印多次。我们五位编写者感到非常欣慰。在强调科研论文和专著的高校评价体制下，高校教材的编写不太受重视。但是教材对于刚刚进入某一学科或学术领域的青年学子的影响却是广泛而深刻的，更何况我们的教材面对的是未来的教师。本教材的编写团队是精良的，无论是来自大学还是小学的编写者，都兼具理论与实践的积累；我们的编写态度是认真严谨的，第一版经历两年的精心打磨。谁是班级的管理者？班级管理的重心应该是什么？在信息时代如何营造班级文化？班干部在班级中应该充当何种角色？各个学段的班级管理有何侧重？如何给予特殊需要学生特殊的引导？班主任和中队辅导员两个角色有何异同？班主任自身如何实现专业成长？这些是班主任必须要了解的内容。对于小学教育实践中班主任们存在的困惑或出现的偏差，我们也尽可能通过相关研究和我们多年的思考与经验进行解答，而有些问题则是开放的，需要读者自己去探寻。从实践案例中来，再回到实践中去，学而思，做中悟，这是我们每一章的编写思路，也是我们力图倡导的教学方式。当然，华东师范大学出版社勇于创新的精神给了我们机会，他们精益求精的作风也促使我们力求更好。

五年来，教育改革在不断深入，教育的新要求、新政策、新经验、新成果不断涌现，我们有必要对教材进行与时俱进的修订和必要的校正。这次的修订，总体框架基本保持不变，着重对个别阐述进行了修正、删除或补充，替换了部分陈旧的"案例""资料链接"和"视野扩展"资源，融入了习近平总书记重要讲话精神、《教育部关于推进中小学教育质量综合评价改革的意见》（2013），以及《少先队活动课程指导纲要（试行）》（2015）等的新精神和新要求。

本教材的主编及修订的主持者是首都师范大学初等教育学院教授、硕士研究生导师邓艳红博士。邓艳红执笔第一、二、三、四、十一章，并与北京市东城区史家胡同小学特级教师万平、首都师范大学讲师唐延延合著第五章和第十章。在修订过程中,邀请首都师范大学初等教育学院讲师徐爱杰博士参与第一、四、五章的修订。清华大学附属小学高级教师、东北师范大学兼职硕士研究生导师李红延执笔并修订了第六、七、八章。首都师范大学初等教育学院副教授、副院长、硕士研究生导师俞劼执笔并修订了第九、十二章。邓艳红对各章的修订进行了审阅与补充。根据各位老师参与承担的工作量大小,俞劼、李红延为第二作者,唐延延、万平、徐爱杰为第三作者。

尽管我们尽力"吐故纳新",但仍不可能将如火如荼的教育改革和层出不穷的教育研究一一囊括。所以,我们要重申:本教材只是班级管理这一领域的一个"摘要",要用教材教,围绕教材学,而不拘泥于教材;教与学过程中的思考与研讨、实践与体验是优化班级管理理念和提升班级管理能力的必要手段。

最后,感谢华东师范大学出版社编辑的鼓励与支持!

教材编写组

2016 年 1 月

第一版前言

一、读者对象

班主任是中小学的重要岗位,从事班主任工作是中小学教师的重要职责。因而,"班级管理"也成为教师教育中一门重要的专业核心课程。现有班级管理方面的教材,绝大多数面向的是中小学教师或者中学教师,专门针对小学班主任的培养或培训的较少。由于学生年龄和工作侧重点的不同,小学的班级管理与中学的班级管理有着诸多的差异。本教材力图突出小学教育的针对性,为小学教育专业的师范生、在职小学教师以及有志从事小学教育的社会人员提供一本更合适的学习用书。

二、编写特点

在教育部班主任培训项目启动仪式上,有关领导指出,培训"要增强针对性,不要过多地讲理论、理念,要在科学理论和理念的指导下,讲有可操作性的方法,交流鲜活的经验"。华东师范大学出版社的编辑在组稿时也强调,要"根据新一轮基础教育课程改革对新型小学教师的要求编写;总结我国高等院校小学教师教育10年来的培养经验,把握该专业的发展趋势,适度超前;在内容选取、呈现方式等方面力求创新"。结合编者多年的教学经验和对当前大学生学习特点的了解,本教材的编写力求体现的特点可以概括为以下几点。

明确的指向——针对小学教育专业,针对小学的班级管理;

"大小"的合作——由了解小学教育的大学教师和小学优秀班主任共同合作编写;

先进的理念——体现时代要求,阐释基础教育课程改革的理念;

全面的内容——尽量涵盖小学班级管理的各项工作;

精练的语言——突破"讲义型"教材的编写模式,为教师和学习者"留白";

清新的文风——避免晦涩、单一的说教,内容为多种形式和板块的结合。

三、内容框架

本教材的内容框架集结了所有编写者的智慧。具体来说,包括以下几个方面。

1. 什么是小学班级和小学班级管理?第一章"小学班级与班级管理"主要回答了这个问题。首先,在对班级、班级管理等基本概念进行界定与具体分析的基础上,特别地对小学班级和小学班级管理的特性予以明确。其中,在班级成员的组成以及谁是班级管理者等问题上提出了较新颖的观点。为了强化以理论指导实践的意识,这一章还重点阐述了班级管理的主要理论依据,重点介绍了马卡连柯、苏霍姆林斯基、陶行知的有关教育理论以及社会心理学、管理学中的有关理论。

2. 班主任究竟有哪些职责并要具备哪些基本素养？第二章"小学班主任的职责与素养"对此进行了具体分析。首先，介绍了班主任的职责，并通过作为班级管理主要责任人的班主任与其他班级管理者的关系分析了班主任的职责边界；其次，对班主任应具备的素养，特别是其中最基本的素养进行了探讨。

3. 如何更有效地管理班级？第三章至第七章分别强调了了解班级学生、树立良好的第一印象、制定班级管理和教育计划、组建班级学生的核心团队，以及班规的制定与执行、班级文化的营造、班级活动的指导、班级教育力量的协调等重要的班级管理途径及具体策略。

4. 如何解决班级管理中的特殊问题？第八章探讨了如何依据低、中、高各年段小学生的突出特点进行有针对性的教育与管理的问题；第九章则分析了如何加强对各类特殊需要学生的引导问题。

5. 如何进行班级管理评价？第十章主要从班主任如何做好对学生的评价这一视角，阐述了班级管理评价的目的、原则、内容和方法，并简要介绍了当前小学生综合素质评价的一些主要形式。

6. 如何做好小学班主任特有的兼职——中队辅导员的工作？中国少年先锋队有特定的组织性质和活动要求，小学班主任如何处理好这两种角色的关系？作为中队辅导员还有哪些特殊教育工作？类似这些问题会在第十一章"中队辅导员角色的履行"中予以介绍。

7. 班主任如何实现专业发展？第十二章重点强调了小学班主任的自我管理问题，包括如何准确地认识自我，并通过自我规划、自我学习和调控等实现自身的专业成长。

四、教材体例与教学建议

教材的每章前面有"名家名言""学习目标"等板块；正文中穿插"讨论""案例""小游戏""资料链接"等板块；正文后有"视野扩展""实践探究"及"我的思考与收获"等板块。通过这种体例的设计，我们力图加强理论与实践的相互联系和理论知识间的横向联系，提高教材的辐射功能，增强文本的可读性，并期望推动"小学班级管理"课程的教学与学习方式的革新。

建议教师与学习者：

1. 宽视野。在大学里，一门课程的学习实质上是对一门学科的学习，而一门学科的全部内容不是一本教材所能囊括的。"小学班级管理"是教育学、管理学、儿童心理学等多学科支撑的一门学科，大量的相关理论更需要教师、学生自己去扩展。因此，本教材只是班级管理这个学科的一个"摘要"，要用教材教而不是教教材，要围绕教材学而不拘泥于教材。

2. 做中学。"纸上得来终觉浅，绝知此事要躬行。"小学班级管理的理论掌握与能力磨炼更需要以实践为基础。在教学过程中,教师可以组织学生观摩与模拟,学生还可以自行参与各项活动,以亲近小学班级和小学生、亲近小学班级管理实践。

五、编写人员

"大小结合"——大学教师和小学名师的结合是本教材编写的一大特色。三位大学教师(邓艳红、俞劼、唐延延)为首都师范大学初等教育学院副教授或讲师,都任教"小学班级管理"课程多年或曾参与小学班主任在职培训工作,了解各版本教材,熟悉相关理论,对小学班主任实践也有大量观察与研究;两位小学名师(李红延,清华大学附属小学教师,曾获北京市"紫禁杯"优秀班主任一等奖;万平,北京市东城区史家胡同小学教师,曾被评为"全国中小学优秀班主任")既有丰富且成效卓著的小学班主任实践经验,又有较高理论水平,甚至有专著出版。大家在编写过程中集思广益,共同贡献。

具体编写分工如下(以姓氏拼音排序):

邓艳红:第一章至第四章、第五章(合)、第十章(合)、第十一章;

李红延:第六章、第七章、第八章;

唐延延:第十章(合);

万　平:第五章(合);

俞　劼:第九章、第十二章。

全书由邓艳红统稿,并对各章做了不同程度的修改。

六、致谢

首先,感谢所有小学班主任提供的实践智慧以及所有相关理论工作者的科学研究。作为一本教材,其中的思想、观点都不只是几位编写者的,更是班级管理特别是小学班级管理这个领域所有工作者集体的。我们怀着敬意引用了一些理论或案例,并尽量标明出处,但难免会有疏漏,还望海涵与指正。

其次,感谢华东师范大学出版社及朱建宝编辑的信任与鼓励,感谢首都师范大学初等教育学院院长王智秋教授、副院长郜舒竹教授的大力支持。是他们的信任与支持才使这本教材得以诞生。

再次,感谢所有编写人员的智慧与付出。大家的智慧完善了教材框架,也铺就了完整的教材内容。

最后,感谢所有编写者家人的支持;感谢清华大学管理学博士陈剑锋先生等朋友提供宝贵建议,以及研究生姜玮、陈学金协助校对或制图。

对本书我们力图编出一些新意,但才疏学浅,如有不妥之处,恳请读者指正! 如读者有更好的素材或案例,也欢迎提供! 大家的批评、建议与支持将是本教材不断完善的重要基础。

通信地址：首都师范大学初等教育学院（邮编：100048）

Email：bjgl2008@163.com

邓艳红

2010 年 4 月于北京

目 录

第一章 小学班级与班级管理 ………… 1
第一节 小学班级与班级管理的内涵 …… 1
第二节 班级管理的主要理论依据 …… 9

第二章 小学班主任的职责与素养 …… 21
第一节 小学班主任的职责与权利 …… 21
第二节 小学班主任的素养 …………… 33

第三章 班级教育的准备工作 ………… 46
第一节 了解班级学生 ………………… 46
第二节 树立良好的第一印象 ………… 53
第三节 制定班级管理和教育计划 …… 58
第四节 组建班级学生的核心团队 …… 64

第四章 班规的制定与执行 …………… 70
第一节 班规及其特征 ………………… 71
第二节 班规的制定 …………………… 78
第三节 班规的执行 …………………… 88

第五章 班级文化的营造 ……………… 98
第一节 班级文化概述 ………………… 98
第二节 班级文化的营造 ……………… 103
第三节 班级文化营造案例 …………… 107

第六章 班级活动的指导 ……………… 122
第一节 班级活动的意义 ……………… 123
第二节 班级活动的指导 ……………… 134

微课视频资源

- 视频1 班级与小学班级
- 视频2 管理与小学班级管理
- 视频3 班级管理的主要理论依据

- 视频4 小学班主任的职责与权利
- 视频5 小学班主任的素养

- 视频6 了解班级学生
- 视频7 树立良好的第一印象
- 视频8 制定班级管理和教育计划
- 视频9 组建班级学生的核心团队

- 视频10 班规的制定与执行

- 视频11 班级文化的营造

- 视频12 班级活动的意义
- 视频13 班级活动的指导

第七章　班级学生发展影响因素的协调
································· **149**

　　第一节　校内教育力量的整合 ········ 149
　　第二节　班主任与家长 ············ 155
　　第三节　社区力量的引入 ·········· 172
　　第四节　偶像力量的借助 ·········· 178

第八章　小学各年段学生特点与管理
································· **181**

　　第一节　小学生入学适应的引导 ······ 181
　　第二节　中年级学生自我管理的指导
　　　　　 ························ 191
　　第三节　高年级学生的青春期前期教育
　　　　　 ························ 197

第九章　特殊需要学生的引导 ········ **209**

　　第一节　儿童发展的差异性与特殊需要
　　　　　 学生 ···················· 210
　　第二节　特殊需要学生的引导 ······ 215

第十章　班级管理评价 ············ **239**

　　第一节　班级管理评价概述 ········ 240
　　第二节　小学生综合素质评价的实施
　　　　　 ························ 250

第十一章　中队辅导员角色的履行
································· **260**

　　第一节　中国少年先锋队简介 ······ 260
　　第二节　中队辅导员与小学班主任角色
　　　　　 ························ 272
　　第三节　中队辅导员的教育工作 ···· 276

第十二章　小学班主任的自我管理
································· **293**

　　第一节　班主任自我管理及其内容 ··· 296
　　第二节　班主任自我管理的途径 ····· 300

微课视频资源

- 视频 14　校内教育力量的整合
- 视频 15　班主任与家长
- 视频 16　社区力量的引入
- 视频 17　偶像力量的借助

- 视频 18　小学生入学适应的引导
- 视频 19　中年级学生自我管理的指导
- 视频 20　高年级学生的青春期前期教育

- 视频 21　儿童发展的差异性与特殊需要学生
- 视频 22　特殊需要学生的引导

- 视频 23　班级管理评价

- 视频 24　中队辅导员与小学班主任角色
- 视频 25　中队辅导员的教育工作

- 视频 26　班主任自我管理及其内容
- 视频 27　班主任自我管理的途径

第一章
小学班级与班级管理

> 欲致鱼者先通水,欲致鸟者先树木。水积而鱼聚,木茂而鸟集。
>
> ——《淮南子·说山训》

学习目标

1. 明确班级、班级管理的概念,树立班级管理主体多元化的意识。
2. 理解小学班级和小学班级管理的特性。
3. 知道班级组织的发展现状与趋势。
4. 了解与班级管理相关的理论,树立以理论指导班级管理实践的意识。

第一节 小学班级与班级管理的内涵

一、班级与小学班级

近代意义的班级组织产生于17世纪,捷克教育家夸美纽斯(J. A. Comenius)在《大教学论》中予以系统论证,但到19世纪中叶,班级组织才得以普及。早期的班级组织仅仅是"批量生产"的教学工具;而在现代学校教育中,人们越来越关注班级对学生社会性发展所产生的影响。

(一) 班级的概念

班级是学校为顺利开展教育教学活动、确保学生全面发展目标的实现而划分出的学生单元,及为其配备的相关教师共同构成的一种组织。

1. 班级是一种组织

所谓"组织",是人们为某一目的而形成的群体,是确保人们社会活动正常协调进行、顺利达到预期目标的体系。① 简言之,组织是对人员的一种精心安排,以实现某些特定的目的。

---

① 芮明杰.管理学:现代的观点(第二版)[M].上海:上海人民出版社,2005:85.

它通常具有三个特征：首先，每个组织都有一个明确的目标，它反映了组织所希望达到的状态；其次，每一个组织都是由人员组成的，组织借助人员来完成工作；最后，所有的组织都发展出一些或更具传统色彩或开放灵活的精细结构，以便其中的人员能够从事他们的工作。①

班级无疑是一种组织。班级组织有着明确的目标——开展教育活动，实现学生的全面发展；班级组织一般由几十位学生及相关教师构成，无论成员在班级中的实际地位如何，都会意识到"我是这个班的"；班级成员构成了多重的人际关系，有着一定的职位安排；班级有一定的规章制度，通常还会被安排一个特定的名称及教室。这些都表明班级具有组织的共同特征，使之区别于一般的社会集群。

2. 班级是学校这一公共组织中的"细胞"

公共组织与私营组织虽有相似之处，但也存在区别。公共组织强调其社会责任和义务。它以服务驱动，即主要提供"公有"产品或服务；它与公众关系密切，其行为以广泛的利益相关者的信仰和要求为准则，因此，公共组织往往有着多重目标。同时，它的"目标"还可以被"理想"所替代。② 班级是学校这个公共组织中的一个基本单元，也是相对独立的一个微观公共组织，承担社会责任和义务是班级活动的宗旨。

3. 班级组织的目的是发展人

同其他社会组织不同，班级是为实现教育目的而形成的组织，是一种"教育性"的文化组织。班级组织的目的是让学生在学校的教育管理下更顺利地从事学习活动，成为"德、智、体、美、劳全面发展的社会主义建设者与接班人"。因此，班级组织的生存目标具有"内指向性"，属于"自功能性组织"③，即追求班级内部成员尤其是主要成员——学生的发展是其最重要的目标。

4. 班级组织由学生和相关教师共同构成

从广义上讲，班级由学生和相关教师构成；从狭义上讲，班级的构成主体为学生。

（1）学生。学生是班级的主要成员，从狭义上讲，班级就是学生的组织。班级学生有着共同的特征，是具有主体性、发展性的受教育者；同时，班级的学生又是千差万别的，各自有着独特的个性，有着不同的文化背景。在不同的社会发展时期、不同的国家、不同性质的学校中，班额有所不同，少则十几人，多则上百人。

（2）班主任。班主任也是班级成员。班主任同班级学生"同呼吸、共命运"，共同参与班级活动，共同接受班级制度的制约，共同实现班级组织的目标。但是，班主任又是一名承担

---

① ［美］斯蒂芬·P·罗宾斯，玛丽·库尔特.管理学（第7版）[M].孙健敏，等，译.北京：中国人民大学出版社，2004：16.
② ［英］蒂姆·汉纳根.管理——理念与实践[M].周光尚，等，译.北京：中国社会科学出版社；2006：157—169.
③ 吴康宁.教育社会学视野中的班级：事实分析及其价值选择——兼与谢维和教授商榷[J].教育研究，1999(07)：42—48，52.

着社会责任的教育者,要在班级中时刻保持专职教育者的理性。

(3) 任课教师。任课教师从某种意义上讲也是班级成员,他们和班级学生在某门学科的"教"与"学"上有着共同的目标。但是,任课教师通常会承担两个甚至多个班级的教学,因而会同时属于不同的班级。

> 有学者认为,班主任与班级的关系是微妙的:既属于其中,又身在其外。如同司机,司机身在汽车之中,是为车辆行驶掌控方向、保持平衡的重要因素,但他并不是车辆的组成部分。

? 思考并讨论
你认为班主任与任课教师是否能算作班级成员呢?

(二)小学班级的特性

在实施义务教育的国家中,学校班级乃是一个人出生后所"加入"的第一个正式的组织。小学班级与其他组织及其他学校教育阶段的班级相比,有着自己的特性。

1. 小学班级是由年幼的未成年人与成年人共同构成的组织

一般的组织是由成年人构成的,而小学班级则是由未成年人和成年人共同构成的。

小学班级的主要成员是年龄在6—12岁之间的未成年人。在生理上,6岁儿童的大脑重量为成人的90%左右,到12岁才基本达到成人水平;小学生的身体发育开始进入人生中的第二次"生长高峰",高年级学生开始进入青春发育期,且女生的发育要早于男生。在心理方面,小学生的认知主要处于皮亚杰(Jean Piaget)所说的"具体运算阶段"(即思维已具有可逆性和守恒性,但离不开具体事物的支持),高年级开始进入"形式运算阶段"(能对抽象的和表征的材料进行逻辑运算);在社会性发展方面,主要处于埃里克森(E. H. Erikson)人格发展阶段理论所指的第四个关键期——"勤奋感对自卑感"时期,即此时的儿童不可避免地面临竞争压力(如果他们在学习过程中体验到的成功多于失败,将养成勤奋进取、敢于面对挑战的个性,从而继续追求成功,反之,则难免养成自卑的个性,不敢面对现实中的困难);在道德发展方面,据柯尔伯格(L. Kohlberg)道德发展理论,小学生主要处于从前习俗水平向习俗水平过渡的时期,一般表现为"利己主义取向"(只按照行为后果是否带来需要的满足去判断行为的好坏)和"好孩子取向"(寻求别人认可,认为好的行为就是使人喜欢或被人赞扬的行为)。小学生的身心发展既具有共性,又具有差异性和不均衡性。小学生彼此之间在生理和心理的各个方面存在着差异;同一个小学生身心各方面的发展也是不均衡的。上述相关理论,可见表1-1。

表 1-1 相关心理学理论

皮亚杰认知发展阶段理论 (Piaget's stages of cognitive development)	埃里克森人格发展阶段理论 (Erikson's stages of psychosocial development)	柯尔伯格道德发展理论 (Kohlberg's stages of moral development)	
感知运动阶段 (出生—2岁左右)	信任感对怀疑感 (出生—1岁)	前习俗水平 (学前至小学低 中年级)	服从与惩罚取向
前运算阶段 (2岁左右—6岁左右)	自主性对羞愧和怀疑 (1—3岁)		利己主义取向
具体运算阶段 (6岁左右—11岁左右)	主动感对内疚感 (3—6岁)	习俗水平 (大约从小学高 年级开始)	好孩子取向
形式运算阶段 (11岁左右—14岁左右)	勤奋感对自卑感 (6—12岁)		法律与秩序取向
	同一性对同一性混乱 (青春期)	后习俗水平 (大约从青年末 期开始)	社会契约取向
	亲密感对孤独感 (成年早期)		原则与良心取向
	繁殖感对停滞感 (成年中期)		
	完善感对绝望感 (成年晚期/老年期)		

相关教师，尤其是班主任，也是班级的重要组成部分。一方面，作为成年人的教师不仅在年龄上与班级的主要成员——小学生相差较大，而且在生理、认知方式、情意特征等诸多方面也有着显著区别；同时，教师越年长，与小学生之间的"代沟"会越突出。另一方面，他们是被"派"到班级来参与并指导班级活动、引导学生发展的正式"权威"，不仅在知识经验上明显多于小学生，而且在心理上有着绝对的优势。这种天然生成的代际文化冲突，是一般社会组织不存在的，也比其他学段班级更为突出。也正因如此，在小学生入校到离校的这段时间内，班主任及其他相关教师与学生形成了临时的监护与被监护的法律关系，拥有对小学生的临时监护权。

2. 小学班级中存在着平行的少先队组织

在我国，每个小学班级中还存在着一个平行的政治组织——中国少年先锋队（简称"少先队"）的中队组织。根据《中国少年先锋队章程》的规定：凡是6周岁到14周岁的少年儿童，愿意参加少先队，愿意遵守队章，向所在学校少先队组织提出申请，达到入队要求后，经批准，就成为队员；在学校和社区、青少年宫等校外场所建立大队或中队，中队下设小队。本着"团结起来再教育"的原则，小学生一般在一年级第一学期都能入队，于是每个班级中都会建立起一个中队，班主任通常兼任中队辅导员。虽然，少先队组织与班级组织有着共同的教育性目标，但两者的性质、主要目标及内在规范等有着诸多区别（详见第十一章）。

（三）小学班级的结构

按照组织的形成方式划分，组织可分为正式组织和非正式组织。正式组织是为了有效实现组织目标而明确规定组织成员之间的职责范围和相互关系的一种结构，其组织制度和规范对成员具有正式的约束力；非正式组织是人们在共同工作或活动中，由于具有共同的兴趣和爱好，以共同的利益和需要为基础而自发形成的团体。[①] 小学班级是一种正式组织，但其中不可避免地存在着一些非正式组织。

1. 小学班级的正式组织结构

在我国，小学班级人数一般规定为 40—45 人。在某些进行小班化改革的地区，班额规定为 25 人左右。传统的小学班级组织结构通常为层级式的金字塔结构（如图 1-1 所示）。

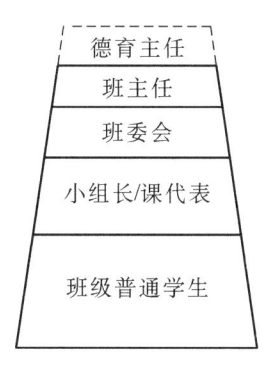

图 1-1 传统的层级式班级组织

现在，随着学生的主体性受到高度关注，越来越多的班级组织开始走向扁平化，组建多样的学生核心团队（如图 1-2 所示）。

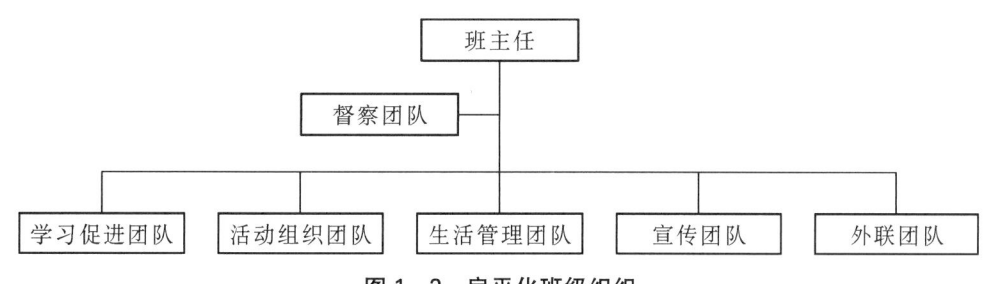

图 1-2 扁平化班级组织

2. 小学班级中的非正式组织

由于家庭住址接近、家长关系亲近，或兴趣爱好一致、个性契合等因素，小学生还会自发形成一些两三人或更多人的小群体，有的还会自发产生核心人物。这些非正式组织能够满足小学生在正式群体之外的某种心理需要，是小学生获得认同感的一种载体，但它们与班级

---
① 芮明杰.管理学：现代的观点（第二版）[M].上海：上海人民出版社，2005：87.

之间的关系可能是密切的,也可能是疏离的。

(四) 班级组织的发展

> **? 思考并讨论**
> 在"互联网+"时代,新的教育形式不断出现。未来,"传统意义上"的班级是否还依然存在?

随着社会经济的不断发展、全球化与技术的不断变革,"今天的组织正在成为更开放、更灵活和更具有响应性的组织"①。学校和班级组织同样在教育理论研究者和教育实践活动者的不断创新中发生着转变。

传统的班级通常以学生的年龄或学习成绩作为划分依据,学生是被动"分"进班级的,教师也通常是被"派"进班级的,班级成员一般会在一个学段保持长期稳定,并被固定在一个独立教室。然而,学生的智龄与实龄并非完全一致;"多元智能理论"也提示人们:学生各方面智能的发展不是齐步的;"公平享受教育资源"与因材施教、"达到学业标准"的要求与"不管怎样都让学生升级"的现象相互矛盾。过于僵化的班级组织难以保证每一个学生的健康成长。致力于解放个性、改善社会的美国著名教育家杜威(John Dewey)在其创办的芝加哥实验学校中就坚持把各类孩子编成一班,没有年级、固定教科书和教学内容的分级。文内特卡制和道尔顿制也力图帮助不同才能的学生进步。20世纪50年代末,美国教育家古德莱德(John I. Goodlad)和安德森(Robert H. Anderson)出版的《不分级小学》引起了巨大反响,它强调每个个体都有机会在能让人取得最大发展的不同的情境下学习,只要能最大程度地促进儿童的全面发展,儿童的班组安排可在任何时候改变。② 在我国,很多地方也开始尝试"分层走班制"。随着我国基础教育课程改革的推进,在"让每一个孩子都获得发展"的理念下,在基于"互联网+"的未来学校中,班级组织的内涵和实践形式也必将发生革命性的变化。班级可能会演变为更加灵活的、多样的新型"学习和发展共同体",但是它作为能为学生提供集体、同伴间良性促进和互动的生活与学习环境,作为学校落实各项改革和发展任务的基层组织,不会轻易被取代。③

二、管理与小学班级管理

(一) 管理的含义

任何组织都需要管理。管理是一个协调工作活动的过程,是同别人一起或通过别人使

---

① [美]斯蒂芬·P·罗宾斯,玛丽·库尔特.管理学(第7版)[M].孙健敏,等,译.北京:中国人民大学出版社,2004:17.
② [美]约翰·I·古德莱德,罗伯特·H·安德森.不分级小学[M].谢东海,等,译.北京:教育科学出版社,2006:xvii.
③ 刘京翠,龚杰克.聚焦未来班级与班主任的核心素养和能力——第二届《教育科学研究》学术论坛综述[J].教育科学研究,2018(01):93—96.

工作活动完成得更有效率和更有效果的过程。管理过程是一组进行中的决策和行动,具体包括以下四项基本职能。①

（1）计划：定义目标、制定战略、开发具体计划以协调活动的过程。

（2）组织：决定需要做什么、怎么做、谁去做。

（3）领导：指导和激励所有的个人或团队,有效地沟通以及解决冲突。

（4）控制：监控活动以改进组织的绩效。

可见,管理的核心在于对现实资源的有效整合。②

（二）班级管理的界定

班级管理,有人主张将之称为"班级经营",英文用"classroom management"表述。不同学者对于班级管理做出了不同界定。例如：

班级管理是班主任按照学校计划和教育目标的要求,充分利用和调动班级内外的力量,进行班级教育任务的组织、指导、协调、控制等各种活动。③

班级管理是指班级教育管理者带领班级学生按照教育管理规律的要求,为了更好地实现教育教学目标和班级工作目标而进行的一系列活动。④

班级经营是教师或师生在教室社会体系中,遵循一定的准则规范,在师生互动情境下,适当而有效地处理班级中的人、事、时、地、物等各项业务,以建构良好的班级气氛,发挥有效教学的效果,达成全人教育目标的历程。⑤

凡是教师为了促进学生同心协力地参与课堂活动,创建生气勃勃、卓有成效的教学环境而做的一切事情,都是班级管理这个概念中的应有之义。⑥

> 在实际工作中,一些班主任把班级管理等同为班级事务的处理,以完成学校布置的活动为目的;或将班级管理视为"看管"的代名词,以稳定纪律、督促学生学习为目的,甚至仅仅追求"太平无事"。

? 思考并讨论

结合以上概念界定的分歧,你认为究竟应如何理解班级管理？班级管理的目标、内容、手段应该是什么？

---

① [美]斯蒂芬·P·罗宾斯,玛丽·库尔特.管理学(第7版)[M].孙健敏,等,译.北京：中国人民大学出版社,2004：7—9.
② 芮明杰.管理学：现代的观点(第二版)[M].上海：上海人民出版社,2005：15.
③ 南京师范大学.教育学(第二版)[M].南京：河海大学出版社,1990：276.
④ 曹长德.当代班级管理引论[M].合肥：中国科学技术大学出版社,2005：24.
⑤ 吴明隆.班级经营与教学新趋势[M].上海：华东师范大学出版社,2006：4.
⑥ [美]弗衣·F·琼斯,路易丝·S·琼斯.全面课堂管理——创建一个共同的班集体[M].方彤,等,译.北京：中国轻工业出版社,2002：4.

1. 谁是班级管理者

西方文献中的班级管理,主要是指与教学活动相关的课堂管理,因为很多西方国家的小学教育采用的是全科教师制,即一名教师(classroom teacher)负责一个班的多门主要学科的教学并承担一部分与我国班主任类似的职责。在国内文献中,对于"谁是班级管理者"有着不同的观点:有人认为班级管理者即班主任,有人认为是所有相关的班级教育者。

依据班主任角色规定,无疑,班主任是班级管理的主要责任者。但从广义上讲,班主任、学生集体与班委会、任课教师、家长委员会以及班规都是班级管理者。除班主任外,学生集体一旦形成就会变成巨大的教育与管理力量,而班委会是其中的领导核心;班级的每一位任课教师都在各自学科的教学过程中承担着管理职责;有些班级中建立起来的由家长代表组成的家长委员会也是班级管理的重要参与者;班级合理有效的班规(集体公约)会促进班级管理从"人治"走向"法治"。总之,各主体之间密切配合、协调一致,才能有力推动班级及其成员的发展。

2. 班级管理的目标是什么

班级管理是实现组织目标的手段。班级是一个"自功能性"组织,实现班级全体学生的全面发展是其最终目标。

同时,建立完善的班级组织——班集体,既是班级管理的直接目标,也是实现班级管理终极目标的手段,因为"教育了集体、团结了集体、加强了集体,以后集体自身就会成为很大的教育力量"[①]。

3. 班级管理的内容是什么

班级管理的内容是指对班级中的各种管理资源(包括人、事、时、地、物)的处置。在"人"方面包括知人善任,发掘学生专长及有效利用家长人力资源等;在"事"方面包括对班级一切事务的处理,如常规管理、教学活动、班级事务、亲师合作、不当行为的辅导处理、沟通管理等;在"时"方面包括对学生在校学习生活时间的保障和对自己千头万绪工作的有效安排;在"地"方面包括班级环境布置、学生座位编排、教室学习角的布置等;在"物"方面包括教具和教材的安置与使用、班级物品的保管、班级图书的使用等。[②] 班级管理所要整合的资源不但包括班级内外影响班级活动顺利开展和学生发展的条件性资源,而且包括直接成为教育内容的素材性教育资源。

(三)小学班级管理的特性

2006年颁布的《教育部关于进一步加强中小学班主任工作的意见》指出:"中小学班主任工作是学校教育中极其重要的育人工作,既是一门科学,也是一门艺术。在普遍要求全体

---

① [苏]安·谢·马卡连柯.论共产主义教育[M].刘长松,杨慕之,译.北京:人民教育出版社,1981:406.
② 吴明隆.班级经营与教学新趋势[M].上海:华东师范大学出版社,2006:5.

教师都要努力承担育人工作的情况下,班主任的责任更重,要求更高。做班主任和授课一样都是中小学的主业,班主任队伍建设与任课教师队伍建设同等重要。加强中小学班主任工作,对于贯彻党的教育方针,全面推进素质教育,把加强和改进未成年人思想道德建设的各项任务落在实处,具有十分重要的意义。"

相对于其他学段的班级管理,小学班级管理更依赖班主任及相关教师。

1. 主观上,小学生更容易服从管理

与中学等其他学段的班级相比,小学班级的主要成员——小学生的年龄更小,且具有明显的"向师性"特征,对班级另一部分成员——班主任及相关教师有着天然的尊敬之情,更容易把班主任及相关教师纳为班级成员,也更容易接受其管理和领导。

2. 客观上,小学生更需要管理

儿童进入小学班级,是他们人生中第一次踏入正式的学校系统。学校生活与以前的幼儿园生活和家庭生活相比要规范得多,如同"掉进了规则的海洋";在学校生活中,更强调结果的学习活动取代游戏而成为了儿童的主导活动,学习不仅仅是小学生的权利,也是一种义务;小学班级的组织结构及人际交往更为复杂,小学生的角色更加多样化,同时要对实现组织目标负责。这些,都需要班主任及相关教师的指导和激励。

同时,小学生可塑性强而辨别力弱,容易接受外界的影响。尤其是当代的小学生,他们生活在开放的环境中、生活在市场经济和各种新兴媒体的影响下,学习有了更优越的条件,发展有了更广阔的空间,同时,也更容易受到各种不良思想和生活方式的侵蚀。因而,社会需要教师,尤其是班主任,作为代言人将社会的期望和核心价值观传递给下一代。

总之,小学班级属于"半自治性"组织①,它的建立与完善客观上更依赖班主任及其他教师。但要注意,从一年级到五六年级,随着小学生身心的逐步发展,班主任及相关教师的角色和作用也必须相应地发生变化,逐步让班级管理走向学生的自我教育和自我管理。

第二节 班级管理的主要理论依据

一、教育学理论与班级管理

班级是教育性组织,班级管理主要是一种教育行为,因此,可以在教育学理论中汲取到很多营养。

---

① 吴康宁.教育社会学视野中的班级:事实分析及其价值选择——兼与谢维和教授商榷[J].教育研究,1999(07):42—48,52.

(一) 马卡连柯的集体教育理论[①]

苏联教育家马卡连柯(A. S. Makarenko)是集体教育思想的代表人物。"在集体中、通过集体并为了集体而进行教育"是马卡连柯集体教育理论的核心内容。

马卡连柯认为"教育的任务就是要培养集体主义者",而完成这个任务需要"建立合理的集体"并"建立集体对个人的合理影响"。在他看来,"集体并不等于一群人,而是一个有目的地组织起来进行活动的机构,是一个有活动能力的机构",而且应成为"社会的有机体"。"只有建立了统一的学校集体,才能在儿童的意识中唤起舆论的强大力量,这种舆论的力量,是支配儿童行为并使它纪律化的一种教育因素。"因此,"集体不仅是教育的客体,而且是教育的主体"。

要培养良好的学生集体,必须要有坚强的教师集体。"一个教师集体,要有统一的工作方法,要不但能集体地为'自己的'班级负责,而且能为整个学校负责。如果没有这样团结一致的教师集体,那么所谓正常的学校教育工作是很难想象的。"马卡连柯还总结出了许多行之有效的集体教育的途径和方法,如"追求远景"的教育方法和"传统"的教育方法。他指出"培养人,就是培养他获得未来快乐的前景的道路","如果集体的成员把集体的前景看作个人的前景,集体愈大,个人也就愈美、愈高尚"。马卡连柯同时指出,"培养传统、保持传统是教育工作中最重要的任务","任何东西都不能像传统那样巩固集体"。

(二) 苏霍姆林斯基的自我教育理论[②]

苏联教育家苏霍姆林斯基(B. A. Cyxomjnhcknn)认为,自我教育在整个教育中占据举足轻重的地位,"促进自我教育的教育才是真正的教育"。自我教育需要在学生精神生活的所有领域去进行,自我教育的核心在于增强学生个人的精神力量。

变好的愿望是自我教育的基础和动力,教育者的职责就在于要把学生的各种愿望和要求引向正确合理的轨道上,使其最终懂得个人愿望要与社会利益协调一致。变好的愿望起始于正确的自我认识。"人生的真谛确实在于认识自己,而且是正确地认识自己。""自我教育正是从这里开始的。这是人们各种思想感情微妙地交织在一起的焦点:责任感和纪律性,对自己的严格要求和自觉性,对生活的欢悦情趣和对邪恶的不妥协精神,自尊心和真正的人类的尊严——所有这些都是和认识自己这个问题息息相关的。""多年来我一直在想:教育的效果最鲜明地体现在什么地方呢?到什么时候我才有权说,我的努力产生了结果呢?实际生活证明,教育最重要、最显著的效果体现在,要使一个人开始思考自己是怎样的人,自己身上有哪些优点和缺点。"

自我教育要从小开始,"应该从童年到少年早期,从7岁到10岁或11岁就开始教一个人

[①] 邱国樑.马卡连柯论青少年教育[M].北京:中国青年出版社,1984:3—12,16—23.
[②] 王天一.苏霍姆林斯基教育理论体系(第二版)[M].北京:人民教育出版社,2003:43—62.

学会自我管理,学会一定的本领,如果需要的话,学会'强迫自己'"。"少年时期有充实的精神生活和丰富完美的道德理想,这是人的个性的根源和本质……一个人早在少年时期就应该体验和感受到,只有为人类的幸福而斗争,生活才是美好的。在少年的心灵中树立道德理想就是使少年认识人类创造的道德财富。形成道德理想本身就是一种充满对道德美的赞赏之情的、对生活的目的及自己的命运进行思索的精神活动。在少年的心灵中激发这种精神活动是教师最精细最复杂的任务之一。"

(三)陶行知的解放儿童创造力与学生自治理论[①]

陶行知是我国伟大的人民教育家。他告诫人们,当我们真诚地加入到儿童队伍中去时,便会发现小孩子不但有力量,而且有创造力。"教育是要在儿童自身的基础上,过滤并运用环境的影响,以培养、加强、发挥这创造力,使他长得更有力量,以贡献于民族和人类。"要把儿童的创造力解放出来,必须解放小孩子的头脑和双手、解放小孩子的嘴、解放小孩子的空间和时间。他指出,"创造力最能发挥的条件是民主",而民主应用在教育上有三个"最要点:教育机会均等、宽容和了解、在民主生活中学民主"。因此,学校应注重学生自治。"学生自治是学生形成团体,大家学习自己管理自己的手续。"从学校方面来说,就是"为学生预备种种机会,使学生能够组织起来,养成他们自己管理自己的能力"。学生自治的好处在于:

(1)"学生自治可为修身伦理的实验。"自治能为学生提供知行统一的实践机会,可以养成"对于公共事情上的愿力、智力、才力"。

(2)学生自治能适应学生之需要。因为"我们与学生经验不同、环境不同,所以合乎我们意的,未必合乎学生的意","有的时候学生自己共同所立的法,比学校里所立的更加近情、更加易行,而这种法律的力量也更加深入人心"。

(3)学生自治能辅助风纪之进步。"按着旧的方法,学生有过失,都责成少数职员监察纠正……所以一人司法,大家避法。我们要想大家守法,就须使个人的行为对于大家负责。"

(4)学生自治能促进学生经验之发展。因为道德的发展在于自己不断解决问题,"问题自决得越多,则经验越丰富"。

但是,自治如果办得不妥当,也会出现一些弊端。因此,应注意:全体学生和学校都要把它看作一件大事;应有学校认可的手续;施行前必须营造充分的舆论;所立之法要清楚、简单;选择好的学生领袖;学校与学生始终抱持协助贡献的精神,同时对自治须采取试验的态度,不断改进。"总之学生自治是共和国学校里一件重要的事情。我们若想得美满的效果,须把它当件大事做,当个学问研究,当个美术去欣赏。"

(四)诺丁斯的关怀理论

内尔·诺丁斯(Nel Noddings)博士是美国斯坦福大学荣誉退休教授,美国教育哲学协会

[①] 江苏省陶行知研究会,南京晓庄师范学院.陶行知文集(上)(修订本)[M].南京:江苏教育出版社,2008:917—924,54—58.

和约翰·杜威研究协会前任主席。诺丁斯的主要著作包括：《关心：伦理和道德教育的女性视角》《学会关心：教育的另一种模式》《始于家庭：关怀与社会政策》《培养有道德的人：以关怀伦理替代品格教育》等。

诺丁斯认为，师生之间应该建立一种新型的人际关系，即关心者与被关心者的关系：关心存在于关心者与被关心者之间，它始于关心者，结束于被关心者。若要让师生关系成为一种关心，双方都要以自己所特有的方式来做出努力。师范教育应该培养关心型的教师，即教师在教育过程中是以关心者的身份出现的，他们负有关心学生及使学生学会关心的重任。这种关心的核心价值体现在成人和儿童通过信任和相互尊重的行为而建立的关系中。这种关心观建立的基础是：只有社会成员具有帮助和关心他人的敏感、动机和技能，这个社会才能长存。诺丁斯还提出，关心视角下的道德教育由四部分组成：榜样、对话、实践和认可。这四部分并不是孤立存在的，而是相互联系、相互制约的，四者缺一不可。

二、社会心理学理论[①]与班级管理

社会心理学是研究人们如何看待彼此，如何互相影响、互相联系的科学，它有助于我们更深入地理解人们的心理和行为。在这一部分，仅选择从众与逆反、群体影响、冲突与和解三方面的社会心理学理论进行简要介绍。

（一）从众与逆反

从众（conformity）是指根据他人而做出的行为或信念的改变。从众有时是坏的，有时是好的，有时却无关紧要。从众可以表现为许多形式，顺从和接纳是两种主要表现形式。因外在力量而表现出的从众行为叫作"顺从"（compliance），而由明确的命令所引起的顺从可称为"服从"（obedience）；真诚的、内在的从众行为，即不仅在行动上而且在信念上与社会压力保持一致叫作"接纳"（acceptance）。当群体由三个或更多个体组成、凝聚力高、意见一致且群体领袖地位较高的话，从众的程度最高；人们在公众场合，尤其在没有做出公开承诺时，也很容易从众。从众与服从是一种普遍的社会现象，但也会表现出文化和时代的差异。

虽然人们渴望被群体接纳，但又非常看重自己的自由感和自我效能感，不想和他人太相似。在群体中，人们最可能意识到自己的与众不同之处。同时，如果社会压力过于明显，以至于威胁到个体的自由感时，人们还会用逆反（reactance）来证实自己的自由度和独立性；当群体的所有成员同时表现出逆反时，其结果便是反叛。

从众与逆反现象在班级管理中常常能看到。在我国，从众在更多的时候是受到鼓励的。例如，学校要求穿校服以示团结一致、集会时要求整齐划一、重视集体凝聚力与良好班风的

[①] [美]戴维·迈尔斯.社会心理学(第8版)[M].侯玉波，等，译.北京：人民邮电出版社，2006.

形成等。但是,我们也要关注从众的负面影响,如盲目服从不合理的规定、课堂中途跟风上厕所和课间打闹等不当行为的扩散等。在班级管理过程中,可以利用从众心理来建立和发展班级组织、教育学生个体,但也要警惕从众的负面效果。同时,还要充分尊重个体的自由感,以预防逆反以及反叛的出现。

(二) 群体影响

所谓"群体"(group),是指两个或更多互动并相互影响的人,群体成员会把自己群体中的人看作"我们"而非"他们"。在群体中,评价顾忌(evaluation apprehension)、分心(注意他人和注意任务之间的矛盾冲突)及纯粹的他人在场等因素,都会引发个体的唤起状态,同时,唤起状态能提高个体完成简单任务的成绩,即产生"社会助长作用"(social facilitation),但唤起状态又会降低复杂任务的作业成绩,如急功近利。另外,当群体中的个体作业成绩能被单独评价时也会出现社会助长作用;反之,则会发生社会懈怠(social loafing),即个体在群体中的努力程度低于单独工作时的努力程度,出现责任扩散,如滥竽充数。不过,当任务具有挑战性、吸引力,具有引人入胜的特点时,或群体成员的关系更为密切、对群体更认同时,懈怠程度会有所减弱。当个体处在规模较大的群体中且身份隐匿时,可能产生去个性化(deindividuated),自我觉察和自我约束减弱,从而对积极或消极的直接情境因素的反应性增强,如球迷骚乱、网络键盘侠。

群体内的互动,如讨论,通常会强化成员最初的观点和共有的倾向,即群体极化(group polarization)。然而,友善的、凝聚力强的群体以及从自己的喜好出发做决策的支配型领导又恰恰是培养群体思维(groupthink)——为了维护群体和睦而压制异议——的温床。

群体影响理论提示班级管理者,在相信团队精神会鼓舞士气、团结会产生力量的同时,还要关注社会懈怠、去个性化等现象的负面效应;既要认识到群体内积极倾向的精神交流会有利于心灵的健康,又要注意到群体的互动会使个体的观点极端化、群体的凝聚会导致对异议的排斥。

(三) 冲突与和解

当两个人、两个群体发生交往行为时,就可能因为个人需要而使个人或群体间在某个目标上产生冲突(conflict)。冲突通常是令人不愉快、感到受威胁的,但缺乏冲突的关系或组织可能是死气沉沉的。冲突体现了参与、承诺和关心,如果能被理解和解决,它可以促进人际关系的变化和发展。

当人们将个人利益看得比集体利益更重要时,很多社会困境就会出现,解决的办法包括:确定法规以限制利己行为、将群体分为较小的单位、让人们能够充分地沟通、改变激励机制使合作能得到更多的回报、倡导利他的行为规范。竞争、感到遭遇了不公正、对对方的动机或目标有误解,都会使冲突频发或变得更加严重。

> **资料链接 1-1**
>
> **美国社会心理学家谢里夫等人的一项实验**
>
> 1966年,谢里夫(Sherif)等人组织22名来自俄克拉荷马州的11—12岁普通男孩开展了为期三周的夏令营。他们将孩子们分成两组,分别运到相距半英里的两个营地。在第一周,两组童子军都不知道对方的存在。通过各项活动,两组童子军内部分别形成了比较亲密的关系,对童子军生活都表示满意。在第一周即将结束的时候,某一组发现对方成员"出现在'我们的'棒球场上"。此后,夏令营组织者在两组童子军之间开展了一系列竞争性的活动(如棒球比赛、拔河、营地内务检查、寻宝等),两个小组对这些活动均显示了很高的热情。但游戏中两组必须分出输赢,所有的优待(如奖章、奖品)都属于胜利的一方。逐渐地,营地进入到公开的战争状态。冲突从比赛中的双方对骂开始,然后迅速升级为在餐厅内开展"垃圾大战"、烧毁对方的旗帜、对对方营地进行抢掠、互殴等严重的争斗行为。当被要求对另一组进行描述时,男孩们使用的形容词包括"卑鄙的""自作聪明的"和"臭鬼",而评价自己的组员时使用的形容词则是"勇敢的""坚强的"和"友好的"。可见,分胜负的竞争活动带来了激烈的冲突、对别组成员的歧视,当然也有组内强烈的团结意识和集体荣誉感。群体极化也加剧了冲突。
>
> 当然,幸运的是,谢里夫不但将陌生人变成了敌人,在最后又将敌人变成了朋友。
>
> 资料来源 [美]戴维·迈尔斯.社会心理学(第8版)[M].侯玉波,等,译.北京:人民邮电出版社,2006:388—389.

三、管理学理论与班级管理

虽然班级与其他社会组织有着诸多区别,但是专门研究和探讨组织及组织内资源配置的构造、过程、方式、方法的管理学[①]必定有很多理论适用于班级管理。在近百年的现代管理学发展史上,产生了丰富、有效的管理学理论,这里选取部分进行介绍。

(一)科学管理理论

科学管理(scientific management)理论的提出者是弗雷德里克·泰勒(Frederick W. Taylor)。科学管理的初衷是采取有效的管理手段来避免因随意的、经验式的管理而导致的工人怠工,从而提高生产效率。

---

① 芮明杰.管理学:现代的观点(第二版)[M].上海:上海人民出版社,2005:8.

科学管理理论概括起来主要包括四个方面：[1]

(1) 对工人工作的各个组成部分开发出科学的方法，用以替代陈旧的操作方法。

(2) 科学地挑选工人并安排恰当的工作，同时对工人进行培训，提高技能和进取心。

(3) 促进工人间的相互协作。

(4) 管理人员和工人都必须对各自的工作负责。

泰勒将科学化和标准化引入了管理，坚持了竞争原则和以人为本原则。竞争原则体现为给每一个生产过程中的动作建立一个评价标准，通过培训使每个工人都必须达到这个标准，并通过奖励，刺激工人不断超越，从而实现生产效率的提高。以人为本原则体现为科学管理是适用于每个人的，是以工人在实际工作中的较高水平为衡量标准的，因此既可使工人不断进取，又不会让他们认为标准太高或太低。科学管理的重要突破是它对雇主和雇员双方的利益一致性的认识。因此，科学管理的实质是在管理上实现了一次思想革命——既是工人在对待他们的工作责任、对待同事和雇主态度上的一次完全的思想革命，又是管理者对他们的同事、他们的工人和对所有的日常工作问题责任所进行的一次完全的思想革命。

当前，我国的班级管理大多仍是经验型管理。泰勒作为一名工程师，潜心研究每项工作的最佳方法以改进生产效率的精神是首先值得班级管理者学习的。班级管理首先要进行精神革命，即要让教师和学生意识到双方的利益是一致的——学生读书不是为了教师，教师教书也不仅是为了学生，要把学生的成绩、教师的事业有机结合到一起。坚持竞争原则和以人为本原则同样需要引入班级管理，学生中要引入竞争，班级管理中也要以人为本。当然，还要用一些科学化、标准化的手段来进行班级管理，以提高学生的学习效率和教师的教学效率。

(二) 行为科学理论

行为科学理论产生于著名的"霍桑实验"。通过照明强度的改变、工作日(周)的调整、工间休息的引入、面谈计划与小组工资计划等实验，实验顾问——哈佛大学的梅奥(Elton Mayo)教授提出了管理新见解[2]，奠定了人际关系理论的基础，具体内容如下。

(1) 调动工人生产积极性不仅要靠金钱刺激，还必须从社会、心理方面去努力。

(2) 工作效率主要取决于职工的积极性、家庭和社会生活以及组织中人与人的关系。

(3) 职工中存在非正式团体，这种无形组织有它特殊的感情和倾向，左右着成员的行为，对生产效率的提高有举足轻重的影响。

(4) 金钱只是人们需要的一部分，大部分需要是感情上的慰藉、安全感、和谐、归属感。因此，新型领导者应能提高职工的满足感，善于倾听职工意见，使正式团体的经济需要与非正式团体的社会需要取得平衡。

(5) 管理人员应重视人际关系，设身处地地关心下属，通过积极的交流实现感情沟通。

---

[1] 芮明杰.管理学：现代的观点(第二版)[M].上海：上海人民出版社，2005：48.
[2] 芮明杰.管理学：现代的观点(第二版)[M].上海：上海人民出版社，2005：51.

霍桑实验及其后继的人际关系研究所形成的行为科学理论提示管理者：（学生）员工不是一般意义上的生产要素，而是具有相当重要意义的主动因素；人是一种社会存在，不仅有物质需求，在生活、工作中还有友谊、安全、尊重和归属等需求，管理者要依据人的需求特征实施激励；要关注并善于引导非正式团体。

（三）群体发展阶段与高效团队理论

群体的发展一般会经历五个阶段：形成阶段、震荡阶段、规范阶段、执行阶段和解体阶段。[①]

（1）形成阶段。人们因分配或因希望得到其他利益（如地位、归属感等）而加入群体。这一阶段的特点是具有极大的不确定性，成员们常常是"摸着石头过河"，以了解哪类行为方式能被群体所接受。当群体成员开始把自己视为群体的一分子思考问题时，这一阶段就算结束了。

（2）震荡阶段。这是一个凸显内部冲突的阶段。群体成员虽接受了群体的存在，但会抵制群体对个体的控制，进而在由谁控制上发生冲突。这一阶段结束时，群体内部出现了比较明朗的领导层级，群体成员在发展方向上也达成了共识。

（3）规范阶段。群体表现出内聚力，群体结构比较稳固。

（4）执行阶段。群体结构发挥着最大作用，并得到广泛认同；群体的主要精力集中到完成当前的工作任务上。

（5）解体阶段。群体为解散做好准备。善后工作取代高工作业绩成为群体关注的头等大事，群体成员的反应各不相同，或为取得的成就心满意足，或为可能失去群体中所获得的和谐与友谊而郁郁寡欢。

资料链接 1-2

"班级管理"逐层提升的五个境界

第一层境界：维持班级秩序。这显然是最基本的境界。班级不陷入混乱，才有可能继续运行下去，并在此基础上发挥更多样、更积极的作用。就这一境界的班级而言，学生的发展特征是"规规矩矩"。

第二层境界：营造学习氛围。在维持秩序的基础上，力争形成集体学习氛围，形成良好的学风。在这样的班级，每门学科的学习成为班级生活的核心。毕

[①] ［美］斯蒂芬·P·罗宾斯，玛丽·库尔特.管理学（第7版）[M].孙健敏，等，译.北京：中国人民大学出版社，2004：421—423，436—438.

竟,学习知识是学生在校生活的主要内容。不过,学习活动不是由每位学生个体孤立进行的,而是在与其他同学的相互联系之中进行的:同学之间,有相互比较,更有相互促进。相应地,学生的发展特征可被描述为"相互激励"。

第三层境界:形成班级合力。与上一境界相比,这样的班级在知识学习之外还有更多的文化生活。通过丰富的班级生活,同学之间形成了团结的氛围,学生非常认同并珍惜积极向上的班级整体形象,产生班级凝聚力。在这样的班级中,学生具有更鲜明的发展特征:"乐于奉献",即乐于为同学、为班级做出更多贡献。

第四层境界:学会自主活动。到达这一境界的班级,不仅有良好的秩序、学习氛围和班级凝聚力,更在此基础上致力于培养学生自主活动的能力。这包括多方面的自主活动:自主管理班级事务、自主组织实施班会、自主开展小组活动等。学生在这一境界的发展特征是"积极自治":许多事务性的工作都不必由班主任亲自操劳,因为学生们(主要是班干部)能自己处理好这些事情。

第五层境界:提升精神品质。这可能是班级管理的最高境界,即关注学生个体和班级整体的精神生活质量。这样的班级,以达到前四种境界的要求为基础,为学生提供了更为开阔的精神生活空间。不仅如此,在拓展精神生活空间、丰富精神生活内容的基础上,更强调提升精神生活质量。这种提升,就在于让学生不仅有各种基础知识、基本能力,更有清晰的自我意识、高尚的追求、远大的志向;并且,这种更高质量的精神生活又以成熟的发展能力为基础,相互支撑。这种境界的学生的发展特征可被描述为"做人高尚"。

资料来源　李伟胜.辨析班级管理的境界,追求学生的发展[J].班主任之友,2008(07):10—12.

管理学还对高效团队的一般特征进行了研究,得出高效团队的特征包括:清晰的目标、相关的技能、相互的信任、统一的承诺、良好的沟通、谈判的技能、恰当的领导、内部和外部的支持。

群体发展阶段与高效团队理论为班级管理者判断班级形成状态、规划班级发展目标和进程提供了理论依据。

(四)情境领导理论

美国组织行为学家赫塞(Paul Hersey)和布兰查德(Ken Blanchard)提出的情境领导理论(Situational Leadership Theory,简称SLT)认为,成功的领导是通过选择恰当的领导方式而实现的,选择的过程根据下属的成熟度(readiness)——个体能够并愿意完成某项具体任务的程度而定;当下属的成熟度越来越高时,领导者不但要不断降低对他们活动的控制,还要不断减少关系行为。具体来说:如果下属既无能力又不愿意承担一项任务,领导者需要提供清晰和具体的指令(告知);如果下属没有能力但有意愿,领导者则既要表现出高度的任务取向以弥补下属能力的缺乏,又要表现出高关系取向以使下属"领会"领导者的意图(推销);如果下属有能力但无意愿,则领导者需要运用支持与参与的风格(参与);如果下属既有意愿又有能力,则领导者不需要做太多工作(授权)。①

情境领导理论提示我们,班级管理不能采用一成不变的方法,而应随着情境的变化,依据班级活动的具体特点,特别是学生的年龄特征和每个学生的不同状态采取有区别的领导和管理方式。

(五) 全面质量管理理论

1961年,美国通用电气公司质量管理部部长菲根堡姆(A. V. Feigenbaum)博士提出的全面质量管理(Total Quality Management,简称 TQM)概念,将质量控制扩展到产品寿命循环的全过程,强调全体员工都参与质量控制,认为"全面质量管理是为了能够在最经济的水平上和充分满足客户要求的条件下进行生产与提供服务,把企业各部门在质量发展、质量保持和质量改进的活动中构成为一体的一种有效体系"。全面质量管理的概念提出之后,世界各国对其进行了全面深入的研究,使全面质量管理的思想、方法、理论在实践中不断得到应用和发展。全面质量管理是一种预先控制和全面控制制度,它运用系统的观点和方法,把企业各部门、各环节的质量管理活动都纳入统一的质量管理系统,形成一个完整的质量管理体系;其主要特点就在于"全"字,强调"三全"管理:管理的对象是全面的,管理的范围是全面的,参与管理的人员是全面的。

全面质量管理最基本的工作程序是美国统计学家戴明(W. E. Deming)发明的戴明循环(也称 PDCA 循环)(如表 1-2 所示)。

表 1-2　PDCA 循环

阶　段	具 体 步 骤
计划(plan)	分析现状,找出存在的质量问题
	分析产生质量问题的各种原因或影响因素
	找出影响质量的主要因素
	针对影响质量的主要因素,提出计划,制定措施
执行(do)	执行计划,落实措施
检查(check)	检查计划的实施情况
处理(action)	总结经验,巩固成绩,使工作结果标准化
	提出尚未解决的问题,转入下一个循环

---

① [美]斯蒂芬·P·罗宾斯,玛丽·库尔特.管理学(第 7 版)[M].孙健敏,等,译.北京:中国人民大学出版社,2004:496—497.

班级管理的目标(或"质量")本身就是班级每一个学生的身心全面发展,而如果把学生看作教育的"产品"的话,"质量"还意味着这些"产品"不仅要满足家长的要求、满足下一阶段学校教育的要求,还要满足未来社会对人才的要求。长远地思考未来社会对人才的要求,才能有助于提高班级管理的质量,这也是班级作为一个公共组织应有的社会责任。全面质量管理理论则进一步提示,班级管理应注重调动全体学生的积极性,人人为班级的发展和教育质量的提高负责;要注重分析问题,针对问题找原因、定措施,以追求不断改进。

(六) 学习型组织理论

美国的彼得·圣吉(Peter M. Senge)博士在其著作《第五项修炼——学习型组织的艺术与实务》中提出了"学习型组织"的概念,强调要突破线性思维方式,革新管理的观念与方法。书中提出的学习型组织的五项修炼包括以下内容。

(1) 自我超越。自我超越即深刻了解自我的真正愿望,并客观地观察现实,对客观现实进行正确判断。这需要培养耐心、集中精力,对待学习如同对待自己的生命一般。它是学习型组织的精神基础。

(2) 改善心智模式。"心智模式"是根深蒂固地存在于每个人或组织之中且通常不易察觉的思想方式和行为模式,它影响人或组织对世界的了解以及采取行动时的许多假设或评价等。改善心智模式需要把组织看作是转向自己的镜子,需要发掘并审视内心世界的潜在能力,有效地表达自己的想法,并以开放的心灵容纳别人的观点。

(3) 建立共同愿景。组织能够在今天与未来环境中寻找和建立起能一直鼓舞人心、凝聚成员的共同理念。

(4) 团队学习。团队学习的有效性不仅在于团队整体会产生出色的成果,还在于其个别成员的成长速度也比采取其他的学习方式更快。团队学习的修炼从"深度会谈"(dialogue)开始,即所有成员说出心中的假设,让想法自由交流,真正实现团队成员一起思考。

(5) 系统思考。组织也是一种系统,也会受到细微的并息息相关的行动的牵连,且行动本身也彼此影响着,身在其中的成员可能很难察觉。因此,组织及其成员要养成系统观察、系统思考的能力,从而正确行动。系统思考的修炼是建立学习型组织最重要的修炼。

班级本来就是一个教育性组织,因而更有基础成为学习型组织,但要真正成为学习型组织,同样需要经历这五项修炼,班主任及其他教师起着关键性的引导和示范作用。

当然,班主任的班级管理"理论"一方面来自对以上这些具有普遍性和系统性理论知识的学习、理解、运用和扩展,另一方面则是班主任个人通过实践、观摩、交流、反思并提炼出来的具有经验性、操作性的"理论"(亦称"实践性知识")。班主任的"理论"不仅影响着班主任对专业知识的学习和运用,而且支配着班主任的教育教学行为,同时也为班主任教育学生、管理班级提供了重要保障。①

> **探索并讨论**
> 1. 你从以上各种理论中得到了哪些启示？
> 2. 还有哪些其他理论能为班级管理提供支持？

视野扩展

1. 查阅我国当前关于班级组织改革的资料。
2. 阅读哲学、社会学、管理学、心理学等其他学科的书籍，理解班级管理的理论基础并寻找更多班级管理的理论支持。

实践探究

1. 设计一个小型调查，以理解小学班级和小学班级管理的特性。
2. 借鉴相关理论，对小学某班的班级管理进行评析。

我的思考与收获

---

① 齐学红,李月.班主任专业化的理论支持系统——班主任的"理论"从何而来？[J].教育科学研究,2017(10):5—9.

第二章
小学班主任的职责与素养

> 人能走多远？这话不是要问双脚而是要问志向；
> 人能攀多高？这事不是要问双手而是要问意志。
>
> ——汪国真《我喜欢出发》

学习目标

1. 熟悉班主任的职责，明确班主任与其他班级管理主体的关系；理解班主任的工作边界。
2. 理解班主任与其管理对象——小学班级及小学生的关系，树立多重角色意识。
3. 了解班主任应享有的权利，坚定从事班主任工作的信心。
4. 明确班主任应具备的基本素养，不断促进自我的专业成长。

第一节 小学班主任的职责与权利

在我国的中小学，每个班级都配备一名班主任，班主任由学校从班级任课教师中选聘。教育部2009年颁布的《中小学班主任工作规定》(以下简称《工作规定》)强调："班主任是中小学的重要岗位，从事班主任工作是中小学教师的重要职责。""班主任是中小学日常思想道德教育和学生管理工作的主要实施者，是中小学生健康成长的引领者，班主任要努力成为中小学生的人生导师。"

一、班主任的职责

（一）育人

2006年颁布的《教育部关于进一步加强中小学班主任工作的意见》(以下简称《意见》)明确指出，"中小学班主任与学生接触较多、沟通便利，影响深刻，肩负着育人的重要职责"。可见，班主任的职责概括而言就是"育人"。

班主任的"育人"必须落实国家意志、符合社会对青少年成长的期望。2019年2月，中共中央、国务院印发《中国教育现代化2035》，再次强调我国的教育是要"培养德智体美劳全面发展的社会主义建设者和接班人"。现代化的教育应"更加注重以德为先，更加注重全面发展，更加注重面向人人，更加注重终身学习，更加注重因材施教，更加注重知行合一，更加注重融合发展，更加注重共建共享"。《中共中央、国务院关于深化教育教学改革全面提高义务教育质量的意见》也提出："着力在坚定理想信念、厚植爱国主义情怀、加强品德修养、增长知识见识、培养奋斗精神、增强综合素质上下功夫。坚持德育为先，教育引导学生爱党爱国爱人民爱社会主义；坚持全面发展，为学生终身发展奠基；坚持面向全体，办好每所学校、教好每名学生；坚持知行合一，让学生成为生活和学习的主人。"

资料链接 2-1

小学德育目标

小学低年级

教育和引导学生热爱中国共产党、热爱祖国、热爱人民，爱亲敬长、爱集体、爱家乡，初步了解生活中的自然、社会常识和有关祖国的知识，保护环境，爱惜资源，养成基本的文明行为习惯，形成自信向上、诚实勇敢、有责任心等良好品质。

小学中高年级

教育和引导学生热爱中国共产党、热爱祖国、热爱人民，了解家乡发展变化和国家历史常识，了解中华优秀传统文化和党的光荣革命传统，理解日常生活的道德规范和文明礼貌，初步形成规则意识和民主法治观念，养成良好生活和行为习惯，具备保护生态环境的意识，形成诚实守信、友爱宽容、自尊自律、乐观向上等良好品质。

资料来源　中华人民共和国教育部. 中小学德育工作指南[EB/OL]. (2017-08-22)[2021-06-08]. http://www.moe.gov.cn/srcsite/A06/s3325/201709/t20170904_313128.html.

（二）全面负责

具体而言，班主任是对一个班级及其学生"全面负责"的人。依据《工作规定》，班主任的具体工作职责与任务包括以下几个方面。

（1）全面了解班级内每一个学生，深入分析学生思想、心理、学习、生活状况。关心爱护全体学生，平等对待每一个学生，尊重学生人格。采取多种方式与学生沟通，有针对性地进行思想道德教育，促进学生德智体美全面发展。

（2）认真做好班级的日常管理工作，维护班级良好秩序，培养学生的规则意识、责任意识和集体荣誉感，营造民主和谐、团结互助、健康向上的集体氛围。指导班委会和团队工作。

（3）组织、指导开展班会、团队会（日）、文体娱乐、社会实践、春（秋）游等形式多样的班级活动，注重调动学生的积极性和主动性，并做好安全防护工作。

（4）组织做好学生的综合素质评价工作，指导学生认真记载成长记录，实事求是地评定学生操行，向学校提出奖惩建议。

（5）经常与任课教师和其他教职员工沟通，主动与学生家长、学生所在社区联系，努力形成教育合力。

可见，"班主任是学校教育第一线的骨干力量，是学校教育工作最基层的组织者和协调者。履行好班主任的职责，必须树立正确的教育理念，遵循中小学生身心发展的规律，运用科学的教育方法，善于利用各种教育资源"（《意见》）。由于班主任工作的职责重大，"教师担任班主任期间应将班主任工作作为主业"（《工作规定》）。

（三）有限责任

管理学中有"管理万能论"与"管理象征论"之争[1]。"管理万能论"强调管理者对组织的成败负有直接责任，管理者的素质决定了组织本身的素养；而"管理象征论"认为组织成败在很大程度上归因于管理者无法控制的外部力量，管理者对组织成果的影响是有限的。

"没有教不好的学生，只有不会教的老师"，这是教育界颇为流行的一种说法。然而，也有人质疑，认为它导致班主任失去了工作边界。"我们有很多教师（尤其是班主任）习惯于把学生的什么事情都揽在自己身上，结果弄得焦头烂额。他把相当一部分精力放在事实上做不好的事情上去了，浪费精力，浪费感情，其结果是他本来能做好的事情也耽搁了。""树立边界意识，对于教育管理的科学化，对于教师工作的专业化，对于教师的心理健康，都有很大的意义。"[2]

？ 思考并讨论
你是如何认识班主任的全面负责与工作边界的？

---

[1] [美]斯蒂芬·P·罗宾斯，玛丽·库尔特.管理学（第7版）[M].孙健敏，等，译.北京：中国人民大学出版社，2004：61—62.
[2] 王晓春.做一个专业的班主任[M].上海：华东师范大学出版社，2008：123—132.

责任是指"分内应做的事"。"分内"与"分外"相对应,因此,任何责任都是有限的,班主任工作同样存在工作边界。

由于班级的发展与学生个体的成长都时刻处于多种因素的影响之下,"有时过分简单和绝对地肯定某种教育因素是唯一主要的,会使青年教师无所适从,因为在教育过程中,一切都是重要的,一切都有自己的意义"。① 班主任的管理与教育只是学生成长的众多外部因素之一,它并不是学生成长的决定性因素,因而班主任也绝不是唯一的责任人。

当然,教师尤其是班主任又必须记住:"教育,创造真正的人,就是你的职业。社会把你看成雕塑巧匠,我们国家的未来在很大程度上取决于这种雕塑巧匠。"同时,班主任的管理是对"现实资源的有效整合",具有专业性素养的班主任还要成为"由各种雕塑巧匠组成的整个合唱团"的"指挥者"——"必须看到每个雕塑教育家在共同努力创造的人身上干的是什么",并作为"教育科学知识的明灯"去"照亮创造人的其他雕塑巧匠的工作"。②

二、班主任与其他班级管理主体

班主任是班级管理的主要实施者,而学生集体与班委会、任课教师、家长委员会以及班规也都是班级管理的主体,班主任要时刻牢记:"你不是一个人在战斗!"但是,其他班级管理主体的作用发挥在很大程度上受制于班主任的理念与行动。

(一) 班主任与小学班级集体

班级集体既是班级教育和管理的对象,又是班级教育和管理的主体。

苏霍姆林斯基曾说:"我对一年级学生的生活观察了32年,从一年级到四年级教过不止一代儿童。我想,我有资格说,在儿童跨进学校的大门以后的一段时期,班级里还没有,也不可能有我们的集体概念所指的集体。集体是逐步产生的。"③当班级拥有共同的奋斗目标且每个成员都有实现目标的自觉行为、组建起了健全的组织机构、营造出了良好的心理氛围与正确的集体舆论时,班级才升华为一个集体。马卡连柯将此简明地表达为:"教育了集体,团结了集体,加强了集体,以后,集体自身就能成为很大的教育力量了。"④因此,教育、团结、加强集体,并发挥集体的教育作用,是班主任的工作重心。

---

① [苏]B·A·苏霍姆林斯基.给教师的一百条建议[M].周蕖,等,译.天津:天津人民出版社,1981:128—132.
② [苏]B·A·苏霍姆林斯基.给教师的一百条建议[M].周蕖,等,译.天津:天津人民出版社,1981:128—132.
③ [苏]B·A·苏霍姆林斯基.给教师的一百条建议[M].周蕖,等,译.天津:天津人民出版社,1981:163.
④ [苏]马卡连柯.马卡连柯教育文集(上卷)[M].吴式颖,等,编.北京:人民教育出版社,2005:103—127.

> **资料链接** 2-2
>
> 　　班级集体论最早由苏联教育学家克鲁普斯卡娅和马卡连柯在20世纪20年代提出,50年代在苏霍姆林斯基和孔尼科娃的教育研究与实验中得到了发展。他们认为,并非任何群体都能称为集体,也不能把任何共同行动的社会成员共同体称为集体,只有那些具有共同价值、共同活动目的与任务,且具有凝聚力的高度组织起来的群体才是集体。
>
> 　　日本学者片岗德雄在《班级社会学探讨》一文中,在辨析了所属集体和参照集体的基础上,提出了班级是一种参照集体的观点。他认为所属集体是指个体在客观上从属的集体,而参照集体则是个人主观上从属的集体,亦即个人期望归属其中,或者说个体将集体规范作为自己思考与行为的参照准则,并努力将个人融入其中的集体。
>
> 　　我国学者谢维和认为班级是一种特殊的社会初级群体,它与通常意义上的社会初级群体相比较主要有三个特点。一是在班级互动方式上具有情感和理性的双重性。在班级中,教师通常以理性为指导,与学生进行情感交往,而学生通常以情感为途径,理解和接受教师的教导。二是班级具有统一的目标和行为上较大的整合性。班级对成员资格有统一的要求,班级编制须遵循一定的原则,这种统一的要求和原则使班级的各种活动能够得到较好的整合。三是班级在形式上具有比较正式的群体结构。一般初级群体通常在结构上是比较松散的,其领导的形成也往往是一个自发的过程。
>
> 　　资料来源　董泽芳,伍海云.班级社会属性的相关理论与多元分析[J].当代教育论坛,2008(11):77—80.

　　集体在哪些条件下才能有效地发挥教育个人的作用呢?苏霍姆林斯基总结出了以下13条结论。[①]

（1）对人的体会。每个人都应该懂得和体会到:和自己一起生活的是人。他有欢乐与忧愁,应该以人道主义的态度对待他,理解并体会他的精神世界和他此时此刻的情绪。

（2）每个人都要克制自己的欲望,善于把自己的欲望同别人的欲望加以对比、衡量,放弃自己的某些欲望。

（3）要经常不断地发展人的道德、感情、智力、美感和创造精神。集体,只有当它在精神上不断成长时,才是真正的集体,并且才能由此产生巨大的教育力量。

（4）要有高度发展的自尊心、个人的自我尊重感。我们发展、保护、珍惜每个人的自我尊

---

① [苏]B·A·苏霍姆林斯基.给教师的一百条建议[M].周蕖,等,译.天津:天津人民出版社,1981:229—233.

重感,培养心灵对善良语言和美好事物的敏感,也就是在提高集体的教育作用。

(5) 要使孩子、学生有上进心,使他渴望别人对他产生好的印象。这是集体的教育力量最起作用的源泉之一。

(6) 不可在集体面前揭露孩子个人的种种弱点,不可"揭人心事"。集体对个人的权威,应该以非常细致的人与人的关系为基础。

(7) 集体成员的利益、兴趣与活动要多样化。如果学生没有个性,那就不会有集体。

(8) 集体要有社会积极性,经常参加社会活动。

(9) 集体内要有经济关系,即认识到自己对于集体财富负有责任,从而进一步理解关于义务、责任、自觉服从、个人利益与公共利益相结合等道理。

(10) 要让集体的每个成员在能够最充分显示其天资、才能与爱好的活动领域里发挥自己的积极性。

(11) 要有各种各样的集体。只有当一个人积极参加几个有不同任务的组织时,集体的教育力量才能发挥出来。

(12) 要使儿童和青少年关心别人,特别是关心幼儿。只有当每个人都为别人操心、关怀别人的时候,集体才能成为有效的教育力量。

(13) 集体的培育者——教师要聪明能干。教师的聪明才智在于,使学生不感觉到教师事无巨细都在管束着他们和形式主义地监督他们,使学生把教师的意图当作自己的意图提出来并加以实行。教师应该是他们集体的榜样与模范。

(二) 班主任与班委会

> **思考并讨论**
> 1. 有人认为,班干部的角色就是"班主任的得力助手",你是否同意这一观点?
> 2. "班干部"这一名称有何隐喻?

班委会是由班主任指定或班级全体学生推选出来的班级核心力量。狭义上,它主要由班长、学习委员、生活委员(或劳动委员)、文艺委员、体育委员、宣传委员等六七个常规班委组成;广义上,还包括小组长、各种专项委员或组织(如"班级植物护理员""司法团")等。一些班级内建立起的是传统层级式的组织结构,而越来越多的班主任在班级中建立起了多样化的学生核心团队,构成一个管理网络,在这样的网络中,"事事有人做,人人有事做,每人都知道该怎么做"。这些学生核心团队的领袖成为新型班委会。

在小学,实现班委会及其成员都"知道该怎么做",必须经历一个从"扶"(指导与协助)到"放"(信任与提示)的过程。班主任不仅要在管理与领导技能上给予班委会具体指导,更重要的是树立班委的服务意识、团队意识与领导意识,要把班委会培养成为班级的学生领导者,而不仅仅作为自己的助手,更要谨防将之异化为自己监视班级学生的"亲信"和"告密者"

（结合第三章第四节学习）。

（三）班主任与任课教师

任课教师，无论其有意或无意，都在通过各自的教学过程参与班级管理。学生在校的绝大多数时间都用在课堂学习之中，因此，任课教师是影响班级及学生发展的重要力量。如果班主任能尊重任课教师的作用，并充分调动其参与班级管理的积极性，就能形成强大的班级"教师集体"，大大增强班级管理主体的功能。

班主任本身也是任课教师之一，但"班主任"与"任课教师"这两种角色是有区别的。班主任不得随意占用教学时间从事班级管理（不包括课堂教学管理）工作，也不得随意占用班级学生的活动时间进行补课、改错等教学活动（结合第七章第一节学习）。

（四）班主任与家长委员会

家长（父母或其他监护人）是孩子成长的重要教育因素，有些班级或由班主任组织，或由家长自己发动建立起家长委员会，使家长能进一步参与班级管理。有些学校还形成了家长委员会制度。家长委员会一般由家长代表组成。班级的家长委员会的职责一般包括：代表全体家长听取和审议班级活动计划；在学校与家长之间进行信息沟通，团结家长，提供教育资源；等等。家长委员会的建立与其作用的有效发挥，有助于校内外的主要教育力量形成合力（结合第七章第二节学习）。

（五）班主任与班规

班规是班级成员的共同行动准则，是班级集体意志的体现。班主任不仅要重视班规的形成并依据班规对班级和学生进行管理，自己也首先要尊重、遵守班规。班规是促进班级管理从"人治"走向"法治"的重要手段（结合第四章学习）。

三、班主任与其管理对象

（一）班主任与小学班级

班主任既是班级的管理者，也应该是班级的领导者。管理者（manager）是受到上级任命在岗位上从事工作的，他们的影响力来自这一职位所赋予的正式权力；与此形成对照，领导者（leader）既可以是上级任命的，也可以是从群体中自发产生出来的，领导者能够通过正式权力范围之外的活动来影响他人；所有的管理者都应该是领导者，但不是所有的领导者都必须是管理者。[1]

1. 班主任是班级的管理者

管理是一种协调工作活动的过程，从而使组织既有效率又有效果地同别人一起或通过别人

---

[1] [美]斯蒂芬·P·罗宾斯，玛丽·库尔特. 管理学（第7版）[M]. 孙健敏，等，译. 北京：中国人民大学出版社，2004：490.

实现目标。班级是学校学生的基本组织，而班主任是班级工作的组织者、班集体建设的指导者。班主任不仅应该努力协调好各任课教师的教学，做好班级的管理和建设工作、学生的教育和引导工作，积极支持少先队、班委会开展班级活动，还应该成为沟通学校、家庭、社会的纽带，以便及时了解学生在家庭和社区的表现，引导家长和社区配合学校共同做好学生的教育工作。

2. 班主任应是班级的领导者

"领导从根本上来讲是一种影响力，是一种追随关系。人们往往追随那些他们认为可以满足其需要的人，正是人们愿意追随他，才使他成为领导。"①领导者的个人素养与其职位结合起来，就会大大提高其影响力。班级组织是以培养人为目标的教育性组织，这就更需要班主任成为班级的领导者，成为中小学生的人生导师。

在小学，刚入学的儿童一般都具有强烈的"向师性"，班主任必须清醒地认识到：这种"向师性"主要缘于班主任的角色本身。"当一个孩子跨进学校的大门成为你的学生时，他无限信任你，你的每句话对他来说都是神圣的真理，在他看来，你就是智慧、理智与道德的典范。"班主任要珍惜这种信任，加强自身修养，"只要孩子对你怀有希望并且相信你，你就是一个真正的教育者、指导者，你就是生活的导师，你就是权威、生活智慧的生动化身，是朋友和同志"②。可见，班主任若不能成为一名领导者，也就不再是一个真正的教育者。

（二）班主任与小学生个体

"从一个人的成长看，班主任在中小学阶段对人的成长影响非常大，是中小学生学习做人做事最具影响力的指导者。目前，全国中小学约有444万个教学班，约有450万教师担任班主任，影响着两亿多中小学生，他们的素质如何，他们开展工作的效果如何，关系到整个中小学教育的质量，关系到中小学教育目标的实现，关系到一代甚至几代人的健康成长，关系到中华民族的未来。"③

面对年幼同时又在不断成长的小学生，小学班主任应履行好以下几种角色。

1. 亲人与教育者

> **案例 2-1**
>
> 身为一名教导主任，每日放学时，我都要在校园里转上一圈，提醒留下学生的教师该放学了，然后到教师办公室里坐坐。

---

① 芮明杰.管理学：现代的观点(第二版)[M].上海：上海人民出版社，2005：269.
② [苏]B·A·苏霍姆林斯基.给教师的一百条建议[M].周蕖，等，译.天津：天津人民出版社，1981：250—252.
③ 陈小娅.认真做好班主任培训工作(代序)[M]//教育部师范教育司，教育部基础教育司.班主任工作基本规范.北京：北京师范大学出版社，2008：1.

王老师铁青着脸走进办公室,我猜想她一定是遇到了什么不顺心的事,于是对她笑了笑说:"您班的哪一位宝贝又把大小姐您气着了?""你说烦不烦,天天说注意安全,走路时别跑,这孩子就是不听,我还没有下楼呢,他却跑回来了,脸还摔破了,回来让我解决,谁也没有拦着他,自己跑栽的,赖谁?!谁去找他妈妈给他瞧去。气死我了!"

我心里一沉,追问了一句:"摔得重不重?摔着头没有?他晕不晕?"

"好像没事,就是脸上有血。"王老师回答道。

"他走了没有?"

"走了吧!"

"没什么,他就是把你当成他妈妈了,想着你和他妈妈一样,情急之下才会找你。看来这个孩子爱他妈妈也爱你!"

办公室里的人都笑了,王老师也笑了笑,走出了门。她没说去干什么,但我想她应该是找孩子去了。

资料来源　孙娟:第一期首都师范大学初等教育学院密云县小学教学干部研修班作业,2008年。

> **🔍 调查并讨论**
>
> 还有哪些现象体现了小学生需要得到班主任像父母一样的关怀?

年仅6岁的儿童是从幼儿园或家庭来到学校的。在幼儿园,除了教师,还有专职的保育员照料儿童的生活;随着家庭生活水平的提高,儿童更是得到了百般宠爱和精心照料。来到学校时,他们有些生活自理能力尚未形成,甚至还会产生入学焦虑。因此,初入学儿童不仅必须掌握学校生活中各种严肃的规则,还需要情感上的弥补。对于其他年级的儿童来讲,学习和生活中也总会遇到种种困难和问题,需要有人倾听和帮助。所以,某些时刻班主任应扮演小学生的亲人角色,给予他们父母般的温暖。

然而,有些年轻班主任单纯为追求学生的欢迎,与学生打成一片,结果反而失去了学生的尊敬;有些老班主任,则为了让学生专注于学习而包办一切班级事务,沦为班级"保姆"。这两种班主任在扮演亲人角色时,都忽视了班主任的另一重要角色——教育者。班主任对学生的爱应是理性的爱、负有责任的爱、致力于学生精神成长的爱。亲人角色与教育者角色应统一于班主任对于学生的爱之中。

2. 对话与指导者

如果说"班主任应像学生的亲人一样"体现了人道主义情怀,那么"班主任应成为学生的对话者"则体现了其对于学生平等人格的尊重。与学生对话,也是教育的需要。因为基于平等与相互尊重的对话能走进学生的心灵,并增强学生的自我尊重感。作为未成年人的对话者,班主任首先要善于倾听,避免主观臆断、先入为主;其次还要善于清晰地表达,在表达中既要恰当地给予学生指导,又要避免话语霸权以及其他形式的信息单向传递。

3. 管理及示范者

早在春秋时代,孔子就曾提示:"其身正,不令而行;其身不正,虽令不从。"班主任是育人者,自己首先应成为人之楷模。同时,小学生又是极为敏感的,模仿能力很强,著名教育家孙敬修说:"老师的一言一行对孩子都是很有影响的。孩子的眼睛是'录像机',耳朵是'录音机',脑子是'电子计算机'。录下来的信号装在'电子计算机'里储存起来,然后指导他的行动。所以,老师一定要严格要求自己,言行要符合社会主义的道德规范,用美的语言、美的行为、美的心灵来影响和教育孩子。"班主任与小学生接触最多,因此,在班级管理过程中要时刻牢记示范者的角色。

著名班主任丁榕曾总结道:"教育学生时做老师,诲人不倦;与学生交流思想时做同志,心心相印;参加班级活动时做姐妹,平等相处;关心学生时做母亲,无微不至。"①班主任要善于扮演多重角色,才能"让每一个孩子充分享受到充满生机的教育,让每一个孩子带着梦想飞得更高更远"②。

资料链接 2-3

基础教育的"基础性"

李伟等研究者通过对 W 小学 1958 届 L 班毕业生的生命历程回溯研究发现,基础教育对受教育的个体具有终身的生命享用功能与价值。在小学阶段,教师,尤其是班主任对学生的终身发展有着极为重要的影响。小学教育最本质的教育品性应该是"宽松、愉快、包容、温暖、自信"。在一定意义上,知识的教育教学活动方式相比知识本身更容易给个体带来终身难以忘怀的记忆和影响。小学阶段基础教育对个体最大的终身影响是"做人美德"的熏陶、浸润和培养。

当问及 L 班的受访毕业生们"为什么班主任段老师能成为那么多人心中的好老师,为什么你们现在都没有忘记段老师"时,毕业生 D 回答道:"因为她把学生当作自己的儿女一样对待。"毕业生 B 也认为是因为段老师"善良,是个'伟大的母亲',在她心里所有的学生都是她的孩子"。毕业生 H 回忆说:"当时我父母

---

① 丁榕.班级管理科学与艺术——我的班主任情[M].北京:人民教育出版社,2004:21.
② 2015 年 9 月 9 日习近平总书记给"国培计划"(2014)北京师范大学贵州研修班全体参训教师的回信。

的教育方法有问题,总是动手打我,但是段老师经常抽时间关心我,怕我在家里得不到温暖,还鼓励班上的同学们关心我。就因为这一段小学生活的经历,我长大后一直到现在都特别尊敬、感念段老师。"

当问及受访毕业生们"你们认为段老师当年最喜欢班上的哪位同学"时,无论男生或女生,无论当年的"优生"或"差生",每一位受访毕业生都会马上用极为肯定的语气回答笔者:"段老师对我是最好的,段老师最喜欢我!"毕业生C深情地回忆说:"在段老师眼里,无论你长得美丑、聪明与否,都是最特别的,是独一无二的。"

所有受访毕业生都表示因为非常喜欢班主任段老师,很自然地对她所教的语文课也格外有兴趣、充满热情。这些毕业生虽然当年天资各有差异,但他们都受段老师的影响养成了喜欢读书、爱好看报、不断学习的习惯。这些让他们受益终身的学习习惯的形成,与自小学起段老师给予他们的影响是分不开的。段老师用其高尚的人格、谦虚的心态、深厚的文化底蕴、独特的教学风格不断激发着学生的学习兴趣,熏陶着学生终身学习的素养,使得他们毕生都践行着终身学习的理念。

资料来源　李伟,郑旭兰,张琼,张基广.终身发展视野下基础教育"基础性"的另一种反思——基于W小学1958届L班毕业生的生命历程回溯研究[J].教育发展研究,2013,33(Z2):5—15.

四、班主任的权利

(一) 享有普通公民和教师应有的一切权利

作为一名普通公民,班主任享有《中华人民共和国宪法》所赋予公民的一切权利,诸如平等权、政治权利与自由、宗教信仰自由、人身自由以及社会经济与文化教育方面的权利。妇女还享有与男子平等、同工同酬等权利。

作为一名教师,其权利在《中华人民共和国教师法》(以下简称《教师法》)中有明确保障:
(1) 进行教育教学活动,开展教育教学改革和实验;
(2) 从事科学研究、学术交流,参加专业的学术团体,在学术活动中充分发表意见;
(3) 指导学生的学习和发展,评定学生的品行和学业成绩;
(4) 按时获取工资报酬,享受国家规定的福利待遇以及寒暑假期的带薪休假;
(5) 对学校教育教学、管理工作和教育行政部门的工作提出意见和建议,通过教职工代表大会或者其他形式,参与学校的民主管理;
(6) 参加进修或者其他方式的培训。

（二）班主任的特有权利

根据《工作规定》，班主任所有享有的权利体现在以下几个方面。

1. 班级管理与教育的权利

《工作规定》指出，"班主任是中小学日常思想道德教育和学生管理工作的主要实施者，是中小学生健康成长的引领者"。管理班级、教育班级学生、引导学生健康成长，既是班主任的职责，也是班主任所享有的特定权利。管理班级与教育学生需要采取多种手段，班主任应以尊重学生、正面激励为主，但针对现实中因对"尊重学生、维护学生权利"的误解而产生的教师尤其是班主任不敢管学生、不敢批评教育学生、放任学生的现象，《工作规定》还特别强调，"班主任在日常教育教学管理中，有采取适当方式对学生进行批评教育的权利"。教师的教育惩戒权也正式被明确，教育部已于2020年12月发布《中小学教育惩戒规则（试行）》，并将在《中华人民共和国教师法》修订中予以体现。

2. 参与学校管理的权利

班主任是由学校选聘的，必须接受学校的管理，遵守学校的规章制度。同时，他们又分担着学校的教育责任，是学校教育第一线的骨干力量，是学校教育工作最基层的组织者和协调者。也正因为班主任与学生联系最紧密、最了解学生的发展需求，他们不仅有权依据《教师法》对学校教育教学、管理工作和教育行政部门的工作提出意见和建议，而且他们的意见和建议能更多地反映学生及家长的心声。因此，"学校在教育管理工作中应充分发挥班主任的骨干作用，注重听取班主任意见"（《工作规定》），班主任也要尊重自己的权利，积极参与学校的民主管理，成为班级学生的"代言人"。

3. 进修、培训的权利

每一名教师都享有参加进修、培训的权利，但是，以往班主任得以进修、培训的机会与平台却很少。《工作规定》指出，"教育行政部门和学校应制定班主任培养培训规划，有组织地开展班主任岗位培训"。"教师初次担任班主任应接受岗前培训"，"教师教育机构应承担班主任培训任务，教育硕士专业学位教育中应设立中小学班主任工作培养方向"。实际上，2006年8月，教育部就正式启动了《全国中小学班主任培训计划》，规定从同年12月起建立中小学班主任岗位培训制度，而且培训"要坚持以各级政府财政投入为主，多渠道筹措中小学班主任培训经费。设立中小学班主任培训专项经费。不得向教师个人收取培训经费"。这些都意味着班主任的进修、培训权利从此得到了政府的有力支持。

4. 享有公正报酬与待遇的权利

《意见》指出："要提高中小学班主任的地位和待遇。班主任工作是中小学教育中特殊重要的岗位，中小学校要在教师中营造以从事班主任工作为荣的氛围。要将班主任工作记入工作量，并提高班主任工作量的权重。各地要根据实际，努力改善班主任的待遇，完善津贴发放办法。要适当安排班主任的教学任务,使他们既能上好课又能做好班主任工作。"《工作规定》则具体对班主任应享有的工作报酬、待遇与奖励予以了明确:"班主任工作量按当地教师标准课时工作量的一半计入教师基本工作量。各地要合理安排班主任的课时工作量,确保班主任做好班级管理工作。""班主任津贴纳入绩效工资管理。在绩效工资分配中要向班主任倾斜。对于班主任承担超课时工作量的,以超课时补贴发放班主任津贴。""教育行政部门建立科学的班主任工作评价体系和奖惩制度。对长期从事班主任工作或在班主任岗位上做出突出贡献的教师定期予以表彰奖励。选拔学校管理干部应优先考虑长期从事班主任工作的优秀班主任。"

第二节 小学班主任的素养

一、关于领导力构成的研究

在管理学中,许多研究者试图探寻成功领导者身上有共性的个人特质以解释或预测领导效能,从而形成了领导特质理论(trait theories of leadership)。传统的领导特质理论认为,领导者的特质是先天具有的。但现代大量的研究证明,领导才能是可以通过努力达到的一种成就。虽然20世纪40年代以来,领导特质理论逐渐被领导行为、领导环境等研究所取代,但其他领导和领导力理论也都或多或少地涉及领导力的构成。管理学的这些研究思路和成果,有助于我们思考和探究由新手成长为优秀班级管理者的路径。

(一)领导特质理论

1. 吉赛利的研究

美国管理学家埃德温·吉赛利(Edwin E. Ghiselli)的研究由于有严密的科学性而受到尊重。他从能力特征(A)、个性特征(M)、激励特征(P)三个维度提出了13种领导者特质,并区分出不同的重要程度(如表2-1所示)。

表2-1 吉赛利的领导个人特征价值表[①]

重要程度	重要性价值	个 人 特 征
非常重要	100	督察能力(A)
	76	事业心,成就欲(M)
	64	才智(A)
	63	自我实现欲(M)

---

① 芮明杰.管理学:现代的观点(第二版)[M].上海:上海人民出版社,2005:290.

(续表)

重要程度	重要性价值	个 人 特 征
	62	自信(P)
	61	决断能力(P)
中等重要	54	对安全保障的需要少(M)
	47	与下属关系亲近(P)
	34	首创精神(A)
	20	不要高额金钱报酬(M)
	10	权利需求高(M)
	5	成熟程度(P)
最不重要	0	性别(P)

注：重要性价值 100＝最重要，0＝没有作用。

2. 斯托格迪尔的研究

美国管理学家拉尔夫·斯托格迪尔(Ralph M. Stogdill)对 1904—1947 年的领导特质理论进行归纳、概括，得出了表 2-2 中的结论。

表 2-2　斯托格迪尔对领导特质理论的概括

维　　度	特　　质
身体	精力、外貌、身高、年龄、体重
社会性	社会经济地位、学历等
智力	果断性、说话流利、知识广博、判断分析能力
个性	适应性、进取心、热心、自信、独立性、外向、机警、支配、有主见、急性、慢性、见解独到、情绪稳定、作风民主、不随波逐流、智慧
与任务有关	责任感、事业心、毅力、首创性、坚持、对人关心
社交	能力、合作、声誉、人际关系、老练程度、正直、诚实、权力的需要、与人共事的技巧

3. 魅力型领导理论

魅力型领导理论(charismatic leadership theory)是主张领导者利用其自身的魅力鼓励追随者并做出重大组织变革的一种领导理论。加拿大麦吉尔大学(McGill University)的康格(J. A. Conger)与卡纳果(R. N. Kanungo)在 1987 年对魅力型领导者进行了系统的研究，概括出魅力型领导者区别于无魅力领导者的下述特征：

（1）他们反对现状并努力改变现状；

（2）设置与现状距离很远的目标前景；

（3）对自己的判断力和能力充满自信；

(4) 能深入浅出、言简意赅地向下级说明自己的理想和远大目标,并使之认同;

(5) 采取一些新奇、违背常规的行为,当他们成功时,会引起下级的惊讶和赞叹;

(6) 对环境的变化非常敏感,并采取果断措施改变现状;

(7) 经常依靠专长权力和参照权力,而不是只用合法权力;

(8) 经常突破现有秩序的框架,采用异乎寻常的手段达到远大的目标;

(9) 被认为是改革创新的代表人物。

1998 年,他们又描述了魅力型领导的五个行为属性:远见卓识、环境敏感、成员需求敏感、敢于冒险、反传统。

4. 彼得的研究

美国管理学家彼得(Peter F. Drucker)的研究与上述不同,他指出了难以胜任领导的品质。具体如下:

(1) 对别人麻木不仁,吹毛求疵,举止凶狠狂妄;

(2) 冷漠、孤僻、骄傲自大;

(3) 背信弃义;

(4) 野心过大,玩弄权术;

(5) 管头管脚,独断专行;

(6) 缺乏建立一支同心协力的队伍的能力;

(7) 心胸狭窄,挑选无能之辈担任下属;

(8) 目光短浅,缺乏战略头脑;

(9) 犟头倔脑,无法适应不同的上司;

(10) 偏听偏信,过分依赖一个顾问;

(11) 懦弱无能,不敢行动;

(12) 犹豫不决,无法决断。

(二) 管理者胜任力理论

"胜任力"概念最早由哈佛大学心理学教授戴维·麦克利兰(David McClelland)于 1973 年正式提出,之后各种胜任力模型被广泛开发并应用到人力资源的管理中。胜任力是指在特定工作岗位、组织环境和文化氛围中绩优者所具备的、可以客观衡量的个体特征及由此产生的可预测的、指向绩效的行为特征。安托尼特·D·露西亚(Antonite D. Lucia)和理查兹·莱普辛格(Richards Lepsinger)在《胜任:员工胜任能力模型应用手册》中提供了一个"经过验证的""通用"的"领导和管理胜任能力模型"。[①]

---

① [美]安托尼特·D·露西亚,理查兹·莱普辛格.胜任:员工胜任能力模型应用手册[M].郭玉广,译.北京:北京大学出版社,2004:201—202.

表 2-3 领导和管理胜任能力模型

维 度	界 定
信息传达	将关于决策、计划和活动的相关信息传达给那些需要这些信息以完成工作的人
明确工作	分配工作,就如何完成这些工作提供指导,并清楚地传达工作职责、任务目标、重点任务、最后期限以及绩效期望
监控	收集有关工作和影响工作的外部条件的信息,检查工作进程和质量,评估员工绩效和组织单元的效力
计划	确定长期目标和策略,根据事情的重要性来分配资源,决定如何使用人才、资源来有效完成某一任务或项目,并决定如何改进合作质量、增加产量、提高效率
解决问题	发现与工作相关的问题,系统、及时地分析问题,并采取果断的行动来实施方案和解决危机
咨询	在实施变动前与那些将受其影响的人商讨,鼓励人们参与决策制定,并允许他们影响决策
授权	向直接下属分配职责,并给他们自主决定的自由和权力以开展工作
影响他人	使用讲道理、谈价值观、激发情感等技巧去影响他人,激起员工的工作热情和完成任务目标的责任感,或是使他们遵照、执行命令和要求
认可	对员工的良好绩效、重大成果以及特殊贡献给予表扬并表示感谢
奖励下属	对员工的有效绩效和能力给予实在的回馈,如加薪或提升
支持	行动友善,为他人着想,有耐心,乐于助人,并对他人的不安和焦虑表示同情或给予支持
指导	提供职业咨询,促进员工的能力发展和事业进步
建立关系网	通过参与非正式的社交活动,与那些可提供信息和帮助的人建立联系,通过定期走访、电话、通信、参加会议和社交活动与他们保持接触
团队建设	促进冲突的有效解决,培养员工的合作精神、团队精神,引导员工与组织相融合

(三) 领导技能与能力模型理论

1. 卡茨的管理者技能理论

美国管理学家罗伯特·卡茨(Robert L. Katz)认为,管理者需要三种基本的技能,即技术技能、人际技能和概念技能。技术技能是指熟悉和精通某种特定专业领域的知识;人际技能是指能够激励、引导和鼓舞员工的热情和信心;概念技能是指管理者能对复杂情况进行抽象和概念化,运用这种技能,管理者必须能够将组织看作一个整体,理解各部分之间的关系,想象组织如何适应它所处的广泛的环境。[①]

2. 领导力五力模型理论[②]

中国科学院"科技领导力研究"课题组 2006 年提出了一个"领导力五力模型"。该模型将

[①] [美]斯蒂芬·P·罗宾斯,玛丽·库尔特.管理学(第 7 版)[M].孙健敏,等,译.北京:中国人民大学出版社,2004:11.
[②] 中国科学院"科技领导力研究"课题组.领导力五力模型研究[J].领导科学,2006(9):20—23.

领导者必须具备的领导能力分解为以下五项关键能力。

（1）对应于群体或组织的目标和战略制定的能力（前瞻力）。

（2）对应于或来源于被领导者的能力，包括吸引被领导者的能力（感召力）及影响被领导者和情境的能力（影响力）。

（3）对应于群体或组织目标实现过程的能力，主要包括正确而果断决策的能力（决断力）和控制目标实现过程的能力（控制力）。

这五种领导能力对领导者而言都非常重要，但它们并不处于同一层面。其中，感召力是最本色、处于顶层的领导能力，因为没有感召力的人就只能是一个管理者而不能修炼为一个领导者；前瞻力和影响力是感召力的延伸或发展，是处于中间层面的领导能力；决断力和控制力又是前瞻力和影响力的延伸和发展，是处于实施层面的领导能力（如图2-1所示）。

图2-1 领导力五力模型

二、小学班主任的素养

> **案例2-2**
>
> **我心目中的班主任**
>
> 在我认识的班主任中，有的很严格，有的很温和，有的很"孩子气"，有的很贴心，有的很幽默。可是，我心目中的班主任具有我所认识的老师身上所有的优点，是一个很完美的人。
>
> 我心目中的班主任，是一个有着一头天然乌黑长发的女老师，走起路来长发飘逸，给人一种自然、清秀、淳朴的感觉。同时，她还有着一双又大又亮的眼睛，一米六五的个子，不轻不重的身材，走在校园里，别人都会说："看，那个是××班的老师，真漂亮。"
>
> 我心目中的班主任是一个能讲一口流利、标准的普通话的人，而且她不讲脏话。这样，学生们也就不会讲那些不堪入耳的话了。
>
> 我心目中的班主任是一个温柔的人。她从不会粗暴地痛斥我们，也不会用什么办法来惩罚我们。她会用温和的语气和我们说话，让我们没有压力。

我心目中的班主任是一个有时也很严厉的人。如果我们有什么地方做得不对，她会毫不留情地批评我们，并且还会给我们讲道理，让我们下一次注意不要再犯同样的错误。

我心目中的班主任是一个幽默风趣的人。她能在紧张的学习中和我们开几个小玩笑，让我们稍稍放松一下，让我们上课轻松一点。这样，我们的精神就提起来了，上课的效率也高了。

我心目中的班主任是一个热心、善良的人。她能热情地关心有困难的学生，尽力去帮忙；遇到某方面有些不足的学生，她不会讽刺他们，而是帮助他们补习，不让谁落后。

我心目中的班主任是一个能和学生成为好朋友的人。她能在我们嬉戏时，陪我们一起玩耍；在我们学习时，和我们一起努力；在我们快乐时，与我们一起高兴；在我们伤心时，尽力劝解我们。

尤为重要的是：我心目中的班主任还是一个博学多才、见多识广的人。她能和我们谈古论今，让我们了解更多的知识，听到更多的新鲜事。这样，我们的学习生活才会更加多姿多彩。

当然，没有谁是十全十美的，我心目中的班主任也是这样。她也有不好的地方，也会有疏忽的时候。

这就是我心目中的班主任，一个美丽、温柔又严厉、有错即改、学识渊博、幽默风趣、热心善良、贴近学生的老师。

资料来源　张哲源.我心目中的班主任[EB/OL].(2013-07-19)[2021-06-03].http://www.doc88.com/P-1982960830999.html.有删节.

思考并讨论

你心目中完美的班主任是什么样子的？为此，你已具备了哪些品质？还需要有哪些成长？你认为小学班主任最基本的素养有哪些？

（一）相关论述与研究

有人从班主任的政治思想素质（包括政治素质、思想素质和道德素质）、业务素质（包括知识结构、能力结构、兴趣爱好、思维方式和创新观念）、身心素质（包括身体素质和心理素质）[①]，或从道德素养、知识素养（包括专业知识、文化知识、教育理论知识、管理科学知识）、能

---

① 郭毅.班级管理学[M].北京：人民教育出版社，2002：29—53.

力素养(包括组织能力、语言表达能力、板书绘图能力、创造能力、适应能力)和心理素养(包括动机、信念、情感、意志、兴趣爱好、性格)[①]等方面系统论述了班主任应具备的素养。这些素质要求非常全面,然而,尚未从管理者、领导者的视角将班主任的特殊素质要求从一般教师的素质要求中凸显出来,未把小学班主任的素养同一般班主任的素养区分出来,未把班主任的基本要求与优秀标准的层次划分出来。

有研究者力求在班主任这一特殊角色要求上有所突破,提出"小学班主任不仅要具备作为一个合格教师的专业素养,还要具备从事班级管理所需要的专业素养"。其中,作为一个专业化的管理者的素养包括以下几个方面。

(1) 作为管理者的一般素质:包括掌握管理理论和形成管理能力,后者又具体包括领导能力、交流与交往能力、应变能力、信息能力、研究管理能力。

(2) 作为班级管理者的特殊素质:包括人文素养和个性素养。人文素养具体包括对人类史的深刻了解、对人类精神发展的深刻了解、对个体的身心发展的深刻了解以及自身要拥有博大的情怀;个性素养则概括为情感丰富、沉稳理性。[②]

有研究者运用德尔菲法和文本分析法同样建立了一个由"基础素养"和"核心素养"构成的班主任专业素养框架体系。其中,"基础素养"是班主任作为一般教师需要具备的基本素养,包括五项:为人师表、教育责任感、关爱学生的能力、教育教学能力、专业发展。"核心素养"是班主任作为教师中的特殊岗位需要具备的重点素养,包括三项:班集体建设能力、学生发展指导能力、教育沟通协调能力。[③]

有研究者借鉴管理学的胜任特征理论和研究方法来探讨小学班主任的素养,得出以下结论。

(1) 优秀小学班主任的胜任特征模型中人格特质优异,即优秀班主任的人际关系、责任感、独立性、自律性、敢为性等正向人格特质都较一般者更优秀;同时,优秀班主任的心理健康水平高。

(2) 在职业兴趣特征方面,具备胜任特征的优秀班主任在社会型、企业型和艺术型维度得分较高,表明优秀班主任具备较强的班级管理和艺术活动组织能力;同时还拥有研究能力、人际交往能力、处理具体事务和从事技术性工作的能力。

(3) 小学班主任胜任特征模型中智能特征包括五大因素:知识技能、个人效能、成就欲、组织管理、人际关系。教龄、学历、职称对小学班主任的胜任特征也有一定影响。[④]

有人则对小学优秀班主任的素质结构进行了实证研究,发现小学优秀班主任的素质可分为以下五个方面。

[①] 邓云洲. 班主任工作的理念与实务[M]. 广州:暨南大学出版社,2008:21—32.
[②] 李学农. 班级管理[M]. 北京:高等教育出版社,2004:236—243.
[③] 耿申,等. 班主任的专业素养:基于实证研究的体系建构[J]. 中国教育学刊,2020(12):94—98.
[④] 孙远刚,杨文军. 小学班主任教师胜任特征模型的研究[J]. 教育科学,2011,27(06):79—82.

（1）人际交往倾向：包括尊重他人、宽容性、换位思考、耐心、合作精神、公平公正和诚实正直。

（2）个性魅力：包括上进心、自信心、情绪稳定、兴趣广泛、责任心、爱岗敬业和公德意识。

（3）团队管理能力：包括组织能力、激励能力、协调能力、选人育人能力、因材施教能力、计划能力、说服能力和情绪觉察能力。

（4）认知能力：包括理解能力、信息搜寻能力、灵活性、反思能力和创造性。

（5）知识经验：包括教育理论知识、教育信念和经验性知识。

该研究还发现，"耐心""责任心""情绪觉察能力""诚实正直""兴趣广泛"等项目是相关的中学班主任实证研究中所没有的，这显示了小学班主任需要具备与中学班主任不同的素质。[①]

著名班主任李镇西老师通过自身25年的班主任工作实践提出："优秀的班主任，应该具备童心、爱心和责任心：童心使我们能够和孩子融为一体，爱心使我们能'把整个心灵献给孩子'（苏霍姆林斯基），而责任心则能使我们站在人生和时代的高度，着眼于儿童的未来与社会的未来培养出'追求真理的真人'（陶行知）。同时，优秀班主任还应该是'专家''思想家'和'心理学家'——这里，我之所以将这三个称谓都加上引号，是想表明并强调，也许我们的班主任一辈子都成不了真正意义上的专家、思想家和心理学家，但这不妨碍我们给自己的事业定一个终身努力的奋斗目标：专家，能够使我们在学科教学或其他专业技能上（而不仅仅是单纯的道德上）征服学生的心，并给他们以积极的影响；思想家，能够使我们随时反思自己的工作，并以鲜活的思想点燃学生思考的火炬；心理学家，能够使我们不知不觉走进学生的心灵，同时让学生不知不觉向我们打开心灵的大门。"[②]看得出，李老师不仅提出了班主任的关键素质，还对班主任的素质层次进行了区别。

2014年9月9日，习近平总书记在与北京师范大学师生座谈时指出："每个人心目中都有自己好老师的形象。做好老师，是每一个老师应该认真思考和探索的问题，也是每一个老师的理想和追求。我想，好老师没有统一的模式，可以各有千秋、各显身手，但有一些共同的、必不可少的特质。"即要有"理想信念、道德情操、扎实学识、仁爱之心"。习近平总书记对好老师提出的这16字要求也为我们思考班主任的核心素养提供了依据。

（二）小学班主任的核心素养

所谓"小学班主任的核心素养"，是指小学教师尤其是新教师从事小学班主任工作的必备品质与关键能力。

《中小学班主任工作规定》要求，选聘班主任应当在教师任职条件的基础上突出考查以

---

① 揭水平，等.小学优秀班主任素质结构研究[J].西南大学学报（社会科学版），2009，35(02)：139—142.
② 李镇西.做最好的班主任[M].桂林：漓江出版社，2008：31—32.

下条件：(1)作风正派，心理健康，为人师表；(2)热爱学生，善于与学生、学生家长及其他任课教师沟通；(3)爱岗敬业，具有较强的教育引导和组织管理能力。

这三条要求实际上反映了中小学班主任应共同具备的基本素养。而综合参考管理学的有关理论和班主任素养的有关研究，可以将小学班主任的核心素养大致归结为以下几个方面。

1. 责任意识与移情能力

（1）责任意识。责任意识是指小学班主任能清楚地知道自己所承担的职责，并能自觉、认真地去履行职责。德国著名诗人歌德(Johann Wolfgang von Goethe)曾说过，责任就是对自己要求去做的事情怀有一种爱，所以负责本身就成了生命的意义的一种表现，人能够从中获得心灵的满足。具有责任意识的班主任，会把育人真正作为自己的义务，而缺乏责任意识的班主任则往往把责任看作强加的负担，看作个人纯粹的付出。

小学班主任的责任意识体现在对小学生负责、对社会负责、对自己负责三个方面。对小学生负责，即班主任能认识到自己对于班级中的每一个学生的全面发展负有教育的责任，而且这种责任由于班主任与小学生关系的紧密性、小学生的极大可塑性而比其他教师的责任更广泛、更重大，影响更深远；对社会负责，是指班主任应认识到小学生"现在是儿童，将来就不是儿童了"，"他变成少年、男青年、女青年、父亲、母亲……"[①]，"今日的学生，就是将来的公民"[②]，从而理解育人是自己所肩负的历史使命；对自己负责，是指班主任应对自己的专业发展和自我改进负责，不断追求"自我实现"，以不断适应社会变革的需要，适应学生发展的需要。

对学生负责、对社会负责以及对自己负责是相互联系、辩证统一的。没有责任意识就不可能产生"师爱"；有了责任意识，才能在与天真可爱的小学生的密切交往中、在教育经验不断丰富的成就感中逐步培养出对学生、对事业的热爱。

（2）移情能力。移情能力主要是指班主任能设身处地地站在小学生的角度，理解他们的感受。在现实中，一些班主任将"责任"与"爱"演变成为对学生的进攻性武器或免遭抵抗的温柔盾牌，它们同时也成了阻碍班主任反思和进步的羁绊。因此，小学班主任在富有责任意识的同时，还要具有移情能力。即小学班主任不仅要把儿童当作"人"（而非"白板"），更要善于体会儿童独特的精神世界，把儿童当作"儿童"（而非"成人的预备"），不以"我为你好"绑架儿童；班主任应尊重儿童的未成熟状态，不应为儿童的未来而牺牲儿童的现在。

---

① ［苏］B·A·苏霍姆林斯基.公民的诞生[M].黄之瑞，等，译.北京：教育科学出版社，2002：13，16.
② 陶行知.学生自治问题之研究[M]//江苏省陶行知研究会，南京晓庄师范学院.陶行知文集（上）（修订本）.南京：江苏教育出版社，2008：55.

案例 2-3

一张温馨的字条

学校护士给丽尔发来了通知,要求她前去种痘。丽尔哭了起来。

老师:种痘很可怕,对吗?

丽尔:是的。

老师:你真希望自己不用去护士那里,是不是?

丽尔:是的,我有些害怕。

老师:我知道。让我给护士写一张字条,请她给你种痘的时候轻一点。

于是,老师写了一张字条,丽尔去了护士那里。当丽尔回来的时候,她的眼睛红红的,还含着眼泪。老师说道:"很痛,是不是?""是的。"丽尔回答道:"一开始的时候非常痛,不过现在好多了。"

老师在这里起到了非常有益的帮助作用。她没有否定丽尔的感受,说:"你都是这么大的女孩了,还害怕种痘?"她没有讲一些冷冰冰的道理,比如"种痘对你有好处"。她也没有进行虚假的哄骗说"种痘不会很痛的,只不过像挠痒痒而已"。相反,她认同了孩子的感受,理解了孩子的愿望,并且提供了有益的帮助。

资料来源 [美]海姆·G·吉诺特.老师怎样和学生说话[M].冯杨,周呈奇,译.海口:海南出版社,三环出版社,2005:24—25.

当然,如果小学班主任不仅能理解儿童,还能怀有一颗不泯的童心,不过于看重成人的"架子"或教师的"尊严",与小学生形成亦师亦友的多重关系,班主任的管理与教育就会更加贴近学生,更容易赢得学生的主动参与和支持。

案例 2-4

一位小学生的作文《我的好伙伴》

我有一个好伙伴,他就是我的班主任钱老师。他上课时虽然严肃,可是也不无童趣。为了让我们理解某些难懂的内容,他常会模仿各种声调,讲故事时也常模仿小孩子的动作。每逢这时,我觉得他是我的伙伴。

说起他有趣的事情,可以写好长好长的故事哩!一次秋游活动,班主任叫我们去找他,我们自然拍手称好。过了不久,他躲好了,我们漫山遍野地找他。找啊找,可是我们从他眼皮底下走过,居然没发现他。过了好久,他突然出现在我们面前,我们乐得捧腹大笑。你瞧他:头上戴着用树枝、树叶、青草叶编成的"伪装帽"。这"帽子"显然是他刚才巧妙地猫在草丛里悠然编织出来的。啊哈！胸前还挂着一个用厚纸卷成的望远镜。这时的他简直不像是大人。好多同学趁机围上去要抢他的"伪装帽"。他干脆把"帽子"拆了，教大家怎么做。

"报告连长，前方发现敌情！"一个同学突然学着战士的口气喊道。

"注意隐蔽，卧倒！"钱老师俨然就是"连长"，他灵敏地顺势趴在草丛里。我们不知怎的也都就地卧倒了……待我们回过神来时，大家都不禁笑了。后来，老师看着大家把"伪装帽"戴好，便给我们讲起了《红色小号手》的故事。他绘声绘色的讲述把我们带到那烽火硝烟弥漫的战争年代……在这苍翠的树林边，在这金色的秋天里，在这广阔的大课堂中，老师又演又讲，让我们受到了一次生动的革命传统教育。

啊，我的班主任，是我的好伙伴，也是我们的引路人！

资料来源　张宽才.班主任个性心理素质对工作的影响[N].黔东南日报，2009-05-23.

2. 学习意识与探究能力

学习意识和探究能力是指小学班主任应充满好奇心、求知欲，把花在学习上的时间看作专业生涯中的重要组成部分，并能不断探究与创新。班主任的学习与探究应体现在对科学知识的学习与探究、对实践经验的学习与探究以及对小学生的学习与探究三方面（结合第十二章学习）。

（1）对科学知识的学习与探究。首先，小学生对世界是充满好奇的，而好奇心是创造力的重要源泉；其次，信息社会中，科学知识的更新速度不断加快，小学生的思想观念也在不断变化中；另外，学习是学生的主要任务。因此，班主任只有自身具有开放的观念，具有强烈的求知欲，才能真正理解并正确指导小学生，把他们培养成为具有创新精神和人文素养的人才。苏霍姆林斯基强调："你的知识、你的求知渴望和阅读爱好，就是你个性教育力量的强大源泉。"[①]作为以育人为核心任务的小学班主任，首先要加强对教育学、心理学和管理学理论的学习，同时还要加强对更广泛的科学知识的学习。

（2）对实践经验的学习与探究。教师的知识可分成两类：理论性知识和实践性知识。教师的实践性知识是教师专业发展的主要知识基础，在教师的工作中发挥着不可替代的作用。[②] 可见，任何班主任实现由新手到优秀的专业发展都需要一个过程，学习意识和探究能力是专业发展的动力。班主任需要向他人的经验学习、向自己的实践学习，并在不断探究每次成败的影响因素、不断探究实践中的新课题的基础上形成自己的独特实践智慧，提升自身

---

① [苏]B·A·苏霍姆林斯基.给教师的一百条建议[M].周蕖，等，译.天津：天津人民出版社，1981：161.
② 陈向明.实践性知识：教师专业发展的知识基础[J].北京大学教育评论，2003(01)：104—112.

的专业发展。

（3）对小学生的学习与探究。美国人类学家玛格丽特·米德（Margaret Mead）曾将人类文化划分为前喻文化、并喻文化和后喻文化三种类型[①]。前喻文化是指晚辈主要向长辈学习；并喻文化是指晚辈和长辈的学习都发生在同辈人之间；后喻文化则是指长辈反过来向晚辈学习。而我们今天则进入了历史上的一个全新时代，年轻一代在对神奇的未来的后喻型理解中获得了新的权威。我国也有研究进一步指出，孩子对成人世界有十种积极影响：乐于接受新事物新思想；思维独立，具有批判精神；有较强的平等意识；有较强的法律意识和自我保护意识；热心社会活动，公民意识较强；更有环保意识；价值判断求"实"；做事认真；具有积极的休闲态度；兴趣爱好广泛。[②] 因此，在后喻文化中，作为成人的班主任也应该或不得不"向孩子学习"。只有向孩子学习，才能真正"发现儿童"；只有成为小学生的平等对话者，才能增进自身的素质。

3. 团队意识与领导能力

团队意识与领导能力是指班主任要善于利用并整合影响班级发展和学生个体成长的诸多教育力量，善于组建团队并在团队中充分施展前瞻力、决断力、控制力、影响力和感召力。

班主任要善于组建两个主要团队，即班级教育团队和班级活动团队。首先，班主任要与任课教师、家长、学生骨干组成各种灵活的教育团队，形成教育的合力；同时，班主任还要指导学生组建各种班级活动团队。一方面要形成能够共同活动的、整体的班级集体，另一方面还应组建各种专项活动团队，为学生多元智力的发挥和发展提供空间。在组建团队的过程中，班主任应充分施展其前瞻、协调、感召等领导能力，并作为团队的核心领导团队开展活动，实现目标。

视野扩展

1. 学习《教育部关于进一步加强中小学班主任工作的意见》《中小学班主任工作规定》《新时代中小学教师职业行为十项准则》等文件。

2. 经常浏览"班主任之友"网站（http://www.bzrzy.cn）中的内容。

3. 阅读刘心武的小说《班主任》，并撰写一份读后感。

4. 阅读海姆·G·吉诺特的《老师怎样和学生说话》（海南出版社、三环出版社2005年出版）。

实践探究

1. 调查不同年级小学生心目中理想的班主任形象。

[①] ［美］玛格丽特·米德.文化与承诺——一项有关代沟问题的研究[M].周晓虹,周怡,译.石家庄：河北人民出版社，1987：6.

[②] 孙云晓,康丽颖.孩子对成人世界的影响值得关注[N].光明日报,1998-09-19.

2. 依据小学班主任的素质要求撰写一篇反思性文章。

3. 一位教师指出:"以我身边的情况来推想,除了教材教参之类,一年半载读不了一两本书的老师估计不在个别,真正喜欢读书的就更少。""以其不读书的形象去影响学生,以其空空如也的头脑去思考问题,以其匮乏的信息储备去与人交流,以其贫乏的知识去教育学生,教育还能有什么好结果?""教师不读书,对教育是致命的伤痛。"你所在地区的小学班主任的学习状态是怎样的呢?

我的思考与收获

第三章
班级教育的准备工作

> 教育是一项可以给人以双倍精神幸福的劳动。教育的对象是人,是学生,是有思想、有语言、有感情的学生。教师劳动的收获,既有自己感觉到的成功的欢乐,更有学生感觉到的成功的欢乐,于是教师收获的是双倍的,乃至更多于其他劳动倍数的幸福。
>
> ——魏书生

学习目标

1. 认识班级教育的准备工作(包括了解学生、制定计划、形成学生核心团队)的意义。
2. 掌握了解学生、制定工作计划的一般要求和方法。
3. 能够根据班级工作的需要培养学生团队领袖,并在培养中实现对全体学生的积极影响。

第一节　了解班级学生

案例 3-1

"这就是我"
——一位五年级小学生的日记

诚然,我相貌一般,没有什么"大人物相",比如,双耳垂肩、双手过膝这种事在我身上是不会发生的。其他五官也无特别之处,倒是眼睛近视,鼻子患有鼻炎,就连嘴巴里的牙齿也有些参差不齐。唯一正常的是耳朵,我只能祈祷它不要出毛病。

也不知为什么,总之我不喜欢在一群人前发表意见或者说话,这实在不是什么好事情,对以后的就业这类问题都是十分不利的。对于这一点,我竟然会冒出

> 一个令我自己都感到惊讶的想法:远离这个社会,去一个没人的地方!让我们先不置可否,继续这个想法吧。在经过几次寻找之后,我终于发现了这令我朝思暮想的地方,那就是灯塔!去灯塔里面当个看守人,只需要每天晚上把灯点亮了就行,既轻松又自在。听着海浪打在岸上的声音,可真是件美妙的事情。只有我一个人,遥望远方,享受着"海上生明月,天涯共此时"的美景。远离尘嚣,在这孤零零的灯塔上,寂静无语地看着一切,枕着海浪舒服地躺下,眼前是一望无际的大海和深沉的天空,也许这就是"天地与我并生,万物与我为一"的境界。
>
> 幻想到这里,我大脑中理性的一面也终于有了发言的时候。
>
> 现实无疑给了我当头一棒,这种想法虽然美好,但美好的想法却最容易破灭。我只有把这怯场的性格给改改,我只能改,因为我是这人类社会中的一员,我没有办法脱离它,虽然它有些不尽如人意,对有些人来说严苛了一些,但我只能接受。
>
> 我时常陷入到这种自身性格缺陷与现实的矛盾中去。我曾不止一两次地想要去改变我的性格,但是每次都应验了古人"江山易改,本性难移"的预言。我也不止一次地想要去逃避,但是,也都失败了。
>
> 我就是这样一个时常陷入矛盾的人。
>
> 资料来源 佚名."这就是我"——一位五年级小学生的日记[EB/OL]. (2009-10-30)[2020-10-08]. http://wuyuhong97.blog.sohu.com.

少年强则国强,培育和践行社会主义核心价值观必须从少年儿童抓起。当代少年儿童自觉培育和践行社会主义核心价值观,从小就应做到记住要求、心有榜样、从小做起、接受帮助。家庭、学校、少先队组织和全社会都要了解少年儿童、尊重少年儿童、关心少年儿童、服务少年儿童。作为育人主力军的班主任,了解学生是做到尊重、关心、服务学生的重要前提,但了解每一位学生也是班主任工作的难点之一。

一、了解班级学生的视角

(一) 整体与个体相结合的视角

1. 了解学生个体

班主任的工作对象是学生,他们不是花名册上的一行字或一个号码,而是一个个鲜活的生命,一个个具有独特个性的人。班主任应牢记苏霍姆林斯基的告诫——"记住,没有也不可能有抽象的学生","没有抽象的学生可以对之机械地搬用一切教学和教育的规律"。班主任要了解每一个学生,"会正确地判断每个学生当前在哪方面有才能,今后他的智力怎样发展,这是教育才智中极为重要的部分"。①

2. 了解班级整体

班主任在了解每个学生的独特性的同时,还应了解班级学生的共同或趋同之处,以便预测班级的发展趋势、确定班集体的目标和计划。对于继任班主任来说,了解班级整体发展状况,是找到工作切入点的前提。

学生个体与班级整体是相互作用的。班级整体风貌对学生个体有着重要影响,尤其在小学中高年级,同伴影响日益显著;学生个体必然也会影响班集体的形成进程。因此,班主任要了解学生个体问题与班级整体之间的关系。

(二)全面发展的视角

班主任要促进学生的全面成长,就必须全面地了解班级学生,具体如下。

(1) 了解自然状况:包括学生的性别及班级性别构成,学生的身高、体重及整体达标水平,学生的家庭住址、家庭背景及社区整体状况等。

(2) 了解学习状况:包括学生的学习经历、学习兴趣、学习风格、学习习惯及学习成绩等。

(3) 了解品德状况:包括每个学生对己、对人、对事的态度及其行为习惯,学生的集体意识和班级舆论导向等。

(4) 了解身体状况:包括学生的体质、视力、有无特殊疾病等。

(5) 了解学生和班级的成长历程。

> **? 思考并讨论**
> 了解以上内容能为班级管理和教育的哪些工作提供依据呢?

二、了解班级学生的策略

(一)常规策略

(1) 观察。观察是直接了解学生的一种便捷方法。班主任可以通过对学生个体和整个班级的课堂表现、学生在集体活动和自由活动中的表现等的观察,掌握学生状况。

(2) 访谈。班主任可以通过直接与学生个体谈话、组织班级集体讨论来了解情况,还可以通过对现在或先前的任课教师、学生家长、前任班主任、学生同伴等进行访谈来间接地获得信息。

(3) 资料分析法。班主任可以对各种反映学生情况的书面材料进行分析,如学生档案、学生的作文和其他作业、学生个体和班级的日志或周记等。

---

① [苏]B·A·苏霍姆林斯基.给教师的一百条建议[M].周蕖,等,译.天津人民出版社,1981:21—22.

> **案例 3-2**
>
> **用"悄悄话"沟通你我**
>
> 从一年级第一学期开始，郑丹娜老师就发给班级每位同学一个本子，叫作"悄悄话交流本"。学生可以任意写出自己的感受，体裁不限，长短不限，也可以用图画表示。郑老师看过后会及时用"悄悄话"回复，有的是鼓励，有的是提醒。如果认为问题比较严重，还会找学生面谈，或采取相应措施。通过"悄悄话"，班主任及时掌握了学生的思想动态，同时，学生的心事也能及时得到倾诉。通过这每天一次的"悄悄话"，架起了师生间的心灵沟通之桥。
>
> 资料来源　张小武.用"悄悄话"沟通你我——记全国优秀班主任、北京市朝阳区垂杨柳中心小学教师郑丹娜[J].教育,2008(19)：43—45.

（二）新型策略

1. "破冰"游戏

"破冰"游戏是在各种培训领域中盛行的一种开场游戏。"破冰"之意为打破人际交往间怀疑、猜忌、疏远的樊篱，就像打破严冬厚厚的冰层。班级管理可以借鉴各种"破冰"游戏，这不仅有助于班主任迅速而深入地了解学生，消除师生之间的陌生感，还有助于促进学生之间的相互了解、相互融洽。而且游戏的形式生动有趣，也更符合儿童的年龄特点。

游戏活动可以根据班额和游戏内容，选择集体进行或分组进行。班主任应平等地参与到游戏之中，在轻松有趣的活动中了解学生。下面将列举一些"破冰"游戏以供参考。

（1）名字接龙[①]。学生围坐一圈，班主任详细说明要求：任意提名或用击鼓传花的形式选出第一位学生，该学生报告自己的姓名，并用一两句话介绍自己的有关情况（如兴趣爱好、特长、最近发生在自己身上的一件有趣的事情等）；第二位学生在自我介绍之前先要重复介绍前一位学生的名字并简要复述该学生所讲的事情。例如，第一位学生说："我叫×××，我特别喜欢跳舞，在幼儿园经常参加表演。"第二位学生应说："她叫×××，她跳舞跳得很好。我叫×××，我假期和爸爸妈妈去海边旅游，很开心。"班主任最好是最后一个发言者。一轮结束后，可以调换顺序重复进行，但介绍的内容需要更新，或者选自愿的学生依次说出同学的名字，抑或让学生说出与自己情况相同的同学的名字。

（2）找朋友。将学生排成两层的同心圆，随着音乐内外层逆向转动（也可边唱边转）；音乐一停，面对面的两名学生要彼此握手并相互自我介绍；音乐再起时，游戏继续进行。

（3）姓名内涵。请学生自我介绍姓名，并说说与自己姓名有关的以下问题：姓名有何来

[①] [美]弗农·F·琼斯,路易丝·S·琼斯.全面课堂管理——创建一个共同的班集体[M].方彤,等,译.北京：中国轻工业出版社,2002：111—117.有少量改动。

历和含义？希望老师和同学课下用哪个名字称呼自己？学名、小名或其他名字（注意课上应该用学名称呼）是什么？介绍活动可以按座位排列逐个进行，也可以分组进行，然后每组找一个自愿者来介绍小组成员。

（4）点点心声。班主任提前设计好问题签，如你最喜爱的人是谁？你喜欢上哪些课？你希望老师是什么样的？你喜欢哪些动画片？哪件事最令你自豪？你长大后想干什么？你做过的最特别的事情是什么？你最喜欢的动物、颜色、食物等是什么？等等。将问题签编上序号。学生围圈而坐，逐个抽签（或用扑克牌），依据题号抽取问题签并回答问题。

（5）小记者。班主任亲自设计或者引导学生集体设计出一份调查提纲，每个学生拿着调查提纲寻找想了解的同学逐个采访。采访结束之后，可以归纳学生之间相同的答案，并打印出来，分发给每个学生和任课教师，或者张贴在班级的墙上。

> **探索并讨论**
> 你还能设计出哪些有趣的、可以帮助班主任了解学生的活动？

2. 测量法

（1）人际关系测量法。要求学生回答问卷：假如你是组长，你希望哪些同学成为你的组员？如果选组长，你认为谁会/不会提你的名字（或你会/不会选择谁）？你愿意/拒绝跟谁一起学习（或娱乐等）？有一项××工作，你认为谁承担最合适？新年到了，你想把贺年卡送给谁？等等。可以将编好序号（或为学生的学号）的学生名单发给每个人，学生回答时直接填写序号；最好规定最多可以选择的数量，并排出先选、次选的顺序。

班主任可以用矩阵或图示描述出班级学生人际关系的状况，具体见表 3-1 和图 3-1。[①]

表 3-1　人际关系矩阵表

符号　被选 选择者	1	2	3	4	5	6	7
1					+	+	
2	+		+	−			
3		+		−			
4	+						
5	+					+	
6	+				+		
7							
合计	4	1	1	−2	2	2	

注：表内"＋"为选择，"−"为排斥。

编号	他选择谁		谁选择他	
	正选择	负选择	正选择	负选择
1	⑤⑥		2、4 ⑤⑥	
2	1③	4	③	
3	②	4	②	
4	1			2、3
5	①⑥		①⑥	
6	①⑤		①⑤	
7				

注：打圆圈者表示互选，圆圈内的数或未打圆圈的数是团体成员代号。

[①] 程正方. 现代管理心理学（修订本）[M]. 北京：北京师范大学出版社，1996：263—265.

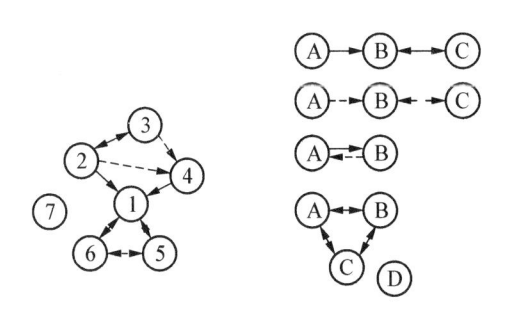

各种人际关系图示说明：

A 选择 B，B 与 C 互选

A 排斥 B，B 与 C 互排斥

A 选择 B，B 排斥 A

三人小圈子，D 为被忽视者

图 3-1　人际关系图示

班主任还可以计算出学生个体在班级中的社会地位指数和有关班级发展状况的指数，具体计算公式如下。

个体社会地位指数＝(被选择总数＋被排斥总数)/(班级总人数－1)

个体被选择的地位指数＝被选择总数/(班级总人数－1)

个体被排斥的地位指数＝被排斥总数/(班级总人数－1)

班级学生间的吸引率＝班级总选择数/(班级总选择数＋班级总排斥数)

班级学生间的排斥率＝班级总排斥数/(班级总选择数＋班级总排斥数)

班级凝聚力指数＝班级中互选数/班级中可能存在的相互选择总数

班级离散性指数＝未获任何选择的成员人数/班级的总人数

人际关系测量法有助于使继任班主任迅速而深入地了解学生个体的人际情况和班级发展状态。

(2) 智能与学习风格测量法。此处主要介绍以下三种方法。

①智力测验。智力测验是由心理学家研制的，内容主要为言语推理以及一般常识、数值推理、记忆、感知技能与组织技能等的标准化测试。国际上常用的个人智力测验主要有两种：斯坦福—比奈智力量表和韦克斯勒智力量表(韦克斯勒智力量表还可用于诊断一定范围的心智失调)。这两种测验量表在中国都有修订本。班主任如果发现学生在智力上与其他同学有明显差异，可以劝导家长带领孩子到专业机构进行测量，以便根据测量结果采取相应的教育措施。

②多元智能评估。20 世纪 80 年代，美国心理学家加德纳教授(Howard Gardner)提出了多元智能理论。他认为，人的智力是多元的，除了言语语言智力和逻辑数理智力之外，还有其他七种智力，包括视觉空间关系智力、音乐节奏智力、身体运动智力、人际交往智力、自我反省智力、自然观察者智力和存在智力。理解多元智能理论有助于班主任正确认识学生，创造适宜条件充分发挥和发展每一个学生的潜能。

美国教育家阿姆斯特朗(Thomas Armstrong)根据加德纳的多元智能理论提供了一个"多元智能自我评估表"[①]，该表从八个维度(不含存在智力)每个维度八道题项，来测查人的

---

① 闫寒冰.学习过程设计——信息技术与课程整合的视角[M].北京：教育科学出版社，2005：233—236.

智力倾向。例如,测查言语语言智力的题项有"书籍对我而言非常重要""对我而言,在学校学习语文、社会学和历史比学习数学和科学更容易"等;测查逻辑数理智力的题项有"我心算能力强""我喜欢分析他人所说和所做的事情是否符合逻辑"等,测查视觉空间关系智力的题项有"当闭上眼睛时,我经常能看见清晰的视觉图像""在不熟悉的地域,我通常能找到方位"等;测查音乐节奏智力的题项有"如果一首歌或乐器走调,我能立即听到""我经常用乐器演奏或想用乐器演奏"等;测查身体运动智力的题项有"我发现我很难长时间静坐""我喜欢动手去做具体的活动,如缝纫、编织、雕刻、木工或建造模型"等;测查人际交往智力的题项有"我至少有三个亲密的朋友""在人群中间,我会感到比较舒服"等;测查自我反省智力的题项有"我能够用积极的态度面对挫折""我经常写私人日记或日志来记录我的内心生活事件"等;测查自然观察者智力的题项有"我喜欢喂养和触摸动物""我喜欢阅读有关动物或者自然灾害的故事"等。根据被试选择的适宜自己的描述,统计各维度的分数,显示其智力的状况。

班主任可以依照阿姆斯特朗的评估表设计出适宜本地小学生的问卷,为了解学生提供参考。

③学习风格量表。学习风格是指学习者特有的感知信息、与学习环境相互作用并对之做出反应的相对稳定的学习方式。学生的学习风格与教师的教学方式的一致性的高低,会影响学生的学习效率和学习质量。

美国的芭芭拉·所罗门(Barbara A. Soloman)教授从信息加工、感知、输入、理解四个方面将学习风格分为四个组对、八种类型,即活跃型与沉思型、感悟型与直觉型、视觉型与言语型、序列型与综合型,并设计出了"学习风格自测问卷表"[①]。问卷表将四个组对作为维度,每个维度11道问题,每个问题的选项均为两个,以考察四个组对中的两种倾向。例如,"为了较好地理解某些事物,我首先(a)试试看,(b)深思熟虑";"我办事喜欢(a)讲求实际,(b)标新立异"。根据适宜自己情况的选择,在分析表中的相应位置填上"1",最后统计四个维度a、b各列的得数,并用"(较大数-较小数)+较大数的字母"表示出学习者学习风格的类型及其强度(如表3-2所示)。

表3-2 所罗门学习风格分析表

活跃型/沉思型			感悟型/直觉型			视觉型/言语型			序列型/综合型		
问题	a	b	问题	a	b	问题	a	b	问题	a	b
1			2			3			4		
5			6			7			8		
…			…			…			…		
总计			总计			总计			总计		

[①] 闫寒冰.学习过程设计——信息技术与课程整合的视角[M].北京:教育科学出版社,2005:240—243.

美国学者欧立夫(Richard Oliver)将学习风格分为视觉偏好型、听觉偏好型和触觉偏好型三类。据此所设计的"学习风格调查表"①包括 24 个题项,被试可以根据每个题项的描述,选择"经常"(5 分)、"有时"(3 分)、"很少"(1 分)中的某种适宜自己的状态,最后以统计出的各维度分值表示学习风格偏好度。

三、了解班级学生的基本要求

(一) 全面性

小学生虽然年龄小,但每个小学生都是一个复杂的个体。班主任不仅要了解学生的学习成绩,还要全面了解每一位学生的认知潜能、学习风格、情感态度、兴趣爱好、人际交往等不同侧面;不仅要了解学生的发展状态,还应从家庭、社区和学校等多角度掌握影响学生成长的各种因素;不仅要了解学生个体,还要了解班级群体。这样,才能真正做到因材施教、全面育人。

(二) 客观性

了解学生的途径和方法很多,每一个描述者或评价者都带有一定的主观倾向,每一种方法也都有利有弊;同时,班主任也是人,难免对漂亮、懂事的学生由衷地喜爱,或受刻板印象的影响而不能客观地了解学生。但是,班主任不能忘记自己的教育者身份和工作职责,对学生不仅要"听其言",还要"观其行";要尽量通过多种途径、运用多种方法,了解学生的真实状态,以避免主观臆断、以偏概全。

(三) 发展性

班主任要认识到小学生正处于发展变化之中,对学生的了解要持续进行;要坚信每个学生都是可教育的,要用发展的眼光认识、了解学生。

(四) 累积性

了解学生是一个长期的过程,班主任要及时将了解的结果记录、保存,以便全面、客观、发展地进行学情分析。班主任可以通过制作"学生个体发展状况卡""班级发展状况记录表",或应用"档案袋"等形式积累学生信息。

第二节 树立良好的第一印象

古人云:"亲其师,信其道。"所有的学生都很用心地观察班主任的每一个动

---

① 闫寒冰.学习过程设计——信息技术与课程整合的视角[M].北京:教育科学出版社,2005:237—239.

作、每一个眼神、每一种表情,会细心倾听班主任的每一句话。刚接手一个班级,是班主任"感情投资"的最佳时机,要注意给学生留下良好的第一印象。

一、首因效应

心理学提出了一条重要的效应——"首因效应",也称为"第一印象作用"或"先入为主效应"。首因,是指首次认知客体而在脑中留下的第一印象。首因效应,是指个体在社会认知过程中,通过第一印象最先输入的信息对客体以后的认知产生的影响。首因效应是人们普遍存在的一种主观性倾向。人们主要依靠性别、年龄、体态、姿势、谈吐、面部表情、衣着打扮等形成第一印象,判断一个人的内在素养和个性特征。班主任给学生留下的第一印象,对其威信的树立以及教育工作的顺利开展有着重大的影响。

二、树立良好第一印象的策略

(一)可亲的微笑和整洁的仪表

人际关系实验证明:在信息的全部表达中,说话占 7%,态度占 38%,而表情动作占 55%;表情中的目光和微笑是表现力最丰富、最有效的一种非语言符号。一些对学生的调查也显示,学生喜欢面带微笑的教师,而不喜欢教师生气或严厉的样子,因为看到教师的微笑就会消除紧张感,从而轻松愉快地学习。这正所谓"感人心者,莫先乎情"。因此,班主任要通过亲切的面容、慈爱的微笑、期待的目光、整洁的仪表及适当的举止,给学生留下良好的第一印象,形成良好的教育基础。同时,班主任良好的仪态还是促进学生健康个性形成的重要影响因素。

(二)热情、风趣的自我介绍

案例 3-3

班主任自我介绍

同学们,你们好!从今天开始,我就是你们班的班主任,同时也是你们的语文老师。

想知道老师的名字吗?老师告诉你们,我叫××。但是老师姓什么,聪明伶俐的大家就得动动脑筋猜一猜了!请猜,谜面是:文官拿刀装武将。

十秒倒计时开始了,10,9,8,……1!

那老师的全名是刘××。

经过刚才的一段时间,相信同学们已经把老师的外貌特征观察清楚了。那老师就用自己的语言描述自己,然后同学们用你们的眼睛判断:老师和他们长得像吗?听清楚了,老师与樱桃小丸子和网球王子越前龙马一样有着小小的身材。有比樱桃小丸子还短的头发。虽然眼睛小小的,但和越前龙马一样有着一双锐利的眼睛。

同学们说,这样的描述准确恰当吗?

老师虽然把自己和卡通人物相比较,但是老师除了可爱,还有其他优点。老师会像"舒肤佳"一样做个爱心老师,呵护大家成长,也会像哆啦A梦的百宝袋一样满足大家在学习上的愿望。

但同学们知道吗?老师来自中国恐龙之乡,所以老师的性格也像恐龙一样。既有像慈母龙一样温和、耐心的一面,也有像霸王龙一样急躁、严厉的一面。因此,聪明的大家就知道,要按照老师的要求去做,可别把老师的霸王龙脾气给激出来哦!其实,老师的要求非常简单:见到老师说声好,上学上课不迟到,作业任务要做好,活动大家齐热闹!

现在,老师的自我介绍就结束了,希望同学们喜欢我这个新来的班主任!

资料来源　班主任自我介绍[EB/OL]. (2007 - 04 - 11)[2020 - 10 - 11]. http://www.blogms.com/StBlogPageMain/Efp_BlogLogSee.aspx? cBlogLog = 1001803631.

案例3-4

今年我担任二年级(3)班班主任,刚接到新班,我马上找原班主任了解学生情况,对学生做了个初步了解。在学生报名时,和颜悦色地与学生进行第一次谈话。开学第一天,当我走进教室,学生们立刻安静下来,瞪着眼睛紧张地看着我。我立刻报以一个微笑。在简单的自我介绍之后,学生紧张的心情放松了下来,脸上露出了笑容。接着我说道:"我课上是你们的老师,课下是你们的朋友。你们谁愿意和我交朋友?"有几个大胆的学生举起了手,我笑着走过去一一和他们击掌。这一下,教室里顿时一片欢呼雀跃,大家纷纷举起了小手叫道:"老师,我和你击掌!"我微笑着和他们击掌,学生们兴奋极了,小脸涨得通红,我又趁热打铁道:"朋友归朋友,但学习上我是老师,对你们的要求是严格的,你们能认真学习吗?"学生齐声回答:"能!"开学第一天,我就用微笑拉近了我和学生的心的距离。

资料来源　王涛. 小学二年级班主任个人工作总结[EB/OL]. (2014 - 02 - 12)[2021 - 02 - 19]. http://new.060s.com/article/2014/02/12/854809.htm.

班主任的自我介绍除了姓名之外,还可以包括自己的学习或工作经历及成就、兴趣爱好、教育理念、对自己和对学生的期望等。如果班主任的自我介绍热情、风趣,就能够在开学初一下子得到学生的印象加分。如果是继任中高年级班主任,还可以在暑假临开学前给每位学生写一封热情洋溢的信,从而更快捷地建立起师生之间和谐的心理关系。

(三) 温暖的教室布置

1. 教室环境布置

学生进入学校后,教室便成为他们的"新家"。班主任应努力将教室营造得如同家一般温馨,使学生产生认同感和归属感,减轻其入学焦虑。

为迎接学生的入学或者返校,班主任可以在黑板上写上欢迎词、画上简洁而美丽的图案。在低年级,班主任还可以提前在墙壁上设计出能全面反映学生学习和生活的多个板块,以便开学后填充具体内容,而中高年级班主任则可以在开学后再与学生共同商议教室设计。

2. 座位排列

学生一入校,班主任就不得不面对座位排列的问题。学生的座位排列,事小却关系重大。学生的座位排得是否科学、合理、有效,不仅会影响师生间的关系,还会涉及学生与学生、家长与教师、家长与家长之间的诸多关系,直接决定着班级的凝聚力和向心力的形成,关系到学生的学习情绪、纪律状况和班级课堂气氛的好坏,关乎班主任甚至学校在社会、家长、学生心目中的形象。班主任排座位的策略是其教育公平理念的体现。座位排列的方法有如下几种。

(1) 身高排列法。依据身高排座位是一种常用且简便的方法。可以有两种具体策略:第一,依身高排队,然后依次坐满第一排、第二排直至最后一排,最后再根据个别学生的特殊情况,适当调整。定期(通常每周或每两周)每列整体向左或向右移动一列。第二,依身高纵向排列并按照教室每列桌椅数,满额即成一组,依此类推,组成与教室桌椅相应的列数,一列学生对应一列桌椅。定期左右加前后循环,即整列左右循环时,每组的后排同学依次向前移动一排,最前排同学移到最后排。

(2) 男女组合法。[①] 男女组合也是班主任常用的一种排座位方法。一般来说,一、二年级男女搭配,三、四、五年级男男搭配或女女搭配,到六年级再男女搭配。因为一、二年级的时候男生好动而女生比较文静、自控力较强,男女搭配可以互相牵制、互相影响;可到了三、四、五年级的时候,学生进入性别认同时期,男女生之间开始相互排斥,因此可以暂时分开;到了六年级,学生开始进入青春期早期,男生会在女生面前力图表现出"绅士"的一面,而女生也会在男生面前格外文静,男女搭配也可以达到相互激励、相互促进的效果。

(3) 自由搭配法。请学生写出希望哪些同学坐在自己身边,并说明理由。只要理由合情

---

① 宗合.班级排座位如同"排兵布阵"[N].楚天金报,2007-11-28.

合理,班主任应尽量满足,把相互喜欢的学生安排成左右桌或前后桌。这种方法能满足学生对安全感的需要,但对于那些班级社会地位不良的学生来说不利。因此,需要班主任做好学生的思想动员,如先组织全班学生讨论建立良好同学关系的意义和方法,或通过游戏融洽学生间的关系,也可以私下找一些自制力强、个性随和的学生带头接受那些地位不利的学生,还可以通过引导不满意学生找同桌优点等方式解决问题。

(4) 学习小组排位法。可以让学生跟自己差不多水平的同学坐在一起,完成相应水平的课程任务。这种同质分组有利于激发学生之间的竞争意识,避免异质分组在完成小组作业时由成绩好的学生包揽一切的情况。同时,可以让不同学习水平的学生坐在一起,即异质分组,利于同伴影响与促进,避免同质分组造成的组间压力。学生在不同的课上可有不同的座位,这样上课会更有新鲜感。当然,对于成绩较差的小组,班主任要给予更多的关注和鼓励。

> **资料链接 3-1**
>
> ### 李镇西老师排座位的方法
>
> 多年的班主任实践,使我对给学生编排座位有一套比较成熟的做法。我排座位的原则是:尊重学生,利于学习,小组固定,每周轮换。所谓"尊重学生",就是尽可能满足学生的愿望,甚至让学生在一定条件下自己确定座位,当然也不是想坐哪里就坐哪里。所谓"利于学习",就是排座位要考虑成绩搭配,让不同基础的学生坐在一起。所谓"小组固定",意思是前后四人或六人就是一个整体,小组内部可以互相调整。所谓"每周轮换",是说每个星期全班都要以小组为单位调整一次座位,让每一个同学在一学期之内几乎都能把教室的每个方位坐遍。
>
> 具体操作分两个步骤:开学第一天排一次,一个月以后排一次。开学第一天排座位,主要是让学生自己安排,老师只和他们讨论安排座位的原则。因为是随意坐的,因此,教室里面男生女生坐的比例不太合理,阵线分明。于是,我和大家商量着略做了调整,使男女同学能够混合地坐在一起。最后,我问了问那些需要照顾的同学,并把一位视力特别不好的女生安排在了最前排,然后对她说:"我和同学们也只能照顾你一周,请理解!因为我们每周都要轮换座位。"
>
> 第二个月后,师生之间、学生之间比较熟悉了,同时,第一次安排的座位是否合适,大家也比较清楚了,于是这时便进行调整。这次的调整,不但要根据任课老师的意见和同学们的反映,将不合适的同桌分开,而且还要确立学习小组。我班的学习小组是4—6人,刚好前后左右相邻。学习小组一旦编定,原则上便三年不变,这样便于组与组之间的竞赛。

我还要详细说说教室里的课桌布局。教师站在讲台上,一般来说,下面是八列小纵队,其中每两列靠得比较紧密,于是形成四列大纵队;同时,又是七横排(刚好56个学生)或八横排(刚好64个学生)。从每个大纵队中间截开,便是前后两个小组。这样,全班就有八个小组,每个小组6—8人。每周轮换座位的时候,小组整体搬迁移动,例如(从站在讲台的视角看),教室最右上角的那个小组移动到最左前方的角落,教室最右边最靠前的那个小组则朝左边后方移动。在小组整体搬迁移动的同时,小组内部也进行前后左右的循环调整。

这样每周循环的好处是:第一,保持了小组的整体性,有利于课堂学习的交流讨论和小组之间的学习竞赛;第二,任何一个学生都有机会坐教室里任何一个位置,对每个学生来说都显得十分公平。

资料来源　李镇西.做最好的班主任[M].桂林:漓江出版社,2008:64—66.

> **思考并讨论**
>
> 有些班主任将班级中淘气的、学习成绩差的学生有意安排在教室前后的某个角落予以孤立;有些班主任则把"黄金座位"变成了"关系座""人情座""金钱座"。你对此有何看法?

第三节　制定班级管理和教育计划

一、计划制定的意义和依据

(一) 计划制定的意义

班级管理和教育工作是一项复杂的系统工作,教师只有制定好周密的工作计划,才能使学校的培养目标和自己的教育理念具体化、阶段化,有步骤地落实学校的教育计划,有条不紊地开展班级教育活动,从而保证教育目标的最终实现。制定班级管理和教育计划,也有利于对班主任工作和班级发展状况进行检查、督促及反思。

(二) 计划制定的依据

(1) 学校的教育目标和计划。班级管理和教育的目标、计划要尽量与学校整体的教育目标和计划保持一致。

(2) 本班学生身心发展的实际情况。在完成学校共性的教育任务的同时,班级管理应体现自己的特色,因此,班主任需要根据本班学生的实际状况确定教育的重点以及具体的教育内容和教育形式。

（3）班主任自身的教育理念。无论是学校教育计划的执行和具体化，还是班级个性化计划的制定与执行，都与班主任自身的理念有关。班主任应树立正确的教育理念，对全体学生的全面发展负责。

二、计划制定的原则

（一）群众性原则

富有针对性、实效性的班级管理和教育计划必须走"群众"路线才能制定出来。学生的发展不仅受制于班主任一个人的管理和教育，还会受到其他多种因素的影响。因此，班主任必须依靠各方面的教育力量才能形成更强大的教育合力。同时，只有培养学生自我管理、自我教育的能力才能体现出教育的价值。所以，班级管理和教育计划在制定过程中应广泛征求学生、任课教师、学生家长以及校领导的意见，集思广益，群策群力。虽然班级管理和教育计划通俗地被称为"班主任工作计划"。但实际上，班主任并不应是班级管理和教育计划的唯一制定者，而只是计划制定的组织者和主要执笔者。

（二）目的性原则

班级管理和教育计划首先要有明确的目标。有了目标，才能使具体的教育活动有明确的导向。班级管理和教育计划的总目标应以培养全面发展的社会主义事业的建设者和接班人为基本宗旨，紧紧围绕基础教育的培养目标和学校的教育目标，但其又是这些宏观目标和本班实际相结合的产物，是宏观目标的具体化。

（三）整体性原则

一方面，班级管理和教育计划应与学校整体教育计划的目标和步调相一致；另一方面，班级管理和教育计划中所涉及的多项具体教育活动应贯穿一条教育主线，保持各项活动之间的内在联系，通过循序渐进的教育切实促进学生的健康成长。

（四）稳定性和灵活性相结合的原则

班级工作要井然有序、班集体要稳定团结，计划的稳定性和连续性是基本保证。然而，客观情况的变化则又要求计划具有灵活性，使之适应新情况。

（五）超前性和现实性相结合的原则

计划的制定必定带有超前性，要勾画出班级美好的、理想的发展前景。但是，教育的理想必须建立在现实的基础上才能得以实现。因此，班级管理和教育计划的制定要紧密联系社区环境、学校条件和学生的实际状况。

三、计划的类型与内容结构

（一）计划的类型

班级管理和教育计划依据覆盖的时间段和详略程度可分为三个层面的计划：学期计划、月或周计划，以及具体活动方案。

1. 学期计划

班级管理和教育的学期计划是在学期开始之初制定的、对整个学期班级管理和教育进行设计的计划，是全学期班主任工作的总纲和班级发展的总思路。学期计划中的活动设计可以是专题式的，也可以是依时间顺序展开的罗列式的。

2. 月或周计划

班级管理和教育的月或周计划，是根据学期目标和计划以及阶段性任务和学生的实际情况，对某月或某周的班级管理和教育进行设计的计划。这种计划可以与学期计划合二为一，但通常会在宏观的学期计划的基础上再完善出一份略为详细、重点突出的计划。它一般包括阶段性的教育目标以及相应活动的时间、内容、地点、方式、措施、执行人员等。

3. 具体活动方案

具体活动方案是指对某一项教育活动的开展而做出的细致安排，如某一次主题班会的组织、某一次文体活动的安排等。这种计划要制定得更为详细、具体、明确，包括对活动的准备过程、活动的实施过程以及活动的后续延伸等做出详细而具体的设计，以保证活动开展时胸有成竹、有条不紊。

（二）计划的内容结构

班级管理和教育计划的基本内容一般包含以下几个方面。

（1）班级基本情况分析。班级基本情况分析是指班主任对班级学生的人员构成、学习情况、思想品德情况、体质状况、学生骨干状况、特殊需要学生情况以及班集体的形成状态、其他有利影响因素和不利影响因素等进行的全面、细致的分析。认真分析班级情况，才能使班主任的管理和教育工作具有针对性。

（2）目标及重点。包括一定时期班级管理和教育的目标及重点。

（3）活动安排。包括为实现教育目标而安排的主要活动的内容和形式、人员分工以及时间、步骤等。不同层面的计划，其活动安排详略程度不同。

（4）活动效果检测办法与反思。这部分应是计划实施之后完成的内容。活动开展之后，班主任要及时反思活动目的、过程和效果，总结经验教训，以便更好地执行或适时地调整后期的活动安排。

案例 3-5

班级管理和教育学期计划（班主任工作计划）

本学期，根据学校大队部工作计划和班级特点，制定班主任工作计划如下。

一、常规教育常抓不懈

1. 充分利用班会等时间学习《小学生守则》和《小学生日常行为规范》，并在日常学习的过程中让学生知道什么行为是对的、什么是不对的，教给学生待人接物的基本礼仪，使学生养成良好的学习和生活习惯。如：见师长热情问好，上下楼梯学会礼让。

2. 充分发挥各项活动中的教育阵地作用，增强学生的荣誉感，使学生心中有他人、有集体。如：可以利用"优秀雏鹰中队"的评比活动对学生进行文明行为教育，进一步规范学生的行为习惯。

3. 重视养成教育。本学期，将从不同的方面和角度对学生进行规律性的常规训练。重点落实好《小学生日常行为规范》，使学生逐步形成良好的道德品质、行为习惯、学习习惯和积极的学习态度，不让一个学生掉队。

4. 继续颁发"报喜卡"。

二、班干部的培养

开学伊始，组建好二年级班委会，明确班委会成员的各自分工。在日常班级管理中，针对班干部在工作中出现的问题，教给他们工作方法，使他们明确自己的职责，指出他们的优缺点和今后努力工作的方向。同时，还要求他们注意班干部成员之间的合作，齐心协力，拧成一股绳，尽力在同学之间树立他们的威信，创造机会，锻炼和培养他们的能力。

三、继续开展"幸福阅读"班级特色活动

1. 学生每天自带一本自己喜爱的且适合本年龄段的、有意义的书籍。
2. 指导学生初步学会做读书笔记，评选"优秀读书笔记"。
3. 利用班会开展讲故事比赛，评选班级"故事大王"。
4. 老师和学生共读一本书，读后谈谈读书心得。
5. 继续开展"我和父母共读书"活动。

四、加强对后进生的管理

面向全体学生，分类施教，加强对后进生的管理，要从关心、爱护学生的角度出发，了解学生情况。及时与家长沟通，让家长配合老师共同做好后进生的帮扶教育工作，不让一个学生掉队。

五、活动安排

九月：

1. 开学第一天的安全教育。

2. 行为规范的主题教育，加强一日常规训练与检查。

3. 利用"'9·3'阅兵""重阳节""教师节"，对学生进行爱国、尊重长辈、尊重老师的教育。

4. 教室环境布置，班级文化建设。

5. 班级写字比赛。

6. 召开家长会。

7. 召开班干部会。

十月：

1. 班级故事比赛，评选班级"故事大王"。

2. 学习、卫生、文明习惯的养成教育。

十一月：

1. 利用体育课，加强锻炼，培养学生的毅力。

2. 开展"老师和学生共读一本书"读书心得交流活动。

十二月：

1. 开展安全主题教育，举行师生安全疏散演练。

2. 开展冬季长跑健身活动。

3. 庆祝元旦，喜迎新年活动。

一月份：

1. 复习准备期末考试。

2. 班级工作总结。

资料来源　欧阳军.二年级班主任工作计划[EB/OL].(2015-09-09)[2020-02-21]. http://wenku.baidu.com/view/6cd0e0d0b307e87100f69683.html.

案例3-6

班级管理和教育学期计划二（班主任工作计划）

一、学生情况分析

全班共46人，其中20名女生，26名男生。同学们基本上在学习和常规等各方面习惯的养成上走入正轨。但由于学生来自不同的家庭,家长的文化水平、道德素质等都存在着较大的差异,因此,还有少数学生的学习习惯和行为习惯没有培养起来。大部分学生在课堂上只停留在认真、专心听的阶段,缺少主动参与的意识和习惯,一部分学生上课纪律松懈,喜欢随意讲话,作业不能及时完成,喜欢拖拉。

二、本学期工作重点

(一)充分利用班级论坛,做好家校的沟通

上学期,经过家长和老师的精心打造,我们开启了班级论坛这辆家校直通车,以方便与46个家庭的沟通,拉近家校的距离,从而增加了家长、老师之间的交流,使家长、老师能及时准确地把握孩子成长的脉搏,渐渐形成了一股教育合力,做到有的放矢地教育孩子,引导孩子循着正确的人生轨迹良性发展。本学期,我将继续利用好班级论坛,做好家校的沟通工作。

(二)完善班级管理循环日记的管理

上学期,在家长的帮助下,我班顺利实施了班级管理循环日记制度。班级管理循环日记制度的实施增强了学生的责任感,让每一个学生都有了当家做主的意识,学生也进一步体会到家长和老师的辛苦。本学期我们将继续沿用这种管理方式,但要完善其制度。

(三)班级各项活动要有创新和自己的特色

1. 班级书香家庭的评选

在语文老师的大力倡导下,班级里的读书氛围逐渐建立起来了。为了让学生把这种好的习惯保持下去,本学期将开展一系列相关活动。

开学前两周,利用班会和阅读课时间进行假期读书汇报、好书推荐、读书感想交流。争取一个学期在班内进行两次或三次书香家庭的评选,并进行奖励和班内展板展示,以此带动更多的家庭参加。

2. 定期评选值日小卫士

为了使"班级管理循环日记"的班级管理方法起到真正的作用,本学期将在本班定期评选优秀值日小卫士,一周一小评,一月一大评。

(四)发挥家长委员会的力量

在家长委员会建立的基础上,本学期将进一步发挥家长委员会的力量,结合本班实际情况,组织各种有效的活动。同时,让更多的家长参与到班级的管理工作中来,使班级工作更上一个台阶。

三、本学期活动设想(略)

资料来源　语文迷. 第二学期班主任工作计划[EB/OL]. (2020-05-30)[2021-04-16]. http://www.yuwenmi.com/fanwen/jihua/1649769.html.

第四节　组建班级学生的核心团队

一、学生核心团队及其形式

（一）学生核心团队的作用

班级学生的核心团队是班级学生中的领导力量，是班级活动的中坚分子，是班级自治的骨干，也是班主任开展管理和教育工作的得力助手。

当前，越来越多的班级组织开始从传统的层级型走向扁平化，即越来越多的班主任认识到，不能仅仅将由个别学生组成的班委会（传统所谓的"班干部"）作为学生的核心团队，而应把更多学生的主动性、积极性调动或利用起来，让更多的学生有机会得到锻炼，形成立体化的学生核心团队。班级学生的核心团队越庞大，班级管理就越接近于学生自治。实现学生的自我教育和自我管理，这是班级管理和教育的最终目的。

（二）学生核心团队的形式

学生核心团队大致可以有以下几种具体形式。

（1）学习促进团队：可以以各门课程的课代表为核心组成。除了协助各科教师开展教学的有关事务，沟通任课教师与班级学生之间的意见或建议外，还须负责帮助各科学习困难的同学，以不让一个人掉队，同时为班级同学寻找并分享学习资源。

（2）活动组织团队：主要负责班级品德教育、体育锻炼、文娱活动等的设计与督促落实。活动组织团队可以是相对固定的，也可以是依据活动的性质、目的、规模、时机等临时组建的。团队的组建可以由班主任指定人员，也可以在班主任指定负责人之后由负责人召集，还可以采取项目组竞聘的方式。

（3）生活管理团队：主要负责班级的卫生、教室通风、节能、用餐、住宿等生活方面的工作，帮助同学解决生活上的困难。

（4）宣传团队：主要负责班级的板报、班报或班刊、班级博客等宣传窗口的设计与完成。

（5）外联团队：主要负责协助其他团队与校外相关部门或有关人士进行联系，如联系社区、联系家长或其他教育基地等。

这些学生核心团队从不同侧面促进班级建设和学生个体的发展，彼此间应是合作关系。

二、学生团队领袖及其产生

> **案例 3-7**
>
> 本学期,吴老师在班上推行了班干部轮换制,让六人小组中的成员轮流当小组长,每人负责管理组员两天。但不久,她在女生小蓓的作业本中发现了一张字条:"吴老师,我能不能不当小组长了?"小蓓是个性格内向的女孩,成绩不太好。在吴老师的开导下,她道出了实情。原来,小蓓所在的小组有三个班干部。每次轮到小蓓当小组长收作业时,都会遇到班干部不配合的情况。"他们不把作业交给我,直接交给课代表,还挖苦我,说我成绩差,不够资格收他们的作业本……"小蓓说。
>
> 资料来源　小学班干部轮换制遭遇尴尬,成绩不好受歧视[N].楚天金报,2006-3-30.
>
> **思考并讨论**
> 成绩差的学生就没有资格当选学生团队领袖吗?

(一) 学生团队领袖的人选

班级中各种形式和各个层次学生团队的负责人在此简称"学生团队领袖",以区别于固定式的、仅少数人履职的"班干部"。虽然一些管理学家力图总结出领导者固有的个人特质,但当前学界普遍认为,人人都有领导的潜能,通过培养和锻炼,每个人都能成为领导者。尤其在小学阶段,组建学生核心团队并选出团队领袖,目的不应仅仅在于"利用",更主要的应在于发现和发展学生多方面的潜能(尤其是领导潜能),帮助学生认识自我,建立自信。班主任要让每一个学生都能够在实践中获得成长,但也要考虑让不同的工作岗位适合于不同性格倾向、不同特长的学生。

(二) 学生团队领袖的产生

班级学生团队领袖的产生可以依据学生的年龄和班主任接任时班级的状态等灵活操作,具体有以下几种方式。

(1) 任命制。团队领袖由班主任直接任命。这种形式常用于小学一年级班级刚刚组建之时。

(2) 继任制。前期的团队领袖直接延续下来。这种形式常用于继任班主任工作之初。

(3) 选举制。通过学生自荐或相互提名产生候选人,当一个职位有多名候选人时通过选举再选拔。这种形式更适用于中高年级。

（4）轮换制。同一职位根据一定规则由特定群体内的成员定期轮换负责。班主任应注意考虑新老接替的延续性、人员搭配的合理性等，必要时可事先做好个别学生的动员工作。

> **思考并讨论**
>
> 请观看纪录片《请投我一票》(https://www.bilibili.com/video/av13000953/)，思考班主任如何更有序地组织班级选举并使学生团队领袖的产生过程成为积极的教育过程呢？

三、学生团队领袖的培养

> **案例3-8**
>
> 新华网记者与小学生聊关于做班干部的事情，其中，一个胖乎乎的小男孩是副班长，记者问他觉得当班干部有什么好处，他笑嘻嘻地说："我可以管别人，别人不能管我。"记者问："如果有人不听话，你是不是会记他的名字？"小男孩瞪了记者一眼，似乎这个提问很没水准："我想记谁的名字就记谁的名字。"记者还问了其他一些小学生类似的问题，很多小学生的回答是：
>
> "当班干部特别过瘾！"
>
> "因为我们班的班干部可以拿黑板擦打人。"
>
> "当干部有权力，能管住好多人！"
>
> "当班干部可神气了！自己可以不做事，专门指挥别人。"
>
> 一位小学一年级学生的家长在论坛上发了这样一个帖子：班级有个淘气的小男孩，只因中午不听班干部招呼，没乖乖地待在座位上，还到处游走（为避免伤害事件，老师规定他们下课不许出教室，得在座位上坐着），被他们的班长——一个小女孩，用教鞭抽得身上起了好几道血痕。另一位同学身上也被这个班长用教鞭抽出了鞭印。别说不把同学放在眼里，对家长也是吆五喝六的，有家长早上送小孩到教室，这女孩拉着脸恶声恶气地轰赶家长，也不管人家是六七十岁的老人家。
>
> 资料来源　小学班干部现象面面观："孩子官"的"特权"[EB/OL]. (2003-06-1)[2021-04-16]. http://news.sina.com.cn/c/2003-06-01/1452177665s.shtml.

> **思考并讨论**
>
> 班主任如何做才能避免或转变小学生的这些想法和做法呢？

班主任首先自己要树立平等的师生观和长远的教育观,正确理解自己与学生团队领袖、团队领袖与其他学生之间的关系;其次,还应使学生团队领袖树立起正确观念,并提高工作能力。

(一) 意识的培养

1. 平等与服务意识

班主任在学生团队领袖的产生、培养和评价等过程中首先要注重树立学生团队领袖的平等和服务意识,使其明确在成为团队领袖后和其他同学之间在人格上、地位上仍是平等的关系,学生团队领袖的首要工作宗旨是为同学服务、为班集体服务。

2. 团队与领导意识

班主任要使学生团队领袖充分认识到"人多力量大"的道理,要广泛征求其他同学的意见,善于把团队内每一位成员组织起来,使自己的团队成为一个有凝聚力的整体。同时,班主任还应培养团队领袖的责任感,使其敢于自主、自治,并"身先士卒",带领团队圆满地完成每一项活动任务,促进每一个团队成员的不断成长。

3. 内省与自律意识

班主任要培养团队领袖勤于内省、严于律己的作风,让其以模范行为去取得全班同学的信任;当自己或团队成员出现工作失误,或与其他同学发生矛盾时,要主动从自身找原因,敢于承认错误,以大局为重,勇于担当。

(二) 能力的培养

根据"领导力五力模型理论",领导力由感召力、前瞻力、影响力、决断力、控制力五个方面构成。围绕这五个方面,班主任应着重培养学生团队领袖的以下几种能力。

(1) 语言表达能力。指导学生团队领袖清晰和具体地布置任务,注意语言表达方式。

(2) 沟通和交往能力。指导学生团队领袖掌握与不同人员交往的礼仪,学会准确表达自己的愿望,善于寻求帮助。

(3) 评价与激励能力。指导学生团队领袖客观评价自己和他人,树立自信,并积极鼓励他人。

班主任培养学生团队领袖要依据学生的年龄段和不同学生的个性而进行。在小学低学段,班主任要具体地予以指导和主动地给予支持;而在中高学段,班主任则要充分地信任和更多地授权。对于不同个性的学生,班主任可以依据"情境领导理论"采取"告知""推销""参与"或"授权"等不同的指导方式。

案例 3-9

小小酸奶盒的回收

小雨本学期担任了环保部的班级回收志愿者,每天要监督同学们用餐后的酸奶盒处理情况。别小看这份工作,小雨干起来可不轻松。因为不少同学为了玩,不去处理酸奶盒,放在桌上就走了。小雨采用了记录播报的方法,将自己的一周记录公布在班级博客上,鼓励优秀、提醒落后,促进了班级环保工作的顺利进行。在这样的情况下,班主任用一首诗表达了对小雨的支持:

小小酸奶盒,习惯在其中。午餐美美喝,餐后收拾起。

举手投足间,良好习惯行。校园爱环保,人人要做到。

不在口头上,要在行动中。小雨好辛苦,认真来记录。

你我要支持,只需三秒钟。莫看小奶盒,习惯在养成!

校园环保行,大家齐行动!

小小责任誓言卡

当上"小干部",有的同学只是觉得很美,忽略了自己的责任。让"小干部"填写小小责任誓言卡,进行宣誓,并将责任誓言卡贴在墙报中,时刻提醒其履行自己的职责,这不失为一种培养责任感的好方式。

责任誓言:

本学期同学们选我担任_____,这是大家的信任和期待。

我倍感光荣,衷心感谢!

我宣誓:热爱集体,友爱同伴,尊敬老师,勤奋学习,努力工作,以身作则,好好学习,天天向上,为班集体的进步而努力!

宣誓人_____

资料来源　北京市史家胡同小学万平老师的班级博客。

视野扩展

1. 阅读姚益芬的《有时孩子的世界也不简单——小学班主任日记》(中国青年出版社 2014 年出版)。

2. 阅读陈海滨和徐丽华的《优秀班主任 60 个管理创意》(华东师范大学出版社 2013 年出版)。

实践探究

1. 运用人际关系测量法了解某个班级的组织形成状况。

2. 设想你刚成为一名班主任,请撰写一篇向小学生介绍自己的发言稿。

3. 深入当地一所小学,了解班级学生核心团队的组建途径和表现形式,以及班主任和小学生对于"班干部"概念与角色的认识。

我的思考与收获

第四章
班规的制定与执行

扫描二维码
观看微课视频

> 我认为教育上一个重要的目的,就在于使每个人在童年时代就能体验到人对义务顶峰的追求是一种魅力和美。[①]
>
> ——苏霍姆林斯基

学习目标

1. 理解班规的意义,掌握班规的特征并能依据特征分析案例。
2. 体会班规的制定过程也是教育的过程。
3. 掌握有效执行班规的主要策略。

一个班主任说:"作为一个年轻的班主任,谈及班级管理,一开始我的注意力几乎都集中在一大堆班务工作上,把着力点落在'管'字上。我认为,只要我肯努力,肯花时间,就能工作到位。因此,我忙于发现和纠正学生的错误,把大量精力耗费在处理各种问题上。可是,一段时间以后,我感到身心疲惫。"

可是,李镇西老师却这样描述:"1999年3月26日至4月10日,我到华东出差。整整半个月,班风良好,秩序井然。学生在我不在的情况下自己管理自己,班级各项工作和活动照常开展——其间,我班还参加了学校的广播操比赛,获初中部第一名,学校二等奖。其实,这样的情况,在我和我班学生看来是太平常不过了。我每次外出开会,哪一次不是这样呢?"(注:"当初分班时,我班的调皮学生的人数是全年级之冠。")

资料来源　李镇西.做最好的班主任[M].桂林:漓江出版社,2008:73.

❓ 思考并讨论

为什么有的班主任呕心沥血却仍手忙脚乱,而李镇西老师当班主任似乎"很潇洒",班级始终能正常运转呢?

---

① [苏]B·A·苏霍姆林斯基.怎样培养真正的人[M].蔡汀,译.北京:教育科学出版社,1992:39.

第一节　班规及其特征

李镇西老师的班级管理秘诀是在于他的个人魅力与能力，还是由于学生"乖"呢？李镇西老师指出："这一切都是制度决定的。""所谓'制度'，就是我班的'班规'。"有研究表明，有效管理者与低效管理者之间最主要的不同点是处理规章制度的方式。有效管理者有明确的规则，且认真教规则；而低效管理者则没有明确定义的规则或随意提出规则，且没有刻意教规则。①

一、班规及其意义

班规是班级成员共同承诺遵守的行为规范及其评价规定，也有人称之为"班级公约""班级权利公约"或"班级守则"等。班规是一种典型的潜在课程，它的建立一般来说有以下意义。

（一）增强管理的科学性、公平性

依靠班规管理班级，能使班级活动的开展及其奖惩有"法"可依，增强班级管理的科学性、公平性，避免班主任因情绪影响或主观印象等产生工作随意性。"科学管理的表现形式之一就是要研究规律而后制定制度，制定'班规''班法'，从而使班级摆脱'人治'的不规则轨道而走上'法治'的轨道。""班级的最高权威不是班主任，而是规章制度，班内强调规则面前人人平等，人人都要照章办事，共同维护制度的权威。"②

（二）保证班主任工作重心的准确定位

依靠班规管理，能使班主任从繁琐的事务性管理工作中解放出来，有更充分的时间去思考班级管理和学生发展的宏观问题，将更多的精力"投向更有价值的教育领域：研究学生，走进学生的心灵"③。

（三）营造出支持性的学习环境

班规有助于减少人际交往摩擦，营造出安全的、支持性的学习环境，为师生有效利用学习时间、空间和资源创造条件，从而有利于提高学习效率和效能。

（四）树立小学生的规则意识，渗透公民意识

依靠班规管理，有助于使学生树立规则意识，从小养成尊重规则、遵守规则的习惯，初步懂得并学会处理个人与他人、个人与集体的关系。

---

① [美]卡罗尔·西蒙·温斯坦，安德鲁·J·米格纳诺.小学课堂管理[M].梁钫，戴艳萍，译.上海：华东师范大学出版社，2006：45.
② 魏书生.教育改革与素质教育[M].沈阳：沈阳出版社，2000：310.
③ 李镇西.做最好的班主任[M].桂林：漓江出版社，2008：84.

"今日的学生,就是将来的公民。将来所需要的公民,即今天所应当养成的学生。"[①]公民意识是现代法治社会中每个公民应有的品质,是公民自觉地以宪法和法律规定的基本权利和义务为核心内容,以自己在国家政治生活和社会生活中的主体地位为思想来源,把国家主人的责任感、使命感和权利义务感融为一体的自我认识。小学生在制定和遵守班规过程中逐渐理解并形成个人对于班级的责任感、权利与义务感、使命感,从小培养良好的公民品质,有助于他们未来成为合格的国家公民。

(五) 提升小学生自我教育的能力

自我教育从一定意义上说是教育的结果,又是进一步教育的条件或内部动力。苏霍姆林斯基指出:"真正的教育是自我教育,是实现自我管理的前提和基础;自我管理则是高水平的自我教育的成就和标志。"制定与执行班规的过程有利于提高班级学生自我教育、自我管理的能力,从而促进班级成员主动、和谐地发展。

二、班规的特征

(一) 班规的分类与条款

> **案例 4-1**
>
> **某小学班规**
>
> **学习纪律**
>
> 1. 严格遵守作息时间,不迟到、早退,不旷课,迟到、早退一次扣 0.3 分,旷课一次扣 0.5 分。
>
> 2. 未履行请假手续,不得随便离开校园。如确需请假,需持请假条到班主任处签字并交学习委员备案,违者一次扣 1 分。
>
> 3. 课前做好上课准备,保持教室安静,静待老师上课,不准跑跳、喧哗。违者扣 0.2 分。
>
> 4. 上课认真听讲,积极思考,踊跃发言,不做与课堂无关的事,违者扣 0.3 分。
>
> 5. 自习课人人都要有事做,严禁借机聊天或做其他与自习无关的事。违者扣 0.5 分。严重扰乱课堂纪律者扣 1 分。

[①] 陶行知.学生自治问题之研究[M]//江苏省陶行知研究会,南京晓庄师范学院.陶行知文集(上)(修订本).南京:江苏教育出版社,2008:55.

6. 课后认真完成作业（含家庭作业），按时、按质、按量，不准抄袭，书写工整，有错必纠。如有违上述之一者扣 0.2 分。

7. 考前认真复习，考试不准作弊，试后认真总结经验教训，及时补救，违者扣 0.5 分。

8. 尊敬老师，不与老师顶撞，违者扣 2 分。

9. 上述各条均表现优异者酌情加分。

就餐纪律

1. 按时就餐，不提前，不拖延。

2. 打饭讲秩序，不拥挤，在指定地点就餐。

3. 负责端饭菜的同学要严守职责，如发现饭盒数量不够等要及时报告。

4. 负责分发饭菜的同学要一视同仁，不徇私、不厚此薄彼，有计划，让每位同学有饭有菜。

5. 饭后洗桶、打扫场地落实到人。

6. 不浪费粮食，不乱倒饭菜。

7. 如遇饭菜质量、数量等问题，应首先向班主任反映，不乱吼乱闹，也不添油加醋地向家长乱说，影响家校关系。

8. 违反上述之一者酌情扣 0.2 至 3 分，表现优异者酌情加分。

就寝纪律

1. 按时就寝。

2. 提前做好睡觉前的准备工作，灭灯铃一响，立即熄灯就寝。

3. 遵守就寝纪律，不准打闹、喧哗、吃东西等，不在室内点蜡烛。

4. 除特殊情况，睡觉期间不准擅离寝室。

5. 在教室就寝时不得以看书、做作业为名说话或做其他事情，如实在不能入睡，也不得影响他人就寝。

6. 按时起床，不提前起床，不赖床。

7. 起床后迅速整理好寝室内务，做到迅速、整洁。

8. 爱护寝室内公物。

9. 除就寝期间外不得擅入寝室，特别是就餐、课间休息和课外活动期间。

10. 有违上述之一者酌情扣 0.2 至 3 分，表现优异者酌情加分。

劳动及清洁卫生纪律

一、劳动

1. 积极参加各种劳动，服从安排。

2. 劳动中不拖拉，不推诿。

3. 按时、按质、按量完成交付的劳动任务，未圆满完成时任何人不得擅自离开。

二、清洁卫生

1. 教室、寝室的公共区每天两次彻底清扫，不留卫生死角，责任到人。

2. 环境清洁卫生重在保持，应相互监督。

3. 不乱丢垃圾，不随地吐痰，不乱涂乱画。

4. 讲究个人清洁卫生，勤洗澡、勤换衣服，饭前、便后洗手，睡前洗脚，勤换被褥。

5. 注意饮食卫生，进食有时有度，不吃不洁或过期、腐烂变质的食品。

两操及集会纪律

1. 出操、集会动作迅速，不拖拉，做到一个"快"字。

2. 保持队伍安静，不推搡、不打闹、不喧哗，做到一个"静"字。

3. 做操动作规范划一，做到一个"齐"字。

4. 升旗、集会等一切行动听指挥，步调一致。

5. 一切活动善始善终，不得早退。

6. 解散时整齐有序，不混乱。

7. 有违上述之一者，视情节轻重扣分。

安全纪律及其他

1. 不准在楼梯、楼道拥挤、推拉或打闹。

2. 不准携带各种利器和有射击力的玩具枪。

3. 男女同学之间、班与班之间正常交往，语言文明，礼貌待人。

4. 不准翻墙越壁，损毁公物。

5. 不准攀爬车辆，不准搭乘非客运车辆和"三无车辆"。

6. 不准私自下河洗澡、玩水、涉深水和急流过河。

7. 不准私拉乱接和拆弄各种电器。

8. 不准打架斗殴。

9. 不准参与赌博、偷盗和进"三室一厅"。

10. 不准吃不洁或过期、腐烂变质的食品，避免食物中毒。

11. 室内严禁烟火，预防火灾。

12. 就餐时不拥挤，杜绝烫伤事故发生。

13. 有违上述之一者酌情扣 1 至 10 分。

班干部职责

班长：协助班主任管理班级日常工作，负责违纪登记和清洁、劳动任务的安排，协调班级各部门工作，负责上传下达。

学习委员：填写考勤簿，及时反馈学生对各科教学的意见和建议，收发作业，统计考试成绩，填写好人好事登记簿。

生活委员：负责生活费等费用的收缴，安排抬饭菜、分发饭菜和洗桶值日。

小组长：协助生活委员收缴各种费用，具体安排该小组清洁劳动任务，负责该小组成员课文抽背、作业每日检查等工作。

室长：负责寝室清洁卫生打扫的安排工作，维持就寝纪律，管理寝室水、电等。

上述各部门工作必须有详实的记录，以作为德育考评的原始依据，有情况及时报告，定期向班主任汇报工作。

能力强、有责任心者可连任，不尽责造成工作失误者须检讨、撤换。

值日生职责及公物管理

一、值日生职责

1. 上下课呼"起立"。
2. 提醒教师上课。
3. 领取和保管粉笔，擦黑板。
4. 填写班务日志。
5. 检查教室门窗、电灯、风扇是否关好。

二、公物管理

1. 教室桌凳打号登记造册，谁损坏谁赔偿或维修。
2. 教室或寝室玻璃由邻近学生负责，责任到人。
3. 教室及寝室电灯、风扇由就近同学负责开关。
4. 寝室床铺及水、电用品责任到人，谁损坏谁照价赔偿。
5. 违反上述之一者除赔偿外，另酌情扣除德育分，造成重大损失者交上级处理。

> **思考并讨论**
>
> 对于小学生，班规应该制定多少条款较为适宜呢？

小学生在学校的生活是丰富的，课堂学习、课间休息、集体活动、学生交往、就餐、劳动等各项活动都需要有行为的规范，这样才能形成良好秩序，以保证活动顺利、高效地进行。但是,班规条款太多又不便于小学生牢记,会影响班规的有力执行。如何处理这一矛盾呢?

1. 班规可分为核心规则和日常规程

核心规则是班级成员做人、做事的基本行为准则,是班级核心价值观的体现;日常规程则是学生从事每项日常具体活动的行为期望或行动程序。核心规则一般3—6条比较适宜,以方便牢记和执行;而日常规程(如课堂常规、课间常规、班务常规、集会常规等)可以依据活动的目的与内容制定得细致些以保证和提高活动效率,有些具体程序甚至可以口头约定。

例如,有班级的核心规则以"一二三四五"命名[①],即:

一个规定:每天在规定的时间内做规定的事。

两个原则:纪律求遵守,学习求进步。

三件事情:每周调换座位以保护视力,每周进行等级评定,周末大扫除。

四个优点:每周找出自己的一个优点,别人的一个优点,本班的一个优点,别班的一个优点。

五个学会:学会做人,学会处世,学会合作,学会求知,学会忍耐。

2. 班规一般包括规范性条款和奖惩性条款

规范性条款是对学生行为的期望或规范,是班规的主体部分;奖惩性条款是促进学生遵规守纪、形成良好行为习惯的条件。奖惩性条款与规范性条款不一定要一一对应。

3. 班规可逐步完善

班规可以分步制定,逐步完善。可以先制定出规范学生主要行为、解决班级突出问题的规则,再根据学生在学习和生活中不断出现的问题或矛盾逐步完善班规。

(二)班规的内容及其表述

1. 班规应该是全面的

班规,尤其是日常规程,应涉及学校各方面生活所必需的行为规范。班规不仅要有规范性条款作为主体部分,还应尽量有相关的奖惩措施等保障性条款,以强化良好行为。

2. 班规应该是具体明确、容易记忆和理解的

小学生的认知以具体形象为主,因此班级核心规则应少而精,易于小学生记忆,随着日积月累,逐渐成为学生"做人"的准则;日常规程虽条款可多些,但语言应简洁明了,便于小学生掌握和执行,并逐渐成为他们"做事"的准则。

3. 班规应该是合法、合理的

班规应符合教育部颁布的《中小学生守则(2015修订)》,应与国家其他相关政策法规和

[①] 郭霞.扬起希望的风帆[M]//教育部师范教育司,教育部基础教育司.班主任工作基本规范.北京:北京师范大学出版社,2008:71.

学校规章相一致。同时,班规应适应小学生的年龄特点,合情合理。

> **资料链接 4-1**
>
> **中小学生守则(2015年修订)**
>
> 1. 爱党爱国爱人民。了解党史国情,珍视国家荣誉,热爱祖国,热爱人民,热爱中国共产党。
> 2. 好学多问肯钻研。上课专心听讲,积极发表见解,乐于科学探索,养成阅读习惯。
> 3. 勤劳笃行乐奉献。自己事自己做,主动分担家务,参与劳动实践,热心志愿服务。
> 4. 明礼守法讲美德。遵守国法校纪,自觉礼让排队,保持公共卫生,爱护公共财物。
> 5. 孝亲尊师善待人。孝父母敬师长,爱集体助同学,虚心接受批评,学会合作共处。
> 6. 诚实守信有担当。保持言行一致,不说谎不作弊,借东西及时还,做到知错就改。
> 7. 自强自律健身心。坚持锻炼身体,乐观开朗向上,不吸烟不喝酒,文明绿色上网。
> 8. 珍爱生命保安全。红灯停绿灯行,防溺水不玩火,会自护懂求救,坚决远离毒品。
> 9. 勤俭节约护家园。不比吃喝穿戴,爱惜花草树木,节粮节水节电,低碳环保生活。
>
> 资料来源 中华人民共和国教育部.中小学生守则(2015年修订)[EB/OL].(2015-08-20)[2021-06-08].http://www.moe.gov.cn/srcsite/A06/s3325/201508/t20150827_203482.html.

4. 班规应该是正面表述的

负面表述的班规只能起到告诫的作用,而正面表述的班规才能让小学生懂得并养成适宜的行为习惯。

(三) 班规的制定者和约束对象

班规的出台应是班主任与学生共同商讨的结果,它约束的对象应是班级所有成员(包括班主任与班级每一名学生)的行为。班主任与学生共同制定与践行班规,是师生平等的切实体现,它有助于学生深入理解班规,树立权利与义务感,形成"规则面前人人平等"的意识。

第二节 班规的制定

案例 4-2

"同学们",约翰快速拍了一下手掌说,"因为这是你们的课堂,迈尔老师和我想让你们制定自己的规划,以便今年大家能融洽相处。谁想到了让大家融洽相处的规则?"

孩子们轮流发言,热切地参与规则的制定。约翰把他们的建议写在一大张挂在黑板上的记录纸上,保留了孩子们原来的用意和语言。

"这些规则很好。但是太多了,而且一些规则说的都是一回事。所以我们要把它们分组,变成很少的几条规则。看我要怎么做。大家在看吗?"

约翰停顿了一下,确保大家在看。

"这条'不踢人'的规则和'对他人的身体伤害'有关。所以我要用蓝色记号笔把这两条圈起来。好,现在看看这条'对别人好'的规则和另外这一条'不嘲笑别人',这两条很相似,因为都涉及人们的情感。我要用红笔把它们圈起来。"

约翰把其余的规则也都圈好、分组。

"现在我们回来看看所有的蓝色规则。我们用一条什么样的规则就能说出所有的蓝色规则呢?"

没有人举手。

"这挺难的。因为所有的蓝色规则都和伤害我们身体的外部有关,我们就这么写吧,'不要伤害别人'。"约翰继续这一过程,直到敲定了最后的清单:

1. 公平游戏。
2. 不破坏任何物品。
3. 轮流讲话。
4. 手和脚要规矩地放好。
5. 不伤害他人的感情。

约翰把最后的清单钉在墙上,它要在那里挂一整年。

资料来源 [美]卡罗尔·西蒙·温斯坦,安德鲁·J·米格纳诺.小学课堂管理(第三版)[M].梁钫,戴艳萍,译.上海:华东师范大学出版社,2006:48—49.

案例 4-3

师：我们将要踏上想象之旅，在船上。（她描述了船的样子）但是刮起了风暴，船倾覆了，我们跌倒在船外。幸运的是，我们发现了一艘救生船，上了小船，我们来到了一个小岛上。开始几天一切都很好，但是过了一阵，事情就乱了套。（她详细描述了孩子们如何开始拿其他孩子的衣服、物品，人们又是怎样地为所欲为）所以我们现在有了一个问题，缺少一样使岛上生活对我们大家都更美好的东西。缺少了什么呢？

生：规则。

师：对。我们需要制定一些规则。在我们的岛上，什么规则是好的呢？

（学生说出了很多规则）

师：这些在岛上真是好规则……但是如果有人不遵守这些规则呢？要是有人做了错事呢？

生：让他们做15个俯卧撑。

师：我们把这叫作什么？

生：后果。

师：对，什么是后果？

生：如果你违反规则，就得付出代价。

师：假如每个人做的都是正确的事，那我们怎么办？

生：我们可以得到奖励。

师：是的，我们会得到很多奖赏，岛上的生活也会改善很多。我们造了一艘新船，回到家乡，来到学校。现在想想，我们班需要什么？怎样才能使这里的一切变得美好？

生：我们在这儿也得有规则和后果，还有奖励。

（学生们讨论了班级生活的规则）

师：好的，现在我们想一想后果。如果违反了规则，我们该怎么做？

……

师：你们建议设置什么样的奖励？

……

师：我把学校能用的奖励都记在清单上了，我会把清单写在海报上。过些天我们还要再讨论。

（全班同学和老师一起朗读清单）

资料来源 [美]卡罗尔·西蒙·温斯坦，安德鲁·J·米格纳诺.小学课堂管理（第三版）[M].梁钫，戴艳萍，译.上海：华东师范大学出版社，2006：60—63.

案例 4-4

我在黑板上写下标题后，就提出了问题："对标题'我的班规我做主'，同学们有表示异议的吗？"经过一小会儿的议论，很快就有同学发表意见。

"我认为'我的班规'提法不妥当，班规怎么可以看成是我的或你的呢，应该是大家的。准确地说，将'我的班规'改为'我们的班规'才对。因为今天我们要制定的班规是属于全班同学的，一旦制定出来，就意味着我们班每一位同学都必须严格遵守。"

"那'我做主'就应该改为'我们做主'。"

"说得太好了！"欣喜之余，我提醒同学们，"我们在制定班规之前还必须认真地学习与此有关的法律法规和学校规章制度的内容，因为我们的班规绝不能与这些内容相抵触，我们的班规应该更好地体现法律法规和学校规章制度的精神。所以，我想在制定班规之前先让大家学习一下我们国家的《教育法》中的有关规定和《中学生守则》，以及我们学校规章制度中关于班集体建设的具体规定。"

"老师，既然国家法律法规和学校规章制度都有了规定，那我们为什么还要自己来制定班规呢？这岂不是多此一举吗？"

我解释道："虽然国家法律法规和学校规章制度对我们的日常行为要求都有明文规定，但这些规定一般都比较笼统、概括和具有原则性，对一个具体的班集体来说，这些规定缺少针对性，实行起来比较困难。而今天我们就是要在这些规定的基础上，再根据我们班级的实际情况制定出反映我们班级个性的行为规范。可以这么说，尽管我们全校每一个班级都会按照法律法规和学校规章制度的要求来落实具体工作，但各个班级制定出的班规都不尽相同，这就是因为全校各个班级的实际情况是不一样的。所以，我们的班规只能出自我们在座同学的智慧，而绝不可能有现成的替代品。"

看到同学们都理解了制定班规的意义，我便将全班同学分成四个小组，并把预先准备好的资料分发给他们，发动大家在学习中自由地讨论，同时要求画出适合自己班级情况的内容来。他们积极讨论着，还不时地向我提出一些问题。

我看正式制定班规的时机已经成熟，便示意由组长宣读讨论的结果。

我分别对四个小组公布的讨论结果进行了讲评，又顺势要求同学们将这些整理出来的内容用自己的语言再加以修改和调整，然后耐心地征求大家的意见，并让全班同学以举手表决的方式对每一项规定进行确认。最后，我便慎重地将大家意见相对统一的 10 项规定书写在黑板上，要求同学们做进一步的推敲和斟酌。

"我觉得这10条规定都比较符合我们班级的实际情况,是切实可行的。但最好在秩序排列上再做些调整。比如……"

"我觉得光有这些规定还不够,还应该制定出对违规者如何处罚的规定,这样班规才会具有真正的约束力。否则,制定出来的班规也起不了什么作用,很可能会出现老师还是凭着自己的意志和情绪对违规者随意处罚的情况,这样的结果显然不符合'法治'精神。"

顺着同学们的讨论,我说道:"我们在强化班规作用的同时还必须注意这样一个问题,就是班规只有严厉的规定而不考虑实施中的可能性,到头来反而会削弱班规的作用。因为任何规章制度的权威性都并不只是来自它严厉的规定,更重要的是它规定的内容必须具有确定性和严肃性。换句话说,如果我们制定的班规现在就已经预知到有些内容可能实行不了的话,那它的权威性就必定会由于在实践中执行难而受到挑战,直至被瓦解。"

同学们继续讨论并通过了对违规者处罚的班规。

尽管绝大多数同学都举手赞成班规的内容,但我还是发现两名刚才投了反对票的同学有点闷闷不乐。我并没有马上对表决的结果进行评论,而是给同学们讲了实行民主制度的理由:"人类社会一直以来都在追求公正的社会管理制度,最终人们发现了民主制度是最公正的。就是在关系到公众利益的问题上,民主制度采取的是广泛听取意见和在充分进行讨论的基础上对继续有分歧的主张用表决的方式来做出选择,以少数服从多数的原则来确定结果。当然,这样的结果也并不见得就接近完美,但它一定体现了多数人的意志,维护了多数人认定的利益。这就既可以避免集权和专制,又可以防止只让少数人得益的结果发生……"

资料来源 丛洲.指导学生订立"班规"——《与法同行》讲习课堂记述(四)[J].思想·理论·教育,2006(06):26—28.

案例4-5

"昨天我说了,我们班一直缺个东西,就是班规。今天我们就来讨论一下这个问题。我有三个问题要问大家,请大家一定要实话实说!第一个问题:同学们是不是真的想我们班以后成为一个优秀的班集体?"

我话音未落,同学们已经纷纷点头并说:"当然想!"

这在我意料之中,但问题一定要问,因为这可以让同学们明确我们共同的目标:建设优秀的班集体!它还潜藏着一个答案:制定班规正是达到这一理想的必经之路。

"好!我也和你们一样,希望我们班成为优秀的班集体!但是,我们在建设班集体的过程中,肯定会遇到许多困难,包括我们会犯各种各样的错误,这些都妨碍着我们实现自己的目标,怎么办呢?所以李老师想问的第二个问题是:你们是不是真的觉得应该制定班规?——这个问题不要急于回答,一定要想想再回答,不要揣摩李老师的意愿,为了让李老师高兴而说违心的话。"

同学们还真想了想,然后纷纷说:"应该制定!"

"究竟有多少人同意呢?""有没有不同意的——反对的同学不要有什么顾虑,我最愿意看到同学们能够勇敢地、真实地表达自己的意愿!"

有两位同学把手举起来。

"好!不同意就不违心地同意。我非常赞赏你们的独立精神!"我表扬了他们,"不过,你们能够说说为什么不同意制定班规吗?"

"制定班规让我们受到束缚,不自由,这会影响我们班的和谐气氛。"

"同学们犯了错误,老师教育就可以了。而且班规是对大家的不信任……"

我问:"刚才举手同意制定班规的同学中,有没有听了这两位同学的观点,认为他们说得有道理而改变了主意的,觉得还是不制定班规好?"有四个同学举起了手。

我又问:"同意制定班规的同学,你们怎么看待他们的意见呢?"

"不能说制定班规就不自由,班规是对不守纪律的同学的制约。"

"班规不是束缚我们,而是引导我们知道怎样做才最好。国有国法,家有家规嘛。"

我插了一句:"你把我们班比作家,非常好。但我要问:这个家谁是家长?"

学生齐声说:"李老师!"也有学生补充:"还有王老师!"

我笑了,但斩钉截铁地说:"大错特错!我们班集体的每一个成员都是平等的,包括李老师和王老师都是这个集体中平等的一员!我和你们不是父子关系,而是朋友关系。我们一起建设班集体,共同追求我们的理想。……你们说我是家长,这里面隐藏着一个观念,认为这个班都靠李老师了。……同学们千万不要把这个班的'兴衰'都寄托于一个人的身上,无论这个人是李老师还是王老师。我们要把希望寄托于制度,也就是我们即将制定的班规。如果一定要说这个班有家长的话,那么这个家长应该是体现我们集体意志的制度,就是班规。我们不服从于任何人,只服从班规;班规制约着每一个人,包括李老师!"

"制定班规就是不信任同学们吗?我认为不是。尊重和信任同学们,与严格要求同学们是不矛盾的。这里的严格要求,就包括合理的规章制度。……他律和自律的统一,这才是完整的教育。或者说,通过'他律'最后达到'自律'——也就是自我教育、自我约束的最高境界。……其实,好的制度应该让遵守制度的人感觉不到制度的存在,而同时又使不守规矩的人处处感到制度的约束。无论我们多么信任人,要知道,从理论上说,人人都会犯错误,那么,根据这一点,我们制定出规章制度就是为了防止大家犯错误。……因此,我认为,制度是必需的,班规也是必需的。"

说了这些,我问那两个同学:"听了刚才同学们的发言和李老师的话,你们对制定班规想通了吗?你们原来的想法有没有改变?"

"快了!"同学们善意地笑了。

"我还是不同意制定班规。"

我说:"不要紧,没有被说服就保留你的看法。但是……"我转身问大家,"这个班规还制定不制定呢?"

"要制定!"

我说:"我们只能少数服从多数,制定!"但我同时补充了一句:"我们也尊重刘陵同学的意见。"我特别大声强调:"民主有两个原则:行动上,少数服从多数;精神上,多数尊重少数……"

最终,李老师要求每位同学在认真思考的基础上拟出一份班规,再由班干部整理后表决通过。

资料来源　李镇西.做最好的班主任[M].桂林:漓江出版社,2008:76—83.

> **思考并讨论**
> 以上四个案例中班规的制定过程有什么相同之处和不同之处?你还读出了什么?

一、班规制定的宗旨

班规的制定要尊重多数学生的意愿,同时,要让班规制定的过程成为了解和教育学生的过程,成为展示班主任管理理念和教育承诺的过程。这是制定班规时需要牢记的宗旨。

"我们必须树立这样一个观念:制定规则不是为了抓住学生的错误,对他们进行惩罚;相反,从规则在学生和其他人身上所产生的作用来考虑,规则为学生(也是为班主任)检查自己的行为提供指导或参照。"①"不仅仅出台一纸班规,而更着眼于学生自我教育和自我管理意义的唤醒与能力的培养;不仅仅让学生遵规守纪,而更着眼于我和学生的共同成长;不仅仅达到民主管理的结果,而更着眼于民主教育——把班规制定的过程同时变成对学生进行民主精神启蒙和民主实践训练的过程……"②制定班规不是目的,而是手段。它是帮助形成学生更具社会价值的道德水准,以及提高班级活动效率和效能的手段。

二、班规制定的依据

(一) 法律法规所规定的相关权利与义务

1. 正确理解教师的权利和义务

在我国的相关法律法规中,教师被赋予了"进行教育教学活动""指导学生的学习和发展"等权利,也必须履行"为人师表""贯彻国家的教育方针"等义务。"许多老师(尤其是班主任)误以为,既然国家赋予了教师权利,教师无论说什么学生都应该照办。但他们不明白,教师只有在按照国家的有关规定管理学生时,他才代表国家,超出这个范围向学生提要求,就没有法律依据了,这时他就不代表国家和社会了,只代表他自己。"③

2. 充分尊重小学儿童的权利和义务

联合国《儿童权利公约》(Convention on the Rights of the Child)强调:儿童享有一个人的全部权利。其中,最基本的权利可以概括为四种,即生存权、受保护权、发展权、参与权。《中华人民共和国未成年人保护法》也明确:"未成年人享有生存权、发展权、受保护权、参与权等权利,国家根据未成年人身心发展特点给予特殊、优先保护,保障未成年人的合法权益不受侵犯。未成年人享有受教育权,国家、社会、学校和家庭尊重和保障未成年人的受教育权。未成年人不分性别、民族、种族、家庭财产状况、宗教信仰等,依法平等地享有权利。"国务院 2021 年 9 月发布的《中国儿童发展纲要(2021—2030)》进一步指出,要"坚持和完善最有利于儿童、促进儿童全面发展的制度机制,落实立德树人根本任务,优化儿童发展环境,保障儿童生存、发展、受保护和参与权利,全面提高儿童综合素质,为实现第二个百年奋斗目标、建设社会主义现代化强国奠定坚实的人才基础"。

---

① [美]弗农·F·琼斯,路易丝·S·琼斯.全面课堂管理——创建一个共同的班集体[M].方彤,等,译.北京:中国轻工业出版社,2002:217.
② 李镇西.做最好的班主任[M].桂林:漓江出版社,2008:83.
③ 王晓春.做一个专业的班主任[M].上海:华东师范大学出版社,2008:49.

> **资料链接 4-2**
>
> 熟悉以下资料中公民、儿童所拥有的权利和义务：
>
> 《儿童权利公约》(联合国,1989)
>
> 《中国儿童发展纲要(2021—2030)》
>
> 《中华人民共和国宪法》(1982,2018 修正)
>
> 《中华人民共和国教育法》(1995,2021 修正)
>
> 《中华人民共和国义务教育法》(1986,2018 修正)
>
> 《中华人民共和国未成年人保护法》(1991,2020 修正)
>
> 《未成年人学校保护规定》(2021)
>
> 《中华人民共和国预防未成年人犯罪法》(1999,2020 修正)
>
> 《学生伤害事故处理办法》(2002,2010 修订)
>
> 《青少年法治教育大纲》(2016)
>
> 《中小学德育工作指南》(2017)
>
> 《新时代爱国主义教育实施纲要》(2019)
>
> 《新时代公民道德建设实施纲要》(2019)
>
> 《教育部等五部门关于全面加强和改进新时代学校卫生与健康教育工作的意见》(2021)
>
> 《国务院办公厅关于全面加强和改进学校美育工作的意见》(2015)
>
> 《中共中央、国务院关于全面加强新时代大中小学劳动教育的意见》(2020)
>
> 《中共中央、国务院关于深化教育教学改革全面提高义务教育质量的意见》(2019)
>
> 《中华人民共和国家庭教育促进法》(2021)

(二)学校规章制度

学校规章制度是制定班规的直接依据。班规是依据各班学生实际情况将学校规章制度具体化的重要制度。

(三)小学儿童年龄特征

活泼好动是小学儿童的共同特征，不能为了秩序而扼制儿童的天性。同时，不同年龄阶段的儿童有着不同的道德认识、道德情感和道德意志特征，其道德行为自然也呈现出不同动态。柯尔伯格的道德发展理论提示，小学儿童的道德观念主要处于"相对功利取向(6—9岁)——好孩子取向(9—10岁)——法律与秩序取向(9—12岁)"三个阶段，因此，班规的制定既要符合小学儿童的年龄阶段特征，又要引导他们向更高阶段发展。

（四）本班师生的个性和发展需要

一个富有实效的班规必定要针对班主任自身的个性、班级的个性和本班学生的特殊发展需要，"对症下药"才能保证班规的落实，促进班级师生的发展。

（五）学生之间的个性差异

学生之间必然存在个性差异，班规的制定和执行要充分考虑学生间的差异，全面预测各种行为的可能性。既有规定性又有包容性的人性化班规，会更加受到学生的欢迎，有利于师生关系的和谐与班级学生间关系的和谐。

三、班规制定的过程

（一）核心规则的制定

既然核心规则是班级成员做人、做事的基本行为准则，是班级核心价值观的体现，那么，它的制定应尽量发挥学生的主观能动性。可以采取以下步骤来制定班级的核心规则。

1. 明确必要性

班主任首先要依据班级学生的年龄采取适当的方式引导学生明确班规的必要性。可以采用的方式有讲故事、做游戏、提问、讨论或辩论等。

2. "头脑风暴"

"头脑风暴"（brain storming）是指班级师生共同敞开心扉，大胆提出各种规则或设想。"头脑风暴"活动可以在全班进行，也可以先分组开展再全班整合。学生提出的规则可以在黑板上或大开纸上如实记录下来。每位学生提出的规则，实际上是其对自我和班级的期望；同时，学生的参与就已经开启了班规内化的过程。班主任既是活动组织者，也是参与提出者，但对于学生提出的规则要延迟评价。

3. 归纳概括

小学生的思维是具体形象的、毫无拘束的，班主任要引导学生对所提出的纷繁的规则进行分析、归纳和概括，并用正面的、学生能够理解的陈述性语言进行表述。学生年龄不同，班主任所发挥的引导作用应有所不同。引导学生归纳概括的过程，也正是指导学生理解规则的过程。

4. 逐条表决

在班规归纳概括出来后，应让全体学生逐条表决，在表决过程中可再次审视、修改每项条款，多数学生表示同意便可通过。学生举手同意规则等于郑重地许下了承诺。当学生与班主任之间意见相左时,班主任应首先尊重学生的意见,将自己主张的规则条款在以后适当的时候再提出;对于分歧较大的条款,可以暂时搁置或引导学生开展辩论。

5. 醒目张贴

班规形成后,应张贴在班级最醒目的位置,以便起到提示的作用。

6. 不断完善

学生的发展是动态的,班规需要随着班级的发展和学生的成长不断增、删、修改,以适应班级学生的变化,不断引导学生的行为,使之养成良好的行为习惯。

(二) 日常规程的制定

日常规程是学生从事每项日常具体活动的行为期望或行动程序,例如:什么时候该进教室准备上课、学习用具如何摆放、上课如何申请发言、如何收交和分发作业、在走廊和楼梯上如何行走、教师的什么提示表示必须尽快安静、值日怎样进行等,它主要用于保证和提高各项活动的效率。因此,日常规程可以主要由班主任进行制定,但要注意合情合理,避免呆板机械。针对小学生自制力、理解力较弱的特点,日常规程需要比较具体、细致,如低年级的日常规程可以编成朗朗上口的歌谣,以便于小学生记忆和掌握。

案例 4-6

卫生间的常规程序

目标:林肯小学的卫生间要保持整洁和安全

卫生间里的合理行为:

1. 在休息期间才能使用卫生间。＊＊
2. 如果上课期间使用,学生必须持有卫生间许可证。＊＊
3. 恰当地使用卫生间,并保持清洁。＊＊
4. 把卫生纸放入卫生间,废纸放入垃圾箱。
5. 冲洗卫生间。
6. 用后不要关上分隔间。
7. 洗手。

(注:标有＊＊的项目表示希望学生完全并立即领会)

资料来源 [美]弗农·F·琼斯,路易斯·S·琼斯.全面课堂管理——创建一个共同的班集体[M].方彤,等,译.北京:中国轻工业出版社,2002:370.

案例 4-7

课堂纪律篇

铃声一响,要进课堂,
身体坐直,眼看前方,
学习用品,摆放桌上,
老师来了,问候响亮,
不吃零食,专心听讲,
可爱玩具,不进课堂,
回家以后,再去赏玩。

资料来源　温爱娟.让低年级的班规"活"起来[J].班主任之友(小学版),2008(12):20—21.

第三节　班规的执行

由全班同学共同制定的班规中有一条:早训迟到者罚跑操场10圈。有一位同学罚跑了多次,仍经常迟到。今天我找他谈话,要他以后不要迟到了。他说:"我都罚了,还找我。"制定班规是为了培养学生的纪律意识,现在事与愿违。

资料来源　王晓春.做一个专业的班主任[M].上海:华东师范大学出版社,2008:215.

思考并讨论

班规制定之后,班主任还需要做哪些工作呢?

"不少班主任都有一种幻想:制定了班规,人人照办,于是班集体旧貌换新颜……事实上很少有这种事情。""恰到好处的班规是那种大多数人能做到、少数人违反的,然后通过教育处罚等手段,把违反的人数减到极少,这才是班规的功用。"[1]小学生的自制力较弱、坚持性不强,在班规出台后,班主任还需要采取措施,不断引导学生深化对班规的理解,使学生的行为符合班规的要求。

---

[1] 王晓春.做一个专业的班主任[M].上海:华东师范大学出版社,2008:51.

一、班规理解的深化

(一) 讲解与实践

在班规制定的过程中,引导学生将杂乱、具体的条款进行归纳、概括有助于促进他们理解班规。但是,每条班规会涵盖很多具体行为,会涉及各种复杂的情境,因此,班规出台后仍有必要专门抽时间再用演绎的方式来加强和拓展学生对班规的理解。

班主任可以亲自或邀请有关人士或组织学生深入分析每条班规的必要性和广泛内涵。为了促进小学生将对规则的认识转化为良好行为,班主任对小学生要特别注意行为技能的示范,边示范边让学生实践,但要注意增强趣味性。

资料链接 4-3

好 学 生 游 戏

"好学生游戏"(the good student game)是由美国乔治亚州大学的教授艾利逊·贝比艾克(Allison E. Babyak)等人从巴瑞什(Barrish)的好行为游戏(the good behavior game)和自我监督策略发展而来的。它在国外的教育实践中被证明是一种有效的班级管理策略。具体步骤如下:

1. 选择并通过正例和反例清晰界定 2—3 个学生需要养成的目标行为,讨论"好学生行为"的重要性,如不随意离开座位、要发言先举手、安静地完成自己的任务(如做课堂作业)以及当完成任务时举手报告老师等。

2. 确定赢得游戏的标准和奖励。标准可以是个人层面的,也可以是班级层面的。如个人层面:如果学生安静地坐在座位上的时间占总时间段的 80%,那么他就可以获得 5 分钟的额外"休假";班级层面:整个班级达到 80% 守纪标准,所有学生都能获得 5 分钟的额外"休假"。老师可以依据情况逐渐提高目标要求。奖励的选择应是学生喜欢的,由学生和老师共同决定。

3. 确定活动的组织形式,以小组或以个人为单位开展游戏。

4. 让学生明白监督是游戏的重要部分,并在一定时间间隔内将自己或小组成员是否表现出目标行为记录在"行为监督表"上。间隔时间可以逐渐延长。

5. 创设情境进行模拟演习与练习。在游戏进行中,任何学生不允许有争论。如果争论,则减去 5 个百分点。

6. 15 分钟或者 20 分钟后游戏结束,收齐"行为监督表"并进行评比及颁奖。

资料来源　罗高峰,王涛.好学生游戏:班级行为管理的一种新方法[J].教学与管理,2007(08):10—12.

（二）专题讨论或辩论

专题讨论或辩论就是针对某一条班规，引入案例，组织学生进行讨论或辩论。专题讨论或辩论可以系列化，或与其他形式相结合来进行。这个方法适合于小学的中高年级。

二、班规执行的强化

（一）醒目张贴

除了完整的班规需要在班级醒目的位置张贴以外，还可以把各项条款制作成生动形象、图文并茂的海报张贴在学生常去的地方。这样既可以增强提示作用，又可以增加班级学生的自豪感和自我约束感。

（二）签约或宣誓

为了更加突出班规在班级管理中至高无上的地位，班主任还可以组织学生签订班规执行保证书或举行严肃的宣誓仪式。班主任应以平等的身份参与活动，以体现"班规面前人人平等"的思想。

（三）告知相关人士

班主任必须牢记：除了自身的教育影响，班级的发展和学生的成长还会受到其他各个方面的影响。为了保证各种影响的一致性，有必要将班规告知班级的各位任课教师、家长、相关管理人员及后勤服务人员，邀请他们共同承担依据班规约束和教育班级师生的责任。

（四）定期评估

1. 对班规执行者的评估

班主任和全班学生都是班规的执行者，要定期依据班规对班级师生的行为（而非人格）进行评估，具体可以采取自省和他评相结合的方式。起初的评价周期可以短一些，甚至需要每天评估，然后根据情况逐步延长；可以对班规的全面执行状况进行评估，也可以分阶段重点评估。

2. 对评估者的评估

虽然每个班级成员都是班规的执行者，也都是班规的评估者，但班级作为一个组织，班规的执行还需要一些专门的监督、评估人员。通常，班主任和班干部是主要的"执法者"，对于他们"执法"过程中的态度和方式也需要进行评估。

例如，在李镇西老师的班级中，"全班学生都要对班委投信任票并进行民主评议，声誉较差者必须调整。同时，班委干部还代表学生集体监督我这个班主任的工作。如果我的工作有所失误甚至失职,他们会依照班规中的有关规定对我进行惩罚"①。

3. 对班规自身的评价

在评估班规执行情况的同时,也应不断对班规本身进行重新审视。对那些因班级成员已经养成良好行为习惯而失去效用的班规条款,应予以删减,并表示庆贺;而对于执行过程中违反较普遍、纠纷较多的班规条款,应引导学生讨论原因,如果原因是规则不合理,则要及时修改。

(五) 行为塑造

心理学中的行为研究表明,行为塑造或矫正的方法通常有正强化、负强化、惩罚与忽视等。

1. 正强化

正强化是指当一个行为发生(即"反应")后给予愉快、积极的结果(即"刺激"),从而引起行为发生概率的增加。例如,当小学生遵守班规时,班主任予以口头表扬、物质或精神奖励等,从而使小学生遵守班规的行为加强。

案例 4-8

"加法图章"让班级评估活起来

我在班上设计了一个"加法方案",具体做法是:我买了一些小印章,里面刻有"奖"字样,然后把班规印成卡片,开学初每个学生分发一张。卡片正面是班规,后面是空白。每天下午放学时,根据学生们一天的表现为他们在空白处盖上印。如果哪个学生的卡片连续盖够了 10 个"奖",就发一支铅笔或一本作业本;盖够了 20 个"奖",就给家长发一张表彰通报;盖够了 40 个"奖",学生就能够参加期末的"三好学生"评选了。

资料来源　温爱娟.让低年级的班规"活"起来[J].班主任之友(小学版),2008(12):20—21.

---

2. 负强化

负强化是指当一个行为发生后,消除或减少令其不愉快的、消极事件,从而增加该行为发生的概率。如班主任告诫学生:"如果你明天能按时上课就不需要写 500 字情况说明书。"学生由于想逃避写情况说明书,可能第二天就会按时到校。

---

① 李镇西.做最好的班主任[M].桂林:漓江出版社,2008:85.

3. 惩罚

惩罚是指一个行为发生之后立刻给予一个消极结果或取消积极结果,从而降低行为或反应发生概率。例如,一个学生伤害了同学、违反了班规,不仅要按班规接受相应惩处,还要受到全班学生、老师和家长的严厉指责,这种不愉快的结果会减少他伤害同学的行为。

值得注意的是,日常生活中的惩罚与行为矫正学中采用的惩罚技术在定义上是相差甚远的。日常对惩罚的理解是对从事不恰当行为甚至犯罪的人采取的措施,而行为分析学家说的惩罚指的是某一行为的结果导致了这个行为未来发生次数减少的过程,也就是说行为是否减少(或增加)才是心理学中界定惩罚(或行为强化)的标准。①

4. 忽视

忽视是指取消以往维持某种行为的所有强化物,而使行为逐步消失。例如,某个小学生指出其他同学不守纪律的行为得到班主任的支持,从而演变成每次课间都为一点小事来告状,班主任意识到这点后采取冷淡回应甚至不理会的方法,最后使这名学生的告状行为逐渐减少。

在行为塑造过程中要注意突出班规的地位,将学生的行为与班规进行对照,公平公正,避免学生间过分的横向比较以及教师主观臆断;奖惩方式尽量制度化,变成班规的一部分,依据制度具体执行;表扬可以隆重些,班主任认真地对待班规的执行情况,学生也会更尊重和遵守班规;惩罚必须慎重,应以消除不良行为、建立正确行为并形成良好行为习惯为目的。

资料链接 4-4

创造性地教授规则和常规的方法

1. 木偶剧:用木偶来演绎一些责任行为。
2. 讲故事:给学生讲一些因遵守了规则和程序后得到奖励的故事。
3. 贴海报:海报可贴在教室、过道、餐厅等地方以加深印象。
4. 写信件:让学生给与规则和学生的计划相关的人写友好的书信。
5. 哎哟,我干了件错事:当学生违规时,就学生的体会展开讨论。
6. 创作一个剧本:让学生创作关于班规的剧本并在校园表演。
7. 了解学校与社区规则。
8. 规则整理:将班规句子的顺序打乱,让学生还原。
9. 规则的游戏:当师生扮演的行为与规则卡片的内容吻合时翻过卡片。

---

① [美]米尔腾伯格尔. 行为矫正:原理与方法(第三版)[M]. 石林,等,译. 北京:中国轻工业出版社,2004:95—96.

10. 纠正错误：模拟表演错误的行为并录像，组织学生分析录像。

11. 拥抱或握手：当看到学生正在执行规则时，问是否可以拥抱一下或握个手。

12. 签订成功契约：让学生给家长写封信，内容包括规则清单、学生遵守规则的打算及如何对自己进行约束。要求学生把信带回家和家长一起阅读，并签订保证成功遵守规则的契约。

13. 图片信号：用图片代表各条规则，当学生违规时用图片提醒。

14. 袋子里的规则：让学生抽取袋子里的规则卡片并解释给大家听。

15. 藏起来的规则：学生根据相关提示猜规则。

16. 给规则编号：给每条规则编号。当学生执行规则时举手示意该编号。

17. 识别：列举一系列行为清单，让学生将正确行为与不正确行为区分开。

18. 幸运轮盘：将要解答的、代表规则的字谜放在轮盘上，让学生通过字谜猜规则。

19. 奖励：设计一些证书或书签作为遵守规则的奖励。

20. 图片海报：用学生带来的图片做海报张贴，例如，海报上写"该学生认为尊重教师是很重要的"，海报下面写明该学生的名字和班级。

资料来源　[美]弗农·F·琼斯,路易丝·S·琼斯.全面课堂管理——创建一个共同的班集体[M].方彤,等,译.北京：中国轻工业出版社,2002：225.

> **? 思考并讨论**
>
> 你还可以设计出哪些有趣的、能促进班规理解和执行的活动？

三、违规的处理

班规不是单纯为了约束学生，而更在于引导学生养成良好的行为习惯、成为有道德的人，因此，对于违规行为的处理需要格外谨慎。教育部于2020年12月发布的《中小学教育惩戒规则(试行)》既明确了教师的教育惩戒权，也对教师实施教育惩戒进行了规范。所谓"教育惩戒"，"是指学校、教师基于教育目的，对违规违纪学生进行管理、训导或者以规定方式予以矫治，促使学生引以为戒、认识和改正错误的教育行为"。"实施教育惩戒应当符合教育规律，注重育人效果；遵循法治原则，做到客观公正；选择适当措施，与学生过错程度相适应。"具体来说，对于学生违反班规的处理，班主任应注意如下几点。

（一）突出教育意义

"人非圣贤，孰能无过。"对于年幼的小学生来说，不时会违反班规，这是十分正常的现象。班主任不仅要理解违规的必然性，而且"教育者的任务之一，就在于教会孩子看到自己每个行为的后果"。"道德上的愚昧无知，往往是从不善于环顾周围开始的。如果这种不善于变成一种习惯，而且变成一种本性和特性的话，那么，在人身上就会发展成粗野和无礼的行为。"①因此，对于学生违规行为的处理，其意义应在于"培养孩子聪明而有道德地观察与思考的能力"，使学生从小懂得为自己的行为负责。

（二）突出以班规为尺度

班规一旦出台，就变成了班级"法律"。班级全体成员参与制定的班规，代表着集体的意志。对班主任来说，维护班规的权威，便是维护自己的权威；对学生来说，维护班规的尊严，便是维护自己的尊严。当学生违反班规时，处理的唯一尺度应是班规条款，亦即学生的集体意志。同时，班规也是班主任克制自己不良情绪的"戒尺"，它有助于班主任自身的道德成长。

（三）注重自省

学生的违规行为虽然可以直接纠正，但在纠正之前，最好引导学生对自己的行为先做出价值判断。"感到自己身上有个人监督，应当引导每个学生做到这一点。这里特别重要的一点是，孩子做了不体面的事，受到的责备主要不是来自年长的人，而是来自孩子本人。""惩罚的存在就是为了使一个人能检点自己和反思自己。""只有在谴责之后出现自责——良心的痛苦时，谴责才会富有成效。"总之，学生经过自省，才会主动改善自己的行为。

班主任在处理学生违规行为的过程中也要时刻注意自省。"说那些尖锐但又中肯的话也不容易。善于做到这一点，就是把教育的技巧和教育艺术融合在一起了。"②

（四）兼顾动机与结果

在处理那些捣乱行为时，教师必须帮助学生探查他们的动机和该行为会产生的后果。过分地强调惩罚通常会掩盖动机和态度方面的问题，会使学生不去注意该行为产生的直接负面后果，这种处罚的压力会影响人们对一些问题做更进一步的思考。小学生常常会在善良的动机下做出一些不恰当的行为，只有谨慎地探析根源，才能保证处理的公正。至于一些自制力差的、有特殊需要的儿童，如多动症儿童，班主任应了解他们的心理和行为特点，积极寻找专业性支持。

---

① ［苏］B·A·苏霍姆林斯基.怎样培养真正的人［M］.蔡汀，译.北京：教育科学出版社，1992：199.
② ［苏］B·A·苏霍姆林斯基.怎样培养真正的人［M］.蔡汀，译.北京：教育科学出版社，1992：161，203，207，204.

> **资料链接 4-5**
>
> **可实施教育惩戒的情形**
>
> 学生有下列情形之一，学校及其教师应当予以制止并进行批评教育，确有必要的，可以实施教育惩戒：
>
> （一）故意不完成教学任务要求或者不服从教育、管理的；
>
> （二）扰乱课堂秩序、学校教育教学秩序的；
>
> （三）吸烟、饮酒，或者言行失范违反学生守则的；
>
> （四）实施有害自己或者他人身心健康的危险行为的；
>
> （五）打骂同学、老师，欺凌同学或者侵害他人合法权益的；
>
> （六）其他违反校规校纪的行为。
>
> 资料来源　中华人民共和国教育部.中小学教育惩戒规则（试行）[EB/OL].(2020-12-23)[2021-06-08]. http://www.moe.gov.cn/srcsite/A02/s5911/moe_621/202012/t20201228_507882.html.

《中小学教育惩戒规则（试行）》规定可实施的教育惩戒行为有："点名批评；责令赔礼道歉、做口头或者书面检讨；适当增加额外的教学或者班级公益服务任务；一节课课堂教学时间内的教室内站立；课后教导；学校校规校纪或者班规、班级公约规定的其他适当措施。"而在教育教学管理、实施教育惩戒过程中，教师不得有下列行为："以击打、刺扎等方式直接造成身体痛苦的体罚；超过正常限度的罚站、反复抄写，强制做不适的动作或者姿势，以及刻意孤立等间接伤害身体、心理的变相体罚；辱骂或者以歧视性、侮辱性的言行侵犯学生人格尊严；因个人或者少数人违规违纪行为而惩罚全体学生；因学业成绩而教育惩戒学生；因个人情绪、好恶实施或者选择性实施教育惩戒；指派学生对其他学生实施教育惩戒；其他侵害学生权利的。"

（五）方法多样

对违规行为进行处理的具体方法，最好由班级成员共同讨论。一方面要把握处罚的尺度，不能伤害学生的身体与心理；另一方面要有层次性，对于偶尔违反和多次违反有不同的处罚措施。有时候，冷处理、以扬促悟也能起到意想不到的效果。

（六）指导改进

处理是为了改进。班主任要善于向违规学生表达对其改进行为的期望，在学生需要帮助时提供具体的改进参考意见，或指导学生制定行为矫正计划。对于学生改正错误的意愿和行动及时予以表扬、鼓励。

（七）循序渐进

从纠正学生的不良行为到帮助学生形成良好的习惯和人格，不可能一蹴而就，而是需要一个渐进的过程。班主任要富有耐心,坚定教育信念,要相信自己坚持不懈的努力和不断改进的教育方法终会换来班级学生的健康发展。

资料链接 4-6

马卡连柯的惩罚教育理论

如果有人问我,怎样以简单的公式概括我的教育经验的本质,我就回答说:要尽量多地要求一个人,也要尽可能地尊重一个人。

优秀的教师利用惩罚的制度可以做很多事情,但是笨拙地、不合理地、机械地运用惩罚会使我们的整个工作受到损失。

我们的惩罚的出发点是整个集体……根据这个基本的原理,我们的惩罚就必须满足如下的要求:

(1) 惩罚不是目的,不应该只是使人的肉体遭受痛苦。

(2) 只有被惩罚者理解到全部的问题在于集体是在维护共同利益的时候,换句话说,只有他知道集体要求他做什么和为什么这样要求他的时候,惩罚才是有意义的。

(3) 只有集体利益真正遭到损害,并且破坏者无视集体的要求,公然而且有意地进行这种破坏的时候,才应当使用惩罚。

(4) 在某些情形下,如果破坏者声明,他服从集体命令,准备以后不再重犯错误(当然,是在这种声明显然不是欺骗的情况下),惩罚应当取消。

(5) 惩罚内容本身并不重要,重要的是惩罚事实本身以及表现在这一事实上的集体的谴责。

(6) 惩罚应当是教育。被惩罚者应真正认识到,为什么要惩罚他,并且理解惩罚的意义。

资料来源 [苏]马卡连柯.马卡连柯教育文集(上卷)[M].吴式颖,等,编.北京:人民教育出版社,2005:402,277,278.

视野扩展

1. 学习教育部网站(http://www.moe.gov.cn/)和当地教育行政部门网站中的"政策法规"。

2. 阅读李镇西的《做最好的班主任》(漓江出版社 2008 年出版)第 73—92 页"在民主生活中学民主"部分,或《河南教育》(基教版)2008 年第 3、6、12 期,以及 2009 年第 2、3 期中的"镇西在线"栏目。

3. 学习、领会苏霍姆林斯基的自我教育理论与陶行知的学生自治理论。

4. 阅读赵凯的《好班规打造好班级》(西南师范大学出版社 2009 年出版)。

5. 阅读劳丽·弗里德曼创作、詹妮弗·卡利斯绘画、都文娟译的《马洛丽成长记：违反新班规》(浙江文艺出版社 2019 年出版)。

实践探究

1. 以第一节中"某小学班规"为例或利用搜集到的其他小学的班规,分析其利弊,体会其中蕴含的教育观。

2. 对当地小学班规的制定与执行过程进行调查研究。

我的思考与收获

第五章 班级文化的营造

> 每一个人可能的最大幸福是在全体人所实现的最大幸福之中。
>
> ——左 拉

学习目标

1. 理解班级文化的本质，了解班级文化营造在育人工作中的重要意义。
2. 掌握班级文化营造的目标、内容与形式。
3. 能设计行之有效的班级文化营造方案。

第一节 班级文化概述

一、班级文化及其结构

班级文化是指班级在进行外部适应和内部融合过程中形成的、班级成员共有的价值和信念体系。班级文化在很大程度上影响着班级成员的行为方式。班级文化的结构分析有多种观点，主要的结构分析包括以下几种。

（一）两分法：外显层和内隐层

所谓"班级文化外显层"，是指那些以精神的物化产品和行为表现出来的、人们能直观感受到的内容，它包括班级的标志、教室环境、班级规章和班级成员的行为习惯等；所谓"班级文化内隐层"，是指班级文化的根本，包括班级的价值观念、道德规范、班风等。

（二）三分法

1. 物质层、制度层和精神层

（1）物质层：即班级物质文化，是指主要以物质形态体现的表层的班级文化。

（2）制度层：即班级制度文化，是具有班级特色的各种规章制度、行为规范的总和。

（3）精神层：即班级精神文化，它是班级成员在长期交往中所形成的群体心理定势和价值取向,是班级组织哲学的整体体现与高度概括,反映班级全体成员的共同追求和共同认识。精神层是班级文化的核心和灵魂。

2. 人工制品、价值观和基本的潜在假设

美国管理学家埃德加·沙因(Edgar H. Schein)将组织文化划分为三个层次:人工制品、价值观和基本的潜在假设(如图5-1所示)。沙因的组织文化分层同样适用于班级文化的结构分析。

沙因认为,真正的文化是隐含在组织成员中的潜意识,它决定了组织价值观以及在此价值观之下的组织行为。反之,通过对组织结构和流程等物质层面的分析能够推论得到的文化信息是有限的。对于深层的、处于组织根底的文化,沙因将之分为以下五个维度。①

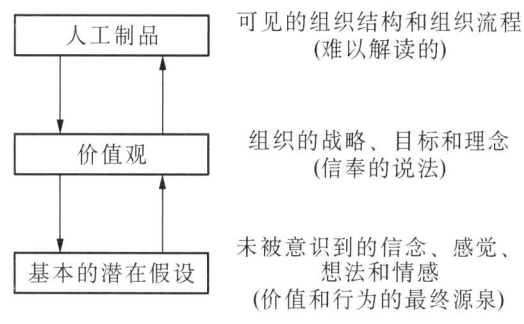

图5-1 沙因的组织文化分层

人工制品 —— 可见的组织结构和组织流程(难以解读的)
价值观 —— 组织的战略、目标和理念(信奉的说法)
基本的潜在假设 —— 未被意识到的信念、感觉、想法和情感(价值和行为的最终源泉)

(1) 自然和人的关系:指组织的中心人物如何看待组织和环境之间的关系,包括被认为是可支配的关系、从属关系、协调关系等。

(2) 现实和真实的本质:指组织中对于什么是真实的、什么是现实的判断标准,如何论证真实和现实以及真实是否可以被发现等一系列假定。

(3) 人性的本质:包含哪些行为是属于人性的而哪些行为是非人性的,这一关于人的本质的假定和个人与组织之间的关系应该是怎样的等假定。

(4) 人类活动的本质:包含哪些人类行为是正确的、人的行为是主动还是被动的、人是由自由意志所支配的还是被命运所支配的、什么是工作、什么是娱乐等一系列假定。

(5) 人际关系的本质:包含什么是权威的基础、权力的正确分配方法是什么、人与人之间关系的应有态势(例如,是竞争的还是互助的)等假定。

> **? 思考并讨论**
>
> 沙因的组织文化分层理论对于班级文化的分析或营造有何启示?

二、班级文化个性

每个班级都会形成自己的文化个性。班主任在营造本班的文化个性或评估班级文化个性时,可以借鉴一些管理学的主要研究成果。

---

① [美]埃德加·沙因.组织文化与领导力[M].马红宇,王斌,等,译.北京:中国人民大学出版社.2011:20—26.

(一) 丹尼森组织文化模型

由瑞士洛桑国际管理学院的著名教授丹尼尔·丹尼森(Daniel R. Denison)所创建的组织文化模型被认为是应用范围较广、衡量组织文化最有效的模型之一。丹尼森从组织文化的外部适应性、内部整合性、灵活性、稳定性四个维度对大量的企业组织进行研究后,总结出组织文化的四个特征:参与性、一致性、使命和适应性(如图5-2所示)。[①]

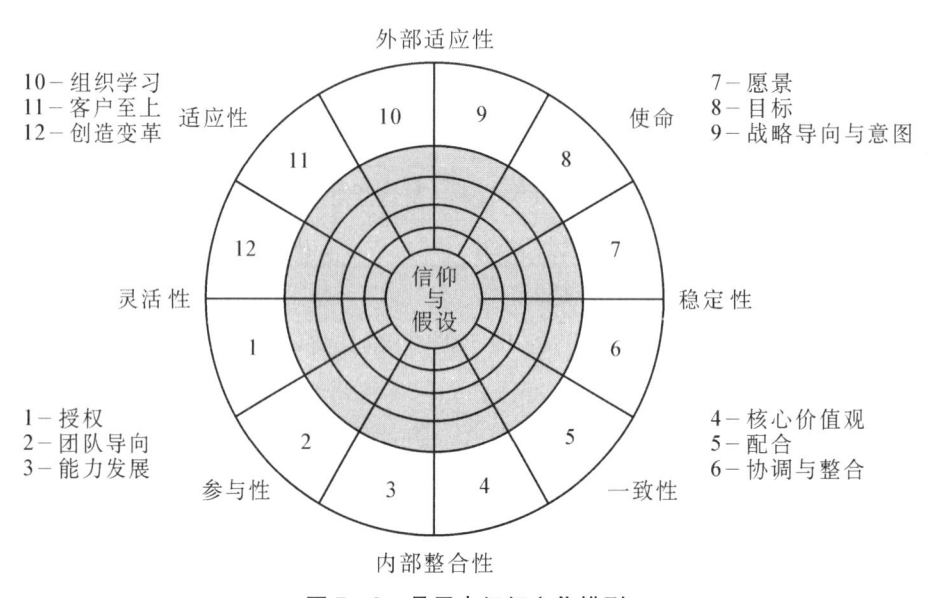

图5-2 丹尼森组织文化模型

1. 参与性(involvement)

这一文化特征反映了组织对培养组织成员、与成员进行沟通,以及使成员参与并承担工作的重视程度。它具体包括以下三个指标:

(1) 授权。组织成员是否真正有活动授权并承担责任?他们是否具有主人翁意识和工作积极性?

(2) 团队导向。组织是否重视并鼓励成员之间相互合作以实现共同目标?组织成员在工作中是否依靠团队力量?

(3) 能力发展。组织是否不断投入资源进行成员培训以使他们具有竞争力、适应组织发展的需要?组织是否满足成员不断学习和发展的愿望?

2. 一致性(consistency)

这一特征用以衡量组织是否拥有强大且富有凝聚力的内部文化,具体指标包括:

[①] Daniel R. Denison, Aneil K. Mishra. Toward a Theory of Organizational Culture and Effectiveness [J]. *Organization Science* 1995, 6(2): 204—223; 何立. 广东地区企业组织文化及其对企业效能影响的探讨[D]. 暨南大学, 2004.

（1）核心价值观。组织是否潜在着一套大家共同信奉的价值观，从而使成员产生强烈的认同感并对未来抱有明确的期望？

（2）配合。组织领导者是否具备足够的能力让大家达成高度的一致，并在关键的问题上调和不同的意见？

（3）协调与整合。组织中各职能部门或团队是否能够密切合作？部门或团队的界限会不会变成合作的障碍？

3. 使命（mission）

它用于判断组织是一味注重眼前利益，还是着眼于制定系统的战略行动计划。使命的三个评价指标是：

（1）愿景。组织成员对组织未来的理想状况是否达成了共识？这种愿景是否得到组织全体成员的理解和认同？

（2）目标。组织是否周详地制定了一系列与使命、愿景和战略密切相关的目标，可以让每个成员在工作时作参考？

（3）战略导向与意图。组织是否希望在本行业中脱颖而出？明确的战略意图展示了组织的决心，并使所有人都知道应该如何为组织的战略做出自己的贡献。

4. 适应性（adaptability）

它主要指组织对外部环境中的各种信号迅速做出反应的能力，也包括三个指标：

（1）组织学习。组织能否将外界信号视为鼓励创新和吸收新知识的良机？

（2）客户至上。组织是否了解自己的客户，使他们感到满意并能预计客户未来的需求？在班级管理中可以理解为班级组织是否了解家长、社会发展对于学生成长的需要。

（3）创造变革。组织是否惧怕承担因变革而带来的风险？组织是否学会仔细观察外部环境，预计相关流程及变化步骤并及时实施变革？

适应性与参与性这两个文化特征注重变化与灵活性；使命和一致性则体现了组织保持可预测性及稳定性的能力。适应性和使命这两个特征与组织对外部环境的适应性相关；参与性和一致性则强调了组织内部系统、组织结构以及流程的整合问题。强调灵活的适应性与关注内部整合的一致性存在矛盾；而自上而下的愿景（使命）与自下而上的参与性之间存在矛盾。

（二）查特曼组织文化剖面图

美国加州大学珍妮弗·查特曼（Jennifer A. Chatman）教授等人研发的组织文化量表影响广泛。它将组织文化划分为创新与风险承受力、关注细节、成果导向、员工导向、团队导向、进取心和稳定性七个维度（如图5-3所示），可以"准确地表述组织文化的精髓"[①]。

[①] ［美］斯蒂芬·P·罗宾斯，玛丽·库尔特.管理学（第7版）[M].孙健敏，等，译.北京：中国人民大学出版社，2004：63.

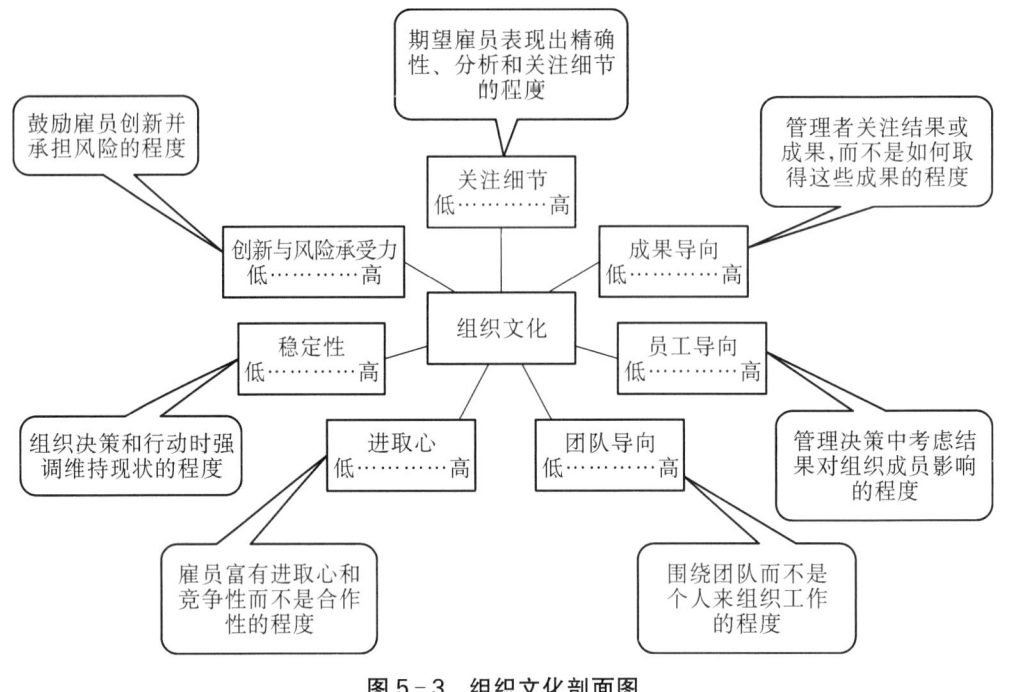

```
                    期望雇员表现出精确
                    性、分析和关注细节
                         的程度
鼓励雇员创新并                                    管理者关注结果或
承担风险的程度          关注细节                  成果,而不是如何取
                      低……高                    得这些成果的程度
        创新与风险承受力              成果导向
           低……高                    低……高
                        组织文化
           稳定性                    员工导向
          低……高                    低……高
组织决策和行动时强      进取心        团队导向      管理决策中考虑结
调维持现状的程度      低……高        低……高      果对组织成员影响
                                                  的程度
         雇员富有进取心和        围绕团队而不是
         竞争性而不是合作        个人来组织工作
           性的程度              的程度
```

图 5-3　组织文化剖面图

> **尝试并讨论**
> 试用丹尼森组织文化模型或查特曼组织文化剖面图描述你所在班级的文化个性。

三、班级文化的功能

（1）导向功能。班级文化能对整个班级和每个班级成员的价值取向及行为取向起引导作用,使之符合班级所确定的目标。

（2）约束功能。班级文化会对班级每个成员的思想、心理和行为产生一种无形的约束和规范的作用。

（3）凝聚功能。当班级的核心价值观被班级成员共同认可之后,就会成为一种黏合剂,产生一种巨大的向心力和凝聚力。

（4）激励功能。由于班级文化的隐性影响,班级成员的"从众"行为容易被激发,与班级文化一致的行为会受到鼓励。

（5）辐射功能。辐射功能是班级文化的突出特征,它不仅会在班级内发挥作用,而且会通过各种途径对班级之外的环境(如其他班级、学生家长等)产生影响。

一个班级形成的文化氛围可能是积极的,也可能是消极的。积极的班级文化对班级成员产生正向的引导、约束和激励作用,所形成的凝聚力和辐射力会有力地促进每一位班级成员的发展。而消极的班级文化则可能会成为班级与学生个体发展、继任班主任开展变革的障碍。

第二节 班级文化的营造

当前,小学班级文化营造中存在的主要问题有:
1. 为了学校的"评比"而"被迫"营造班级文化。
2. 将班级文化营造理解为表面化的班级墙壁布置。
3. 学习和竞争成为班级文化的主要(甚至是唯一的)内容和价值取向。
4. 有些班主任对于班级文化缺乏了解或只停留在表层,对于班级文化建设缺乏应有的重视和主动性。

思考并讨论

小学班主任应营造出什么样的班级文化?如何营造?

一、班级文化营造的目标:和谐

(一)以学生身心的和谐发展为核心

班级文化营造的出发点和归宿应是学生身心的和谐发展。一方面,班主任不能为了追求形式、追求时尚或迎合外力而营造班级文化。虽然班级文化要关注班级外部,但更要关注班级内部,即班级每一位学生健康、全面、和谐地发展应是班级文化营造的最终目标。另一方面,班主任营造的班级文化不能只注重当前的学习,尤其不能只注重学习的结果,而忽略对学生一生的发展有长远影响的价值和信念的树立。只有让学生终身受益的价值和信念才是优秀的班级文化。

(二)班级内隐文化与外显文化的和谐

根据沙因的观点,班级内隐文化才是真正的文化,这种内隐文化有时甚至是个体自己没有清晰地意识到的。班级内隐文化通常会通过外显的行为、物质等文化层面表现出来,即使个体未意识到的一些潜在假设也会在人们的行动中无意地表现出来;而班级的外显文化并不一定对应着班级的内隐文化,可能是顺应外力而刻意塑造的。因此,当班级的内隐文化和外显文化发生冲突时,它对学生所产生的影响将会更加深刻且是消极的。内隐文化与外显文化的和谐应是班级文化营造中需要特别关注的问题。

（三）班级文化与小学生年龄特征的和谐

小学班级所营造的班级文化应符合小学生的年龄特征。小学生主要处于儿童期，小学班级文化应富有童趣；儿童天性好动，愿意亲近自然，小学的班级文化应是生动的；儿童比成人更有平等观念，小学的班级文化应在此基础上进一步树立儿童的自信、促进班级的和谐，而不应复制成人社会中的等级文化；儿童对未知充满好奇、对未来充满憧憬，这些是营造积极的班级文化的良好基础。总之，班主任应相信、尊重和发挥小学生的创造精神和创造能力，共同创建班级文化。

（四）班级文化与学生家长价值和信念的和谐

家庭是孩子成长的摇篮，家长是孩子的第一任教师。在小学阶段，家长的价值和信念对孩子的影响是巨大的，甚至有人提出"好妈妈胜过好老师"。班级文化既在很大程度上受班主任价值和信念的左右，又会受到学生家长价值和信念的极大制约。只有班级文化与学生家长的价值和信念相和谐，才能更好地促进班级文化的形成。

二、班级文化营造的内容：丰富

班级所营造出的文化应是丰富的。它不仅要包括学习文化，还应包括交往文化、休闲娱乐文化等。

（一）学习文化

学习是学生的重要权利和义务。学习文化也通常被作为班级文化建设的重要内容。在营造班级学习文化的过程中，班主任要改变过去过于偏重竞争意识、功利价值观的现象，努力营造出自信、主动、合作的班级文化氛围。

（二）交往文化

（1）学生与长辈的交往文化。学生与长辈交往的观念与长辈照料、教育他们时的态度和行为直接相关。一方面，班主任要主动与学生建立平等、关爱的交往关系，同时要将这种观念灌输给家长；另一方面，班主任还要引导学生懂得理解、尊重老师和家长，让学生学会感恩。

（2）学生与同伴的交往文化。小学生可能会复制班主任的歧视行为，因此，班主任对班级的每一位学生应一视同仁，并积极促进学生之间平等、友爱、互助的交往关系的形成。学生交往要有礼、有节、有度。随着时代的发展，让每一个小学生从小懂得预防欺凌和暴力是极为必要的。有时看似打打闹闹的行为背后，有可能埋藏着"霸凌"的种子，一些过分的行为是不能用"玩笑、打闹、推搡"一笔带过的。教师要能够有意识地把隐藏于"玩笑"与"暴力"之间的欺凌问题解剖出来，并就学生欺凌和校园暴力问题分别建立有效机制，采取针对性措施，加强教育和防范，确保每个学生的健康成长。

资料链接 5-1

《教育部等九部门关于防治中小学生欺凌和暴力的指导意见》要点

引导全体中小学生从小知礼仪、明是非、守规矩,做到珍爱生命、尊重他人、团结友善、不恃强凌弱,弘扬公序良俗,传承中华美德。

认真开展预防欺凌和暴力专题教育。……通过课堂教学、专题讲座、班团队会、主题活动、编发手册、参观实践等多种形式,提高学生对欺凌和暴力行为严重危害性的认识,增强自我保护意识和能力,自觉遵守校规校纪,做到不实施欺凌和暴力行为。

加强优良校风、教风、学风建设,开展内容健康、格调高雅、丰富多彩的校园活动,形成团结向上、互助友爱、文明和谐的校园氛围,激励学生爱学校、爱老师、爱同学,提高校园整体文明程度。

资料来源 中华人民共和国教育部.教育部等九部门关于防治中小学生欺凌和暴力的指导意见[EB/OL].(2016-11-02)[2021-09-11]. http://www.moe.gov.cn/srcsite/A06/s3325/201611/t20161111_288490.html?from=groupmessage&isappinstalled=0.

思考并讨论

观看电影《悲伤逆流成河》《少年的你》,请思考:作为班主任,应如何预防类似事件的发生?

(三)休闲娱乐文化

一些学校和班主任在禁止班级学生课间追逐打闹的同时,却忽略了教会学生休闲娱乐。班主任要敏感地观察学生的休闲娱乐活动,避免社会的不良影响,使学生养成健康的休闲和娱乐习惯,从而丰富学生的精神生活。

2018年,《教育部、中共中央宣传部关于加强中小学影视教育的指导意见》颁布,意见指出,"推动各地各校因地制宜开展影视教育活动,让中小学生在影视教育中感受世界、开阔视野、体验情感,促进他们身心健康和全面发展"。

三、班级文化营造的途径:多样

(一)告知

(1)班主任宣讲。班主任用生动而深刻的语言将价值和信念以及目标、愿景等传达给学生。

(2)宣传阵地。通过班级的墙壁布置、黑板报、班刊、班级博客等舆论阵地营造和渗透班级文化。

(二) 组织讨论

班主任可以经常组织学生展开讨论，如对班级目标、班规、社会时事、班级不良行为现象等进行讨论，使学生在辨析中深入理解和领会班级价值和信念。

(三) 树立榜样

榜样是某种价值和信念鲜活而生动的体现，因此具有很强的说服力和感召力。榜样可以有以下几种：

（1）班主任以身示范。"学高为师，身正为范"，班主任不仅应是社会正面价值、信念的宣扬者，更应是自觉践行者。

（2）学生榜样。积极肯定学生中的先进典型，大力宣扬学生榜样的事迹。

（3）社会人物榜样。通过社会人物榜样的感人故事感染学生，使学生受鼓舞、受教育。

(四) 设计文化符号

班主任可以组织学生设计班徽、班旗、班歌、班级口号（班训）等凝结着班级核心价值观的文化符号，培养班级共同语言。作为班级的个性标志，它们将有助于强化学生对班级的认同感和自豪感。

(五) 仪式

仪式是一种程式化的、重复性的活动。班主任可以精心设计一些仪式，如交往礼仪、晨会仪式、放学仪式、庆祝仪式、评奖和颁奖仪式等，使学生在庄重的仪式熏陶中，理解和认同班级共同的信念。当然，仪式的操作要避免因过于随意或过于戏剧化而导致的形式主义。

(六) 主题班会

一个优秀的主题班会是班级文化的荟萃与彰显。优秀的主题班会具有的特征有：精心构建，形式多元，内容丰富，生动活泼，成效显著，带有浓厚的班级色彩、师生情感与文化内涵。人们常说："忘不掉的是教育"，一个优秀的主题班会，常常是童年忘不掉的记忆，可能对学生的成长影响深远（结合第六章学习）。

资料链接 5-2

什么是班级文化？班级文化绝不仅仅是教室里张贴的图片、文字。如果把班级文化等同于美化教室环境，让墙壁可以说话，那似乎还是过于浅薄。笔者认为,班级文化是师生生存和生活的方式,它注重一种理念的追求,渗透着主流的核心价值观。它是流淌在师生心中的一股清泉,既是一种气质,也是一种气魄,更是一种气韵。没有文化底蕴的教室,不是真正意义上的完美教室。班级文化之根首先是一种价值观的选择。如果站在这样的立场去建构班级文化,班级就一定会温暖常在。

班级文化应该流淌在班旗、班徽、班规的设计中,放飞在班歌的歌声中,体现在师生的温暖故事里。真正的文化,应当指向人的发展,尊重生命的价值。从这个意义上来说,在环境布置和内容设计上必须关注儿童本身,关注独特的儿童文化,渗透"超越"的精神内核,使"物化"的环境达到充满人性的"人化"效果,力求使环境布局传承地域文化特色,设施规划体现国际教育情怀,视觉调配传达社会主义价值观,不断朝着教育本原的理性回归与逼近,最大程度地使学生在不知不觉、自然而然的环境中进行教育对话,得到熏陶、暗示和感染,从而促进学生的人性美好、人格健全和人生幸福,获取一生行走所需要的智慧、情感和力量。

资料来源　李竹勇,查娟仪.有"魂"的教室会使学生飞得更远[J].中国教育学刊,2015(02):104—105.

第三节　班级文化营造案例

万平老师是北京市史家胡同小学的特级教师,曾获"北京市首届中小学十佳班主任""全国优秀教师""全国中小学优秀班主任"等称号。本节介绍万平老师借助班级刊物或博客、班级"教育时刻"营造班级文化的主要措施,以供参考。

一、班级刊物《小木桥》

1997年9月16日,在开学两周后,史家胡同小学四年级(4)班的《小木桥》第一期出刊了!《小木桥》是专门刊登学生优秀日记、小作文的班级刊物,印发给每一位学生,并组织全班一起赏读。通过《小木桥》,班集体第一次拥有了良性运转的核心支撑,班主任有了与家长们全员交流的一个渠道,班级文化也有了更生动的显性载体。

(一)《小木桥》的缘起

万老师在班级里尝试"日记教学",起初只是为了提

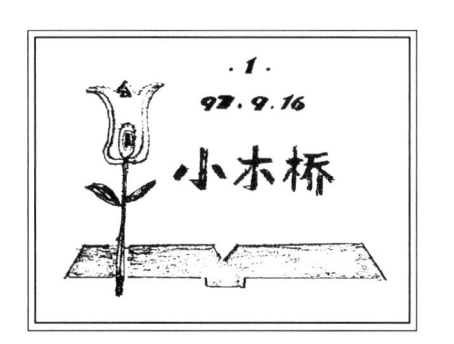

图5-4　《小木桥》第一期封面

高学生的写作水平。渐渐地,她开始把对学生品格教育、问题儿童教育的思考融入这种"笔头"交流的方式中,班级刊物《小木桥》就应运而生了。

以"小木桥"命名,是因为"在没有路的时候,有个木头搭在那儿就能过了。桥就是路,是此端到彼端的一条路,我们每一个人心与心之间,需要的就是一条路。不用很费劲,搭一根棍儿我们就可以沟通了,所以,小木桥就是最好的一座小桥,因为这个小桥,连着师生之间彼此的心"。另外,"一位聪明的教师绝不会完全依赖学生的家长们,但是也绝不会'孤军作战'","《小木桥》应该就是打匀鸡蛋的那双筷子吧,我们用它把班集体中师、生、家长的心彼此融合在一起"。

(二)《小木桥》的主要栏目

《小木桥》的主要栏目见表5-1。

表5-1 《小木桥》的主要栏目

日记教学与评价			班级学情汇报		
学生优秀日记	教师日记点评	小小作家榜	教学阶段情况	班级进步之星	家长感言

(三)《小木桥》的几种出版形式

(1) 个人专版:较短阶段内(1—2个星期或假期内)学生较有特色的日记汇编。

(2) 个人专辑:一段时间内(一季度或半个学期或一本日记写完后)学生个人日记的总汇。

(3) 习作园地:班级学生日常优秀日记汇编。

(4) 主题专版:班级学生主题日记的汇编。

(四)《小木桥》的内容选登

《小木桥》第一期(1997年9月16日)部分内容

开场白:喂,小伙伴们,请记住今天的这个日子——你们的小伙伴《小木桥》来到了史家胡同小学四年级(4)班,成为你们中的一员喽!"什么?我们是干什么的?"听你这样问我们,我们倒要说给你们听听。

首先,我们是优秀习作的发表园地——那些小秀才们写的日记啦、片段啦、作文啦……都可以从我们这座桥上走过去,走到你的眼中、心里。嘿!说不定还要走到你的爸爸妈妈的眼中、心里呢!谁的习作能过桥,谁就是小小文学家。嘿,小木桥上摇一摇,多光荣啊!

当然,《小木桥》也会发表同学的心得体会,家长对我们的鼓励的话语我们也会刊登发表——让这座小木桥成为我们师生之间、学生与家长之间、同学之间相互沟通的桥梁吧!

让《小木桥》伴随我们四年级(4)班的每个学生好好学习、天天向上!

马方的日记:①1997年9月4日(晴)

今天是我们语文课第一课的最后一讲。在这节课上,万老师为我们开辟了一个新的作业内容——把我们自己朗读的课文用录音带录下来交给老师。这个新作业不仅为我们增添了读书的兴趣和乐趣,还丰富了我们的课余生活。

你知道吗?在体育课上,我们有幸受到了电视台记者的采访。记者阿姨问我们最喜欢穿什么颜色的衣服,我回答说:"我爱穿粉色和蓝色的衣服,因为粉色会让我觉得心情很好,而蓝色衣服会使我感到心胸开阔。"有的同学说绿色,有的同学说红色和紫色……真像在一个五颜六色的百花丛中似的。

就这样,《小木桥》走进了孩子们的生活。除了记录了孩子们的童年故事之外,更记录了班集体的成长、孩子们的进步。

《无声的竞赛》(选自1997年10月18日《小木桥》第六期)

在四年级(4)班教室的左前方,是中队的卫生角。大家最关心的就是洗手池上的两块擦手毛巾了。开学初,万老师把毛巾赠给全班同学,一块给男生,一块给女生,并且约定,从第一天试用毛巾之日算起,开展男女生竞赛——看哪块毛巾最干净。

一个多月过去了,您猜怎么着?嘿,绝啦!女同学的毛巾那叫一个干净(看来,女同学中有人天天给毛巾"洗澡"),男同学那块毛巾呢?虽然万老师选择把哪块毛巾给男生时故意给了一块白底小熊图案的,特容易脏,可男生那块毛巾绝对不比女生的差!(不知哪位小伙子天天坚持做好事!)

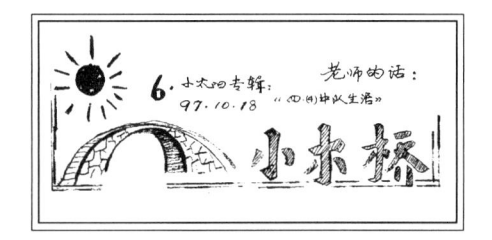

图5-5 《小木桥》第六期封面

毛巾大赛初赛结束,成绩1∶1平,这说明了什么呢?

张铮的日记《安静的教室》(选自1997年12月17日《小木桥》第十五期)

我现在非常喜欢上课,而从前我总喜欢下课,你知道为什么吗?从前,我们的课堂老不能安静地上一节好课,总有同学接下茬,个别同学还乱叫,有时有的同学随便说话,不举手就嚷着发言……

现在的课堂好多啦!一节节生动有趣的课,一节节爱心课堂②,虽然极个别同学还有点不踏实,但是好多了!

---

① 马方在万老师的辅导下,12岁就出版了近13万字的日记专著《马方日记》(由华文出版社出版),其中系列日记《仙人掌》还入选北京版小学语文教材。
② "爱心课堂"评比:班级学生的表现被老师评为"优",就可以被评为爱心课堂;如果一天的课都是爱心课堂,就是班级的"甜蜜日",万老师会给每一位同学发爱心小奖票。

我喜欢安静的课堂。

刘珊的日记《学具》(选自1997年12月9日《小木桥》第十四期)

今天又要上手工课了,课代表检查学具时对万老师说:"只有一个同学没带抹布,其他同学都带齐了!"旁边的同学赶紧借给那位同学一块,这样,我们就可以实现"带齐学具进课堂"的班级目标了,这是我们班的一次突破!

来到手工教室,同学们都做得很好,老师讲课很顺利,我们学、做都很安静,连小鑫①也很听话。下课了,钟老师表扬了好多同学,我们回到教室,赶快给万老师报喜,向她讲了这节课的详细情况。你猜怎么样?万老师不仅仅是微笑,而是眼睛眯成一条缝,差一点笑弯了腰!

四年级(4)班,你一定要越来越好!

穆恩霜的日记《苦中有甜》(选自1997年12月17日《小木桥》第十五期)

从12月15日起,我已经坚持写了整整100篇日记了,这是多么不容易啊!

刚一开始记日记的时候,我总觉得"坚持"二字特别容易做到。可是在记完50篇日记的时候,我觉得不像说得那么容易了。在心情不太好的时候,一提起日记来,心里就烦(因为我特别想把自己的日记一下子写得特别好,反而不容易做到了)。在万老师的多次鼓励下,我还是坚持下来了,我曾经想过,孙冰洁早已记完了一本日记,成了班级小作家,她能够做到的,凭什么我就做不到呢?

想了很久,我终于做出了一个决定:一定要天天坚持记!因为它既可以帮助你提高作文水平,又可以记录自己的成长过程,培养观察事物的能力,为什么不做?

老师说得好:贵在坚持,不可一步登天!

除了学生日记,《小木桥》还会刊登一些反映班级整体发展状况的信息,如1997年9月—1998年1月学具情况统计:

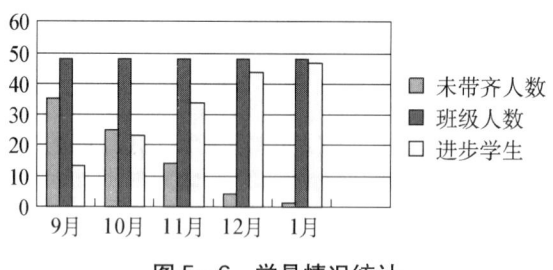

图5-6 学具情况统计

此外,《小木桥》还开展了"好习惯大家谈"亲子对话活动,引导家长重视对孩子自理习惯的培养。

---

① 编者注:一位低智多动的孩子。

(五)《小木桥》的成果

截至四年级第一学期结束,《小木桥》一共出了16期(基本上每周一期)。通过《小木桥》上的文字,不但可以看到孩子的进步、班级的进步,还可以感受到班级生活的丰富多彩。10多年来,万老师利用业余时间,编辑、刊印了上百万字的童年心迹,至今《小木桥》出刊已逾200期,同步地记录了学生的心路历程,成为每个孩子的成长档案。2008年11月20日,中国教育电视台特为万平老师录制了专题节目《教育人生——万平,给孩子甜蜜的教育》。

二、班级博客"小木桥"

(一)"e"时代"小木桥"的诞生

2006年,万平老师在搜狐网为所带的史家胡同小学五年级(2)班建立了班级博客"小木桥"。在班级博客中,万老师为"蓝喵呜",各位学生则为"小青咪";班级博客被大家亲切地称为"咪咪乐园"。开博的宗旨主要是:

(1) 实现了积极有效地与各位"咪咪"以及家长在第一时间有所交流、沟通。

(2) "咪咪"们在课余时间拥有了一个有趣、有益的网络学习、生活空间。

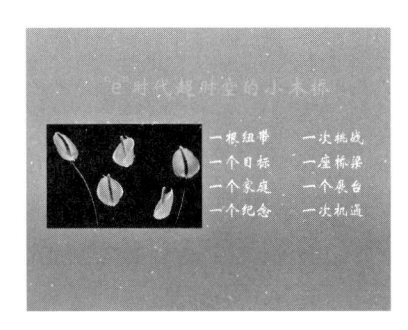

图 5-7 博客"小木桥"页面

(3) 众"咪"同心,与时俱进,共建"e"时代和谐网络家园。

很快,家长们参与进来了,孩子们行动起来了,五年级(2)班的全体同学拥有了一个全天候开放的"咪咪乐园"。

(二) 班级博客"小木桥"的建设者

万老师注册开博后,学生们都很感兴趣,纷纷申请做"小斑竹"(某个板块的设计者、开发者、主办者)。许多原本在班级生活中看似"平淡无奇"的孩子成为了"小斑竹"明星,小小的角色使他们拥有了责任感与使命感。而"小斑竹"后面是"博导"——家长的支持。家长们不仅积极关注,对网络比较熟练的家长还提供了大量的技术支持(如音乐、图片相关链接等),有五位家长被聘为"特约博导"。网络版的"小木桥"成了一个更加开放的教师、学生、家长共创班级文化的平台。

(三) 班级博客"小木桥"的栏目设置

班级博客"小木桥"除了有日志、留言、评论、相册等功能外,还设置了"小桥讲堂""小桥习作"等板块。班级博客"小木桥"的日志分类与栏目内容见表5-2。

表 5-2 "小木桥"的日志分类与栏目内容

日志分类	栏目内容
咪声灿烂——小桥播报	班级生活、班级活动、班级建设的相关报道
赤子之心——童心童言	学生们讲讲自己的心里话
童年一闪——人生起点	对进步学生的及时表扬,学生的自我表扬
声声叮咛——家长心语	家长的话、文章等
喵呜老虎——叨唠叨唠	老师的叮咛、嘱咐,对某些问题处理的补充意见
青出于蓝——同门叮咛	毕业了的学长们的叮咛
昊轩访谈——学子交流	班里学生对学生或老师的采访
咪园拾穗——喵呜随笔	教师的教育随笔,与家长第一时间的交流
你欣我赏——好文共享	班里的好作文、好日记
心怀天下——人文地理	文化栏目(小斑竹:雨辰咪)
心存博爱——植物动物	自然科普(小斑竹:梓博咪)
咪咪成长——小桥征文	班里同学的日记、作文的发表园地
数一数二——数学高论	奥数、趣味数学(小斑竹:伯林咪)
心系奥运——日积月累	小小长征奥运行(小斑竹:捷颖咪)
心怀未来——科技世界	科技知识(小斑竹:宇宸咪)
古事今听——成语再读	成语故事连载(小斑竹:润恒咪)
小桥喇叭——成绩播报	测试成绩公布(小斑竹:课代表们)
图文并笑——开心周末	周末娱乐漫画、笑话(小斑竹:楷文咪、超毅咪)
喵呜祝福——福至心灵	给每一位同学发布生日祝愿(小斑竹:滕菲咪)
小桥格言——边想边听	每周格言连载(小斑竹:诺咪)
假期阅读——语文天地	教师在假期为学生开设的阅读指导栏目
小桥斑竹——工作笔记	对小斑竹工作的相关报道与表扬
语文教学——心中有数	班级语文教学工作、试卷分析等
咪园回眸——一周综述	班级一周工作回顾与下一周工作提示
咪咪光荣——小桥史册	对班级优秀学生的相关报道
轻松英语——知识快餐	英语的学习栏目(小斑竹:宇宸咪)
咪园热点——小升初	关于小升初的讨论、相关话题
小木桥上——我的爱咪	教师笔下的学生故事
难忘2008——难忘咪园	与毕业相关的小文章
每日提示——每日问候	课表、学具提示,问候生病的孩子等

此外,"小桥讲堂"是专门开辟的家长的板块,主要由家长发表教子经验、心得,推荐先进理念等;"小桥习作"主要刊登学生的原创作品,包括课堂习作、日记等。

(四) 班级博客"小木桥"的主要内容

五年级(2)班的班级博客"小木桥"一直陪伴孩子们走到小学毕业。两年间,博客所涉及的内容极为丰富。在此所举之例仅为其中一隅。

1. "小桥格言"

从 2006 年 12 月 29 日至 2008 年 6 月 26 日,"小斑竹"共发表格言 73 期,如取自《孟子·离娄上》的"不以规矩,不能成方圆",取自《荀子·劝学》的"不积跬步,无以至千里;不积小流,无以成江海",取自《礼记·中庸》的"诚者,天之道也;诚之者,人之道也",取自《论语·子罕》的"岁寒,然后知松柏之后凋也",以及林则徐的"苟利国家生死以,岂因祸福避趋之"等。每条格言除了释义,还附一个相关的故事,再配上一些图片,既有教育性又生动形象。

2. "小桥讲堂"

家长谈关于习惯培养的博文如下:

我和女儿的"记事缘"

——38 咪妈(陈加希妈妈)

2002 年 8 月 31 日夜晚,(孩子加希上小学了!)我抑制不住内心的激动,在早已为她准备好的记事本的扉页,给当时的第一任班主任老师写下了介绍女儿的一段话,同时表达了作为母亲想与班主任老师多多交流的意愿。后来才感觉到,老师要面对的不仅是我的孩子,更是 47 名学生以及他们身后的无数位家长(爸爸、妈妈等),是无暇和我天天交流的。但是,自己已经开了头,就不想中断。

于是,为了和女儿交流,并且给女儿留下好的印象(记得我小时候反感妈妈的"唠叨"),所以决定每一天在女儿的记事本上写下一小段和女儿当天的生活、学习、情绪等有关的话。现在想想,这样做的确是有好处的:

一方面,和女儿谈话时尽情享受彼此的开心、快乐,避免了当面说教带来的不悦;另一方面,在女儿无意中打开记事本的时候,看到了我们写的话,还有默默提醒之功效。即便时过境迁,以后女儿看到了,还是可以对照着来检查自己的行动,并可能有更深的领悟。

这些好处都是我当时没想到的。

从女儿上学的第一天起,我就养成了每天在她记事本上写几句的习惯。内容有提醒孩子举手发言的;有告诉她如何认真听讲的;有讲怎样写好字的;有讲遇到具体问题如何解决的。如果要春游、秋游,就提醒她注意安全问题;还有鼓励、欣赏她的努力的话等。总之,围绕孩子在学校的活动、学习进行提示。

由于记事本基本上是一个相对私密的"地方",通常只有老师、学生和家长才看得到,所以,这样既能让老师及时、充分地掌握学生的各种情况,又能避免孩子反感妈妈的"唠叨"。

就这样,不知不觉写了三年多。作为母亲,我完全没有负担、累赘的感觉。唯一遗憾的是,没有和女儿做适量的互动(没有在记事本上留下她的感受)。

现在回想起来,我们叮嘱孩子的话有:

(1) 关于上课举手发言的:举手的目的一是向老师传达你听懂了,二是尊重老师讲课的劳动,三是防止大脑走神。

(2) 怎样做到专心听讲:眼睛注视讲课老师的眼睛,并且四目相视,有眼神的交流。耳朵听着讲课老师的声音。大脑围绕老师讲的内容去思考。

(3) 学习时做到三心:即用心、耐心、细心。上课听讲、写作业的时候,用心去做,可以节省很多时间。对于已掌握的知识,要有耐心,温故知新。在学习的时候,学新容易,改错难!所以要细心。

(4) 注意课间到教室外面呼吸新鲜空气,有利于下节课集中注意力(一年级的时候,她胆子小,课后不出教室)。

(5) 参加春游、秋游的注意事项:不离开集体!上厕所向老师请假,并和同学(两个以上)结伴而行。乘车时,头、手勿伸出车外!在车上不高声喧哗。

(6) 举手发言的好处:迫使自己认真听讲,积极思考。答对了,培养自信心!答错了,得到一次针对性的辅导机会。

(7) 和同学交往时:相互尊重、相互关爱、相互帮助、相互学习。

(8) 一年级的时候,有一次在校车上受到高年级同学的粗俗语言攻击,回家见到妈妈,女儿委屈地哭诉。妈妈蹲下来,搂住女儿,待她平静后,叮嘱她:要尊重同学。说话的时候要做到:己所不欲,勿施于人。但是,如果做到了尊重对方,他仍无理取闹,就要大胆地向他表达愤怒:"我生气了!""我尊重你!但如果你继续惹我生气,我也不客气!"

(9) 生活习惯:课后先上厕所,课前喝水!学校提供的是营养餐,都要用完。饭前便后,洗手(用流水)。

(10) 协助任课老师:比如,课前擦黑板、收发本子。

孩子的成长是一天一天的,每一天有每一天的相同和不同,一晃,孩子已经这么大了!

回想我们和女儿的"记事缘",真是感到欣慰!

家长谈关于读书习惯的博文如下:

关于培养孩子良好的学习习惯和阅读课外读物习惯的几点体会

——25 咪妈(毛鹿鸣妈妈)

我认为在小学乃至在幼儿园培养孩子良好的学习习惯和尽可能多地让孩子阅读课外读物是很重要的,因为孩子在此阶段大脑记忆力的潜能非常大,而且可塑性很强。下面就谈谈几点体会。

（1）培养良好的学习习惯首先要营造一个好的学习氛围。作为家长首先要学会克制，要有自我牺牲的精神。孩子的自控力相对较差，你若不约束自己、不以身作则，如何约束孩子？

（2）要让孩子明白"明日复明日"的道理，今天的事情一定要今天做完。"我生待明日，万事成蹉跎。"

（3）要让孩子认真对待每一件事，在学习上家长尽量不包办代替，平时的作业、考试要让孩子自己检查、复习，这样可以锻炼她主动学习的能力。

（4）要给孩子一个宽松的学习环境，胜不骄、败不馁。我不会因为一次考试成绩的好坏而对孩子妄加评论，让她保持一颗平常心。

（5）多鼓励孩子，要学会发现孩子的优点，利用她的特长增强其自信心（如诵读中华古诗文）。

（6）阅读课外读物兴趣的培养绝非一朝一夕就可促成。为了培养她的读书兴趣，在她上学前我们常常读一些童话故事给她听，那时每年的书展我们都会带她去感受那种气氛，后来我们就买一些包装比较精美、内有彩色插图的书给她读，并投其所好，重点培养（我的孩子比较喜欢读文史类的书）。

（7）前两天老师让我统计一下她课外读物的阅读量，令我惊讶的是，保守地估计她读了近千万字。孩子读过的书有《世界名人百传》3册、《中国通史》4册、最经典的外国文学名著导读、《十万个为什么》2册、《消失的建筑》《水浒传》《红楼梦》等。

（8）随着阅读量的增加，她的词汇量也在增加，知识面也在不断地扩展。有些问题我们会去向她讨教，她也感受到知识带给她的骄傲和快乐。

（9）读书是一件有益的事。"读书破万卷，下笔如有神。"大量的阅读对她的写作也很有帮助，在校外作文班，她的作文常常受到老师的表扬。

这是我的一点体会。为了孩子的明天，让我们共同努力！

3. "喵呜祝福"：喵呜写给孩子们的诗

成功，是一个美好的时刻

成功是一个美好的时刻！
成功，更是一块宝贵的试金石！
这块试金石，
是由每一天的每一时刻凝结而成的，
时时刻刻都呼唤着我们！
平凡的作业，
平凡的课堂，
平凡的老师，

平凡的日子,

一切,都会因为我们的努力,

变得充实而有意义、有光彩、有魅力、有生机!

一切都生机勃勃!

于是,你就拥有了成功:

成功,于是真正地属于了你!

种子发芽的时候,会对着阳光微笑,

小树成长的时候,会在晨风中抖擞,

小芽有一天会结出丰硕的穗子,

小树有一天会长成参天的栋梁,

拥有成功的孩子,你也必将开花结果!

在未来,谱写着人生的七彩篇章!

要做好准备呀,走向成功的准备,

因为,有一天,

这个小小的地球,

这个大大的世界,

是

属于你们的……

4. "小桥行动"

公益活动之一:为云南贫困地区的孩子们捐献物资

2007年1月25日,我们五年级(2)咪园的全体同学一起为云南省昭通市绥江县中城镇黄泥小学捐献了满满两大箱东西:鞋、袜、上衣、裤子、笔、本、橡皮、转笔刀……

今天这些东西已经在去远方的路上了,希望这些东西连同我们的颗颗诚心、爱心能够很快传递到远方的小朋友那里。下面是中队委员会代表给远方的小伙伴发出的爱心卡片。

亲爱的远方小朋友:

你们好!

我们是北京市东城区史家胡同小学五年级(2)班的46名同学。期末复习考试阶段,班主任万老师在班级博客上转载了你们在遥远的山区生活的图片。当我们第一次看到李德凤等同学大雪天穿着单衣和没有鞋帮、后跟、早已湿透了的鞋行走在满是泥泞、满是雪水的上学路上时,班里的许多同学都哭了。大家都非常揪心,从这时起,我们每个同学心中都多了一份对你们的牵挂。

首先，我们想表达的是，你们虽然生活在贫困县，但你们是那样坚强，那样有毅力、有骨气，那样不怕吃苦。每天你们行走一个多小时的山路去学校，坚持上课学习。你们还为父母、爷爷、奶奶分担生活的苦累，这令我们很感动，令我们由衷地敬佩。你们不畏艰难、发奋努力的精神和行动都值得我们今后好好学习。

我们还想说的是，李德凤等遥远山区的同学们，从今往后，你们是我们全班同学最牵挂的兄弟姐妹。我们愿挽起你们的手，和你们一起渡过难关，努力学习，增长才干，成为国家的栋梁。将来，用我们的智慧和力量，改变所有贫困山区的落后面貌，让所有生活困难的小朋友都过上好日子。

近几天，在我们万老师的带领下，全班同学纷纷加入到"爱心行动"中。有的同学捐赠了自己喜爱的文具，有的捐赠了衣服和鞋，还有的捐赠了书籍……这只是我们一点微不足道的心意，借此表达我们的一份份爱心。

最后祝愿你们、我们在同一片蓝天下，拥有同样温暖的童年生活。

史家胡同小学五年级（2）班全体同学
2007 年 1 月 25 日

公益活动之二：爱心的凝聚——让我们在灾难中一起成长

2008 年 5 月 12 日，灾难降临到距离我们千里之外的四川。从那一刻起，成千上万的人心系灾区。看着计时牌上的数字一点点地远离震后营救的黄金 72 小时，每一个人的心都被提到了嗓子眼。大家无不热切期盼着多一个同胞能够获救，无不强烈渴盼着早一点解救出所有危难中的生命。"祈祷""祝福""默哀""援手""平安""雄起"——我们反复念叨着这些词汇。总理哭了，国民哭了，所有有良知的人都哭了。此时此刻，生命高于一切，我们唯一祈求的就是人的生命。也只有在如此毁灭性的大灾大难面前，我们才能这般深刻地体味到生命的宝贵。在现阶段，救灾的唯一核心就是救人，而无论何等深刻的"反思"，在此一时刻都显得那么奢侈。正是基于对生命的无比尊重，让我们看到并冀望"国难兴邦"意义上的成长。以生命的名义，我们以自己微薄的力量为灾区捐助一线明天的希望，同时我们铭记——珍惜生命，珍惜现在的学习环境，将来成为对社会有用的人，去帮助更多陷入困难的人。

今天，2008 年 5 月 16 日，咪园的每一位"咪咪"同老师们一起踊跃地加入到学校组织的为灾区捐款的活动中。

在我们心中，我们呼喊：中国加油！灾区加油！史小加油！咪园加油！

（五）班级博客"小木桥"的成就

2007 年 4 月 23 日，班级博客"小木桥"点击量达到 5 万次；8 月 27 日"小木桥"博客创建一周年时，点击量已过 10 万。

"小木桥"点击量达 5 万次时的喵呜感谢日志如下：

此刻,最想感谢的,是我的家长朋友们!在将近两年的时间内,我们由陌生到了解,从理解到支持,从支持再到近乎无条件的同行、援手,一次一次又一次!

捷颖妈妈——在冬天的黄昏,您踏着泥泞,去为我们的小斑竹订制斑竹小纪念卡……那镌刻着童年幸福的小卡片,会成为孩子们永久的记忆!

禹含妈妈——多美的音乐,有了您这样的缪斯,小桥的夜晚仿佛拥有了天籁之声,沁人心脾!

滕菲妈妈——零点的祝福,凝结着您和女儿的爱心!温暖的岂止是一个个幸福童心,温暖的是所有拥有童心的人们!

柏林妈妈——"小桥高论"若不是有您这个军师,恐怕无法如此所向披靡!有了"数学高论"的小桥正所谓"文理兼共",其乐融融……

诺咪妈妈——您的格言,已经是那样美轮美奂了,在帮助孩子们的同时,您的童心也被唤醒了……

当然,还有所有的"博导"以及黄嘉熹叔叔,谢谢!在这个时刻,但愿我的感谢能够带给您快乐!

感谢所有的桥迷:月亮,方舟,鸿……

感谢所有的小斑竹,19位孩子!5万次点击,就是5万次的关爱和温暖!这是我们的一个小小的成功。

——明天,我们会分享一次甜蜜(金灿灿的费列罗巧克力果!唯有小斑竹才有哦),让我们庆祝自己的小小成功、小小收获!

好了,让我们再次上路吧。前方,更美!

"小木桥"创建一周年时喵呜的纪念日志如下:

2006年8月27日,小桥发布了第一篇日志。这篇日志,是在《现代教育报》的记者黄嘉熹的建议下喵呜试着写的。它的发表,也标志着"小木桥"的正式启动。而今,整整一年过去了!

饮水思源,在时隔365天之后,我们的"小木桥"已经不再是喵呜一个人孤军奋战的园地,她成为了我们的"咪咪学园":

> 第一篇日志:2006年8月27日产生
> 文章:888篇
> 评论:2008篇
> 访问:115931次

一年后的今天,我们已经拥有了20名小斑竹,拥有了20多名"博导"(家长),拥有了26个栏目——在所有"斑竹""博导"的努力下,"小木桥"每一天都在生机勃勃地建设着,成长着!

这一年,我作为史家胡同小学五年级(2)班的班主任,白天和孩子们生活、学习在一起,晚上回到家中,作为咪园的喵呜,依然和小斑竹们在一起,共同努力地构建着班级的文化、班级的生活、班级的色彩……365天,小桥上留下了班级里每一个孩子的成长足迹,咪园有了一份特别的成长故事……

我们坚持了,我们做到了,我们拥有了!所以,这一切,让人欣慰。

全中国有无数个教学班,而我们因为小桥的搭建而特别快乐……

此时,作为"博导",我向所有的小斑竹们表示深深的感谢!感谢你们一年来努力奉献,承担责任,天天成长!

向所有的咪园家长、"博导"表示感谢!感谢你们一年来的支持和协助,让我们的孩子有了一个网上的快乐家园!

向黄嘉熹"博导"致谢!感谢您的引路、引导、帮助,小小的种子,长大了!

曾经的365天证明了咪园的孩子们了不起,所以我们有理由相信:咪园的明天更加美丽!

——在每一个太阳升起的日子里,让我们携手同行!

三、让班集体共享"教育时刻"

万老师还非常注重"教育时刻"的运用,营造富有个性的班级文化,如"甜蜜时刻"(日记讲评开放课、每月的甜蜜时刻、新年的甜蜜时刻等)、"亲子时刻"(2000年的"我的母亲"、2003年的"爸爸妈妈,我想对您说"、2005年的"我看见了"等)、"读书时刻"等。

(一)"甜蜜时刻"——在分享收获中体会幸福

甜蜜,是孩子们对万老师发给他们的奖品的统称。一般来说,给孩子们发巧克力的时候,万老师总会对他们说:"孩子们!只要你们付出努力,就可以奖励自己一下!在世界的任何一个角落,只要有超市,就会有巧克力……希望你们看到它,就想到童年的甜蜜与努力……"这也是班级的"甜蜜宣言"——甜蜜,象征着努力后的成功。

每月的最后一天,班级会做一个月的总结,给进步的孩子发奖。这一天被孩子们称为"甜蜜日"。在班级的评比中,每一个孩子都有奖励卡的评议人资格,称为"快乐宝贝"。

奖励分三级指标四个大类。三级指标是"小小苗""青青树""小栋梁",四大类为"生活自我管理类"(包括环境奖、劳动奖、身体奖、同桌奖、节粮奖)、"常规管理习惯类"(包括学具坐姿奖、路队有序奖、课间纪律奖、自律止默奖)、"学习习惯养成类"(包括听讲、参与、发言、活动、晨钟、改错、作业、期末复习和自我管理)、"咪园温暖小太阳"(包括乐于助人奖、爱班奉献奖、勇于进步奖、文雅活泼奖、志愿星光奖)。

"甜蜜""甜蜜日""快乐宝贝""秘密乐园""喵呜""小青咪"等词语,成了班级中的独特语汇,成了孩子们童年的宝贵记忆。甚至家长们也说,这个集体让他们仿佛回到了童年,和孩子们一起体会到了童年的甜蜜……

(二)"读书时刻"——在共读中感受快乐

万老师强调学生多读书、读好书。在 2008 年 9 月接任三年级(1)班后,万老师送给每个孩子的第一份礼物就是《弟子规》,并在学生学习诵读的过程中,制定了班级的践行细则。

在学生小璇的妈妈的建议下,班级还发起了"同读这本书"的活动,形成了特定的"读书时刻"。班级每天抽出 10—15 分钟作为轻松故事时间,由浅及深地读一些儿童文学故事,一开始由老师读,逐渐过渡到同学读。或者根据孩子目前的阅读水平组成 4—6 人的读书小组,互相听读故事,老师也可适当根据学生的水平推荐书目。老师或同学在读故事前可以简单介绍一下自己为什么喜爱这本书。大家可以读小说、读报纸、读科普类的书等。这种读书没有读后感之类的压力,可以随心所欲地享受沉浸在书中的乐趣。万老师接受小璇妈妈的推荐,号召所有家长、孩子同读《朗读手册》,还将这本书作为每一个小斑竹的奖励,请他们带给"博导"——关心他们工作和进步的爸爸和妈妈们。同时,万老师还一直推荐共读《上下五千年》(林汉达、曹余章编著版本),以求学生体会到读书的快乐。

万老师的班级文化建设是成功的。通过学生主动参与、家校联合、真诚沟通所营造的多样、丰富与和谐的班级文化,不仅促进了每一位学生的幸福成长,也带动了班主任自身与学生家长们的共同成长。

视野扩展

1. 阅读张万祥的《班主任文化建班 100 篇千字妙文》(华东师范大学出版社 2015 年出版)。

2. 阅读雷夫·艾斯奎斯的《第 56 号教室的奇迹》(卞娜娜译,中国城市出版社 2009 年出版)。

3. 请在网页上搜索北京市东城区分司厅小学的主题班会"抗疫居家停课不停学——家校手牵手,共沐春风家风促学风——师生心连心",并进行观摩。

实践探究

1. 实地探查一个小学班级在教室布置中所包含的价值观,并为自己未来的班级设计一套教室布置方案。

2. 运用丹尼森组织文化模型分析万平老师所营造的班级文化。

3. 浏览一些小学班级的博客或微信公众号,对其中所体现的价值取向进行比较分析。

4. 调查本地小学班主任在微信、微信公众号、美篇、钉钉等多种媒体平台中应用了哪些方式来营造或增进自己的班级文化。

我的思考与收获

第六章
班级活动的指导

> 学校作为高尚的道德和文明的策源地,如果没有集体的丰富而多方面的精神生活,那是不可思议的。[①]
>
> ——苏霍姆林斯基

学习目标

1. 理解班级活动的意义,提升对班级活动价值的认识。
2. 初步掌握班级活动的方法和策略。
3. 能根据班级活动的特点及规律进行班级活动设计。

---

1. 苏霍姆林斯基说:"只有当学习是在丰富多彩的精神生活的背景下进行的时候,只有当集体与个人的和谐成为这种丰富性的核心的时候,学习才能成为人愿意去从事的活动。个别儿童、少年和青年不愿意学习,这是一个令人担忧的证据,说明学校里只有学习,而没有集体和个人的丰富多彩而充实的精神生活。懒惰、散漫、希望尽快地摆脱学习负担——这是危险的孪生子,他们的'母亲'就是童年、少年和青年早期里精神生活的狭隘性和局限性。"

2. 临近期末考试,别的班的学生都在"题海"中苦渡,但三班的学生却在李老师的带领下开展了丰富多彩的"头脑风暴"系列活动:知识竞赛、时事新闻发布会、评选书写小明星……在这过程中,李老师不但把知识融入各项活动中,而且调动了学生的学习积极性。

❓ 思考并讨论

李老师开展的班级学习活动和苏霍姆林斯基所说的"精神生活"是什么关系?

[①] [苏]B·A·苏霍姆林斯基.怎样培养真正的人[M].蔡汀,译.北京:教育科学出版社,1992:39.

第一节 班级活动的意义

儿童都是喜欢活动的，成功的班级活动不但使学生身心愉悦，也是学生身心健康成长的重要途径。班级活动和课堂教学是学校教育的两个重要的途径，它们相辅相成，又相对独立。课堂教学是以学科知识的教与学为中心的活动，而班级活动则以更广泛的育人为核心。班级活动能为学生提供更多的独立创造和亲身经历的实践机会，同时，班级活动在班级建设中也起着不可替代的作用。

一、班级活动是促进学生全面发展的重要形式和途径

（一）班级活动为学生思想品德的成长提供了实践的条件和生活经验的积累

少年儿童的学习任务除了掌握书本上的知识外，还有一项很重要的内容就是学习和积累与社会活动、生活相关联的知识和经验。在这个过程当中，学生能实践他们所学到的道德规范，通过亲身接触各种人、经历各种事而获得知识、开阔视野、增强辨别能力，而班级活动是达成这一目的的最佳形式。

> **案例6-1**
>
> 在北京奥运会举办前夕，北京某校五年级（6）班，开展了"我与奥运"的班级活动。同学们围绕"我是小学生，我能为奥运做什么"这个问题，积极思考，献计献策，最终形成了四套方案。根据方案，全班分成了四个队，分别开展了活动。
>
> 第一队是为一年级的弟弟妹妹们宣传奥运知识。为了符合一年级的学生特点，他们还扮演成福娃，把奥运知识编成了有趣的小节目。
>
> 第二队是去社区寻找不文明的现象。他们对乱放自行车、在景区内钓鱼、招牌上有错别字等现象都给予了纠正。
>
> 第三队围绕"绿色奥运"这个主题，对周围公园及街道进行了考察，并向园林部门提交了一份"奥运场馆周边绿化建议"的小论文。
>
> 第四队向社区居民分发了自己绘制的从社区到各个奥运场馆的地图及最佳出行路线。

从这个案例可见，班级活动不仅充实了小学生的课余生活，把小学生旺盛的精力、浓厚的兴趣、广泛的爱好引导到健康发展的轨道上来，还加强了学生活动与社会发展之间的联系，使小学生更多地体验个人同他人、集体、社会的复杂关系，并在实践活动中践行了所掌

的品德规范,丰富了精神世界。正如苏霍姆林斯基所指出的:"学生在积极的活动过程中认清真理并深深倾注了理性、道德和审美情感时,便形成信念……积极的活动、行为、劳动及克服困难的斗争——都是坚定信念的最重要的先决条件。""要让孩子尽可能多地去体验良好行为的快乐,要让那种由这些行为而产生的道德和审美的满足之情去充实他的精神生活,是学校集体生活的主要原则之一。"①

资料链接 6-1

重视学生活动是美国教育的一大特点。20世纪80年代以来,美国青少年道德水准日趋下降的状况使得美国公众忧心忡忡,美国青少年在道德品质方面所暴露出来的问题已经成为一种严重的社会问题。80年代末,在美国兴起了"品质教育"活动(或称"道德品质教育"),这里的"道德品质"是建筑在六大支柱之上的。它们是:信赖、敬重、责任、公平、关怀和公德。这是由美国中学校长协会首先提出来的,其目的是在公立学校对青少年加强"品德教育"。从90年代初起,这个教育活动日益受到社会的关注。美国联邦政府每年拨款270万美元,资助全美数十所中小学设立青少年"品质教育"的样板。各级政府都重视这个活动,纽约、亚拉巴马等10多个州设立了以"道德品质教育"为主题的活动周,如"勇气周""诚实周""友爱周";华盛顿州设立了青少年"荣誉墙",每年将该州230多名荣誉青少年的名字刻在墙上,以示表彰。

从学校来讲,重视道德品质教育的重要方法之一就是开展活动,而非单纯的说教。美国人认为,丰富多彩的社团活动是学校生活中不可或缺的重要组成部分。一个学生若只会读书,没有任何爱好,没有实践活动、实践能力,那他就不是一个完全合格的学生。

资料来源　刘培征.班集体活动论[M].天津:天津教育出版社,2002:84—85.

(二) 班级活动能拓展学生的学习领域,有效激发学生的求知兴趣

学生在课堂上主要进行理性活动,而对儿童来说,持续且过多的理性活动往往会使他们感到枯燥和乏味。他们需要在感性的世界里熟悉和实践学到的理性知识,需要在感性的世界里释放自我,从而提升理性的思考。苏霍姆林斯基在《给教师的一百条建议》中告诫我们:"不要让学校的大门把儿童的意识跟周围世界隔绝开来,这一点是多么重要啊!我竭尽努力,使在童年的所有年份里,都让周围世界、自然界不断以鲜明的形象、图画、知觉和表象来

---

① [苏]B·A·苏霍姆林斯基.帕夫雷什中学[M].赵玮,等,译.北京:教育科学出版社,1983:15—16,18.

滋养学生的意识。"①

学生的学习不是在"象牙塔里做学问",而是要与他们的生活相连接,将班级活动与学科学习相整合,这可以大大提高学生的学习兴趣。比如,统编版小学语文教材五年级下册有一篇课文是《猴王出世》,这篇课文选自《西游记》,对于经典名著的阅读只靠在课堂上学习是远远不够的。担任语文教师兼班主任的李老师就在寒假前布置了全班同学阅读《西游记》的作业,开学后,在李老师的组织下,学生根据自己的兴趣展开了"读懂《西游记》"的小课题研究,这个活动一下激起了学生的兴趣:有的学生展出了自己手绘的"西天取经路线图";有的学生小组合作创编并表演了《悟空是我同桌》;还有的学生做了题为"妖精的梦想""假如没有沙僧""唐僧为什么死不了"等多个演讲;更有心灵手巧的学生用橡皮泥捏了"神仙的法器"。每个学生先从自己的阅读兴趣出发,然后结合自己的喜好对名著阅读进行个性加工,同时在交流过程中又开拓了思路,有了新的认知。在整个活动中,全班同学都表现出了极大的热情,效果非常明显。

所以,把班级活动与课内所学有机地结合起来,就使得学生的学习领域扩大了,学习机会增多了,并有效地激发了学生求知的兴趣,这对促进学生的智能发展有很大帮助。

(三) 班级活动能够促进学生良好个性的形成

人的个性一经形成,就具有稳定性的特点,但个性也并不是不可改变的,特别是儿童的个性具有很强的可塑性。良好的班集体,为个性的发展提供了良好的环境,而班级活动更是为学生个性的全面、充分、和谐发展提供了条件。

> **案例6-2**
>
> **一则插班生的日记(摘录)**
>
> 这学期,我刚从外地学校转来,有很浓的乡下口音,我不敢讲话,生怕同学取笑我,我也不敢接近同学,生怕同学讨厌我,我感到孤独。自从参加了假日小队活动,我像换了一个人。我和小队同学一起到大自然找秋天,一起到大街做宣传……在活动中,大家互相尊重、互相信任。更让我感动的是大家教我学普通话。有时,我偶尔冒出一句乡音,大家会"扑哧"一声笑我,但我觉得笑声中充满了友好。我像一只快乐的小鸟,感到生活是那么地精彩。

通过班级活动,学生的个性品质、兴趣、才能等得以表现,也能得到巩固、发展和改变。性格内向的学生,有的由于在多次活动中扮演满意的角色而积极参与,其智慧和特长得到发挥,逐渐变得活泼、开朗;而热情但欠踏实的学生,在集体活动中多次承担较复杂任务,则可

---

① [苏]B·A·苏霍姆林斯基.给教师的建议[M].杜殿坤,译.北京:教育科学出版社,1984:189.

使其锻炼得较冷静、实在。例如,在很多活动开展时,教师都喜欢用小组合作的方式,有经验的班主任从分组开始就已经开始预设教育的生成。表6-1是一位班主任对自己分组的经验总结。

表6-1 分组经验总结

分组方式	要求	分组优势	适合的活动
教师分组	按照教师指定的小组成员活动 组长指定或自选	分组时因为教师能考虑到各组能力搭配均衡、性格相融等因素,所以在活动中组员能相互帮助。由于是教师指定的,所以平时陌生的学生会在一组中增进了解;强弱搭配是开展同伴教育很好的机会	竞赛类活动、体现班级整体水平的活动、学科学习类活动
自由结组	要设定人数、性别等限制条件 组长自选或轮值	由于是自由结组,所以组员之间配合互动更加默契,更容易完成任务	娱乐类活动、社会实践类活动

从表中能看出,该班主任借助小组合作中分组这一个小小的环节,给学生创造了不同的交往机会,并以活动为载体,丰富学生的交往认知,同时让学生在实践中发挥自己的个性优势,彼此学习与促进。

通过班级活动,促进了班级成员之间的交往,有助于满足学生的社会性需求。小学生有强烈的同伴交往需求,在活动中,他们或寻求着志趣相投的同伴,或加深了与同伴的友谊,其尊重与自尊的需要、自我表现的需要能得到满足,从而有利于学生发现和认同自己的个性,不断完善个性。

二、班级活动对班集体建设起着积极而有效的作用

(一)班级活动有助于班集体的形成

班级活动是形成班集体的基本载体,是学生学校生活的基本形式,没有活动就没有真正的班集体。组织丰富多彩的班级活动,才能使学生在愉快的活动中增强学习兴趣和上进心。

> **资料链接6-2**
>
> **小游戏:我的自画像**
>
> 全班每个同学在A4纸上画自画像,要求至少突出自己的某一个特点,在自画像的下面用文字写出自我介绍,但不要署名,然后给每张编号,在班里张贴,课余时间大家猜一猜自画像的主人都是谁,并按编号写出名字。一周后揭晓谜底,

> 看看谁猜到的同学最多。
>
> 这个游戏主要适用于新组建的中高年级班集体或新接班的班主任。它有助于学生加深彼此的了解,强化集体主义意识,也能让教师很快形成对学生的初步印象。

组织、形成班集体都是以协调一致的集体工作和有益的班级活动开始的,同时,班集体也是在实现班级奋斗目标的活动中发展和巩固起来的。班集体的形成需要一系列的教育活动,而集体活动的有效开展,可促使集体目标的实现、集体纪律的增强、同学友谊的发展,也在一定程度上标志着集体的形成、发展或巩固。

只有在班级活动中,学生才能认识到个人与集体、个人与他人的关系,树立集体主义精神和对集体的责任感、义务感。如果没有活动,学生就不会感到集体的存在,也就不会主动地关心集体,为集体的利益而奋斗。

(二)班级活动有助于形成正确的集体舆论和良好的班风

集体舆论,即在集体中占优势的、为多数人所赞同的言论或意见。它以议论或褒贬等形式肯定或否定集体的动向或集体成员的言行,成为控制个人或集体发展的一种力量。正确的集体舆论能够弘扬正气,鼓励上进,遏制错误思想和不道德现象。一个班级有了正确的集体舆论,集体成员就会自觉地调节个人与集体的关系,改变与之不相适应的思想和行为,把个人置于集体之中,从而促进每个成员健康成长。

班风是体现班级个性特点的整体风气,是班级成员在思想、道德、人际关系、舆论力量等方面的精神风貌的综合反映。良好的班风是指班集体成员中普遍具有符合道德标准的行为习惯、团结协作的人际关系、积极进取的精神,也是较高的综合素质的反映。

正确的集体舆论和良好的班风不能单凭简单的说教而形成,而必须依靠一系列有益的集体活动的开展而形成。因此,班主任要善于设计和组织学生开展各类健康有益的集体活动,并有意识地在活动中培育和引导正确的、积极的集体舆论与优良班风。

> **案例 6-3**
>
> 某班开展"微公益"活动,想组织学生上街清理小广告。班里很多同学不愿意去,有的同学还说:"现在城管都奖励撕小广告的(人),哪里还有义务劳动?!要是撕一张给一毛钱我就去,不给钱就不去。"
>
> **思考并讨论**
> 如果你是这位班主任,请问你会怎么办?

（三）班级活动有助于培养学生集体主义精神

集体主义精神是一个集体在长期的共同生活和共同的社会实践基础上形成和发展的，为集体大多数成员所认同和接受的思想品格、价值取向和道德规范，是一个集体的心理特征、思想情感的综合反映。

一个班级的几十名学生来自不同的家庭，经历了不同的抚育过程，教师需要用智慧和耐心使他们养成喜欢过集体生活的习惯，增长在集体中生活的本领，学会正确处理个人与集体、自由与纪律、民主与集中、权利与义务、命令与服从等关系。这个目标的达成就有赖于集体活动的开展。学生在活动中感受集体的存在，体会个体对于集体的依存关系，可激发其为集体的荣誉而努力的思想观念。比如，一年级新生入学，如何让学生很快地适应学校生活，让班级迅速形成良好的集体氛围，使集体对每个成员产生推动作用，这是摆在每一位一年级班主任面前的课题。某校一年级王老师发现开学一周以来，班里学生存在两大问题：一是由于不适应小学作息时间，很多学生早上起床很困难；二是上课时，学生发言普遍胆怯，声音小。针对这两个问题，在第二周的班会上，王老师讲了一个"小百灵鸟为了赢得森林歌唱比赛，每天早起练唱"的励志童话故事，并宣布把班级命名成"小百灵班"，把事先设计好的班徽贴在班级醒目的地方，和学生约定要像小百灵鸟一样，每天早起，上课发言声音洪亮。学生听了老师的话都热情高涨，早起和发言这两个问题很快就得到了解决。随后，王老师又不断地进行"小百灵班"的文化建设，挖掘其中的教育元素。很快，这个班的学生就呈现出了健康、阳光、乐学的状态。就这样，"小百灵班"的班名陪伴学生走过了六年的小学时光。

三、班级活动是落实学校教育宗旨的重要途径

（一）学校的教育思想通过班级活动得以实现

学校是由各个班级组成的，学校的办学思想、教育目标一方面要依靠学校整体的规划与实施，另一方面也需要通过班级活动得以贯彻落实。

1. 班级活动使学校的教育目标具体化

学校的教育目标往往是宏观的，具体落实还需要靠具体的工作，尤其要靠班级活动去完成。例如，某校要对学生进行感恩教育，虽说有校会、广播、墙报等的宣传，但这些只起到让学生初步认识的作用，要想真正起到作用还得靠各个班级的呼应。例如：一年级开展了"重回幼儿园，感谢老师妈妈"的活动；四年级召开了"十岁的天空"主题生日会；六年级各班在"感谢母校给予我健康的体魄"活动中，为弟弟妹妹们进行了各种队列表演。在这些活动中，学生通过参与，真正用行动践行着"感恩"这个主题。

案例 6-4

"十岁的天空"主题班会

【班会意义】

通过全班共度生日的活动,让学生在回顾自己成长经历的过程中体会家人对自己的关爱,激发感恩之情。

【活动形式】

生日会。

【活动准备】

1. 全班每个学生以"十岁的天空"为题写一首诗,然后教师从每个学生的诗中截取一节,编排重组成适合全班参与朗诵的长诗《十岁的天空》。

2. 每位家长给孩子准备一件有意义的生日礼物。

【邀请嘉宾】

学生的父母。

【班会过程】

一、主题导入

主持人1:来宾们,同学们,大家好!

主持人2:"十岁的天空"主题生日会现在开始!

主持人1:十岁,我的岁数一下就变成了两位数。

主持人2:十岁,我觉得自己一下就变成了少年。

主持人1:十岁生日前的夜晚,我们全家围在一起,仔细地翻看着相册——原来刚生下来时我那么小,小小的脸只有这么大。

主持人2:再看我的,刚刚会爬,一笑,露出了没长齐的牙。

主持人1:这张是我在抓周,举着大毛笔,奶奶说:"这孩子长大后是要当状元的。"

主持人2:这张照片是我上幼儿园的时候,脸上五颜六色,因为联欢会上我扮演了淘气的小猴。

主持人1:快看,快看,这是我上学的第一天,胸前戴着小红花,咦,旁边这不是你吗?

主持人2:我看,我看,真是的,校服有些大,但人却很精神。

主持人(齐):还有很多,很多,厚厚的相册是我们十年的足迹,我们看到了成长,看到了走过的春夏秋冬。

二、进入主题

1. 小游戏"我最了解"

主持人3：我们和家人在一起生活了十年，我们是那样地熟悉，那样地依赖，但有时我们会发现，原来有很多东西我们还不太知道，下面让我们来做一个小游戏，名字叫"我最了解"。

请上来五位同学和家长，孩子站在前，大人站在后，我问一个问题，如果你认为对就用手比成一个"心"，如果错就用手比成一个"×"，需要注意的是，孩子不许回头看，游戏采用淘汰制，五个问题过后剩下的组就是胜利者，下面请听题。

2. 讲成长故事

主持人1：今天是我们十岁的生日，我们也想听一听这十年来在我们身上发生的故事。

主持人2：谢谢爸爸、妈妈、爷爷、奶奶、姥姥、姥爷……感谢所有爱我们的人，下面请听小合唱《隐形的翅膀》。

3. 诗朗诵

主持人3：生日离不开蛋糕、礼物，还有许下的心愿，请点亮我们手中的蜡烛，请学生代表为我们朗诵《愿望》。

终于等到了，
等到了点蜡烛的时刻，
我有太多的愿望想在心中表述——

商场里有条粉色的连衣裙，
层层的裙边上还缝着小小的彩珠，
穿上它就能像蝴蝶般飞舞，
梦中我就是那美丽的公主。

昨天同桌拿来一本童话书，
有趣的故事还有许多好看的插图，
如果能有那么一本，
我会小心地放进家中的书橱。

还有，还有……
还有一面银色的小鼓，

它是那样地与众不同,
咚咚咚,咚咚咚,
敲出的是好听的乐谱。

啊,太多,太多了,
圣诞节有棵小树;
芭比娃娃住在别墅;
镶着亮片的牛仔裤;
哪怕是街边香喷喷的烤白薯。

"宝贝,是不是愿望太多已经挑不出?"
妈妈笑着帮我把蜡烛扶,
闪烁的烛光照亮了我的眼,
爸爸、妈妈、爷爷、奶奶、姥姥、姥爷,
还有特意赶来的小姑。

十年他们来把我呵护,
十年他们陪我走过上学的路,
终于我知道最好的愿望是什么,
闭上眼,心中大声地说出:
"我要全家都幸福!"

4. 点蜡烛,诗朗诵

主持人1:现在就让我们许个愿望,然后熄灭手中的蜡烛。

主持人2:今天,我们迈入了十岁的门槛,心中有那么多想表达的情感,请爸爸妈妈来听一听我们的心里话吧。请欣赏全班诗朗诵《十岁的天空》。

5. 送礼物

主持人1:每位家长还为我们准备了神秘的礼物,现在就请拿出来吧!

(主持人2、3现场采访家长的感受)

主持人2:下面请班主任老师为大家带来生日祝福。

(班主任讲话)

同学们:

中国有句老话:"百行孝为先。""孝"是一切道德的根源。孝敬父母、尊敬长辈，是做人的本分，是天经地义的美德，也是各种品德形成的前提。孝敬父母的人历来受到人们的称赞。

曾子是孔子徒弟中最有孝心的一位，两千多年来，他的许多论述孝道的话一直为人们传诵。曾子说，对父母的孝有三个层次："最大的孝是一生保持对父母的尊敬之心；其次是没有因为自己的错误而使父母蒙羞；最低层次是仅仅在生活上照顾父母。"他认为对父母的孝敬，与对国家、事业、朋友的尽责尽心是一致的。凡是为父母争光的行为，都是孝敬父母的表现。相反，任何足以使父母蒙羞的行为，如做官不能奉公尽职、与朋友交往不讲信用、战场上临阵脱逃都被看作是对父母的不敬。

同学们，希望你们每个人都能成为孝顺的好孩子，我们今天在这里开这样一个生日会，是希望你们能够懂得，十年来家人为了你们付出了所有的爱与力量，你们要怀着一颗感恩的心面对家人，好好学习，好好做人，知道吗？家人的爱就是你那双隐形的翅膀，它会带着你飞，它会永远给你希望！

6. 与家人共享生日蛋糕

7. "十岁的天空"主题班会结束

主持人（齐）："十岁的天空"主题生日会到此结束。谢谢大家！

2. 班级活动使学校的教育思想更加丰富

班级活动是非常鲜活而灵动的，在班级活动中，教师和学生的智慧可以充实、扩展学校预定的教育计划。例如，"5.12"汶川地震后，某校要求学生给灾区的学生写慰问信，但某小学六年级的某班觉得只写慰问信不足以表达他们的心情。班里有个学生看到报纸上说毛绒玩具可以减缓压力和恐惧，就提议大家为灾区的小朋友捐毛绒玩具。后来，这个班在全校开展了"捐一个公仔，献一份爱心"的活动，把全校对灾区的援助活动推向高潮，学生也在活动中受到了更深刻的教育。

3. 班级活动使学校的教育方式变得多元

学校因为要面向全体学生，在教育方式上会受到时间、空间、人力、物力的限制，而班级活动恰恰在这些方面占有优势。比如，某校五年级开展了"读一本好书，做一个好人"的活动，各班从不同角度开展了活动：一班是亲子阅读，家长与孩子共读《钢铁是怎样炼成的》，父母或祖父母谈这本书对他们人生的影响；二班是读《草房子》，请来作者曹文轩与大家见面，畅谈这本书的创作经历；三班读《朱自清散文集》，走进清华园，寻找作者的精神家园；四班读《夏洛的网》，学生把主要情节编排成了课本剧，为低年级的小同学进行表演。四个班利用不同的教育资源、不同的教育方式，达成了同一个教育目的。正是这种教育方式的多元化，使得学校教育更加生动、多彩。

(二) 学生的自我教育能力通过活动得以增强

培养学生的自我教育能力是学校教育的重要目标。自我教育是学生自我发展、自我完善、自我成长的必由之路。集体活动不会抹煞个人才能、压抑个性的发展，恰恰相反，集体内角色的多样性和活动的广泛性为学生个性和才能的发展提供了广阔的舞台。

资料链接 6-3

小游戏：我们的好朋友

森林里想选出两个大家最喜欢的好朋友，被选出的这两个小动物，不仅可以得到人类和所有动物的欢迎与尊重，而且还可以成为所有动物的好朋友，从此过上幸福的生活。

老师手上有10张纸条，每张纸条上面都有一种小动物以及它最典型的特点，我请10位同学，每人抽一张，抽到什么就扮演什么来参加竞选，老师可以把事先准备好的头饰戴在他们头上。

参加竞选时每个人都只讲小纸条上所说的特点。可以说这个特点给自己带来的好处，也可以说给大家或整个森林带来的好处。演讲的人要站起来演讲，其他人在纸上记录演讲人所说动物的名字和它具有的特点。

最后对照10种小动物的特点，写下你最愿意和它们做好朋友的两种小动物的名字。

公布评选结果，动物电视台的主持人现场采访：你最希望和哪两种动物做朋友？它们有什么特点？你为什么愿意和它们做朋友？现在你身边的朋友也是一些具有这些特点的人吗？

此游戏适合在中低年级开展。

资料来源　寇彧主持的教育部"十五"重点课题"中小学生品德发展测评及德育手段研究"成果之一。

在班集体中，每个学生根据自己的贡献和集体的需要都会在集体中占有一定的位置。在班级活动中发挥所长，大显身手，展示才干，就能使自己的活动能力，如组织管理能力、社会交往能力、生活自理能力、表达能力等，得到不同层面的锻炼。

在班级活动中，学生通过与他人交往、对比，会形成对自己的评价，而如果对这种评价加以正确的引导，就会成为学生的内部动力，使其自觉地进行自我锻炼，对自己的品德进行自我认识、自我督促、自我克制、自我改正，从而养成良好的品德行为。

第二节　班级活动的指导

一、班级活动的原则

在开展班级活动时，不仅要活跃学生的学习生活氛围，还要寓教育于活动之中，使学生的素质通过生动、活泼、丰富多彩的形式得以提高。班主任在开展活动时需要掌握以下原则。

（一）活动要有主题和计划

1. 明确的主题

主题是班级活动的源头，也是活动最终要达到的教育目的。班级活动不能是玩玩闹闹的，一定要有教育的目的或期望。所以，主题的确立是至关重要的。主题的确立可以考虑以下几个因素。

（1）以全面贯彻党的教育方针为根本宗旨。班级活动作为学校教育的主要形式，必须全面贯彻党的教育方针，兼顾学生的品德、智能、身体、审美、劳动观念与能力等各方面的健康发展。在基础教育课程改革的背景下，应特别注重以学生为本，注重创新精神和实践能力的培养。

（2）落实学校的教育计划。班级活动的主题应依据学校的教育计划进行设计。每学期，学校都会对本学期工作进行具体部署和要求，班级活动应尽量与学校整体活动安排同步，以便学生在学校整体的活动氛围中获得更多的熏陶，更深刻地体会活动主题的内涵。

（3）与时俱进。班级活动可以围绕社会中的某些重大事件、流行思潮、热点话题确定主题。比如，当我国"神舟十三号"载人航天飞船升空时，班级可以组织学生收看电视转播或录像，在观看和讨论中感受祖国的强大和科技的发展。

（4）针对本班学生实际。班级活动应与学生的生活相关联，并能对学生的生活产生积极的影响。在确定活动主题前，班主任应关注学生在关心什么、做什么，学生的想法是什么，思考学生应该知道什么、应该做些什么，使班级活动与学生的年龄特征、思想实际相吻合。

资料链接 6-4

在苏霍姆林斯基的主持下，帕夫雷什中学学校生活中的某些活动代代相传，成为传统。最重要的传统有：

1. 少先队员将与两年后上一年级的小朋友会面。
2. 为一年级学生举办的"首次铃声节"，在上课的第一天举行。
3. 为毕业生举办的"最后铃声节"，在毕业生上课的最后一天举行。
4. 祝贺学生中学毕业的庆祝典礼（颁发中学毕业证书）。

5. 每年于元月 30 日举行的老校友会晤活动。

6. 母亲节。每个学生都为这个节日做很长时间的准备。节日前夕,即 3 月 7 日晚上,向母亲献礼,礼物必定是学生亲手制作的手工艺品。"三八"妇女节这天,孩子要把鲜花献给母亲,还要把自己在课外小组活动中和学习中愉快高兴的事情报告给母亲。

7. 女孩节。在寒假的第一个星期天举行。这一天,男孩向女孩赠送鲜花、图画等礼物。

8. 八年级学生向加入少先队的小同学隆重转交少先队红领巾。

9. 春天的节日——有"歌节""花节"和"鸟节"。

10. 卓娅纪念日。帕夫雷什中学的少先队大队就是以这位英雄的名字命名的,在卓娅英勇就义的纪念日召开大队会。

11. 向外地友谊学校的朋友们报告成绩,通常在每年 9 月开学之初进行。

12. 无名英雄纪念日。学校附近有座无名英雄墓,每年在当地解放的那一天,都有一个少先队中队到此敬献鲜花。

13. 为小朋友举办新年松树游艺会。在这一天,一年级学生以年长者的身份出现,他们要给受邀请来校的刚学会走路和说话的小朋友赠送礼物,进行文艺表演……

14. 堆砌雪城的冬节。孩子们在森林边的空地上、在草场上,用雪为冬老人建造一座小城。日后,这里便供孩子们玩耍……

资料来源 B·A·苏霍姆林斯基.帕夫雷什中学[M].赵玮,等,译.北京:教育科学出版社,1983:110—116.

> **思考并讨论**
>
> 请任选上述三个活动内容,说出它们的主题是什么,思考每个主题的确立是怎样和学生的实际生活相联系的。

2. 周密的计划

要能使活动丰富儿童的精神生活,还必须从时间安排上、组织形式上、活动内容上精心设计和切实保证,即班主任应做好班级活动计划。详细的计划可以避免活动中的随意性,降低突发事件的发生概率,保证活动完成的质量。

班级活动计划可以分为学期活动计划、系列活动计划和某项具体活动的计划等不同层次。活动计划的内容一般包括活动目的、内容安排、时间安排、场地准备、人员安排及辅助手段等方面。不同层次的计划详略程度可有所不同,某项具体活动的计划应有较强的可操作性。

> **案例 6-5**
>
> **学雷锋系列活动计划书**
>
> 一、指导思想
>
> 进一步弘扬雷锋精神,培养学生关爱他人、服务社会的优良品质,加强班级精神文明建设。
>
> 二、活动主题
>
> 学雷锋,树新风。
>
> 三、活动内容
>
> 1. 学雷锋宣传活动
>
> 时间:3月5日。
>
> 地点:五年级(9)班教室。
>
> 形式:张贴宣传标语,出一期以"永远的榜样,不朽的丰碑"为主题的黑板报,宣传雷锋精神。
>
> 2. 学雷锋主题班会
>
> 时间:3月10日下午。
>
> 地点:五年级(9)班教室。
>
> 形式:小品、雷锋知识竞赛、讲述雷锋小故事、学关于雷锋的歌、同学讨论等多种形式。
>
> 3. 学习雷锋精神,从身边的小事做起
>
> 时间:3月23日—3月31日。
>
> 地点:学校、社区。
>
> 形式:
>
> (1) 参加学校大队组织的"我是小小志愿者"活动的启动仪式。
>
> (2) 开展"为社会献义务劳动"活动,分派几个小队到社区清洁全民健身器械,给幼儿园小朋友讲故事,整理自行车车棚,到敬老院帮厨。
>
> (3) 实施学雷锋"三个一"活动:每位同学至少为社会、为学校做一件好事;帮助一位困难同学;坚持在家为父母做一件家务。
>
> 资料来源 小学学雷锋精神活动计划[EB/OL].(2020-03-25)[2021-04-16]. http://baidu.com/view/1f25393e487302768e9951e79b89680202d86b54.html.

（二）活动的内容及形式要符合学生的年龄特点

班级活动的出发点不能仅仅基于外在的社会要求，还要基于学生内在的成长需要，符合学生的年龄特点，让丰富多彩的活动成为学生的一种生命经历。

> **案例 6-6**
>
> **某小学以"交往"为主题开展的班级系列活动**
>
> | 年级 | 主题词 | 活动目的 | 实施建议 |
> |---|---|---|---|
> | 一年级 | 我 | 1. 7岁的学生已经有一定的自我意识，但目光更多的还是向外的，希望通过此活动让学生看到更多的"镜中自己"
2. 能够描述一些自身特点
3. 能够理解自身特点中有一些是不能改变的，没有好坏之分，它们区分了"你"和"我" | 1. 让学生画出自己，不一定很像，但一定要突出三个特点，可以夸张
2. 交流：同学们评一评谁的画最有趣
3. 游戏：找两三个外形比较相像的学生，让一个学生蒙眼摸猜
4. 你对画上的哪部分不满意？能改过来吗 |
> | 二年级 | 我的你的 | 1. 所有权的明辨对今后学习交往、尊重他人、提升自我意识都有很重要的意义
2. 使学生从物质的所有权意识发展到意识形态的所有权意识 | 1. 说出十样属于自己的学习用品
2. 你不希望同学对你的学习用品做什么
3. 把"我不希望你……"换成"你不希望我……"
4. 除了看得见的东西，有没有看不见但也属于你的东西？（家庭、时间、空间、想法、力量……）
5. 重点分析如果占用了他人的时间、消耗了他人的体力，该如何处理 |
> | 三年级 | 我们 | 1. 这个阶段的友谊最善变，其实也是学生在不断解散一组合一解散的过程中学习交往，寻找朋友
2. 让学生理解：当"我"变成"我们"的时候，要学会降低对对方的要求 | 1. 阅读《我有友情要出租》
2. 为大猩猩写一个征友启事，条件越多越好
3. 如果必须符合所有的条件，大猩猩能找到朋友吗？如果真的有这样一个朋友，这个朋友会快乐吗
4. 根据上面的两个问题排两个短剧
5. 给自己起一个动物名字，写一则征友启事，全班传看，愿意成为朋友的就签个字 |
> | 四年级 | 我 | 促使学生学习以诚恳、明确的方式表达自身的感受和看法，接纳自己的现状 | 1. 两人一组，面对面，相互注视对方的眼睛50秒，很肯定地看着对方，不要躲闪，体会彼此注视的感觉；然后，两个人再相互看着对方的眼睛，很肯定地分别做1分钟的自我介绍
2. 很肯定地对对方说出三句我的"什么"很好
3. 重新组合小组两次，做同样的练习
4. 大家评价每个同学在自我介绍时是否很肯定地表达了自己
5. 交流感受 |

(续表)

年级	主题词	活动目的	实施建议
五年级	你	使学生体会被人认识的感受,了解他人眼中的"我",从而促使他们"自知的我"和"他人所知的我"更加融合	1. 在纸上写五个描述某个同学的句子,用"你……"这个句式,不必署名 2. 教师收齐后,从中任意抽出一张念给大家听,让大家猜这一张是谁写的 3. 请猜中的人说出他猜对的理由 4. 教师引导大家发表被猜中时及猜中别人时的心情、感受;对于猜错的同学,教师也引导他们发表一下自己的感受
六年级	我们	1. 学会诚恳地请求别人帮助 2. 学会拒绝别人的请求但又不损害人际关系	1. 分组表演在日常生活中因为不会"拒绝"而产生的误解与烦恼 2. 描述一次你拒绝别人的经历,你们的关系因为你的拒绝而变差了吗?分析一下你们的关系因为你的拒绝而改变或不变的原因 3. 回到开始的情景中,练习用诚恳的态度和合理的理由拒绝他人

? 思考并讨论

你认为在"活动的内容及形式要符合学生年龄特点"的前提下,这份计划哪些地方值得肯定?哪些地方需要修改?

(三)班级活动要力求展现班级特色

在选择班级活动的内容和形式时,要充分展现本班的特色。班级里的每个同学虽有不同的爱好、情趣和个性等,但经过较长时间的共同生活之后,同学之间相互影响,某个相对集中的爱好或个性便成为了一个班的特色。选择能展现本班特长的班级活动内容和与之相匹配的形式,有利于培养学生的归属感和集体荣誉感。实际上,举办班级活动是充分展现本班特色的过程,也是有意培养班级独特个性的过程。

(四)班级活动应充分调动学生的积极性和创造性

学生、班主任是班级活动的共同主体。班主任要与班干部密切配合,并最大可能地调动全班学生的积极性,集思广益,共同行动,这样才能使活动设计得更精彩、实施得更到位。班主任在活动中的角色应是协调者、组织者、指导者,不能包办代替、独断专行。

要让班级活动吸引学生,必须不断创新。小学生思维活跃,想象力丰富,蕴藏着很强的创新性,班主任应充分信任学生,为学生提供更多的创造机会和空间。例如,某班开展"爱中华文化,读古典名著"的活动,老师要求学生用4周的时间准备汇报,形式不限。结果,学生

"八仙过海、各显其能"：有说评书的，有用《水浒传》绣像猜谜的，还有绘制《西游记》路线图的……五花八门，非常精彩，大大超出班主任的预料。

(五) 班级活动要坚持全员参与

坚持全员参与，即要让全班每一位同学都意识到自己是班级的一员。实际上，小学生都十分向往参加班级活动，一旦有了展现自己的机会，通常会全力以赴；即便有些看似"一无所长"的学生也拥有很大的潜力，同时，他们也正是需要班主任提供机会予以锻炼、指导提高的对象。因此，设计活动时一定要把每位学生都考虑进去，不能总是形成少数几个学生表现而多数人旁观的局面。

例如，有位班主任出人意料地选择了班上一个不善言语的男孩表演相声。老师不但帮他练习每一个动作、每一个表情，而且为了帮他克服怯场的毛病，还带着他先去一年级表演，再到隔壁班表演，最后在午休的时候带他到教师休息室给老师们表演。后来在正式演出时，这个男孩表演的相声获得的掌声最热烈。他激动地给老师写了一封信，其中写道："老师，这段相声我一共练了40多遍，现在我明白了什么叫'台上十分钟，台下十年功'。谢谢您！老师给予我的信任让我发现了自己的潜力。"

二、组织班级活动的步骤

(一) 准备

班级活动准备得越充分、越细致，活动实施就会越顺利，活动效果就会越好。其实，准备阶段也是班级活动的一部分。班级活动的准备可以分为思想准备、人员准备和物质准备。

1. 思想准备

首先，班主任在开展一项活动之前应明确活动最终要达到什么目的，预计可能出现的问题和障碍。班主任对活动的高度重视是激发学生参与热情的重要因素，是对学生最大的激励。

其次，班主任应发动班级学生认真准备。通过引导学生对活动意义进行充分认识，激起其积极参与活动的心理倾向。

2. 人员准备

人员准备包括：班级活动的每一项具体任务应落实到人；根据不同的任务要求和学生特点分配不同的工作，使每一位学生都有机会发挥自己的作用；同时，要定时督促、检查，并及时帮助学生解决困难。

3. 物质准备

物质准备主要指环境布置（如板报设计、会场布置、桌椅摆放等）和道具准备（参与者的服装道具、音乐等）。班主任一方面要鼓励学生自己动手、动脑，另一方面要及时了解学生所需,帮助他们解决困难。

(二) 实施

班级活动大致可以分成日常活动、主题活动两类。

1. 日常活动

日常活动是指结合本班情况所设计的常规活动和针对实际情况所开展的随机活动,如"每日新闻发布会""每周值日班长总结""班级板报月月新""作业展览"……日常活动往往源于班级实际情况,经由班主任整理、提升,小中见大。由于日常活动相对固定,所以成为对学生进行常规教育、习惯培养的最佳班级活动形式;也正因为其固定化特点,每次日常活动占用的时间不宜太长,要细水长流。

2. 主题活动

每一次活动都应有目的、有主题,但"主题活动"是专指围绕一个教育专题所开展的比较正式的班级活动。它可以是一次性的主题教育活动,也可以是围绕主题的、由多次活动所组成的系列性主题活动。后者由于活动开展时间较长、内容丰富、形式多样,更加充分地体现了循序渐进的教育思想,教育效果往往更扎实、长效。

在主题活动中,好的主题就尤为重要。主题应具有以下几个特点。

(1)"小"。要"大题小做",小中见大。比如,针对小学生的年龄特征,一位班主任把"爱国"这个教育主题缩小为"爱家乡",但"爱家乡"仍过于宽泛,继而聚焦到"北京的名人故居"。学生分别从"名人与北京""北京的建筑特色""名人故居游"等方面进行挖掘,用DV、评书、图片展、知识竞赛、小品等不同形式予以展现,切实增强了学生的"爱家乡"之情。

(2)"巧"。主题的名称要设计得巧妙,不要过于老套。例如,"革命传统"教育是学校重要的教育主题,也是当代小学生难以理解的主题。一位上海的小学班主任引导学生以"卢沟桥—泸定桥—南浦大桥"的历史发展线索组织活动材料,并将主题活动命名为"桥",可谓构思巧妙。

在设计和实施系列活动时,要关注每一项子活动之间的关系。递进、分总是最常见到的关系。

案例 6-7

"以人为师"系列主题活动

【活动目的】

建立良好的师生关系,理解"滴水之恩,涌泉相报"的含义,从小培养学生"尊师"的意识,使之成为终身的品行。

【活动过程】

第一步：以什么样的人为师——调查、了解任教的每一位老师。

调查题参考：

1. 教师的年龄、教龄；
2. 教师每周的课时及所教的年级、班级；
3. 教师的身体状况；
4. 教师的家与学校的距离；

……

调查的目的：将调查资料进行分析，针对"以什么样的人为师"这一问题得出结论。

第二步：我向老师学什么？

1. 学知识，上好课。
2. 学会适应不同的老师，从中汲取优点，使自己成长更快。

第三步：我为老师做什么？

1. 学会说关心老师的话，做关心老师的事。
2. 主动帮助老师解决问题。

第四步：寻找身边的老师。

1. 初步认识"师"不是固定的、单一的"职业"，任何人都可以是老师。
2. 开始从身边的人身上找到可以为师的地方。如某同学玻璃擦得特亮，就可以拜他为师，学会擦玻璃的窍门。
3. 将"以人为师"作为个人一生学习、生活的准则。

（三）总结

总结是理性的反思过程，是认识过程的又一次飞跃，也是学生得以形成正确的观念和掌握合理的方法的必要途径。因此，班集体活动开展后，不论成功与否，都应当进行总结。在总结活动成效时，应当注意以下几点。

1. 具体、中肯地评价活动的质量

班集体活动是全班同学都参与的，评价活动的质量当然也为全班同学所关心。评价切忌泛泛而谈，仅仅一句"总的来说不错，还需要继续努力"是远远不够的，因为这样可能会使学生对今后的活动失去兴趣；也不能只说好话，不说坏话，否则，久而久之会导致学生的盲目自傲。因此，评价应尽可能具体和中肯，让学生在活动后既得到了付出努力后的赞扬，又清楚了自己的弱点或班级中存在的问题。

2. 充分展现学生的感受

班级活动开展之后,班主任不仅要充分评价活动的质量,更要让学生充分表达自己的感受,总结活动的得与失。这种学生之间的相互教育,往往会收到非常好的效果。例如,对于某个纪律比较涣散的班级,班主任抓住冬季长跑这个契机,对学生进行了集体主义精神的教育。最后,这个年年长跑比赛倒数第一的班级,竟然获得了第一。在活动总结时,体育委员一边捧着奖状,一边流着泪对全班喊道:"比赛前老师说只要我们尽力而为就是好样的,但现在我敢说,我们所有人都做到了——竭尽全力!"同学们纷纷表达自己的感受,在总结、反思中,教育的主题得到升华。

三、班级活动中的问题解决策略

(一)可能出现问题的预设

在做活动之前要未雨绸缪,对于可能出现的问题要进行充分预设,并尽可能设计多种解决方案。这样,若当真发生问题,也能做到临危不乱。班主任可以主要从以下几方面考虑可能遇到的问题。

(1)安全问题。这是最重要的问题。比如:春游,首先就要考虑行车安全问题,其次是活动地点自然环境的安全问题,如是否靠近水边、是否需要登山等。

(2)学生问题。首先是学生的身体问题,如外出乘车时的晕车问题,其次是结组活动时人员的搭配问题,还有如何帮助个别有困难的学生的问题,等等。

(3)环境问题。如外出活动遇天气突变怎么办,做活动时突然停电怎么办,等等。

(4)组织问题。在活动没有真正开展起来时,谁也无法保证肯定会成功。很多时候活动设计得很好,但真正实施的时候,却因为各种原因没有达到预期的效果,甚至会失败。所以,活动前要充分考虑如果失败应该怎么办。

(二)突发事件的应对

突发事件最能考验教师的智慧、胆量和人品。班主任在应对突发事件时要注意以下几点。

(1)班主任自己首先要镇定。一旦发生突发事件,所有的学生都会期待教师帮助妥善解决。作为成年人,教师的镇定会给孩子们带来安全感,减少骚乱的发生。

(2)一切决定要以保护和尊重学生为出发点。当学生出现失误或做出不适宜的事情时,班主任不能简单、粗暴地训斥,而要用宽容的态度对待学生。一方面及时反思:为什么会这样?是哪方面教育的缺失造成的?另一方面注意尽量大事化小。

(3)从不好的现象中寻找好的因素,因势利导,使事情向好的方向发展。

(4)及时寻求领导、同事等人的帮助。活动前预设可能出现的问题时,如果需要他人的帮助,班主任应提前找到相关人员加以说明。

四、典型班级活动的指导

班级活动的形式是多种多样的,下面仅就几种典型活动进行介绍。

(一) 班级社会实践活动的指导

班级社会实践活动是指班级学生在教师的指导下走出教室、进入实际的社会情境,在力所能及的范围内直接参与并亲自感受各种社会生活和社会活动领域的活动。

社会实践活动的基本形式有社区服务活动、参观访问、劳动实践活动、社会角色体验活动等。在实际操作中,这些活动内容常常是互相融合的。

> **资料链接 6-5**
>
> **参观访问活动的设计**
>
> 1. 确定活动内容
>
> 根据学校、班级或学科开展的某个主题活动的需要,确立具体的活动主题,选择适当的活动内容。在此基础上,有目的地选择参观地点或访问对象。
>
> 2. 明确活动目标
>
> 要让班级里所有的学生都明确为什么要开展活动,开展本次活动希望达到的目标是什么。通过活动目标的确立引领学生设计具体活动。
>
> 3. 联系活动单位或个人
>
> 一般进行定点的参观访问活动,都要事先与相关单位或个人进行联系,约好时间,然后再有序地开展活动。个别在公众场合开展的调查活动,也要将相关的地理环境、时间、安全及不干扰他人工作等因素充分考虑在内。
>
> 4. 制定活动计划
>
> 制定活动计划时可以以班级为整体,集体制定一些"约定"。也可以以小组为单位,制定小组活动计划。在计划中,参观时间、地点、活动规则、注意事项等都应交代清楚。访问活动还必须考虑如何与被访者进行交流,交流时间什么、怎么问或谁来问等问题。要鼓励学生有创意地进行活动设计,尽可能将社会考察、参观和访问活动与研究性学习的探究活动进行整合,全面了解考察、参观、访问对象,完善学生知识结构、社会阅历、生活积累和文化积累。
>
> 5. 其他注意事项
>
> 活动过程中的安全问题、交通问题、教师分配问题、学生的组织问题等也都是在进行班级活动设计时需要师生共同考虑的。
>
> 资料来源　王一军,李伟平. 班级活动设计与组织实施[M]. 北京:教育科学出版社,2007:189.

(二) 班级学习活动的指导

为扩展学生的视野，提高学生的学习积极性、学习能力和学习效果，应定时开展班级学习活动。主要方式有：作业展览、学习经验交流会、学习方法指导、知识竞赛、辩论赛、课外阅读、成立学习小组等。

案例 6-8

想爱古诗也容易

某班级组织"我爱古诗"活动。开始，学生把一首首古诗当作作业，死记硬背，结果兴趣索然。有的家长叹息说："哎，古诗，想说爱你不容易！"后来，经过讨论，班主任决定改变方法。

秋天，老师先把学生带到郊外，让他们自由地寻找"秋姑娘"的足迹。回到教室，学生意犹未尽，叽叽喳喳地说着。老师适时地告诉他们，古人写过不少关于秋天的诗呢，回去找一找，看谁找得多。

第二天，学生纷纷拿来了"秋诗"。接下来的活动顺理成章，水到渠成。学生兴致勃勃地读着自己找到的诗。老师又让他们成为这首诗的新主人，去教其他同学。这样一天天下来，每个学生都有自己的诗，他们相互背诵，相互监督，相互比赛，让"我爱古诗"活动成了一个自主运行、兴趣盎然的活动。

看来，只要方法得当，想爱古诗也容易。

(三) 班级心理辅导活动的指导

班级心理辅导是近年来我国学校心理辅导工作者创造的一种方式，它对于推动我国现阶段中小学心理健康教育发挥了重要的作用。在进行班级心理辅导时，班主任要遵照以下几个组织原则。[①]

1. 让学生"动起来"

只有活动才能有效地调动学生的主体参与性，改变学生的意识和情绪状态，使他们专注于心理辅导主题活动的开展，从而降低心理防御水平，更好地敞开自己的内心世界。所以，精心设计好活动形式是辅导成功的关键。

2. 从情境体验开始

情境体验有助于学生澄清问题的实质，体谅当事人的情感，发现解决问题的办法，并可

---

① 钟志农. 班级心理辅导必须注意的六个问题[J]. 人民教育，2002(10)：50—52.

以使学生直观地筛选出令人满意的行为模仿标准。

在操作上，遵循"情境性"要考虑模拟生活场景的设计必须符合学生的年龄特点和生活实际，能引起学生的共鸣；要注意具体地而不是抽象地呈现问题；角色扮演或小品要有情节及适当的道具，尽可能生动有趣，使学生兴味盎然、专注投入。

3. 注重团体内部的交流互动

班级心理辅导是一种互动的"团体的过程"。在这种团体的辅导过程中，每个成员认知的矫正或重建、情感的体验或迁移、行为方式的改变与强化，都依赖于成员间的交流和互动。这种班级社会环境的互动强化作用往往比个别的辅导帮助更有成效。

在操作上，遵循这种"互动性"的前提是参与。班级心理辅导必须形成一种气氛，让每一个学生都有话说，让每一个学生都想说话。其基本方法是改变座位的排列组合，采用小组合作的学习形式。另外，讨论的话题必须是学生力所能及的，同时又是有一定复杂性和不确定性的。也就是说，讨论的话题应该有一定的思维力度，毫无争议性的问题不可能激发起学生互动的热情。

4. 创设一种平等、和谐的气氛

班级心理辅导是师生心灵的交融。因此，班主任要转换自己教育者的角色，使学生尽量少受心理防御机制的阻碍，尽可能展露自己最核心的情感，以便使自己能被大家如实地看待和评价，并从他人那里得到肯定或否定的反馈。

在操作上，遵循这种和谐关系的核心问题是教师须具备三种人格特质：真诚、关注、共情。

（1）真诚。指教师是一个真实的自我，没有虚假的外表，愿意和学生一起表达真实的情感和态度。而教师的这种真诚，也必定会换来学生对真实的自我的表达。

（2）关注。指无条件地、积极地关注与接纳，尊重学生抒发感情、发表观点的权利。

（3）共情。指教师设身处地地理解对方，感受到学生的情感，包括学生不明显、不清晰的情感，如同感受到自己的情感一样。但教师的共情不等于情感的迷失，不等于和学生有强度相同的情感表达。

5. 拒绝对学生做否定性评价

在辅导过程中，教师始终要保持一种随和、宽容和接纳的态度，支持、鼓励学生在团体中自由发言，与同伴充分沟通。即使学生中出现一些较为偏激或明显有错误的看法，教师也不要简单否定，而应该采取温和的态度，把问题反馈给学生，进行小组讨论，并使有错误观点的学生参与其中，通过组内交流来澄清学生的错误认知或态度。

目前，我国的学校心理辅导发展仍处于初始阶段，特别是班级心理辅导活动的设计和实施，仍是个值得深入探索研究的课题。

（四）班级文体活动的指导

文体活动能丰富学生的课余生活，活跃班级气氛，促进心灵交融，增进团结，提高学生的

艺术修养和身体素质。文体活动的主要形式有：小型联欢会、歌咏会、诗歌朗诵会、故事会、庆祝节日活动、体育竞赛、各种文体兴趣小组活动等。

1. 班级文艺活动

文艺活动在开展过程中，要始终坚持"以生为本"的指导思想。

（1）在内容的确立上既可以是师生共同商量，也可以是同学倡议。

（2）活动前要组织学生积极报名。对于文艺骨干要提高要求，节目要精彩；对于不经常表演节目的学生则要帮助他们选择适合自己的节目，鼓励他们参加。

（3）活动形式要尽可能满足学生不同的欣赏水平及爱好。

2. 班级体育活动

班级体育活动是深受学生喜爱的活动。要想吸引更多的学生参加，要注意以下几个方面。

（1）教育性和趣味性相结合。班级体育活动有别于单纯的体育比赛，其特点应是融德育、智育、体育为一体。要想开展好，就需要有趣味性的内容吸引班级成员参加，比如，"班级体育擂台赛"。

（2）群体性和个体性相呼应。在班级体育活动中，既要有喜闻乐见的个人体育活动，又要有群体之间交流的体育竞赛，要尽量体现集体的力量。

（3）科学性和安全性做保障。教师创编的体育活动要符合学生的生理发展规律及健康的需要，要适合各年龄段学生的心理特点、生理特点、身体现状；在安全性上，场地器材设置要合理，动作难易程度要因人而异，运动量要适中，必须保证学生在安全的条件下开展活动。

（五）班务劳动的指导

"劳动教育是中国特色社会主义教育制度的重要内容，直接决定社会主义建设者和接班人的劳动精神面貌、劳动价值取向和劳动技能水平。"（《中共中央、国务院关于全面加强新时代大中小学劳动教育的意见》，以下简称《劳动教育意见》）一个班级就像一个大家庭，每个成员都有义务为这个集体服务。班务劳动既有助于培养学生正确的劳动价值观，养成劳动品质、劳动能力与习惯，也有助于培养他们的集体意识和社会责任感。

1. 班务劳动的形式

（1）自我服务。无论是在家庭还是学校，自我服务都是劳动的起点，事关一个人基本生存技能的养成。在学校，自我服务主要表现在"三洁"上，即——自己课桌椅的整洁，自己周围环境的保洁，餐具饮具的清洁。

（2）值日劳动。值日劳动是班务劳动的主要内容，教室的整洁可以说是一个班级班风班貌的外显。目前采取的大多是小组轮流值日的方法。

(3) 服务岗。服务岗是值日劳动的补充,指的是将班级内的岗位划分给个人,实行岗位责任制,比如,分别安排学生负责电教设备维护、开门关灯、绿植养护、班级图书管理等。

(4) 活动服务。除了固定时间、固定内容的常规班务劳动以外,学校和班级的每一次活动都需要班级成员群策群力,以组织"新年联欢会"为例,就需要布置、清洁、采买、招待等多方人手共同努力,才能保证活动的顺利进行。

(5) 校园志愿服务。学生是校园的小主人,所以为校园服务也是其应尽的义务,校园志愿服务是班务劳动的延伸。比如,高年级学生在一年级新生入学后,帮助他们打扫卫生;学校运动会协助老师维持秩序、管理器材等。

2. 实施班务劳动的原则

(1) 要给学生树立"劳动光荣"的思想。教师首先要站在为社会培养合格建设者和接班人的高度看待劳动教育,绝不能把劳动作为惩罚的手段,要在班级中形成好的舆论氛围。

(2) 要培养学生的"主人翁"意识。班务劳动不仅要人人参与,还要从指导督促最终走向自觉自愿,同时要让学生在劳动中体会到服务集体和他人的成就与快乐。

(3) 要注重过程性评价。在学生劳动过程中,教师要随时捕捉好人好事,要对学生的付出给予正面的肯定,对于受挫的学生要给予包容与鼓励。

3. 班务劳动的组织

每个学生的劳动技能和经历是各不相同的,针对不同年龄阶段的学生,教师在指导劳动时的侧重点也应有所不同。"小学低年级要注重围绕劳动意识的启蒙,让学生学习日常生活自理,感知劳动的乐趣,知道人人都要劳动。小学中高年级要注重围绕卫生、劳动习惯养成,让学生做好个人清洁卫生,主动分担家务,适当参加校内外公益劳动,学会与他人合作劳动,体会到劳动光荣"(《劳动教育意见》)。不同年段学生在劳动方面的特点及主要教育策略如表 6-2 所示。

表 6-2 不同年段学生在劳动方面的特点及主要教育策略

年段	学生特点	主要策略
低年级	1. 劳动技能水平差异很大 2. 绝大部分学生对于班务劳动感到陌生 3. 劳动能力有限 4. 劳动态度一般比较端正	1. 教师要有耐心地、手把手地教学生如何劳动 2. 及时发现"劳动能手",树立榜样 3. 组织学生之间互帮互学,也可以请高年级的同学来示范引领 4. 定期开展劳动技能竞赛
中高年级	1. 劳动态度差异较大 2. 班务劳动技能基本都能掌握,但水平差异较大	1. 教师要经常进行劳动教育,从学生的思想上提升其对劳动的认识 2. 开展类似"班级劳动模范"的评比活动 3. 建立有效的值日制度 4. 培养得力的、能组织劳动的小干部

视野扩展

1. 阅读庄传超、刘西萍的《中小学班级主题活动40例》(华东师范大学出版社2011年出版)。

2. 阅读王怀玉的《小学班级特色活动设计与指导》(中国轻工业出版社2013年出版)。

3. 阅读2015年颁布的《教育部、共青团中央、全国少工委关于加强中小学劳动教育的意见》和2020年颁布的《中共中央、国务院关于全面加强新时代大中小学劳动教育的意见》。

实践探究

1. 学校组织观看电影。一所小学六年级某班班主任把电影票一张张撕开,放在讲台上,然后说:"请大家每人上来拿一张。"同学们纷纷走上讲台,都抢着挑位置好的座位号。当大家拿到票后,班主任说:"其实,我刚才是在对大家进行一次小测试……"请你接着说下去。

2. 最近班里的值日情况不好,总有同学以各种借口逃避值日。请以"劳动"为主题,设计一个班级活动。

3. 每年三月是"学雷锋月",请根据小学二年级学生的年龄特点,完成下面这张系列教育活动计划表。

班级活动	时间安排	内容	形式	预期效果
了解				
实践				
总结				

4. 参加一次当地小学的班级活动,参考第二节第一部分"班级活动的原则",写一份活动总结。

我的思考与收获

第七章
班级学生发展影响因素的协调

> 以众人之力起事者,无不成也。
>
> ——《管子》

学习目标

1. 了解影响班级发展的诸多因素及其相互关系。
2. 理解对校内外教育力量进行协调、整合的重要意义。
3. 掌握妥善处理各种关系的基本原则与方法。

班级学生的发展受到多方面因素的影响,如果这些影响因素协调一致、形成合力,会大大促进学生的健康成长。而班主任在形成班级教育合力的过程中,应当充分发挥主导作用。这种作用表现为担当校内教育力量的联络员,成为联结班级与家庭的纽带和沟通学校与社会的桥梁,从而使学校、家庭、社会实现三位一体,以便让更多有益的教育影响渗透到教育过程之中,使学生在多种积极教育因素的熏染和滋养下健康地成长。

第一节 校内教育力量的整合

校内教育力量除班主任外,还有学校领导和有关部门的老师以及任课教师等。把这些教育力量整合起来,协调一致地对每个学生产生教育影响,这是班主任的职责。

一、与上级领导部门的沟通[①]

班主任要协调班级与学校领导及主管部门领导之间的关系。班级是学校的最小管理单位,管理的结果将直接影响到整个学校的教育管理。

---

① 李军鹏,代贝.优秀班主任八项修炼[M].南京:江苏教育出版社,2006:113—114.

（一）主动加强与领导的沟通

教师都渴望得到领导的理解、赞赏和支持，而教师不好意思、不敢或不知道如何与领导沟通的现象十分普遍。其实，明智的领导也希望更多、更深入地了解教师和学生的状况，打破上下级之间的戒备。因此，教师可以主动向领导汇报自己的工作，倾诉自己的困惑，申请所需的帮助，通过积极、良好的沟通达成与领导之间的相互理解和信任。

（二）把对工作的关注放在第一位

不管领导是怎样的性格，他对下属的态度基本上还是取决于下属的工作业绩。班主任作为下属，首先要端正好工作态度，将敬业、认真放在第一位，始终保持对工作的热情；其次在与领导沟通时应以改进工作、提高教育质量为目的，而不是为了谋取私利。

（三）争取领导的重视

不要一味地埋头苦干，要定期回过头来想一想：自己的工作有没有与学校的整体教育和发展思路融合。同时，可适当地提出一些创新性的想法和建设性的意见，表现出自己独立的工作能力，尽量用出色的工作成绩说服领导，赢得领导最大程度的支持。"改革就意味着打擦边球，就是突破常规，所以一开始你就要校长明确支持你，恐怕比较难。但是，如果你能够用良好的班风和突出的效果证明你的改革是正确的，校长不但会支持你，而且对你以后的改革会有更多的宽容。"[①]

（四）正确理解领导的决策

班主任在保持个性、勇于创新的同时要服从和顾全大局；应经常换位思考，站在领导全局管理的角度去思考问题，理解领导的决策，减少牢骚。

二、与任课教师的协调教育

任课教师是班级教育中的重要力量，优秀班集体的建设离不开任课教师的密切配合。然而在现实中，或因有些班主任习惯于"单打独斗"，或因一些任课教师的"育人"意识淡薄，任课教师往往容易成为班级工作的"旁观者"。马卡连柯说："无论哪一个教师，都不能单独地进行工作，而应当成为教师集体的一分子。"在全员德育思想的指导下，班主任应主动邀请任课教师共同进行班级管理，与任课教师结成亲密的教育联盟，让学校教育中的最重要的两股力量拧成一股绳。

（一）创造良好的教学环境

首先，班主任要带领学生为任课教师创造出一个整洁、温馨的教学环境。例如，为任课

---

① 李镇西.做最好的班主任[M].桂林：漓江出版社，2008：252.

教师准备一把休息的椅子，冬天放上一个温暖的坐垫，每节课前的黑板和讲台都擦拭得干干净净，等等。这样，不仅能让任课教师舒心、愉悦地上课，还能通过这些活动使班级学生学会尊重教师。

其次，班主任在开学前可以将每个任课教师在教学上的成就、个性上的优点等向学生宣传，提升任课教师在学生心目中的地位；同时，将班级和学生的长处和需要关注的地方向任课教师交代，让任课教师做好相应的心理准备。

（二）及时传递任课教师与学生之间的相互称赞

班主任要经常主动地向任课教师和学生了解教学方面的情况，有意识地将他们对彼此的赞扬及时传达给双方。学生虽然会直接对所喜爱的任课教师表达出感情，但通过班主任的转达会让任课教师增强对班级学生的好感；同时，任课教师对学生的赞扬，班主任也要及时传递，使学生体会到任课教师对自己的注意和关心。班主任对任课教师和学生之间的积极情感的传递，将极大地提高任课教师的教学效果和学生学习的动力。

（三）让任课教师了解班级管理规划，积极邀请任课教师参加班级活动

要让任课教师主动关心班级发展，班主任应主动把自己的班级管理思路、计划与任课教师沟通，主动征求任课教师的意见，与他们共同协商如何加强班级的管理和学生的教育，真正使任课教师体会到他们在班级管理中的重要作用。同时，要积极邀请任课教师参加本班组织的活动，如班会、家长会、课余的体育或娱乐活动、新年联欢会等。这些活动有利于加强师生之间的联系，增进了解，促进和谐。

（四）虚心诚恳地直面自己的失误

在工作中，有时由于教学要求不一致、管理方式不一样等诸多原因，班主任与任课教师之间也容易产生矛盾。班主任要从学生发展的大局出发，虚心诚恳地直面自己工作中的失误，主动承认错误，以求得任课教师的谅解。

（五）恰当处理任课教师与学生之间的矛盾

学生和任课教师之间也难免出现一些不适应，甚至矛盾。此时，班主任一定要站在公正的立场上，及时了解事情的来龙去脉，及时化解矛盾，有效消除误会。对于学生给任课教师提出的意见和合理建议，班主任要了解分析、筛选权衡，在适当的时机以适当的方式反映给任课教师，便于任课教师更好地完成教学任务；如果问题出在任课教师一方，班主任除了与任课教师做好沟通外，还要让学生了解任课教师的初衷，争取学生对任课教师的理解。

案例 7-1

一次课堂上,一名学生觉得老师的课讲得没意思,不由自主地看起课外书,被任课教师发现了。任课教师认为有责任将这个违纪情况告诉班主任。班主任了解情况后批评了学生。学生不服,理由是老师的课讲得不好,不如看书有收获。班主任无法说服学生,就请来了学生的家长。家长把孩子带回去后,狠狠地打了孩子一顿。

思考并讨论
这样的"合作"将导致什么后果?遇到此事,你认为应如何正确处理?

三、争取学校教辅、工勤等人员的支持

"教育无小事,事事是教育。"学生在学校中不仅要接受班主任、任课教师的教育,还会在与教辅、工勤(如学校医务室工作人员、保安、食堂师傅)等人员的接触中受到影响。班主任应教育班级学生尊重学校所有的工作人员,争取他们对学生教育的支持。

在寄宿制学校中,生活老师是一支不容忽视的教师队伍。负责学生生活的老师往往和学生的交往更充分、更亲密,班主任首先要尊重生活老师,对生活老师提出的意见和建议要虚心接受;其次,班主任要主动与生活老师联系,获取关于学生更丰富的信息,及时发现问题,以便有针对性地进行教育;同时,班主任还应善于利用生活老师与学生的密切关系,使其成为班级管理的重要力量。

案例 7-2

某校班主任、生活老师联席会议纪要

【时间】2005 年 9 月 27 日晚

【地点】食堂二楼

【主持】校长室方校长

【与会人员】校长室方校长、学生工作部杨主任、教学部殷主任、生活部范主任、全校各班班主任、生活指导老师

【会议内容纪要】

生活部范主任：开启心灵的锁。

一、通过讲述一个小故事，说明我们工作时应该避免先入为主，学会调整自己的心态，放开自己的心灵。

二、成长中的学生需要成长中的教育，成长中的教育需要成长中的关注。

三、注意学会与学生进行思想交流，学会理解学生，学会尊重学生，学会欣赏学生，用自己的爱心和热情去开启学生的心灵。

四、希望各班主任与生活指导老师共同努力，携手共创美好明天。

教学部殷主任：如何教育问题学生？

一、应该更换手段，多鼓励学生，要抓住学生的闪光点，加强对学生的教育，避免教育教学中的师生对立。

二、用真情去教育学生，用真诚去感动学生，用真心去关爱学生，用温暖去感化学生。

学生工作部杨主任：

一、学习吴校长的文章：摆脱事务，创造氛围，树立信念。

1. 学校管理中抓问题要抓根本，应该注意标本兼治，而学生管理本就是营造氛围。

2. 氛围如何营造？需要教学部、生活部和学生工作部三部联合，形成强有力的教育合力。

3. 宿舍管理中，应该教育学生学会生活。

二、班主任与生活指导老师的联系问题。

1. 班主任与生活指导老师联系的意义：唇齿关系，相辅相成，相得益彰。

2. 分析生活区学生管理的现状：仍处于原始的初创阶段，影响学生成绩的有效提高。

3. 分析目前我校班主任与生活指导老师的联系情况：存在着人为障碍，没有形成教育合力。

4. 对班主任和生活指导老师提出的要求：

（1）经常定期或不定期地联系。

（2）以教育好学生为责任，树立大局意识。

（3）生活指导老师注意积极反映学生生活问题，不隐瞒、不包庇学生；班主任注意多与生活指导老师联系，支持生活指导老师的工作。

（4）注意及时分析班级学生宿舍月考核成绩。

(5) 注意多交流、多沟通、多反馈。

(6) 在对违纪和严重违纪学生的态度和处理方式上，注意保持高度的一致。

5. 希望达成的共识：

(1) 由生活指导老师组织召开月干部会议，班主任参加。

(2) 由生活指导老师组织管辖区部分问题学生召开会议，班主任参加，每月至少一次。生活部注意监督。

(3) 班主任与生活指导老师的联席会议留部分时间给班主任和生活指导老师交流讨论学生情况。

校长室方校长：

一、今天晚上会议的背景：学生工作部系列活动中的一个组成部分。会议意图：摆脱事务，创造氛围，树立信念。

二、今天晚上会议的两个启示：

1. 学生不是管不好，而是缺乏方法。

2. 面对困境，要积极思考，反思自己的教育行为，寻求解决方案。

三、今天晚上会议的目的：建立班主任与生活指导老师有效的联系制度。

四、反思生活区学生管理方面出现问题的原因：

1. 生活部制度上的问题。

2. 部分班主任看不起生活指导老师。

3. 部分班主任或处理问题缺乏方法，或教育学生的方法欠妥当，或对生活指导老师提出的问题不予以支持。

4. 部分生活指导老师不能有效地表达自己，没有发挥自己应该具有的作用，充当了学生管理中的一个"哨兵"。

五、建议生活指导老师加强学习，提高素质，注意改进工作方法，创新开展工作。

六、班主任与生活指导老师注意化解矛盾，增强团队意识，更好地沟通，共同管理学生。

? 思考并讨论

如果你是其中的一名班主任，你会采取哪些行动来主动加强与生活指导老师的合作呢？

第二节　班主任与家长

一、学校教育与家庭教育的关系

家庭教育和学校教育是促进学生健康成长的两个重要方面，没有家庭教育的学校教育和没有学校教育的家庭教育都不可能完成培养人这一极其细致和复杂的任务。

> 现实中，常常听见这样的抱怨……
>
> 教师：现在老师的社会地位的确比以前高了，但压力也大多了。既要突出学生主体，又要提高升学率；既要教好学生，还要做课题、写论文……以前老师说什么学生听什么，现在学生变得难管多了；现在的家长也比以前要求高多了，似乎谁都可以推门进来，告诉你应该这样、应该那样，谁都比你更像"老师"，可是一旦出了问题，责任好像都是老师和学校的，甚至还有媒体大肆渲染。为什么当老师就那么容易成为众矢之的?!
>
> 家长：现在的老师缺乏爱心，对学生动辄训斥、罚站、罚写作业，最厉害的要算请家长。孩子要是犯了错，家长都得跟着被老师劈头盖脸地训斥羞辱一顿。"无论你在外头多么有头有脸，在老师面前，你照样跟学生一样挨训。"为了孩子，只能给老师赔小心、赔笑脸，生怕惹了老师累及孩子。
>
> 老师和家长，双方都有说不完的理。
>
> **? 思考并讨论**
> 老师和家长本来应该是携手合作的双方，为什么现在竟经常相互指责？教师方面应如何避免这样的现象出现呢？

（一）教育目标的一致性

家庭教育与学校教育都承担着教育少年儿童的任务，"育人"是其共同目标，但两者的教育又各有侧重、相辅相成。学校教育承担为社会培养下一代的职责，由一支经过专业训练的教师队伍，以分年级、分学科、有计划地对学生进行系统的文化科学知识的教育为基本途径，促进学生德、智、体、美、劳诸方面全面成长；而家庭教育则主要通过父母对子女的生活照料以及言传身教、潜移默化的教育，促进子女的健康成长。学校教育与家庭教育在目标上的一致性决定了两者要紧密配合、互相支持。

（二）家庭教育、学校教育各具优势

家庭是孩子成长的摇篮，学校是孩子接受教育的正规场所。两者在育人过程中各具优

势,都具有不可替代的作用。

在人生各个阶段,家庭教育都显得非常重要,具有许多特殊优势。首先,父母与子女之间存在其他任何关系都无法取代的血缘亲情,家长如果能够以积极的情感、价值观感染和引导子女,就能更有效地培养孩子良好的品质。其次,家长与孩子接触最多、了解最详细,更能做到从孩子的实际出发,进行有针对性的教育。另外,家长与孩子相处时有很多生活细节都是教育的素材,因此能够做到"遇物而诲"、随机教育,方式方法比较灵活,容易被子女接受。家庭教育的这些优势如果能恰到好处地得到把握,必定会取得良好的教育成效。

学校教育的优势在于:育人是学校的本职所在。学校在育人方面拥有丰富的理论和实践经验,从学校的管理者到普通教师,在教育方面一般都接受过专业指导,或具有一定的实践经验,教育过程有计划、有体系。同时,学校、教师在办学、育人的过程中,往往探索出许多行之有效的方法。还有,学校是孩子同龄人聚集的场所,因而如果能营造出引人奋发向上的整体氛围,创造出积极的教育环境,学生也比较容易受到引导和感化。

(三) 家校合力有助于孩子健康成长

学校和家庭是孩子成长时期的两个最重要的环境,各有不可取代的教育优势,如果形成教育合力,必然会让孩子在积极、和谐的教育环境中健康成长,反之则可能让孩子无所适从,从而偏离学校和家庭各自期望的轨道。对于学校来说,加强家校合作主要得依靠班主任的落实。

案例 7-3

家长大讲堂

2015 年 11 月 13 日,二年级(7)班第十期"家长大讲堂"活动在班主任党老师的组织和主持下成功举行。本次讲座主题为"太空探索与我们的生活",由文修齐的爸爸主讲。文修齐的爸爸就职于中国航天科技集团,从事航天器的相关研制工作。

讲座首先展示了第一个飞向太空的宇航员加加林、世界上第一个登上月球的宇航员阿姆斯特朗、中国进入太空的第一人杨利伟、中国首位女航天员刘洋以及中国航天之父——科学家钱学森,用孩子们熟悉并感兴趣的话题引入了讲座的主题。

然后,文修齐的爸爸用大气层分层图介绍了太空的概念,将孩子们引入到太空的领域。接着介绍了太空探索主要做的工作:研究人造地球卫星技术、研究火箭技术、研究载人航天技术以及研究导弹技术。研究人造地球卫星技术部分,文修齐的爸爸给孩子们介绍了我国首颗人造地球卫星"东方红一号"的成功发射,介绍了全球四大卫星导航系统及其用途,重点介绍了我国的北斗卫星导航系统及其作用;研究火箭技术部分,他给孩子们介绍了火箭的作用及我国火箭研制的历史和现状,告诉孩子们目前我国的"长征"系列火箭已经享誉全球;研究载人航天技术部分,给孩子们介绍了载人飞船、空间站,介绍了中国第一个目标飞行器和空间实验室,即"天宫一号"的研制和发射,跟孩子们分享了中国未来的空间站,还生动地向孩子们介绍了航天员在空间站的吃穿住行,并用模拟动画给孩子们演示了"天宫一号"发射的全过程;导弹技术部分,给孩子们介绍了导弹的特点,介绍了中国的"两弹一星"和美国的导弹防御系统。在介绍这四个方面的主要内容时,文爸爸还结合生活实际,给孩子讲解了太空探索与我们日常生活的关系。讲座最后文爸爸从经济方面和军事方面介绍了太空探索的意义。

整个讲座将精益求精的治学态度和爱国精神作为两条主线贯穿始终。文爸爸通过具体的例子告诉孩子们,不管是学习还是工作,都应该养成细心谨慎、精益求精的治学态度,因为疏忽马虎会带来严重的后果;同时给孩子们宣讲爱国精神,告诉孩子们祖国未来的强大依靠孩子们的努力。讲座最后,孩子们集体自发诵读"故今日之责任,不在他人,而在我少年。少年智则国智,少年富则国富,少年强则国强……"洪亮整齐、慷慨激昂的诵读声将讲座推向高潮。

资料来源　二(7)班家长大讲堂之太空探索与我们的生活[EB/OL]. (2015-11-30)[2021-08-27]. https://mp.weixin.qq.com/s/nebt4AJGXBznB1AC4z88oA.

二、班主任与家长沟通的原则

(一) 尊重性原则

家长与班主任在人格上是平等的,不存在教育与被教育的关系,而是一种十分重要的合作伙伴的关系。因此,班主任在与学生家长一起研究学生的教育问题时,必须尊重家长,学会倾听,虚心听取他们的意见,不可用老师的身份去训斥、责难家长。武断、埋怨、指责、命令的态度,会挫伤家长的自尊,家长也就不会主动配合班主任的工作。

(二) 理解性原则

班主任要理解家长对孩子的关爱之情。在父母眼中,自己的孩子是最棒的。他们认为自己的孩子犯了错误,只是一时糊涂;孩子的调皮,是一种可爱。而孩子在学校碰破一点儿皮,家长就会非常心疼和紧张。班主任在与家长沟通时,应多站在家长的角度去关心孩子,理解家长的心情;要以一颗真诚、善良、理解的心,去表现对孩子的关爱之情,以此换来家长的信赖。

资料链接 7-1

用倾听化解愤怒
——一位班主任的教育随笔

记得有一次刚接班,我遇到了这样三位家长,他们的共同特点是除了口才好之外,就是找我时都是怒火冲天的。搁平时,我也是个好说话之人,但在与他们沟通的过程当中,我则采用避其锋芒的办法,改用倾听的方式,没想到还真的收到意想不到的效果。

第一位:因不满而愤怒

接班的第二个星期,刚放学我就接到一个电话,学生小陈的妈妈询问孩子的情况,正好那两天小陈都没有完成作业,我就如实"告了一状"。没承想,这位妈妈情绪一下变得特别激动,从她和老公如何刻苦学习从小县城考上北京大学一直谈到他们现在的事业;从她孩子小时如何聪明伶俐谈到现在学校教育如何让她失望;从中国教育的落后谈到国外教育的先进,最后还告诉我,她现在正在读博士,是教育学博士!

在将近一个半小时的时间里,开始我还说两句,但后来我发现,这位妈妈并不是想解决孩子的学习问题,而是在发泄她的种种不满。这时,我想,索性让她把话说完,等她将情绪释放完之后,也许可以听得进我要讲的。就这样,我拿着话筒,一直在听她滔滔不绝地讲,有时甚至还插入"那后来呢?""我觉得您说得对!"这样的话。一方面,我是想让她知道我在很认真地听,另一方面,我希望她能把心里的话都说出来,这样我才好找到问题的症结。

终于她把要说的都说完了,这时她也意识到时间很晚了,她说:"李老师,我第一次和老师说这么多话,真是不好意思。"这时她的语气已变得十分平和了,我也理出了头绪,慢慢把话题转到了孩子身上,最后对她说:"我觉得人的智力可以遗传,但好的学习习惯和学习兴趣是无法遗传的,所以,要注重孩子的学习习惯的培养呀!"听了我的话,她有些沉默了。

后来,凡是学校搞活动,我都会及时告诉她孩子的情况,班里的活动也会邀请她来参加。慢慢地,她对学校的认识也变得客观起来了,对自己的孩子也能有一个正确的评价。

第二位:因委屈而愤怒

一天早晨,我刚要进班上课,恰巧接到一位父亲从传达室打来的电话,在电话中他要求马上见面,而且态度很强硬。在我再三询问下才知道,原来他的儿子前一天发现座位上有个图钉,一打听是同桌的女同学搞的恶作剧,用这位父亲的话说,自己的孩子一直受这些女孩子的气,"简直让人忍无可忍,今天一定要把事情解决清楚!"

这时上课的铃声已经打过了,我需要马上进班上课,如果让这位父亲进来,在我对事情还没有完全了解清楚的情况下,肯定处理不好。于是,我和他商量能否下班后到他家去家访,这样可以更全面地了解情况。听了我的建议,他很痛快地答应了。

下班后,我来到这个孩子家,孩子的父母都在,虽然孩子的父亲情绪还没有稳定下来,但看到老师亲自上门了解情况,也就不再说什么了,倒是孩子的母亲向我介绍了很多情况。从中我了解到,他们一直觉得自己的孩子很乖,很老实,所以,当孩子受委屈时,他们就会比较敏感。

听着孩子妈妈讲自己的孩子,我觉得这时她更多的不是气愤,而是想要倾诉。我想,当一个人有委屈时,她可能更需要的是听众。

后来,我们的话题已经由这件事情引申到了与人交往的问题上,这正是一直困惑着这个孩子的最大烦恼。这时家长对老师的希望已不仅是主持公道,而更期望得到好的方法。我针对这个孩子的情况提了几条建议,还和家长研究了几个改进的方法。当我和孩子的妈妈想办法时,孩子的爸爸也表现得很专注,不时还插上几句。

最后,当我离开他们家时,我看到孩子的父亲露出了轻松的笑容。

第三位:因成见而愤怒

"三好生"评完了,但我的心并没有放下,因为我一直在等待一位家长的反应。据其他老师介绍,从四年级开始,每年评完"三好生",这位家长都要到学校来"讨个说法"。

终于,第二天晚上我接到了这位妈妈的电话。果然,一上来她就用充满质问的口气问我:"我们家这么好的孩子,为什么连评选'三好生'的资格都没有?"我听了,马上很详细地向她介绍了评选规则和程序,而且很耐心地告诉她孩子上学期语文成绩是良,所以没有评选资格(其实,这些她早已知道)。

还没等我把话说完,她又是一连串的质问,我想,还是听她说完再解释吧。没想到,她越说越激动,甚至哭了起来,我想,这时她完全把我看成是对立面了,而且这么激动,我再解释只会"拱火",索性让她把我"骂"个痛快,我也好知道问题出在哪儿。果然,随后她又对我进行了一连串的反问,我觉得她说的好多与我关系不大,于是就进一步问她:"您觉得我的问题是什么呢?"

"你不喜欢我们家孩子,对我们家孩子有偏见!"

> "您因何而见呢?"
>
> "有一次你说我们家孩子'在短期内提高语文成绩是容易的,但要想稳定成绩是不容易的'。"
>
> 她一说,我马上把这句话反复想了想,觉得很站得住脚,对于仅凭小聪明而不踏实学习的孩子来说确是如此。我猜测,可能家长没有真的理解,所以我又很耐心地把这句话的具体含义解释了一遍。在一个半小时的谈话中,她虽然认同了我的解释,但情绪始终没有彻底扭转过来,到最后十分强调地说:"从现在开始我就盯着语文了!"
>
> 其实我也可以理解她,在父母的眼中自己的孩子总是最棒的,越爱越容易片面,也越容易迁怒。
>
> 这次效果虽然没有完全达到,但一方面至少这位家长能把憋在心里的话说出来,让我了解她的真实想法;另一方面也算是鞭策吧! 后来每当我拿起这个孩子的作业本要批改时,总要提醒自己多看几遍,因为有人在"盯"着嘛!

(三) 信任性原则

班主任要信任家长,因为对孩子漠不关心的家长并不多见。家长把孩子送到学校交给老师,对班主任的信任也是发自内心的,而这种信任能否持久,则要看班主任的人格魅力。作为班主任,不仅要让学生亲其师、信其道,还要让家长受到感染。在与家长的频繁接触中,班主任热情的工作态度、耐心的工作方法,能够悄悄地打动家长的心,让他们相信教师、理解教师、支持教师。

赢得家长的信任,往往需要班主任在虚心听取家长的意见和建议时具有较强的判断能力和心理承受力,对家长的建议要冷静分析,对意见(有时甚至是尖锐的批评)要有宽广的胸怀。班主任应真诚而耐心地倾听家长对学校教育教学的意见和建议,同时要感谢家长对学校工作的支持。只有这样以情动人,才能取得家长的信任,达到同家长互相交流、共同教育的目的。

(四) 边界性原则

班主任要对自己的工作范围及处理问题的操作流程十分了解。因为经常需要家校沟通,不免会与学生的家庭成员有所接触,尤其是遇到家庭教育问题时,还可能会遇到诸如夫妻不和、婆媳矛盾等情况,这时需要教师有明确的边界意识,不要参与到学生的家庭矛盾中,也不要轻易评判某一方的是非对错。

另外,班主任也要责无旁贷地担当与执行自己分内的工作,不能推卸给家长。比如,学生在学校遇到欺凌的情况时,教师必须认真解决,不能简单要求家长自行解决。

（五）灵活性原则

班主任与家长沟通时，也要注意"因人而异"。对每位学生家长，可以定期互通电话，也欢迎家长不定期来校了解学生的学习情况及反映其在家的表现，以便给他们提供良好的学习、生活条件，及时疏导学生的心理问题。同时，因为不同的家长对学校教育及子女教育问题的认识不同、教育的方法不同，班主任还应对学生家长的文化修养、职业背景以及他们对子女的期望水平有所了解，然后根据这些信息，及时、客观、全面地向家长反映其子女的表现情况。

另外，班主任与家长交流时要注意表达的方式方法。根据不同的对象、不同的场合，确定谈话内容和谈话方式，并且在情况突然变化时能迅速地调整内容与方式。例如，一位母亲不许自己成绩下降的孩子参加春游，班主任为此家访。班主任到这个学生家时，学生母亲正准备做晚饭，班主任抓住时机笑着说："拿咱们做饭来说，如果做糊了一锅饭，就不再做饭了么？我们大人不是也失过手吗？"学生母亲笑了。班主任又语气温和地分析学生成绩下降的原因，最终达到了预期目的。

资料链接 7-2
班主任针对不同家长的工作要点

家长类型	家长普遍特点	孩子易出现的问题	对孩子要做到	与家长交流	对家长要做到
单亲	1. 认为孩子可怜 2. 担心孩子受影响不求上进 3. 担心自己的教育能力 4. 和孩子在一起的时间少	1. 怯懦、孤僻、敏感 2. 学习方法不正确 3. 个别有撒谎的毛病	1. 要有保护孩子隐私的意识 2. 要宽容但不要怜悯 3. 给孩子创造锻炼的机会，让其变得坚强 4. 尽量多和孩子相处，悄悄地帮助	1. 少说孩子的"不是"，要就事论事 2. 不说"单亲孩子……"，要说"所有的孩子……" 3. 不打听家长隐私 4. 交流时要亲切	1. 多留心孩子的优点，及时转告家长，使家长对自己有信心 2. 孩子出了问题尽量多帮家长分担
隔辈	1. 认为树大自然直 2. 生活上照顾得比较细致 3. 辅导学习能力差 4. 希望老师多管	1. 自理能力差 2. 缺少活力，知识面相对窄 3. 做事效率不高	1. 多给孩子提供实践的机会 2. 鼓励孩子与群体多接触 3. 教给孩子提高效率的方法并督促 4. 多让孩子体谅老人的不易	1. 对老辈家长说话一定要谦虚、恭敬 2. 说话语速要慢，重点内容多重复 3. 绝对不要评价孩子的父母 4. 不参与家务事的讨论	1. 要注重礼仪，如倒水、让座甚至搀扶 2. 学业上的事尽量自己多做，让家长少做 3. 多了解孩子在家中的表现

(续表)

家长类型	家长普遍特点	孩子易出现的问题	对孩子要做到	与家长交流	对家长要做到
溺爱	1. 以孩子的需要为中心 2. 家长一般比较善良、敏感 3. 缺乏对孩子集体意识的培养 4. 家长缺少权威性	1. 和同学交往时矛盾较多 2. 一般不遵守纪律，意志品质差 3. 男孩子容易"外强中干"；女孩子容易任性	1. 在纪律上严格要求 2. 教给孩子如何设身处地地为他人着想 3. 重点表扬靠自己努力得来的成绩	1. 多与家长进行理性的探讨 2. 多举实例说明溺爱带来的后果 3. 事情发生时，教师一定要冷静、客观	1. 多鼓励家长带孩子参加群体性活动 2. 尽量和家长建立较亲密的关系，这有助于家长接受正确的教育思想
放任	1. 没有时间，无暇顾及孩子的教育问题 2. 个别家境好的家长认为自己完全有能力为孩子准备好一切 3. 教育能力差，家长缺少权威性	1. 懒散，缺少行动目标 2. 经常表现出对什么都不在乎 3. 不太顾及他人感受 4. 整体水平低于其他学生	1. 严格要求，明确各种规章制度 2. 给孩子一定任务，培养其责任感 3. 遇到问题及时处理，绝不拖延时间 4. 创造机会让同伴对其进行评价	1. 态度要不卑不亢 2. 每一次交流都要讲求质量，不能以数量取胜 3. 耐心倾听家长的谈话，从其谈话中寻找错误认知，并给予纠正	1. 达成教育共识 2. 建立有效的联系方式，如建立联系本 3. 孩子有进步要及时通知家长，态度要真诚
性格暴躁	1. 认为"棍棒底下出孝子" 2. 教育没有方法 3. 对孩子的期望值高于孩子本身水平 4. 自身脾气急躁	1. 容易说谎 2. 孩子的表现会出现两个极端：一种是怯懦，另一种是同样的暴躁	1. 多关注孩子的进步，增强自信 2. 当发现这部分孩子撒谎时，先考虑孩子的初衷 3. 多与孩子交流，了解其内心世界	1. 态度严肃，旗帜鲜明地指出粗暴对待孩子的不良后果 2. 与家长交流时，一般让孩子在场，这样当家长情绪失控时，可以保护孩子 3. 绝不告状	1. 帮助家长调整对孩子的期望值 2. 共同商议教育计划 3. 争取让其他家庭成员能参与到教育实践中
家庭困难	1. 自顾不暇，对孩子缺少关心 2. 对自己孩子生活及心理上的承受能力的期望高于同龄孩子	1. 容易通过物质得到满足 2. 个性比较倔强 3. 容易焦虑、敏感	1. 在生活上要给予最大限度的关照 2. 平等对待，不在孩子面前流露怜悯、厌恶的情绪	1. 交流时多了解孩子的家庭生活 2. 对待家长要热情、体贴 3. 认真倾听家长的讲话，不要自己侃侃而谈	1. 在能力范围内主动帮助家长解决孩子的问题 2. 帮助家长建立教育信心

三、家校合作的方式

(一) 家长会

召开家长会与家长沟通,是家校合作中最常用的方法。它为班主任认识家长及让家长了解学校教育状况和孩子的发展状况提供了快捷的平台。家长会可以有不同的形式。

(1) 交流式。就教育中的共性问题进行理论探索,或做个案分析,或开经验交流会。

(2) 对话讨论式。就一两个突出的问题进行亲子、师生、教师与家长的对话。

(3) 展示式。展览孩子的作业、作品、获奖证书或组织学生进行现场表演等,让家长在班级背景中了解自己的孩子。

(4) 专家报告式。就学生入学后某个阶段的问题或某个共性问题,请专家做报告并现场答疑,以提高家长的教育素质。

(5) 联谊式。教师、家长、学生相聚在一起,用表演等欢快的形式,共同营造和谐的气氛,增进感情和了解。

(6) 参观游览式。学生、家长、教师一同外出参观游览,在活动中发现问题,促进沟通。

(7) 总结式。期中、期末或某一活动结束后,向家长汇报班级情况,提出问题,谋求发展。

资料链接 7-3

记一次别开生面的家长会

自孩子上小学以来,每次开家长会,给我的印象就是老师站在讲台上讲、家长坐在位子上听,所听所讲的内容多集中于期末考试注意事项以及这段时间学生的在校表现。但是,2015年11月25日下午,六年级(4)班的全体学生和老师给我们带来了一次不同于以往的家长会。

家长会分四个环节。首先是语言类节目展示环节,三组同学给大家带来了两段相声和一个简短又搞笑的小品,夸张的肢体语言和幽默诙谐的台词,时不时把大家逗得捧腹大笑。

在选修课展示的环节,"电脑专家"给大家讲他自己编写的绘画软件,"武术家"给我们表演了双节棍和格斗。剪纸艺术、彩珠编织、彩泥手工是学校近期开设的选修科目,孩子们不俗的表演为家长会增添了一道道亮丽的色彩,赢得了家长们一阵阵热烈的掌声。

语数英三科的"课前说话"一直是学校推崇的教学活动,几位同学泰然自若,讲解流畅,在家长面前大胆地展示了自己的口头表达水平。

在家长活动的环节,家长们也不示弱,准备了一些小节目,有讲趣味故事的,也有给孩子们做健康、科普讲座的。

整场家长会在两位小主持人的组织下进行得有条不紊,即使到了快放学的时候,教室里的气氛还是那么其乐融融。

这次家长会,我作为一名普通家长,感触颇深。一是惊叹于孩子们的变化,这些孩子都是我们从一年级看到六年级的,在我们眼里,孩子除了相貌、身高的变化,还有性格、性情的改变,但这次家长会展示的更多的是孩子们的才艺。整场家长会都是学生自编自导的,主持人落落大方,表演者毫不怯场,精彩纷呈的节目让人惊叹不已。这一切都让我们真切地感受到六年级(4)班的孩子们已经长大了!二是我深深地体会到班主任张老师对学生全面成长的重视和关心。这次家长会,张老师虽然只是在幕后指点,但整场节目无不凝聚着老师的心血。正如老师说的,六年级了,这是一种历练,在这样的历练过程中,同学们的胆识、才能、心理素质等各方面都会有所发展。

这次内容新颖、形式创新的家长会,相信会给每位家长留下深刻的印象。我们也欣喜地发现,目前学校的教育已转变为多元的幸福教育,大大提升了学生们的幸福指数。生活中充满了七彩阳光,在民小的这片沃土上,孩子们必将健康茁壮地成长。

资料来源　北京市海淀民族小学一位学生家长撰文,个别文字有删改。

(二) 班级家长委员会

班级家长委员会是由班级学生家长代表组成的、协助班级管理和学生教育的组织。它可以由班主任倡导组建,也可由家长倡导、邀请班主任参与而形成。家长委员会是家长自己的组织,能更充分地发挥家长共同进行班级管理的主动性。但家长委员会作用的有效发挥,也离不开班主任的积极引导。

为保证家长委员会工作的有效开展,班主任应建议家长委员会制定规章制度和活动计划,邀请家长委员会共同参与班级教育计划的制定、班级活动的策划,共同组织或参加班级的各项活动等,借助家长委员会的主动性和集体力量使班级学生的教育迈向更广阔的空间。

班级家长委员会在营造班级舆论气氛、传递正能量方面也起着积极的作用。比如,当学生需要长时间通过网络进行学习,某班有些家长在班级微信群中有不满情绪,家长委员会迅速反应,了解到是因为家长不熟悉软件使用而产生了烦躁情绪。家长委员会马上邀请了班里四位熟悉电脑操作的家长,成立了顾问团,随时解决班内家长上网的各种问题,很快,不满情绪就消失了。

(三) 家访

家访是班主任和个别家长之间交流的一种形式,它有助于班主任直接感受学生的生活环境、广泛接触学生的家庭成员,使交流更加深入而有针对性。班主任为做好家访应注意以下技巧。①

1. 明确目的,精心准备

班主任在家访前要明确目的。家访的目的不是为了向家长告状,或是由于自己教育无力而把责任推给家长,而是为了和家长真诚地交换意见以调动家长教育子女的积极性,取得家长的协助,共同把学生教育好。因此,在家访前要对被家访的学生做深入的了解,包括其学习状况、在学校守纪律的情况和生活习惯等,要明确通过家访所要解决的问题、所要达到的效果。另外,还要制定详尽而可行的计划,考虑好与学生家长交谈的问题、交谈的方式,以及如何针对心态不同的家长进行交谈,做到有的放矢。

2. 预约时间,把握时机

家访需要占用班主任和家长的休息时间,什么时候去家访,到哪些学生家中去家访,需要合理把握时机。

一般来说,当学生生病不能到校或生活上遇到特殊困难时应及时家访;学生出现严重违纪行为时,需调整好情绪后再进行家访;当学生的表现有突然的或较大的变化,如近期进步很大需要及时巩固,或情绪突然异常且缘自校外时,也需要及时与家长沟通。班主任不要只在学生出现问题时才去家访,以免使学生和家长形成思维定式,造成家访时错误的心理预期。

家访不仅要根据学生的表现,还要考虑家长的作息时间,提前预约,并按时赴约。但注意时间尽量不要定在家长上班前的短暂时刻,或学生家用餐时、学生家有亲朋或家长同事来访时,或学生家宴请宾客或婚嫁喜庆时、学生父母发生纠纷时。

3. 三方互动,沟通心灵

家访时,班主任要留给家长和学生发表自己观点的时间和机会。首先,班主任要站在家长的角度上家访。班主任与家长是有很多共同语言的,因为都有共同的"望子成龙"之心。班主任在家访时除了向家长通报学生在校的表现情况外,还要充分听取家长意见。从某种程度上讲,家长了解的情况更为真实可靠。其次,班主任要站在学生的角度进行家访。学生见到班主任来家访,思想上常常有压力,班主任要事先洞察这种心理,在家长面前多表扬、少批评或委婉地批评学生;要让学生成为主角,要给他充分的说话时间;要循循善诱,让学生说出自己内心深处的真实想法,这样才能解决问题。

---

① 张厅剑.班主任家访的技巧[J].现代中小学教育,2009(05):78—79.

(四) 请家长到校交流[①]

当个别学生经常出现某些问题或出现后果较严重的问题时,班主任还可以请家长到学校进行商议。随着教师的工作节奏越来越快、压力越来越大,"请家长"成为班主任用以解决个别学生问题的最常用方式。因而,使用得当会有助于顺利解决问题,但使用不当也更有可能引发家长的怨言。

1. 努力营造良好气氛

班主任要努力营造一种良好的谈话气氛,缩短家长与班主任的心理距离。班主任只有表现出对家长的真诚、对孩子的关心,才能换回家长的坦诚。班主任在同家长交流之前,要调整好自己的角色,做家庭教育的引导者、建议者,以朋友的身份面对家长,在和谐的谈话氛围中和家长达成一致。

在与家长沟通时,班主任应专心倾听家长意见,对家长提出的积极的、正确的意见,应及时加以肯定,应恰当地使用体态语言,如点头、身体前倾、目光专注等,并适当穿插简单的语言,如"对""是的""很好"等,甚至还可以把家长好的意见记在本子上。同时,对家长要及时地表现出理解和同情。这样,就会让家长明白自己的意见和作用很重要,会让家长感到自己很受重视。

2. 要有的放矢

家长的时间是宝贵的,为了接受老师的邀请或按老师的要求到学校,可能需要向工作单位请假。因此,班主任请家长到校一定得有重要的事情或紧迫的问题需要解决,要理解家长的难处,不能仅仅为了告状而随意请家长到校。

班主任要提前了解家长的教育方式和脾气秉性,事先确定相应的谈话地点和谈话方式,以避免冲突的发生。避免使用"你应该怎样"或"你不应该怎样"等命令性的词句和语气,而应该说"我想"或"我认为""你看这样行吗"等委婉商量的语句。当然,在确定无疑时,该肯定的语气也应该十分坚定。[②]

3. 评价学生要公正客观

为了让家长消除焦虑不安和尴尬心理,班主任可以先从学生身上可贵的闪光点谈起,让家长从班主任对自己孩子了如指掌的介绍和客观中肯的分析中感受到班主任的爱心与责任心。当班主任谈及学生所犯的过错或存在的缺点时,要就事论事,用理解、积极的语气向家长说明。

4. 动之以情

戴尔·卡耐基(Dale Carnegie)说过:"用建议的方法容易让人改正错误,因为他可以保

---

① 张胜华.家访四要点[J].贵州教育,2005(06):28.
② 邓永举.班主任如何与家长沟通[J].新课程研究(教师教育),2008(09):90—91.

持个人的尊严和自尊。"班主任与家长谈话时,情绪要饱满,态度要诚恳,语气要委婉,要多采用建议性口吻;与家长在看法上产生分歧时,要在耐心地听取家长的陈述后再表明自己的观点,做到以礼待人、以理服人,避免直接对抗和争论;对家长提出批评与建议时,一定要巧妙、含蓄,点到为止,千万不能盛气凌人,否则,会伤害家长自尊,使其产生本能的防卫心理,从而导致不欢而散,班主任在家长心中的形象也会因此大打折扣。

(五) 书面交流

书面交流的形式有很多,如通知、便条、表扬信、家校联系本等。这里重点介绍家校联系本。

家校联系本是家校联系的一个有效载体,是教师与家长之间就孩子的全面成长进行联系的一条纽带。在设计时,可以从以下几个方面进行考虑。①

1. 在联系的时间上,应遵循定期与不定期相结合的原则

所谓"定期",就是教师根据学校生活的特点和班级实际情况来确定某些日子为固定联系日。例如,每周一可作为提供本周学习重点、活动重点、德育重点与相关要求的固定联系日。所谓"不定期",就是根据学校、班级和学生的临时状况而进行的联系,如临时调课、作息时间变更、交款等,又如对个别学生的某些特殊要求等。定期与不定期相结合,可以使家校联系既具规律性,又有灵活性,从而提高有效性。

2. 在联系的内容上,应遵循共性与个性相结合的原则

所谓"共性与个性相结合",就是家校联系本既可以作为传达学校的有关通知,提示一段时期内学校的工作、活动重点及要求,分析班级存在的问题的有效载体,又可成为班主任与家长讨论个别学生存在的个别问题,教师与家长双向交流个别学生取得的进步、获得的奖项的有效载体。突出家校联系内容的个性要求,不仅有利于对学生进行因材施教、进行个性教育,而且有利于激发家长进行家校联系的热情,增强联系的实效。

3. 在信息的传递上,要具有双向性

家校联系本进行的是教师与家长之间的信息交流,其目的决定了这种交流应该是双向的。实现信息传递的双向性,首先要求教师设计出便于家长发送信息的联系形式,如在教师输出的信息后面可附有"回音栏""家长的话",也可以定期制作"调查表""征求意见表"等。同时,教师要对家长的反馈通过各种途径做出积极的反应,以尊重和维护家长的积极性。

4. 在语言表达上,要注重学生的感受

家校联系本是以学生为中介进行的,学生是教师信息与家长信息双向传送的二传手,教师与家长要直面学生进行交流、发表意见。这种特殊性对教师与家长的联系水平要求更高,

---

① 周丹."家校联系本"之我见[J].教学与管理,2001(02):33—34.

联系中必须十分顾及孩子的心理感受,既要具有教育性,又要积极发挥以情感人的正向作用,还要充分表达出对孩子的尊重、理解、信任和关爱,切忌双向"告状""诉苦"或"责任推诿"等现象的出现。

(六)家长志愿者

随着家校合作的不断加强,越来越多的家长走进学校参与办学,这无疑是给学校教育注入了新生力量。在班级中,家长志愿者是家长参与活动时最主要的身份,他们或是班级摄影师,或是班级社团的校外辅导员,或是活动的后勤保障,抑或是走进课堂的特殊教师……他们用自己的热情与一技之长有效地弥补了班主任工作的缺口。

案例 7-4

"足球爸爸"

六年级(1)班夺得了学校足球冠军。这六年来,家长委员会在球场外做了大量的工作:聘请教练,订购队服,租借场地,现场助威,拍照,等等。家长委员会的表率作用也带动了一大批家长的参与,形成了很好的班级氛围。比如,每次比赛后,无论输赢,大家在群里都给予当教练的爸爸们充分的肯定和信任,这也让"足球爸爸"们干劲十足。

决赛前一天,我一直信心不足,在与主力"足球爸爸"交流的过程中,我也流露出这种情绪。没想到第二天,这位"足球爸爸"提前一个半小时就到班里,我连忙说:"您先带男足做准备吧。"

没想到"足球爸爸"严肃地说:"我要跟全班说几句。"然后竟然从口袋里拿出了一张发言稿。"足球爸爸"给孩子们认真分析了这几年来我们与对手班级各场比赛的得失,详尽得惊讶到我了。最后"足球爸爸"把稿子收起来,振臂一挥,自信地对孩子们大声说:"我们一定能赢!"

受到"足球爸爸"的感染,全班同学也都虎虎生威地大喊:"我们一定能赢!"结果,在球场上,所有队员们都表现出了前所未有的豪情壮志,敢打敢拼,最终赢得了胜利!

后来学校特意采访了"足球爸爸",他是这样说的:"儿子二年级时班主任邀请我担任班级足球教练。说心里话,我只是爱看足球,对于技术和战术真的不太懂。后来想想,咱得为班里做点儿什么。再者,一年级足球倒数第一,在我手里,不可能再有更差的名次了,算了,赶鸭子上架吧。真的没想到,六年级能带着男队夺冠,这个结果是第一次担任家长志愿者时想都不敢想的。除了孩子们付出

> 了努力外,也要感恩学校和学校老师们在孩子们成长的道路上给予的无私关怀和帮助。在孩子们成长的道路上,有很多像我一样的家长付出了大量的时间和精力,但我相信这种付出是幸福的、快乐的。这六年里,家长和孩子一起成长,家校共育。现在孩子也即将离开学校,太多回忆和不舍。祝福学校明天更好!"

家长志愿者的奉献不仅为班主任工作带了很多便利,同时也影响着班级学生的世界观,在与家长志愿者合作的过程中,班主任老师要注意以下几个方面的问题。

(1) 要感谢家长志愿者的付出,不要觉得这是理所应当的,在合作过程中要给予充分的尊重与信任,随时传递赞美。

(2) 不要过分依赖家长志愿者。班主任对自己的工作范围要有清晰的认识,不要把本该属于自己或学生的职责推给家长志愿者,比如,打扫教室、分发书本等。

(3) 摆正心态,公平公正。家长志愿者往往因为合作的关系和老师会有更多的相处机会,很容易产生情感交流。班主任老师一定要理性地看待这个问题,不要在教育学生的过程中代入这种情感,因为这很容易影响到公平公正,而公平公正地对待每一个学生是师德的重要内容。

(4) 对于类似"家长进课堂"这样的活动,班主任有义务、有责任对宣讲的内容进行审核,要保证观点正确、方式安全健康、内容有教育意义。

(七) 电子信息交流

随着时代的进步,电子信息交流越来越多地被运用到家校沟通上,主要形式有手机短信、微信、电子邮件、博客、网上聊天等。这些电子信息交流方式使信息交流更加快捷、方便、直观。

目前,微信不仅成为班主任管理班级的重要工具,也成为家校沟通的新媒介。很多班级都会有自己的微信群,其作用如下。

(1) 发布通知。因为班中所有家长都在微信群中,所以微信通知正在逐渐代替纸质通知,具有快捷、灵活的特点。

(2) 事务管理。班主任的工作千头万绪,很是繁杂,微信在某些方面可以起到很好的辅助作用,比如,学生考勤管理等。

(3) 分享。班级活动中学生样态的及时展示是微信的又一强大功能。比如,活动照片的展示,它能让家长直观地了解自己的孩子所处教育环境的特点,以及自己孩子在集体中的表现和作用。同时,教师也可以通过微信与家长分享自己的工作感受和状态,能让更多的家长对于老师的工作给予理解和支持。

(4) 评价。微信也是辅助班主任及时评价学生表现得很好的手段。比如,有的老师专门建立微信群用于作业展示,非常直观且高效。

（5）交流讨论。教育不是教师一个人的事情，学生管理也并不仅限于学校。通过微信，教师和家长之间可以就班级的很多事情进行讨论，比如：孩子课外学习的规划，家庭教育中遇到的困惑，对教育现状的思考，等等。让家长进入教育的过程，不但可以提升教育的效能，还能融洽家校关系。

微信群是个交流平台，每个人都可以发表观点，所以班主任在使用微信群时应注意以下几点。

（1）班主任要努力营造积极向上的舆论氛围，把微信群打造成家校共育的基地。比如，新年时，很多家长都会在微信群中祝老师新年快乐，老师在回复时不妨对这一年学生的成长给予肯定，对家长们的支持给予感谢，并展望新的一年，提出自己的计划。这样做既能与家长的祝福产生互动，同时也可以传递老师对学生的关心与用心。

（2）班主任要用自己的言行展现人民教师应有的素养，措辞规范有礼，比如：发布消息要先问候，经常使用"谢谢""辛苦了""感谢支持"这样的词语；不发布与教育无关的广告、图文、音视频等内容。

（3）针对个别家长在微信群中传达消极或不满情绪的现象，班主任要及时了解情况，私信沟通，倾听诉求，解决问题。引导家长不要在微信群中扩大事端，发泄情绪。

（4）班主任要尊重家长和学生，不出现涉及家长及学生隐私的言语，不点名批评学生，发布的照片不能出现丑化学生的画面。

> **资料链接 7-4**
>
> **澳大利亚昆士兰州公立学校的家校合作**
>
> 昆士兰州是澳大利亚的第二大州，也是其经济发展最快的州。在昆士兰，约有300所公立中学。学生们被认为生活在一个安全的多元文化社会和政治稳定、经济发达的环境之中。昆士兰的所有公立学校都特别重视通过家长的参与来丰富学生的学习，认为家长和社区成员都有责任在学生的教育上扮演积极的角色。他们通过各种方式来与家长保持联络并促进家长积极参与。
>
> 首先，昆士兰州公立学校为家长提供了很多正式和非正式的机会来了解学生在学校的进步，主要方式包括以下几个方面。
>
> 1. 学生表现报告。学校在每一个学期结束时都为家长提供一份报告，这份报告详细记录了学生的进步情况。从2006年开始，昆士兰州规定所有的公立学校每年都必须为家长提供至少两次关于学生在校表现的手写报告。
>
> 2. 学校年度报告。从2005年下半年开始，昆士兰州所有的公立学校必须公布便于家长和社区成员阅读的相关信息，其主要内容包括：特色的课程设置，课

外(业余)活动,学校的道德风气,家长参与学校教育的相关策略,学生的读、写和计算成绩以及学校的平均得分,等等。从2006年开始,学校年度报告必须公布在学校的网站上。

3. 时事通讯。多数学校都定期拟定时事通讯来通知家长关于学校活动、发展的相关事宜。

4. 信函。学校会通过由学生带信件给家长的方式,与家长交流关于学生某些方面的情况。

5. 私人会面。学校鼓励家长在彼此方便的时间会见任何教学人员,以便探讨相关的想法和问题。从2006年开始,所有学校在每个学期都必须组织家长和教师的会见工作。

6. 家长—教师之夜。学校通常会在每学年开始时组织这样的活动来和家长讨论班级的工作计划。当然,家长也可以谈论、咨询孩子在学校的表现以及所取得的进步等。

7. 学校—家长杂志。这份杂志会在每学年的4月和10月发放给昆士兰州所有学校的学生家长。杂志及时地为家长提供了有关学生教育热点问题的相关信息。

8. 教育补充资料订阅。教育补充资料是一份为昆士兰州学校学生家长提供的免费的月刊电子杂志,它关注时政要闻、教育计划和政策。

其次,昆士兰州公立学校还通过一系列的组织和活动,促使家长积极参与到学校的教育中去。主要方式有以下几种。

1. 学校活动。家长可以参与到学校的一系列活动中来,如帮助学生解决远足和野营的相关问题,或者组织类似于运动会和音乐狂欢节的课外业余活动,并为他们提供专业意见等。

2. 学校理事会。学校设有理事会,其扮演着制定学校未来发展计划的重要角色。在每一所学校,家长都可以参与理事会的工作。理事会成员每两年选举一次。

3. 家长和市民协会。所有的公立学校都为家长提供了加入该协会的机会。这些协会主要负责一些政策和财政计划的制定、校内商店运营以及筹款等多种多样的学校活动。

4. 校内商店。昆士兰州大多数公立学校都拥有由家长志愿者充当职员的小卖部或者糖果店。昆士兰学校商店协会是一个非营利性的商业组织,他们对成员的服务主要包括:提供定期的时事通讯、对商店的管理提供意见、传播健康的食品概念等。

资料来源　贾晓燕.透视国外家校合作形式[J].网络科技时代,2008(03):66—70.

第三节　社区力量的引入

一、社区的独特教育功能

（一）社区的概念及特点

"社区"一词是中国社会学者在20世纪30年代自英文"community"意译而来的。尽管社会学家对社区所下的定义各不相同，但在构成社区的基本要素的认识上还是基本一致的：一个社区应该包括一定数量的人口、一定范围的地域、一定规模的设施、一定特征的文化、一定类型的组织。社区就是这样一个"聚居在一定地域范围内的人们所组成的社会生活共同体"。

如果按照结构功能来给社区分类的话，可以分为农村社区和城市社区。城市社区又可分为以下几种情况：一是市辖区；二是街道办事处辖区；三是小于街道办事处、大于居民委员会辖区建立的区域功能社区；四是规模调整后的居民委员会辖区。目前，我们所说的城市社区主要指后面两种情况。

（二）社区教育职能的特点

社区为学校所在地，良好的社区自然环境和文化氛围是年轻一代健康成长的重要外部条件。社区、学校相互支持，有助于实施教育方针、端正教育观念，提供良好的育人环境。社区通过积极主动地参与学校教育过程以及参与学校内部管理，可使学校教育与社区环境共同形成巨大的合力，促进年轻一代健康发展。

除了对学校教育过程的间接影响外，社区还可以直接参与学校的教育过程。社区向学校开放社区的公共图书馆、科技馆、文化馆、体育馆等教育场馆设施，以整合社区内的各种教育物质资源和人才资源。同时，学校也可以结合课程改革，发掘社区课程资源，开设综合实践活动的校本课程，增强学校教育的实效性。[①]

资料链接 7-5

国外社区青少年教育掠影

1991年来，荷兰"社区与文化发展"计划将各种不同的教育体系一起来，学生可以在社会发展、基础教育、艺术文化和娱乐四个领域中任选一个。其核心原则是要学生去学习如何独立地塑造他们的文化和社会环境，学习怎样通过群众性组织、通过提高兴趣来激发和支持人们改善生活条件、居住条件和工作环境。

---

① 李卫英，李鹤松.学校与社区关系的社会学分析[J].四川教育学院学报，2007(03)：1—3.

长期以来,芬兰在社区规划建设的实践中,逐步形成一整套相对完善的机制。社区建设已成为全社会的事情,通常是寓管理于服务青少年之中,寓服务于福利之中,创造出安定和谐的社区氛围。在首都赫尔辛基草湾社区的规划建设中,有可供数千名艺术家进行创作的文化艺术中心,中心里不仅有艺术家的工作室、艺术学校,还有广播电台、博物馆、歌舞剧院、健身中心等,并可举办各种展览,使草湾成为青少年活跃的文化社区。

德国的"邻里之家"为青少年举办许多活动,其目的在于改善青少年的生活条件,提高他们的生存能力,特别是帮助青少年通过自己的努力去争取自己的利益。如一年一度的"睦邻节",活动内容包括：时装表演、儿童杂技、儿童戏剧、音乐会、供应特色咖啡、宣传吸烟危害的讲座等。社区通过开展形式多样的睦邻活动,广泛发动居民参与到"睦邻节"活动中来,营造了一个温馨、美好的社区生活氛围。

新加坡政府为了更好地满足居民的生活需要,经过对服务范围、服务设施、服务对象事先的测算,把与青少年日常生活需要贴近的商业和生活服务设施集中起来,设立"邻里中心",既满足了青少年多层次的需求,又保证了青少年周边环境不因商业而受到影响。

资料来源　马奇柯,刘杰.国外社区青少年政治思想教育的经验与启示[J].青少年研究(山东省团校学报),2007(04):44—48.

(三) 社区与学校的关系

2001 年颁布的《国务院关于基础教育改革与发展的决定》强调指出："学校要加强和社区的沟通与合作,充分利用社区资源,开展丰富多彩、文明健康的教育活动,营造有利于青少年学生健康成长的社区环境。"学校是人类向新生一代传授一定的社会规范、价值标准、知识和技能,有目的、有计划、有组织地为一定社会培养所需人才的机构。社区是社会学中一个从空间形式反映人们社会生活的概念,是从事一定的社会活动,具有某种互动关系和共同文化维系力的人类群体及其活动区域,是学校组织所处的一个外在环境。[①] 当前,关于学校与社区的关系,已有如下共识。

1. 学校方面

(1) 学校为社区所有,为社区所治,为社区所享。

(2) 学校为社区的生活中心,向社区开放,学校的设施、场地为全社区居民共享。

(3) 学校是培育儿童社区观念的场所,应培养儿童有关社区发展的知识、能力和情感。

---

① 李春生,康瑜.终身学习背景下学校和社区关系的重建[J].比较教育研究,2002(04):44—47.

(4) 学校协助社区居民满足其需要,改善社区的生活,共同建设和发展社区。

(5) 学校影响社区的发展。

2. 社区方面

(1) 社区为学校所在地,它为学校提供发展背景,社区是学校教育的基础。

(2) 社区为学校提供价值基础,社区有助于学校实施教育方针,端正教育观念。

(3) 社区参与学校、支持学校、评估学校。

(4) 社区为学校提供教育教学资源,社区为学校提供良好的育人环境,使学生在与社会的接触中接受教育。

(5) 社区问题影响学校教育的推行。①

资料链接 7-6

社区与社区建设

自 1987 年民政部率先倡导在城市开展以民政对象为服务主体的社区服务以来,"社区"以及"社区建设"的概念开始进入中国政府的视域。1989 年,"社区服务"被明确写入《中华人民共和国城市居民委员会组织法》。2001 年 3 月,社区建设被列入国家"十五"计划发展纲要,并在 2002 年 11 月被写进十六大报告:"完善城市居民自治,建设管理有序、文明祥和的新型社区。"2007 年 10 月,党的十七大报告强调:"把城乡社区建设成为管理有序、服务完善、文明祥和的社会生活共同体。"2012 年,党的十八大进一步明确:"改进政府提供公共服务方式,加强基层社会管理和服务体系建设,增强城乡社区服务功能,强化企事业单位、人民团体在社会管理和服务中的职责,引导社会组织健康有序发展,充分发挥群众参与社会管理的基础作用。"

社 区 教 育②

20 世纪 90 年代以后,我国社区教育进入到以实体化、组织化为标志的发展时期。这一时期,上海、天津等大城市涌现了各种形态的社区学校,形成了社区学院、社区学校及其教学点的三级网络。2000 年 4 月以来,新中国社区教育进入实验时期。2000 年 4 月,在教育部职成司与中国成人教育协会的共同推进下,建立了首批 8 个社区教育实验区,以创建学习型社会为主要目标。在全国各地广泛开展社区教育实验的基础上,教育部于 2008 年 2 月命名了 34 个全国社区

---

① 厉以贤.社区教育的理论与实践[M].成都:四川教育出版社,2000:63.
② 刘尧.我国社区教育发展现状、问题及对策[J].华中师范大学学报(人文社会科学版),2010,19(04):143—148.

教育示范区。

我国社区教育发展模式按其出现的先后和办学层次划分,有以下五种:(1)以学校为主体模式。主要是指将学校,特别是中小学作为社区教育的组织者、协调者,利用自身办学资源和优势进行校外活动。(2)以街道为中心模式。(3)以地域为边界模式。(4)以大型企业为中心的厂区型模式。(5)以社区学院为龙头模式。

尽管我国社区教育取得了一定成绩,但仍存在着一些不容忽视的问题,与全面建成小康社会、构建社会主义和谐社会的要求相比,与社区居民的教育需求相比还有不小的差距:对社区教育的认识有待进一步提高;社区教育发展很不平衡;社区教育法规和政策亟待完善;政府统筹亟待加强。

社区儿童服务[①]

"社区儿童服务"是"社区儿童福利"概念的衍生,服务隶属于社区服务范畴,是社区工作的一项重要内容。

社区儿童服务的对象应该是社区内的全体儿童,国外对儿童服务的关注存在着不同的切入点:一是儿童贫困,二是公民道德教育,三是儿童福利(特别是与福利相关的政策),三者往往是相互融合的。

社区儿童服务以儿童的发展需要为出发点,是社区服务的一项重要内容,能满足儿童交往、学习及自我实现的需要,有利于家庭幸福,进而促进社区和谐,有利于丰富我国社区服务的研究并能为社区建设研究提供相关的研究资料。

由于社区服务在我国还是一个相对较新的话题,很多由"街道"转变过来的"社区"在活动场地和经费不足、社区工作人员素质相对较低的背景下,社区儿童服务存在很多的不足,主要表现在以下方面:社区儿童服务体系不完备;社区居民对社区儿童活动的参与性不够;儿童被当作被保护者而并没有作为未来公民参与到社区的服务中;社区儿童服务的商业化色彩太浓;社区儿童活动物质资料比较欠缺;社区儿童服务质量难以得到保证。

儿童的发展离不开社区的环境,理想的社区环境肯定是地方政府、社区居民共同参与并能被儿童认同的环境。发展社区儿童服务事业需要政府、社区、教育机构以及社区居民的共同参与。

---

① 严仲连.我国社区儿童服务的问题与对策[J].社会科学家,2016(01):125—129.

二、社区力量的引入原则

（一）育人为本原则

育人为本原则主要体现在以下三个方面。

（1）有利于少年儿童的社会化。其主要内容为基本生活技能的教导、社会规范的训练、生活目标的指点、社会角色的培养等。

（2）有利于德育工作的一体化。青少年的思想政治工作从整体上说是一项全社会性的系统工程，应由学校、家庭、社会三方面来共同构建，只有统筹三者的教育优势，形成德育的合力，才能充分发挥德育的整体效益。

（3）有利于人的个性化。在我国推进社区教育的发展过程中，首先应积极构建学习型社会的理念，只有这样，才能以尊重人性为出发点，使人人均具有可贵而独立的个性，在平等的基础上，鼓励人人进行有意义的学习，进而发展人的个性。

（二）互动性原则

学校与社区的互动，是指学校与社区和社区成员、机构、组织之间的双向交流与合作关系。一方面，要使社区，包括成员、机构与组织理解、支持和帮助学校，以便有效地实施教育目标；另一方面，学校应该支持社区、面向社区、向社区开放、服务社区，形成学校与社区的互动，双方建立良好关系，把学校带向生活，把生活引入学校，形成一股合力，共同培育学生和社区居民。

资料链接 7-7

自1990年起，新加坡的社区服务活动进一步完善，并且逐渐制度化。国家社会发展部、教育部与政务部制定了一项计划。这项计划将社区活动分为六类：

（1）"好朋友"计划：即以个人或小组的形式帮助同学学习。

（2）关怀和分享计划：即劝说同学捐玩具给不幸者，捐钱、物给灾区难民。

（3）担负校内领导责任：即高年级学生监督彼此言行并关照低年级学生。

（4）到福利收容所和儿童组织进行活动。

（5）清洁环境计划。

（6）各种临时服务：这些临时服务可以结合德育教育课的内容来安排。

在广泛开展各项、各类活动的过程中，新加坡学校有效地加强了道德教育，培养了学生服务社会的意识和习惯，增强了其社会责任心和公民义务感，使青少年成为文明的一代。

资料来源　新加坡社区服务计划[J]. 思想理论教育, 2009(18): 95.

三、社区力量在班级管理中的作用

以前,我们往往忽视社区在班级管理中的作用,甚至根本就不顾及这方面的内容,但随着时代的发展,全方位的立体式教育越来越凸显其优势,社区教育的力量也开始逐渐被关注。

(一)为学生提供社会实践的场所

1. 社区可提供的资源

社区拥有众多的机关、企业事业单位等组织,相对于学校,社区也具有明显的教育资源优势,包括社区环境资源(包括自然资源、人文环境资源),社区文化教育设施设备等物质资源(包括学校、图书馆、文化馆、革命遗址、博物馆、体育馆、影剧院等),社区人力资源(包括教师、社区教育工作者、各行各业专业技术人员、先进劳模、老一辈革命家、离退休干部等),社区组织资源(包括社区协会、社团组织、研究机构、企事业单位等)。

2. 利用社区资源可开展的活动

各地区、各部门、各单位都有自己的创业史和辉煌业绩,都有自己的先进模范人物,而这些都是向学生进行教育的生动内容,都可以为学校开展传统教育、社会教育、形势教育提供帮助,为开展访问活动提供场所。街道、社区可以为中小学德育工作提供新资源,为进行有丰富内容的思想教育创造条件。

比如,除定期邀请社区工作者、社区警务室干警到校举办讲座,对在校学生开展法治教育、理想教育、前途教育外,还可以组织学生到社区开展志愿者服务活动,让青少年感知社区的变化、社区的发展。在这些活动中,社区青少年不仅增长了知识,而且能在自然美、科学美、社会美的氛围中,潜移默化地受到熏陶和影响。[①]

(二)有利于家庭教育指导工作的开展

中小学生都生活在由街道、小区居委会、村民委员会等管理的社区内,社区干部串百家门、知百家情、办百家事,他们对各家各户的情况比学校更加清楚。众所周知,不同的家庭有着不同的结构和不同的生活习惯,而教师在对学生的教育过程中难以做到全面了解。在开展对青少年的教育时需要有一个沟通社会、家庭、学校的关系的协调机构,这个机构可以在配合学校抓后进生转化、抓特殊家庭子女的教育等方面的工作中发挥巨大作用。例如,社区可配合学校开设假期功课学习班、举办家长学校、组织各种主题的文体活动等。

(三)使班级管理得以延伸

1. 班主任对学生社会实践的指导

社会实践和社会服务的场所有别于学生熟悉的校园,活动目的和可能遇到的困难也会

---

① 赖云.浅议社区在青少年教育中的作用[J].四川工程职业技术学院学报,2008(Z1):80,82.

异于平常,所以班主任要注重对学生的指导。具体内容如下。

(1) 安全教育。去社区开展活动经常会出现分组活动的情况,学生会远离教师的视线,所以安全意识一定要强,教师要对可能遇到的情况有所预测,并有针对性地提醒学生,同时一定要避免让学生单独行动,活动范围也要有所规定。

(2) 礼仪教育。进入社区后,学生面对的主要是成年人,需要懂得一定的礼仪。因此,对各种礼仪,学生在学校内最好能有所实践。

(3) 亲和教育。学生到社区活动时,往往会产生羞涩、局促、回避等心理反应,班主任一方面要帮助学生做好充分的物质准备,另一方面要鼓励学生勇敢、大方地与人接触,要学会随机应变,在安排人员时,注意不同性格的孩子互补搭配。

2. 班级在社区开展活动时的策略

(1) 选择时机。班级在社区内开展活动可以选择有纪念性的日子,通过这种方式把活动和节日、纪念日等结合起来,不但能使活动的主题更鲜明,更具有教育意义,也可以使社区的居民对于活动的开展更理解、更支持。例如,"学雷锋日"到社区做好事,"三八"妇女节慰问女民警、女护士,重阳节为敬老院的爷爷、奶奶表演节目,"六一"儿童节为幼儿园的弟弟、妹妹讲故事。

(2) 做足准备。到社区开展活动,班主任首先要和社区的相关部门取得联系,共同制定活动计划,明确活动主题。进入社区前,要组织学生进行充分的准备,要让学生掌握必要的礼仪知识。

(3) 以学生为主体。进入社区后,班主任要鼓励学生独立开展活动,并且活动以小组为单位,遇到困难要培养学生解决问题的能力。

(4) 注意积累资料。班主任要有积累资料的意识,摄影、录像、随笔、学生作品……这些不仅便于学生总结学习,还对今后开展活动有帮助,同时,这些资料还可以提供给社区,为其宣传提供资料。

第四节 偶像力量的借助

一、"重要他人"的概念[1]

"重要他人"是美国社会学家米尔斯(C. W. Mills)提出的概念,专指对个体的社会化过程产生了重要影响的具体人物。任何一个学生的成长过程,都会在某一点或某几点受到一些人物的重要影响。这些人可能是父母长辈、兄弟姐妹,也可能是老师、同学、朋友,甚至可能是萍水相逢的路人或所崇拜的人物,等等。教育社会学家吴康宁教授把学生的"重要他人"分为两种:互动性重要他人与偶像性重要他人。互动性重要他人主要包括经常与学生产

---

[1] 林远辉.'重要他人':中小学班级管理的影响因素[J].教学与管理,2008(04):29—30.

生互动性接触的学校教职员工、家庭成员及社区人员；偶像性重要他人则主要是学生所崇拜的社会知名人物。

二、借助学生偶像的力量

一些班主任常常回避与学生谈论偶像，特别是当学生把各种娱乐、体育明星当作偶像时，班主任或认为这是学生个人的生活而漠不关心，或因自己的喜好而诋毁甚至力图控制学生的偶像崇拜。其实，如果班主任能正视学生崇拜偶像的现象，并借助其对学生的吸引力，将偶像崇拜引导到正确、积极的轨道上来，偶像也会变成巨大的教育力量。借助偶像对学生进行教育可以遵循以下几个步骤。

（一）清楚学生的偶像并进行备案

班主任可以通过口头询问或书面问卷了解学生"最喜欢谁""偶像是谁"或"希望成为像谁一样的人"以及其中的缘由。班主任要想获得学生真实的想法，就应尽量先向学生表达自己对偶像崇拜的理解或认同，并根据学生的年龄特征和心理状况确定询问方式。

（二）分析学生偶像的教育价值

知晓学生的偶像，便能对班级学生的心理倾向有初步的认识，但班主任还需要对偶像的教育价值进行进一步挖掘。班主任可以和学生共同搜集有关资料，从而引导学生全面、深刻、辩证地理解偶像。例如，引导学生看到明星偶像刻苦训练时表现出来的毅力、遇到困难积极应对的态度等"光环"背后的东西，领会"一分耕耘，一分收获"的道理。班主任在了解学生偶像的过程中，不仅能够开阔视野，紧跟时尚，缩小师生之间的心理距离，还能在一定程度上帮助学生避免或减少崇拜、模仿偶像的盲目性。

（三）把偶像的影响纳入班级管理

心理学家班杜拉（Albert Bandura）的实验结果表明，儿童看到榜样人物的行为被给予强化，将对其以后的行为产生重要的影响。因此，班主任要尽量把关于学生偶像的正面信息以赞赏的语气适时地、公开或个别性地传达给学生；对负面信息要谨慎地以批判方式表达，让学生在教师的赞赏与批判中学会理性地判断和适度地崇拜。

> **案例 7-5**
>
> 小涛是一名小学二年级的学生，平时比较活泼好动。近来，班主任老师发现他上课经常做小动作，课后又总是手舞足蹈，做一些很有造型的动作，并总喜欢与同学们打闹。事后了解发现，小涛生日时，家里有亲戚送来《奥特曼》影碟，他最

近都在津津有味地看并模仿。小涛告诉老师,他最佩服奥特曼了,因为奥特曼能打败各种怪兽。

> **? 思考并讨论**
> 如果你是这位班主任,你将如何借助奥特曼形象教育学生呢?

视野扩展

1. 经常浏览中国教育在线的"家庭教育"网页(https://xiaoxue.eol.cn/jzxx/)和"北京市网上家长学校"(http://jzschool.bjedu.cn/)上的内容。

2. 阅读 2021 年颁布的《中华人民共和国家庭教育促进法》。

3. 阅读乔伊丝·L·爱泼斯坦等人的《大教育:学校、家庭与社区合作体系》(黑龙江教育出版社 2016 年出版)和郁琴芳的《家校合作 50 例区域设计与学校智慧》(华东师范大学出版社 2018 年出版)。思考:国内外家校合作有何异同?

实践探究

1. 假设你是一名班主任,开学以来,刚参加工作的音乐老师刘老师多次反映你们班上音乐课纪律很差;而学生们却说主要原因是老师上课很枯燥,动不动就训人,所以他们没兴趣。请问:身为班主任的你,会如何处理这件事情呢?

2. 你是二年级的班主任,一天下班后,你发现在班级微信群中两位家长因孩子在校矛盾,已经由互相指责升级为互相谩骂。请问在这种情况下你会怎么做呢?

3. 请你走访当地某小学所在社区,利用社区资源,为这所小学的六年级学生设计一次以"赠人玫瑰,手留余香"为主题的实践活动。

我的思考与收获

第八章
小学各年段学生特点与管理

> 人们有一种倾向,就是提出千篇一律的目的,忽视个人的特殊能力和要求,忘记了一切知识都是一个人在特定时间和特定地点获得的。[①]
>
> ——杜　威

学习目标

1. 认识小学各年段学生的特点及需要。
2. 初步掌握管理不同年段学生的方法及措施。
3. 具有尝试不同方法解决不同年段学生问题的意识。

第一节　小学生入学适应的引导

一、小幼衔接的重要性

案例 8-1

妙妙是家里两代人的掌中宝,家长对其娇宠有加。谁知上学没多久,妈妈就发现妙妙变得不快乐了——每天都神情沮丧地走出校门,或因收拾书包慢,或因座位垃圾多而被老师批评;因丢三落四,上课常常跟不上老师要求,放学后总是被留下来弥补练习作业,负责接送的妙妙爷爷还因此与班主任发生了冲突。现在妙妙每天上学都会给全家人带来很大的心理负担,原本蹦蹦跳跳的妙妙也变得唉声叹气了。

[①] [美]杜威.民主主义与教育[M].王承绪,译.北京:人民教育出版社,2001:119.

（一）小学一年级是儿童接受学校教育的起点

对于刚刚离开幼儿园进入小学的幼儿来说，这是他们人生的一个重要转折点。他们由事事依赖父母逐渐过渡到事事独立完成，开始承担"学生"的责任，他们已经适应的以游戏为主要形式的活动转变为以学习为主要形式的活动。毋庸置疑，小学一年级是儿童接受学校教育的起点，"儿童对初入学能否适应，一定程度上决定着其今后对学校生活的态度和情感，并影响将来的学业成绩和社会成就"[①]。

一般而言，由于对新环境的好奇、对上学这种行为本身的喜欢，儿童会在入学之初对丰富的学习活动产生兴趣，但渐渐地，学校的各种制度要求、学业要求会使他们产生不适应，再加上自身控制能力差、注意力容易分散等诸多原因，他们会面临很多的困惑和压力。例如，当老师要求"请打开语文书朗读课文！"其他同学已经开始朗读时，像案例中妙妙一样自理能力差的孩子可能连书还没有找到；课堂上开始做练习了，丢三落四的学生发现找不到橡皮、尺子；当同学们开始下一项学习内容时，他还没结束这一项。学生经常跟不上班级节奏，就很容易完不成学习任务，而这会对儿童的学习热情和自信造成负面影响。所以，做好小幼衔接，帮助一年级新生顺利适应小学生活是一年级班主任的一项非常重要的任务。

资料链接 8-1

小学实施入学适应教育

小学要强化衔接意识，将入学适应教育作为深化义务教育课程教学改革的重要任务，纳入一年级教育教学计划，教育教学方式与幼儿园教育相衔接。国家修订义务教育课程标准，调整一年级课程安排，合理安排内容梯度，减缓教学进度。小学将一年级上学期设置为入学适应期，重点实施入学适应教育，地方课程、学校课程和综合实践活动主要用于组织开展入学适应活动，确保课时安排。改革一年级教育教学方式，国家课程主要采取游戏化、生活化、综合化等方式实施，强化儿童的探究性、体验式学习。要切实改变忽视儿童身心特点和接受能力的现象，坚决纠正超标教学、盲目追赶进度的错误做法。

资料来源　中华人民共和国教育部.《教育部关于大力推进幼儿园与小学科学衔接的指导意见》[EB/OL].（2021-03-31）[2021-08-27]. http://www.moe.gov.cn/srcsite/A06/s3327/202104/t20210408_525137.html.

[①] 中华人民共和国教育部. 小学入学适应教育指导要点[EB/OL].（2021-03-31）[2021-08-27]. http://www.moe.gov.cn/srcsite/A06/s3327/202104/t20210408_525137.html.

（二）对校园生活的适应性影响到儿童今后的发展

1. 对儿童社会适应能力的影响

儿童从幼儿园进入小学是一个重要转折，是儿童主体对变化的外界环境重新适应的时期。在这一时期，儿童会有更多的机会独立面对问题，如自身习惯与规章制度的冲突、评价标准的改变、交往中的选择、生活环境的变迁等。儿童是否能积极主动地面对问题，适应新的角色，对其今后的学校教育生活，乃至更长远的成人社会生活都会产生影响。

2. 对儿童自我评价的影响

虽然同龄的孩子一起入学，但每个人所呈现的面貌却是各不相同的，在同一个问题面前，解决的能力也是有高低差异的。这往往会影响到儿童的自信心与自尊心，影响到儿童的自我评价。

3. 对文化知识学习的影响

儿童进入学校的主要任务是学习文化知识，安全健康的校园生活是儿童全身心地投入到知识学习的重要保证。学生适应校园生活的快慢与学习专注程度的高低是紧密相联的。

（三）入学适应教育的主要内容

教育部 2021 年发布的《小学入学适应教育指导要点》（以下简称《小学指导要点》）以促进儿童身心全面适应为目标，围绕儿童进入小学所需的关键素质，提出了身心适应、生活适应、社会适应和学习适应四个方面的内容，每个内容由发展目标、具体表现和教育建议三部分组成。发展目标部分明确了与儿童入学适应关系最密切的关键方面（如表 8-1 所示）；具体表现部分提出了对儿童实现入学适应的合理期望；教育建议部分明确了发展目标的价值，列举了有效帮助儿童做好入学适应的一些教育途径和方法。

表 8-1 小学入学适应教育的发展目标

四个方面	身心适应	生活适应	社会适应	学习适应
发展目标	喜欢上学	生活习惯	融入集体	乐学好问
	快乐向上	自理能力	人际交往	学习习惯
	积极锻炼	安全自护	遵规守纪	学习兴趣
	动作灵活	热爱劳动	品德养成	学习能力

二、低年级班主任的角色转换

儿童在入学以前，主要是在父母的关怀教育下成长的，父母的教育指导和自身行为是他们的第一影响源。进入学校以后,教师尤其是班主任成为他们生活中最重要的人物,小学生很自然地把自己与父母交往中的各种思想感情、期望与爱的需求转移到教师的身上。教师成了学生成长的第二影响源,学生把教师作为父母一样来看待。而随着年龄的增长,小学生获得了更多的生活经验,会逐步意识到教师的爱与父母的爱有区别——教师对自己的评价和态度反映了集体以及社会对自己的评价,这种评价具有更大的价值和意义。因此,他们就会更加注重教师的态度。这种关注又将成为小学生学习生活的一个动力源,推动或阻碍他们的思想与实践。

(一) 在多重角色中转换

面对一年级的小学生,班主任的基本角色可以有以下几种。

1. 班妈

小学低年级学生的情感依赖性强,不少学生的生活自理能力较差,班主任在一段时期内需要扮演"班妈"的角色:学生穿戴不整齐,要帮助他们整理;学生不会用餐,要教他们用餐;学生不会拖地,要手把手地教;学生的不良习惯,要帮他们改正……但是,"班妈"的角色不仅仅是"服务",更要教育。在"服务"学生中,要逐步教他们学会自理,懂得其中的道理,养成好的习惯。

如果班主任不能理解儿童对幼小过渡期的情感需求和能力支持,一味地批评,就会让儿童失去对学校和教师的信任,给他们及其家庭带来烦恼和压力。

2. 家教顾问

很多家长在孩子上学前十分重视其识字、拼音、计算、英语等知识上的储备,而与之相反的是,对于生活自理能力、学校学习适应力的培养不太在意。究其原因,主要是有的家长觉得孩子长大后自然就会了;有的家长没有意识到自理能力培养的重要性;有的家长没有精力和耐心教孩子;还有自理能力没有文化学习那样有明确的标准,家长往往没有一个清晰的概念,不知自己的孩子应该达到什么样的程度。儿童入学后,家长才开始对孩子的适应性充满关心和担心。孩子新的"学生"角色也迫使家长需要进行同样的角色转换。在家长心目中,教师是教育的专业人士,当遇到教育的棘手问题时,首先会想到请老师支招。因此,班主任的角色要从"家校沟通的桥梁"延伸到"家教顾问"——为家长的教育困惑解疑、支招,和家长共同唱好学校内外教育的一台戏。

资料链接 8-2

家校携手让孩子走好小学第一步

首先,家长要意识到自理能力差不是孩子的错,是家长自己没有重视这个问题,所以不要批评甚至迁怒孩子,要心平气和地与孩子一起面对问题。孩子年龄小,没有经验,很多事是需要手把手教的,同时要及时给予孩子鼓励与肯定,这样孩子才能不断地有动力。

以妙妙为例,先从收拾书包训练做起,其实这也可以是个很有趣的游戏环节。让妙妙想象书包的每个口袋都是不同的房间,然后让她自己安排每个"房间"都住哪些学具"小朋友",家长在一旁肯定妙妙想法好的同时再辅以建议。然后解决妙妙丢三落四的毛病。解决这个问题,一定是跟"物归原处"这个好习惯相连接的,在每天的生活中,让妙妙随处都做到这一点,当然家长也要为孩子做好示范,让孩子体会到有条不紊会令生活更方便、更轻松。在这个过程中,家长要理解孩子一时达不到要求是正常的,出现反复也是正常的。

其次,要让孩子自己的事情自己做。只有他自己收拾的书包,他才知道东西放在了哪;他自己削的铅笔,他才知道应该保护笔头;他自己整理的书桌,他才懂得什么叫整洁。有时家长看到孩子做得慢、做得糙,心里着急就会上手自己做,其实凡事都是要有个过程,所谓熟能生巧。

第三,及时了解学校的各项要求,比如,学具的准备、作息的时间等,这样可以提前有所准备,避免手忙脚乱。

当然,刚开始的手忙脚乱并不意味着"输在起跑线上",家长只要重视并及时对孩子进行指导和训练,相信情况会发生改变的。

在妙妙的案例中,我们也能看到教师的不当之处。比如,对于妙妙的情况老师没有及时与家长沟通并给予专业指导;留妙妙补作业要与家长说明情况;要给予妙妙更多的鼓励与帮助;当家长误会时,要能换位思考,心平气和地解释。作为教师要用自身的专业与敬业赢得家长的信任,这是家校沟通的基础。

资料来源　李红延.走好小学第一步[N].中国教师报,2020-12-09.

3. 知心朋友

当人需要宣泄心中的烦恼、忧愁等情绪时,通常会找最亲近的人倾诉。如果学生在遇到困难或有难言之隐时找到班主任倾吐,说明其已经把班主任当作了值得信赖的"知心朋友"。成为学生的"知心朋友",是全面地、出色地做好班主任工作的前提和基础。

做学生的"知心朋友"其实不难。只要班主任能尊重学生,"蹲下来"看学生;只要能站在学生的角度,设身处地为他们着想;只要经常跟学生推心置腹地、像朋友般地谈心,了解其学习、生活、思想的真实状况;只要在学生有困难时,主动为其出谋划策,助其一臂之力;只要遵守约定,为学生保守秘密;只要豁达大度,宽容学生,给学生认识错误、弥补过失的机会;只要多一把尺子评价学生,让学生"以长扬长"……学生就会对老师无话不谈,就会把老师真正当作"知心朋友"。

4. 班级文化设计师

班级文化对学生的教育力和影响力是无形的,也是巨大的,因此,班级管理的最高境界是文化管理,"让我们的班级富有魅力"是班主任工作的重要目标之一。所以,班主任的角色是班级文化设计师。

5. 评判者

班主任在学生心目中天然地有着较高的威信,每当低年级学生遇到无法自行解决的纠纷或发现不正当的现象时,总希望班主任给予最终的裁判。而班主任的威信也正是在这样的"裁判"中维持和巩固的。值得注意的是,班主任不能仅仅满足于做"裁判",更要予以"评说"。通过评说,引导学生认识到自己的错误,帮助学生掌握认识事物的正确思想方法,并建立正确的价值体系。

(二) 爱与严的结合

1. 真心去爱

班主任对学生的爱有很多种,不仅需要有自然的喜爱,还要有为学生成长负责的慈爱。

爱学生,首先须有一颗宽容之心。学生在成长的道路上,不可避免会遇到困难、出现失误,甚至会犯错误。班主任如果能理解这些现象都是成长的一部分,就会更平和地接受它们,在耐心细致的教育中体现自己更深厚的爱。但由于低年级学生年纪小,还不具备对成人内在情感的准确洞察力,所以,低年级班主任要更直接、明确地表达自己的情感,如关切地询问、适当地抚触等。

资料链接 8-3

家长和孩子共同"入学"

一天下午,一位一年级的班主任接到家长的电话:"老师您也不管管,我们家孩子总被同学欺负!"家长的语气非常气愤,班主任赶忙询问情况。原来,孩子回家后告诉妈妈,他被同学打了。跟学生和老师了解情况后,班主任老师回拨了家长的电话,首先说清了事情的详细经过:体育课排队时,孩子后面的同学把胳膊贴在他的后背上,孩子感觉不舒服,便用胳膊肘撞了后面的同学,这位同学便进行了回击。体育老师及时制止,两个孩子都没有受伤。"两个孩子早就和好了。"班主任告诉家长。"不只这一件事,其他同学也欺负我们孩子,孩子总说别人不跟他玩。"班主任听明白了,跟家长解释道:"这其中一定有原因,比如说,体育课的事情,我觉得应该让孩子明白:不舒服、不高兴的时候,是发泄情绪重要,还是解决问题重要;提醒后面同学退后一点,是不是比动用胳膊肘更能解决问题。孩子希望自己有好朋友,和同学相处就得互相照顾、互相容忍,遇到问题尽量用语言、表情解决。"然后针对这个孩子平时的表现,老师讲述了自己帮助他找朋友的几种方法,也给孩子妈妈提供了几条帮助孩子处理同伴关系的家庭教育建议。

孩子入学后,家庭结构和氛围也随之发生了变化。面对未知的小学生活,家长们被各种担忧困扰,有时候比孩子更加焦虑。一年级的班主任经常接到很多家长的短信或电话,内容涉及孩子打架、不适应学校生活、不好好做作业、座位安排等各种问题。在适应学校生活的过程中,学校和班主任老师要帮助不同性格、不同水平的孩子们熟悉学校生活,同时还需要引导教育观念迥异的家长们正确理解、配合学校,开展家庭教育。一般情况下,父母看到的是孩子的个体表现,感受更多的是孩子成长过程中的进步与成熟,在遇到问题时会自动地优先考虑自己的孩子。相比之下,老师看到、感受到更多的是孩子在集体中的表现,是与同龄人相比展现的特点。老师的视角,能帮助家长多方位地了解孩子;从集体出发的建议,也能引导家庭教育,帮助孩子更好地适应群体生活。

资料来源　李杜芳,吴建民. 从"小朋友"到"小学生"——北师大实验小学新生入学适应教学革新记[J]. 人民教育,2014(16):66—67.

2. 适度的严

《礼记·学记》中写道:"凡学之道,严师为难。师严然后道尊,道尊然后民知敬学。"班主任承担着教育下一代的重要社会责任,要力求实现促进学生全面、健康发展的目标,就必须在尊重和热爱学生的同时对学生严格要求。

对低年级学生来说,班主任掌握好"严""爱"的尺度更为重要。一方面,面对纯真可爱的小朋友,老师可能会心软,认为孩子还小、"听不懂道理"而疏于管理与教育;另一方面,有些班主任会因担心失去小学生的喜爱而不敢对学生提出要求;另外,有些班主任还会因缺少经验和能力而不善于严格要求学生。班主任既要做到爱得得体,也要做到严而有理、严而有度、严而有方、严而有恒。

(三)良好的沟通有助于角色的转换

1. 主动接近学生

小学生通常对班主任怀有敬畏,甚至心存戒备。班主任可在课间休息时主动与学生接近,参与他们的游戏,以营造一种轻松和谐的情境。在无所拘束的情境中,能够知道学生更真实的想法,发现学生更独特的地方,与学生建立起亲密的信任关系。

2. 有效地访谈学生

班主任同学生谈话,是取得可靠思想信息的关键环节。当面谈话,能够听话听音、察言观色,随时把握学生的情绪变化。通过访谈,可了解学生的心理、性格特点,用心寻找学生的心灵窗口,用心启迪学生广开言路,打开学生的心扉,鼓励他们向老师倾诉自己的困惑、心中的疑团,缩短师生间的心理距离,找到师生的共鸣点,增进师生的理解。

三、抓好常规教育,养成良好习惯

孩子的很多学习习惯都是在小学低年级形成的,以后如果不给予特别的教育,形成的习惯难有较大改进。因此,低年级班主任的工作重点应放在常规教育上,帮助学生养成良好的学校生活习惯。

(一)明确规章制度

一年级的小学生,刚刚从幼儿园教育进入正规的学校教育,虽然行为习惯和学习习惯都有一定的基础,但养成教育依然是教育管理的重中之重。对学生明确规章制度,是养成教育的第一步。在这个过程中,班主任要做到"三勤",即脚勤、眼勤、嘴勤。

(1)脚勤:即要经常走到班级学生中去,多与学生接触。在习惯还未养成时,要多跟班进行督促检查,随时宣传各种制度。

(2)眼勤:即要经常去观察学生的情况,以便及时掌握第一手材料,及时举例,让学生与规章制度相印证。

(3)嘴勤:即多找学生谈心,及时提醒他们;多与家长沟通,让家长了解学校的规章制度,做到家校共建,家校互动。

资料链接 8-4

完善家园校共育机制

幼儿园和小学要把家长作为重要的合作伙伴,建立有效的家园校协同沟通机制,引导家长与幼儿园和小学积极配合,共同做好衔接工作。要及时了解家长在入学准备和入学适应方面的困惑问题及意见建议,积极宣传国家和地方的有关政策要求,宣传展示幼小双向衔接的科学理念和做法,帮助家长认识过度强化知识准备、提前学习小学课程内容的危害,缓解家长的压力和焦虑,营造良好的家庭教育氛围,积极配合幼儿园和小学做好衔接。

资料来源 中华人民共和国教育部.《教育部关于大力推进幼儿园与小学科学衔接的指导意见》[EB/OL]. (2021-03-31)[2021-08-27]. http://www.moe.gov.cn/srcsite/A06/s3327/202104/t20210408_525137.html.

(二) 建立合适的评价体系

评价体系有的是学校依据学生守则、上级教育部门的规定贯彻的,有的是根据班里学生的实际情况建立的。需要强调的是,评价体系的建立和宣传过程就是一个重要的教育过程。

对于低年级学生来说,不论采取什么样的奖励都是在传达这样的信息:"你是一个好孩子!""你的努力老师看到了!"

案例 8-2

一年级评选班级"书写小明星""小小书法家"的方案

上半学期:评选班级"书写小明星"

【操作流程】

先在班中掀起争做"书写小明星"的热潮。教师严格规定写字的正确姿势:胸离桌子一拳远,眼离书本一尺远,手离笔尖一寸远。评出前 20 名,再在板报上进行宣传(展板上既有学生的书写作品,也有学生的书写姿势照片)。

【评价标准】

首先,姿势正确的同学才有资格参加评选。其次,写出的字要正确、笔画要到位,注意间架结构,不出格。从做到这两项要求的同学中选出纸面干净、字大小匀称的 20 名同学为班级的"书写小明星"。

下半学期:评选"小小书法家"

【操作流程】

在班中掀起争做"书写小明星"的热潮后,教师严格规定写字的正确姿势,并要求学生要有认真的态度。反复练习后,由学生自己挑出最满意的作业,师生共同参观、投票选出"小小书法家"。

【评价标准】

首先,写字姿势要正确;其次,写出的字要正确、规范,笔画不出格,注意间架结构;最后,纸面干净,给人美观、大方的感觉。在符合以上三条标准的同学中按师生投票的票数选出前 10 名评为"小小书法家"。

期末:书写比赛

【操作流程】

每人发一张专用田格纸,将本学期要求会写的 20 个成语各抄写一遍,要求字的大小基本一致,没有错别字,笔画到位,间架结构好。时间为 40 分钟。

【评价标准】

教师按上述要求给出等级。字完全正确、美观得 5 颗星;字正确,认真书写,间架结构较好得 4 颗星;字正确、态度好、认真完成,但间架结构不好得 3 颗星。

(三) 从细节入手

习惯的形成是一个循序渐进的过程。班主任对小学生的要求应从"小"入手,由低到高,在点滴中逐步积累,逐渐定型。具体而言,班主任要做到"五细"。

(1)"细心"。低年级的孩子遇到事情,经常不善表达,这就需要教师细心地观察,发现问题,及时处理。

(2)"细致"。孩子年龄小,行动能力差,教师在布置任务时要考虑周详,步骤衔接紧密,跨度合理。

(3)"细节"。通过细节,教师可以传达符合要求的正确行为。关注细节,教师可以了解到学生对要求的理解程度。

(4)"仔细"。仔细是一种工作态度,它保证了教育的公正性和正确性。同时,教师的仔细也会对学生的做事态度产生潜移默化的影响。

(5)"精细"。对低年级的学生,教师一定要认真对待每一件事情,耐心、持续地进行习惯的培养。

案例 8-3

我发现当我要求学生"早晨到校要读书"时,新生无法掌握具体做法,更谈不上正确去做。表现好的,笔直地坐在位置上;觉得无聊的,几个聚在一起讲话,忽然想到了,就大声向你问声:"老师好!"

就以上具体问题而言,我发现可把早读阶段再细分为几个环节:"进校—进教室—掏书—读书",在讲清每个细节的做法的基础上,进行实际演练。例如,"进教室"这一环节,可讲清"推—走—摘—放—掏—坐—读"几个动作,即进教室要轻轻地推开门,轻轻地走到座位上,慢慢地摘下书包,慢慢地放下,迅速掏出书,轻轻地坐下,打开书朗读。我还让一个孩子站到讲台上,大声读书,告诉孩子们,这就是早读。果然效果就好多了。

资料来源 许丽红.小幼衔接从细节抓起[J].福建论坛(社科教育版),2008(09):80—81.

> **思考并讨论**
> 结合这个案例,请你谈谈对"五细"的理解。

第二节 中年级学生自我管理的指导

一、中年级实施自我管理的必要性

(一)中年级学生身心发展的特点

1. 生理发育

中年级阶段的小学生进入第二次成长期,身高、体重、运动能力均有较快增长,处于一个浑身充满活力的阶段。

2. 与同伴交往

此阶段儿童与同伴的友谊进入到一个双向帮助,但还不能共同患难的阶段。他们对友谊的认识有了提高,但还具有明显的功利性特点。他们的择友标准也在发生着变化,开始在精神层面寻找朋友。儿童会经历一个不断"尝试—失败—改变—再尝试"的过程,所以情绪十分不稳定,会烦躁和彷徨。

学生们之间分化并且形成了若干个同伴团体,出现了小团体中的领袖人物,并且在同伴接纳方面逐渐表现为受欢迎、被拒绝、受忽视和有争议四种不同的社会地位。

3. 与成人交往

(1)师生之间的人际关系受到影响。小学生对老师的态度从完全崇拜到有自己的独立评价,这一转折大约出现在中年级,这是小学生的道德判断开始出现可逆性的阶段。

(2)亲子间的矛盾与代沟开始出现。二年级以前,孩子愿意将所见、所闻、所行讲给家长听,但进入中年级就开始发生变化——一部分孩子不愿意把在外面发生的事或自己经历的事告诉家长,以显示其独立的个性。而此时父母对子女的要求标准也从"听话"上升到"学习好、能力强",但对他们的照料和关注则比以前减少许多。因此,亲子之间的沟通常被忽视。

4. 自我意识

(1)中年级是小学生个体形成自信心的关键期。有的在接受别人的评价中发现自身的价值,产生兴奋感、自豪感,对自己充满信心;有的还表现出强烈的自我确定、自我主张,对自己评价偏高,甚至有时"目空一切",容易导致自负的心理。相反,有的由于成绩不良或某方面的缺失,受到班级同学的重视也不够,往往对自己评价过低,对自己失去信心。

(2) 中年级的小学生自我尊重、获取他人尊重的需要比较强烈。

(3) 中年级的小学生开始从活动的效果、动机等多方面评价自己和他人。

(4) 中年级的小学生开始学会独立地将自己与他人进行比较。

5. 自我控制

(1) 中年级的小学生情绪变化大,自我调节能力差。中年级学生由于生活经验不足,在陌生、严肃、冲突、恐怖、约束、遭受指责等情况下容易产生紧张的情绪,自我调节能力差,难以释放心理压力,便容易心情变坏。他们喜欢与伙伴共同游戏、学习,但情绪很不稳定,极易激动、冲动,常为一点小事而面红耳赤。他们情绪的变化一般都表露在外,心情的好坏大多从脸上一望便知。

(2) 中年级的小学生自制力和坚持性出现下降趋势。大约从中年级开始,学生进入少年期,此时会出现一种强烈要求独立和摆脱成人控制的欲望,因此他们的性格特征中会表现出明显的独立性。同时,随着年龄的增长,他们对外部控制的依赖性逐渐减少,但其内部的自控能力又尚未发展起来,还不能有效地调节和控制自己的日常行为。所以,学生在意志特征上表现出一种自制力和坚持性下降的趋势。

6. 学习特点

(1) 中年级的小学生开始了解学习活动的社会意义。

(2) 中年级是形象思维向抽象思维过渡的关键时期,这个时期抽象逻辑思维逐渐增强,认知活动的随意性、目的性均有明显的增长。

(二) 实施自我管理的意义

英国教育家斯宾塞(Herbert Spencer)说过:"记住你的教育目的应该是培养一个能够自治的人,而不是一个要别人来管的人。"[1]在小学中年级,教师逐步开始引导班级和学生个体学会自我管理,不仅符合他们的年龄特征——即已经有了一定的自我管理的能力,而且自我管理能力的不断完善对于班级的发展和学生个体的发展均具有重要意义。

1. 引导学生自我管理是班级组织形式的必然要求

班级组织形式下的教育教学可以提高工作效率,但其不足之处是难以顾及到集体中每一位成员的具体情况。一个由数十名学生组成的班级,仅靠班主任、任课教师等几个人的力量,是无法取得较好的管理效果的。引导全班的每一位同学,发扬主人翁精神,个个都成为班集体管理工作的积极参与者,班集体方能成为健康、完整的有机体。

---

[1] [英]赫·斯宾塞.斯宾塞教育论著选[M].胡毅,王承绪,译.北京:人民教育出版社,2005:111.

2. 引导学生自我管理可以提高其自我教育能力

从根本上说,儿童能否受到良好的教育,有内外两方面因素的影响。而引导小学生自我管理正是使其内部因素发挥积极作用的重要途径,这样可使学生在更好的环境中接受教育。

3. 引导学生自我管理可以培养其独立的个性

"独立"不仅指不依赖父母,有较强的生活自理能力,更重要的是指具有开拓创新的思维能力。在班级管理中有效地实行自我管理,有利于儿童认识自我,了解他人,明确人与人之间的合作关系,培养其独立分析问题、解决问题的能力。[①]

二、自我管理模式的构建

(一)良好的班风班貌是实施自我管理的保障

引导学生自我管理,首先应该使他们树立集体主义观念,使学生的自我管理植根于集体中,具有集体的内涵。应该说,先要搞好班级建设,自我管理才能有效开展。班级成员一方面要管理好自己;另一方面还要关心他人和集体,认识到自己是班级的一员,管理好班集体是大家的共同职责。比如,在班级中实施干部轮换制、班级岗位责任制等。

(二)在实践活动中培养自我管理的能力

1. 责任落实到人,强化自我管理

班级中的各项工作都应分配到人,责任落实到人。由于各项工作都有专人负责,因此,即使班主任不在,学生也能按部就班地正常开展工作。在此过程中,班主任并非不管,而是要仔细观察,发现其中的问题及时处理,并定期进行总结和表扬,以增强学生自我管理的积极性和自觉性。

2. 为学生搭建活动平台,提高自我管理能力

丰富多彩的活动是学生喜闻乐见的受教育方式。为了最大限度地让学生通过活动提高自我管理的能力,活动前,教师可以和学生共同拟订严密的活动计划,确保活动的顺利进行;活动中,教师在给予活动指导的同时,尽量鼓励每一位学生发挥自己的作用,使每一位学生都得到锻炼的机会;活动后,教师要注重对活动的后效管理,引导学生对活动进行总结,并提出明确要求——活动中做的,平时也应这样做,以使活动长久地发挥效能。

3. 要在学生中适时地树立典型

小学生的模仿力强,可塑性大。对他们来说,榜样的力量是无穷的,尤其是身边的典型

---

① 高瑜.浅谈小学生自我管理[J].河北教育,2005(21):38.

事例真实、直观,更能感染他们。榜样可以是一贯优秀的学生,也可以是进步较大的学生。让优秀的学生在体验成功的愉悦后再接再厉,不断奋进;让暂时落后的学生以典型为榜样,找到差距,奋起直追,不断进步。

(三)指导学生正确地评价

案例 8-4

某校为学生设立的"烦恼信箱"收到了一位四年级学生的来信。就这位同学的烦恼,学校请这个年级的其他同学来发表一下意见。

学习不好就不是好学生吗?

无敌陀螺:我是四年级的一个男生,从小到大,家里人都说我可爱、善良;妈妈的同事也夸我有礼貌、很活泼;我最喜欢的事是和同学们在社区里一起玩。虽然看着我挺高兴,但我也有一个很大的烦恼:我的学习成绩不太好,我也不知道是怎么回事。因为这个,在学校、在家里我经常挨批评,我很苦恼,难道学习不好就不是好学生了吗?

反方

冒险猎人:如果一个人学习很好,但把同学撞倒后连一声"对不起"都不说,这能算是好学生吗?

虾饺真的很好吃:所谓"好"学生就是乖巧、聪慧的学生,像老师的左右手;"坏"的学生就是好动、贪玩的学生。但如果换一个角度看,体育课上跑得快、跳得远的大多不都是那些贪玩的学生吗?

kingeagle:就我而言,我做到了学习好,但没做到为人好,因此别人就不认为我是好学生。我的一个朋友,学习不好,但为人很讲道德,因此受人喜爱,大家都觉得他是好学生。从我和我朋友的例子来看,为人要比学习成绩重要得多。为人好,善于与人交往,有事不麻烦他人;如果学习好,为人不好,很容易得罪人。所以,学习好的不一定是好学生。

怪鸡:学习好就可能骄傲,就可能以为自己比别人好很多,就会自满,还可能炫耀自己,这样就会越来越不好。

Ytlljr:好学生应该德、智、体三方面都好,而仅学习好的话,就只占了其中一样。

正方

水瓶座:学生的任务就是学习,学习好的学生自然是好学生。学习好的学生会受到老师的喜爱，会得到家长的赞许，会赢得朋友羡慕的目光。

　　猜想：你听说过学习不好当上"三好生"的例子吗？

　　细雨湿衣看不见：我不知道"无敌陀螺"的学习有多差，但我觉得你肯定是个好孩子，可如果要算好学生的话，学习不好是要"打折"的。

　　千里之外：我老爸常说："学习就是学生的主业。"你说一个医生治不了病，他能是好医生吗？

> **? 思考并讨论**
> 从以上学生的发言中，你认为小学中年级学生评价的特点是什么？

　　班主任应经常对学生的自我管理能力给予肯定，使他们不断看到自我管理的成绩。心理学研究表明，人们往往对自己可能成功的事感兴趣，而不愿去干不能成功的事情。因此，不断让孩子体验到成功的快乐是调动其积极性的最有效的手段。

　　小学中年级阶段，学生开始越来越在乎来自伙伴的评价，所以，教师要多给学生互评的机会，而且在互评的过程中，不但要给评价的标准，更重要的是引导学生如何客观、全面地评价一个人，多从动机和努力的角度去评价，不要仅以成败论英雄。

三、培养学生自我管理的同时要关注不同学生的需求

（一）学生差异变大，需求更加体现个性

　　由于中年级阶段是学生意志品质发展的低谷期，再加上知识难度的增加，学生之间的学业成绩开始出现较大差距。这个时期又是学生自信心发展的关键期，部分学习成绩好的学生在接受别人的评价中发现自身的价值，产生兴奋感、自豪感，对自己充满信心，有的甚至有时"目空一切"；相反，有的学生由于成绩不良或某方面的缺失，没有受到班级同学的重视，往往对自己评价过低，对自己失去信心。除此之外，情绪的不稳定、独立意识的增强都会使学生面临各种困惑，这就要求班主任能够关注不同学生的需要。

（二）用发展的眼光看待学生的成长

　　在实际教育工作中，一些教师会给学生贴上"好"和"差"的"标签"。这种"标签"有的是有意贴的，还有的是在不经意之间流露出来的。比如，在教学中，教师提出一个比较难的问题，自然想寻找能够顺利回答的人，于是目光会不自觉地投向成绩较好的学生那里。同样，当班主任需要学生协助工作时，也通常会不由自主地想到应把事情交给开朗、稳重的学生去做，而那些不引人注意的学生就不容易得到机会。班主任也很容易形成认识定势，比如，看

到好学生皱眉会认为他在思考问题,而看到成绩较差的同学皱眉会认为他们学不会。

学生的成长是有阶段性的。所谓的"差生",只是暂时的,而他们的"差"其实正是教师应该帮助的重点。无数的事例证明,儿时的"差"并不意味着将来的"差"。身为教师一定要用发展的眼光看待学生,要怀有一种"成长的期待"[①]。

"成长的期待"是一种智慧。智慧的教育是因材施教、因人施教、以智启智。对正在学习与成长的孩子来说,赏识是最好的教育方式。赏识孩子,并且相信孩子会一点点地进步,这是一种充满智慧的等待。

"成长的期待"需要坚持。对于正在学习与成长的孩子来说,重要的是习惯的养成以及学习思维的形成。这些需要班主任通过一次又一次的教育去发现、去感悟、去生成。班主任应坚持科学的方法,坚持良好的习惯;坚持信任,相信孩子能做好每一件事,不能因为某些因素的变化就突然否定一切,尤其是否定孩子的信心。

(三) 对学生提供及时有效的帮助

1. 为学生服务

班主任的一切施教行为要着眼于学生的长远发展和全面发展,遵循教育规律,放下架子,有坚持真理的勇气和智慧。不要总是摆出居高临下的态势,不要随意附和来自社会甚至来自学校管理人员的不正确观念或做法。

2. 为学生提供有针对性的帮助

班主任要尽可能细致地了解每个学生的具体情况,在此基础上,为每个人提供适宜的帮助。帮助的目标不能脱离实际,应是学生经过努力所能达到的。融合教育现在越来越被国家和社会关注,越来越多的特殊需要儿童能够与正常学生坐在同一间教室里学习,这就需要普通教育的老师要掌握一定的特殊教育的知识,帮助这些"随班就读"的学生适应学校生活,安心学习(结合第九章学习)。

3. 与学生交心

班主任要勇于就自己的人生态度、教育教学理念、人生阅历、生活的经验、成长的教训与学生交流,以获得学生的理解和配合;让学生从老师这面镜子中照见自己的不足,少走弯路,早日让自己成长为理智的人。

4. 遇事要同学生商量

班主任遇事要同学生商量,具体而言,教育教学内容、集体活动、比赛等都应跟学生交流,了解学生的兴趣、能力、要求,与学生一起总结、参与。在此过程中,可渗透班主任的教育思想,使学生能有一个比对、参照,以达到自觉矫正的目的。

[①] 佘承智. 师爱是一种等待[J]. 中小学心理健康教育,2008(23):37.

5. 引导家长看到孩子的变化，提供具有针对性的育儿指导

班主任对学生提供及时有效的帮助一定离不开家长的支持。中年级的很多家长一方面能看到孩子的成长变化，在生活上逐渐放手让孩子独立面对；但另一方面，在教育的方法上并没有发生改变，所以家长和孩子之间容易产生冲突。身为班主任有责任为家长提供专业的指导，做好家校共育。

案例 8-5

小志今年上小学四年级，妈妈发现之前听话懂事的儿子好像越来越不听话了：从上一年级开始，每晚吃过饭，小志就会自觉地去倒垃圾。但是现在小志倒垃圾的积极性没有那么高了，有时就算提醒了，也会磨磨蹭蹭的。从前小志对于父母的安排言听计从，现在却经常会问：为什么要这么做？甚至还会说"凭什么？"上了四年级，小志坚决不让大人接送上下学，并保证注意安全、按时到家。但是独自上下学一个月，他已经有三次因为贪玩没有按时到家的情况了，妈妈本来想收回他自己上下学这个"特权"，但是小志一再保证，请求妈妈相信他，再给他一次机会。

小志的变化令妈妈摸不着头脑，孩子大了，亲子矛盾多了，怎样认识他的变化，又应该怎样保持顺畅的沟通？

思考并讨论

如果你是小志的班主任，家长向你求助，你会如何引导家长和学生？

（答案参见李红延. 读懂十岁的孩子[N]. 中国教师报，2020-12-30.）

第三节　高年级学生的青春期前期教育

一、青春期前期教育的必要性

"青春期"这个名词来自拉丁文的"pubertas"，意思是"成人的时期"。顾名思义，它是个体从性机能迅速发展至性机能成熟的阶段，也是人生各方面变化最大的阶段。在青春期，人的变化非常快，它是一个短暂的发展阶段，与少年期至青年初期的这段时期重叠。

（一）小学高年级学生的生理变化

小学五六年级学生的生理发展可划分为三种类型：一是未进入青春期前期，他们的生理特征是男生喉头未增大，女生乳房未发育；二是处于青春期前期，他们的生理特征是男生喉头开始增大,女生乳房开始发育;三是进入青春期,以男生第一次遗精、女生月经初潮为进入青春期的标志。据统计,小学高年级中有 80% 左右的学生处于青春期前期。[①]

(二) 小学高年级学生的心理特点

1. 在社会能力方面仍处于知大于行的阶段

这一时期的学生,大脑神经高度兴奋,极易冲动,精神系统的活动具有强烈的爆发力。但由于大脑和神经系统刚刚发育到青春期,尚未完全成熟,因此他们缺乏持久力。由此可见,在这一时期加强毅力的培养和耐力的锻炼是十分必要的。

2. 独立意识渐趋强烈,并逐步确立自己的社会角色

这一阶段学生在学校常常容易以自我为中心,希望别人仰慕、关注自己;在家里,总想尽力摆脱家长的管束,对于父母的爱护与帮助不以为然,甚至采取嘲讽、讥笑的态度。在很多事情上,总愿我行我素,自作主张。而事实上,他们并不具备独立的生活能力和成熟的心理素质,因此在生活中往往容易发生一些幼稚的行为,这与他们独立意识增强带来的负效应有关。他们虽然开始有了自己的思索和追求,但往往是不切实际的,在行动中容易"碰壁"或"栽跟头"。

3. 感情丰富,易于冲动

从积极方面说,高年级学生看了好电影、听了劳模的报告,以及阅读了有积极意义的小说等后,容易受感染,激情迸发,内心产生一种不可抑制的献身精神;从消极方面看,由于他们有心理素质不成熟和感情脆弱等弱点,常常会受到外界不健康或有害思想的侵蚀与诱惑,甚至受到坏人的教唆,使其身心受到伤害,给个人、家庭和社会造成无法弥补的损失。

4. 求知欲强,兴趣广泛

在儿童期,他们的求知欲虽然也很强,但缺乏主动性,获取知识的范围和渠道主要取决于家长。从青春期前期开始,小学生已初步具备了主动探索知识的能力。面对大千世界和知识的海洋,他们对样样事物都感到新鲜,对什么都有浓厚的兴趣,这无疑对他们知识的增长是十分有利的。但是,学生的求知欲和兴趣也各不相同。

5. 心理年龄与生理年龄不同步

即将进入青春期的少男少女,生理发育上逐渐接近成年人,而由于步入社会时间短,在心理上,社会角色模糊,所以会表现出心理年龄"滞后"、与生理年龄不相适应的情况。特别是遇到突发事件时,往往准备不足,缺乏应变能力,显得手足无措。

---

① 王家齐.关于小学高年级性教育的调查与分析[J].思想·理论·教育,2003(03):52—57.

资料链接 8-5

走近国外的性教育

1. 瑞典

瑞典早在 1933 年便成立了非政府组织 PFSU,这是世界上第一个成立全国性教育组织的国家。1942 年开始对 7 岁以上的孩子进行性教育,其"早期学校性教育"是国际公认的青春期性教育成功模式之一。教师采用启发式、参与式和游戏式的方式,把教育内容重点放在恋爱、婚姻与人际关系的处理上。1966 年,针对家长难于对孩子启齿的"性"问题,瑞典又通过电视实施性教育。

瑞典性教育的经验是与孩子们交流谈论,让孩子知道"性"究竟是怎么回事。PFSU 在网上每年要回答大约一万封关于性教育问题的信件。自开展性教育以来,瑞典的性病患病率呈下降趋势;几乎没有 20 岁以下女孩怀孕生育的情况;艾滋病感染者至今只有 5132 例。

2. 荷兰

荷兰的儿童从 6 岁进小学开始就接受性知识方面的教育;性教育课与其他学科一样,没有什么特别。孩子们不仅上课,还自己做研究、写报告。在欧洲国家中,荷兰青少年怀孕率是最低的。所以专家们认为,对性有正确认识,可以帮助孩子保护自己,不至于因为一时的性冲动或对性好奇做出终生后悔的憾事。

3. 英国

英国的所有公立中小学根据"国家必修课程"的具体规定来进行性教育。英国的性教育按不同年龄划分为四个阶段:5—7 岁阶段,初步了解人体器官名称,知道人类可以孕育下一代,会区分男女身体上的异同等;8—10 岁阶段,掌握人类生命周期的主要阶段,包括生殖、生长发育等;11—13 岁阶段,懂得青春期的各种生理和心理变化,知道什么叫作月经和遗精等;14—16 岁阶段,学习生殖激素对人体的作用,了解医学上使用生殖激素来控制和提高生育力的情况和男女性别的决定因素等复杂问题。除了这些必修内容以外,学校还根据学生的特点增加有针对性的内容,如性健康、人与人之间的关系、情感释放、肢体语言等。

4. 芬兰

从 20 世纪 60 年代开始,芬兰政府就开始实施性教育计划,教育孩子建立正确的友情,从性保健的角度开展性教育。20 世纪 70 年代开始,芬兰性教育进入了中小学教学大纲,连幼儿园中也有正面的性教育图书,并建立了性教育咨询电话、儿童保护机构等,随时为青少年提供帮助。

芬兰有本性教育书——《我们的身体》,备受各国专家推崇。书中有"细胞"

> "皮肤""视觉""听觉""呼吸""骨骼""消化"等章节,家长可以像讲《一千零一夜》那样每天给孩子讲一节。对孩子的性教育就这样自然而然地开始了。
>
> 5. 泰国
>
> 艾滋病曾对泰国的经济造成极大影响,泰国为遏止少女怀孕和艾滋病问题恶化,把性教育时间提前到幼儿园——从娃娃抓起,因为三四岁的孩子不会害羞,能坦然地接受性教育。经过积极努力,泰国 21 岁男性性病感染率比以前下降了一半,艾滋病感染率比以前减少了三分之一。
>
> 资料来源 贺军成.走近国外的性教育[J].班主任,2006(01):47—48.

二、开展青春期前期教育的原则

(一)适时、适量、适度的原则

在青春期前期的性教育中,必须依据青少年身心发展渐进性的特点,既不超越,也不延缓,确定恰当的教育时机,使学生有准备,能愉快健康地走进青春期。在传授性知识时,要根据学生年龄特点和承受能力,把握分寸,防止过度,选择相匹配的教育方法,并组织灵活多样的教育和辅导形式,指导青少年形成健康的性意识。

(二)科学的原则

在对学生进行青春期前期教育时,建议把握"温、文、稳、问"的四字原则。具体是:

"温"即温暖。科学地谈"性"并不意味着专用术语、现实回放,而更应是一种温柔、自然、充满爱的态度。令人感到温暖的态度是性教育顺利推进的前提。

"文"即科学性。"科学"不仅指概念的科学,还指传授知识的方式是科学的。

"稳"指的是不能操之过急,尤其在性教育方面,必须小心翼翼。

"问"指的是要鼓励孩子发问,让孩子能和教师自然地交流。为孩子们铺设不同的交流渠道,这既是课堂的延伸,同时也是解决所谓"敏感话题"的必要手段。[①]

(三)紧密联系学生生活实际的原则

青春期前期教育有一个很显著的特点,就是要帮助学生解决生活、心理等诸方面的实际问题。所以,不能一味地讲解知识,而要通过引导和实践,让学生掌握解决问题的方法。比如,对女生可以从生理变化讲解入手,让她们学会爱惜、保护自己的身体,进而懂得如何自尊自爱。而这时的男生,随着身体不断地变得强壮,开始对"力量"着迷,觉得可以靠"力量"控

---

① 李红延.为心灵点灯[J].北京教育(普教版),2009(03):38.

制、解决事情,达到一些目的。所以在青春期,很多男孩子会因为使用不好"力量"而带来恶果。如果仅用以往的纪律强化,往往会导致孩子情绪的反弹,因此,在小学高年级引导男生对"力量"进行重新认识是非常必要的。

案例 8-6

一盏元宵灯

元宵节前夕,六年级某班要搞一个元宵节灯谜会,班干部要求每个同学做一盏花灯。小明花了两个晚上的时间,用玻璃瓶做了一盏非常精致的花灯!

第二天,小明把花灯带到学校,花灯得到了同学们的一致好评,小明把它放在了窗台上。下课的时候,小明出去玩儿,回来后却发现花灯"躺"在地上,已经被摔碎了。小明十分愤怒,他怀疑是小刚干的,但小刚不承认,结果两人产生了激烈的冲突。

班主任老师了解了事情的经过后,以"如何解决冲突"为题召开了如下的班会。

一、介绍事情的经过,回答问题

请当事人介绍事情的经过,然后所有人都把自己当成小明来回答以下问题:

1. 发生了什么事?

(1)有人摔碎了我的元宵灯;(2)我的元宵灯被摔碎了。

2. 别人为什么摔碎了你的元宵灯?

(1)嫉妒我;(2)不小心弄的;(3)想故意报复我;(4)无意中碰的。

3. 元宵灯被摔碎了,你觉得主要怪谁?

(1)怪别人动了我的灯;(2)怪我没把灯收好。

4. 你觉得摔碎灯的那个同学是怎样一个人?

(1)坏同学;(2)有些小缺点;(3)好同学。

5. 如果事情真的发生在你身上,你当时是怎样的感觉?

(1)非常伤心;(2)有点伤心;(3)没什么感觉;(4)有点气愤;(5)非常气愤。

二、分析结果

第1题选择(2)的同学,在后面的选题中选了几道深色题(深色题指的是题序号较大的题)?选(1)的同学选了几道深色题?为什么会带来这样的差异呢?

(说明事情的发展取决于你一开始对事情的判断。)

三、为愤怒寻求排解方法

1. 你当时会有什么想法?你会做什么?

（愤怒情绪状态下产生的想法会使人更愤怒，并可能引发攻击行为。当事人持续发出攻击行为的原因之一，就是心中有一套支持并鼓励攻击行为的信念与期望，如"他自找的"。因此，要学会控制想法，改变想法可能会降低愤怒的强度。）

2. 如果你越想越生气，你怎么想才能让自己不那么生气呢？

（例如：也许他不是故意的，是不小心弄的，同桌可能看错了，我应该自己弄清楚真相；如果他故意让我生气、难过，我要是真的生气了他就得逞了。）

3. 你在生气的时候身体上会有什么反应？请写在黑板上。

（生理反应，如拳头紧握、浑身发热、牙齿紧咬、呼吸急促等。当一个人被激怒时是无法采取理性的解决方式的，因为生理反应干扰了理性思考与想起其他方法的能力。一旦人能够觉察自己的生理反应，便可提醒自己平静下来，或采取解决问题的行为反应。）

当大家下次再产生类似的身体上的反应时，你就应该提醒自己平静下来，因为生气的时候人会比较冲动，经常会做出一些不理性的、让自己后悔的事情。

4. 说说你曾经在不冷静的情况下干的让你后悔的事。

四、寻求解决冲突的办法

1. 事情又接着发展下去了：过了一会儿，你同桌小声告诉你说，刚才有个同学趁你出去的时候，故意把灯碰到地上。那个同学故意破坏了你的灯，这时候你最想要做的是什么？

2. 把自己可能采取的办法写下来，小组讨论哪些方法是可取的。

3. 如果你去找那个同学吵架或打架，后果会怎样？

（冤枉对方了；没有解决问题；本来自己占理也变得没理了；事情越来越复杂；虽然自己一时痛快，但却和对方结仇了。）

4. 交流自己曾经成功解决冲突的经历。

五、总结

解决问题的方式有很多，请你在冷静的时候选择一种最有效的方式。这里有一个公式，希望对你有帮助，就是"智慧＋宽容＝解决问题"。

三、开展青春期前期教育的方法

（一）讲座

讲座是进行青春期前期教育常用的方法。讲座的好处是覆盖面广，内容具体，指向性强，信息量大；不足是缺少互动，不能照顾到个别需要。讲座的方法比较适用于知识的讲解。

（二）谈话

谈话是班主任与学生的个别谈心与交流，其优势是及时、私密、高效、灵活。这里需要强调的是，谈话绝不能是教师的"单向输出"，而应是"倾听、引导、支持"的过程。倾听，是了解的手段，更是无条件接纳的表现；引导，是帮助学生自己理清思路，寻找解决问题的方案；支持，是看到学生找到了相对正确的答案，立即表示支持，加以强化。教师要实现角色转换，坚持平等原则，尊重学生，实现师生双向沟通，共同探讨，帮助学生自己做出决定；应充分理解学生，无条件地接纳他们，真诚对待每一位学生，把学生看成一个有个人价值的人、一个有无限潜能的人、一个人格健全完善的人；教师要引导学生尽情诉说自己心中的想法，从他们的倾诉中发现问题，并在此基础上，帮助他们自己解决问题，挖掘自身的发展潜能，顺利地进入青春期。①

（三）班会

班会的优势是主题鲜明、形式活泼，学生之间可以交流、互相影响。因为涉及青春期教育问题，所以班会在设计时一定要注意科学性和形式的多样性。

案例 8-7

什么是男子汉？——五年级男生心理健康教育

课前调查表

班级：　　　　　　姓名：

请写出你的偶像：

我的偶像			
原因			

请身边的女性写写能代表男子汉的词：

妈妈			
女同学			
阿姨			

我的男子汉计划：

学识			
身体			
交往			
其他			

---

① 王家齐.关于小学高年级性教育的调查与分析[J].思想理论教育，2003(03)：52—57.

一、导入

小伙子们，让我们坐在一起，交流一下对偶像的看法。偶像的共通之处是什么？

二、身心的变化

1. 上五年级以后你感觉自己身心都有哪些变化？（个子长高了；强壮了；有劲了；不像低年级那样喜欢蹦蹦跳跳了；遇事开始考虑后果；会选择最佳的方法；喜欢张扬；更愿意表达自己的想法；渴望和成人交流。）

师：随着生理的变化，肯定会带来心理的变化。

2. 如果你有强大的力量，你会做什么？

（1）简单地理解"力量"，觉得可以靠"拳头"解决问题。

（2）产生"英雄梦"，幻想自己是武林高手，是将军、超人……

（3）对"武"的精神的追求，希望能依靠自己的力量帮助他人，实现梦想。

三、对"武"的理解

1. "武"字拆开后，是制止战争、制止暴力、制止冲动的意思。

2. 思考："武"的最高境界是什么？联系自己的实际说一说。

师：当你能够阻止自己一些不好的言行时，就是在体现"武"的精神。

四、你的"力量"都用在什么地方（助人、自我保护、服务、知识、修行）

五、再思考"男子汉"的含义

六、女性对"男子汉"的看法

1. 交流调查表。（女性对男子汉的看法是多样的：既可以是勇猛有力的，也可以是文质彬彬的，还可以是谦逊内敛的。）

2. 如何同女性交往。

七、社会对男性的要求

1. 男性在社会家庭中的作用。（战争年代冲锋陷阵，和平年代建功立业，家庭当中顶天立地。）

2. 男性更要具有责任感、使命感。（讲项羽、周恩来的故事。）

3. 立志。

八、第三次思考"什么是男子汉？"

1. 讨论：他们没有伟岸的身材、举鼎的力量，但还是不是"男子汉"？（邓小平、罗斯福、霍金。）

2. 真正的"男子汉"应是什么样的？

九、思考"我的男子汉计划"

视野扩展

1. 阅读《幼儿园教育指导纲要(试行)》和《3—6岁儿童学习与发展指南》等文件,了解幼儿教育。阅读教育部2021年发布的《幼儿园入学准备教育指导要点》和《小学入学适应教育指导要点》。

2. 阅读马克斯·范梅南、巴斯·莱维林的《儿童的秘密——秘密、隐私和自我的重新认识》(教育科学出版社2004年出版)。

3. 阅读安东尼·饶、米歇尔·西顿的《如何养育男孩:男孩应该具备的8个关键能力》(浙江人民出版社2014年出版)。

4. 了解教育部2021年发布的《生命安全与健康教育进中小学课程教材指南》的总体目标、主要内容和学段要求。

实践探究

1. 下面是对刚入学的一年级新生的采访,左右两边分别是入学两周时和六周时的采访内容,请你对比采访内容,写出你的发现。

入学两周	入学六周
• "0"我老写不漂亮,我觉得把边儿写圆一点就会好看了 • 我写字很难看,我想写好字是很难的一件事 • 有些字的发音我不对,回家爷爷会教我。我的同桌认识200个字呢 • 有时老师的话,我听不太明白 • 课太多了,我都上不过来了,幼儿园里很少上课,我想可能慢慢就好了 • 没有时间,我的钢琴作业太多了,我只能晚上看书了	• 我写字不好,我就按老师说的田字本要求和写字姿势去做,我写了很多,再和前面的比,就发现自己写好了 • 我的字总写不好,我就仔细看书上的字是怎么写的 • 我以前胆小不敢举手,我就对自己说:"我要努力,努力!" • 美术课我举手想发言,老师没叫我,我就听别人怎么说的 • 我一直有信心能得"一级棒"印章,虽然到现在还没有得到,我还有信心,一直努力 • 英语的句子我总说不好,我就回家告诉爸爸,爸爸和我一起练,我就会了

我的发现:

2. 请对当地一所小学四年级学生的课间活动内容及状况进行调查。结合所学内容,思考:在中年级游戏活动中规则的特点及作用。

3. 先阅读下面这个案例,把你的想法写下来,再阅读专家的分析,对比一下有什么不同。

案例:婷婷和小凯都是班干部,平时接触比较多,两个人都觉得在一起很高兴,会有很多共同的话题。但是渐渐班里就会有人说他俩在"谈恋爱",一开始俩人都没在意,不过到了六年级,这种情况越演越烈,甚至会有几个男生跑到婷婷面前起哄,婷婷又气又羞,可越是这样那几个男生越兴奋,最后婷婷只得哭着找老师告状。后来老师虽然批评了这几个男生,但依然会有同学拿这事跟婷婷开玩笑。现在搞得婷婷和小凯压力都很大,在班里俩人不敢来往,总像自己做错了什么事一般。两个人有说不出的别扭。

小凯除了这件事,还有一个烦恼:似乎自己在班里很不受女生欢迎,经常会有女生捉弄他,一次竟然有个女生把他的椅子撤掉,他狠狠地坐到了地上,当时周围的女生都哈哈大笑起来。小凯又气又恼,他没忍住回家跟家长说了,第二天爸爸就找到学校向老师反映。虽然老师批评了这个女生,但小凯明显感觉很多女生对他的敌意增加了。

请问如果你是婷婷和小凯的班主任,你会怎么想、怎么做呢?

我这么想、这么做:

专家分析:

进入小学高年级,孩子们的身心发育十分迅速,对于之前很多习以为常的事物开始用新的眼光进行审视,其中"交往"是最重要的"审视对象"。"婷婷和小凯"这个案例就属于"交往"这个大主题下的"异性交往"问题。那遇到这类问题教师应该怎么想、怎么做呢?

一、认识"疏远期"

低年级的小朋友站队时很自然地会拉起手,但是慢慢地大概从三年级开始,他们越来越不好意思这么做了,与之同时出现的还有一个现象是,在班里,会有人传播"谁跟谁好了呀""谁跟谁谈恋爱了呀"等类似的"流言蜚语",到了高年级这样的话题会越来越"明目张胆",而婷婷和小凯就是最典型的例子。

一些老师和家长困惑于孩子之间的"流言蜚语",觉得这是班风问题,是品行问题,而实际上,这是儿童身心发展的自然规律。儿童大约在八九岁的时候性别意识迅速发展,进入异性"疏远期"。此时,男生和女生会清晰地分成两大阵营,"两小无猜"的关系"瓦解"。但在这个时期建立的同性伙伴密切关系,有助于他们对于性别的认知、了解同性伙伴的评价与行为标准,更易在同性伙伴中感受交往的愉快与认可。"疏远期"一般持续到十三四岁,然后又进入异性"亲密期"。

"疏远期"的男女生各自进入自己的阵营,但是对于对方的阵营既充满好奇又不知所措。这时,如果有一对男女生接触频繁,其他人就会表现出很大的好奇与兴奋,其至是妒忌,他们不知该如何定义这种关系,那就从成人世界中拿来一个概念,管它叫"谈恋爱"。这时,由于当事人已对性别有了初步了解,当被别人说"谈恋爱"时,他们就会感到羞涩、窘迫和无所适从,而这种表现又会刺激到其他人,使得他们更加好奇与兴奋。

二、营造和谐的班级交往氛围

对处于"疏远期"的学生,教师和家长不要简单地贴"道德标签",要"疏"不要"堵"。比如,婷婷和小凯的老师可以在班里创造更多男女生交往的机会,更多地让男女生开展小组合作,学习对方的长处,创造和谐的交往氛围;还可以在班里开展"最受欢迎男(女)生"活动,让男女生互选,以便让他们了解来自异性的审美和评价;对于班里喜欢"八卦"其他同学的学生要进行教育,可以通过班会引导他们端正对待同学的态度,看到男女生合作带来的优势与成果。

三、给予解决问题的策略

对于困惑的"婷婷",可以结合其特点讨论一些可行的办法。比如,遇到起哄的男生,如果他们知道适可而止,那么无视对方就可以;但是如果他们不知进退,就要大声表明自己的态度,拒绝伤害。

在小学,女生相对于男生来说身心成熟更早。针对小凯的烦恼,要分清两种情况。第一种情况,女孩子对于喜欢的男生更希望能引起对方的注意,这种注意建立在"你只要有反应就好",而不会去考虑对方的感受。比如,撤掉小凯椅子的女生其实心底是喜欢他的,看到小凯摔倒也是真的开心,并不觉得自己是恶意的。第二种情况,在一些女孩子眼里,那些还没有发育起来的男生更像是"小破孩儿",所以交往简单直接。因此,教师要细致观察和分析女生与异性伙伴交往时的行为方式,鼓励她们正确表达自己的想法,做到言行得体。

小学高年级的学生在渐渐步入青春期的大门,他们想得多了,需求多了,随之苦恼也就多了:来自家长的要求高了,学习难度增加了,还有面临升学的压力……除此之外,因为"同伴"在他们心中的位置越来越高,而交往的模式还在"升级"中,所以,来自这方面的苦恼也特别多。作为班主任,要从"尊重""理解"和"包容"三个方面多引导。因为这三点是儿童奠定友谊的基石,也是这个时期交往发展的必修课。

现在我的想法和做法是:

我的思考与收获

第九章 特殊需要学生的引导

> 教育——这首先是人学。不了解孩子——不了解他的智力发展,他的思维、兴趣、爱好、才能、禀赋、倾向,就谈不上教育。[①]
>
> ——苏霍姆林斯基

学习目标

1. 理解特殊需要学生的概念及其演变过程。
2. 理解多动症、智力落后、智力超常、学习障碍、情感行为障碍学生的一般特征。
3. 初步掌握对多动症、智力落后、智力超常、学习障碍、情感行为障碍学生的引导策略。

案例 9-1

名人童年与众不同

大科学家霍金:同学打赌他永不能成才

科学家霍金小时候的学习能力似乎并不强,他很晚才学会阅读,上学后在班级里的成绩从来没有进过前一半。而且因为作业总是"很不整洁",老师们觉得他已经"无可救药"了,同学们也把他当成了嘲弄的对象。在霍金 12 岁时,班上有两个男孩子用一袋糖果打赌,说他永远不能成才。

随着年龄渐长,霍金对万事万物如何运行深感兴趣,他经常把东西拆散以追根究底,但把它们组装回去时,他却束手无策,不过他的父母并没有因此而责罚他,他的父亲甚至给他担任起数学和物理学"教练"。20 多年后,当年毫不出众的小男孩真的成了物理界的一位大师级人物。

[①] [苏]B·A·苏霍姆林斯基.育人三部曲[M].毕淑芝,等,译.北京:人民教育出版社,1998:11.

> **总统普京:"问题学生"**
>
> 俄罗斯总统普京的童年是在一个普通居民区里度过的,他从小就是个不安分的孩子,自从 5 岁那年的"五一节"偷偷溜上街以后,他就深深地被"外面的世界"吸引了。有一年冬天,他居然同几个小伙伴乘电气火车到郊外玩,并在那里过了夜。不过由于准备不够充足,他们冻坏了,也饿坏了,次日回家,普京还被父母用皮带教训了一顿。他上小学后更是为了追求"自由"常常带头上课捣乱,成了班上的"问题学生"。
>
> 资料来源　匿名.名人童年与众不同——俄总统普京曾是"问题学生"[J].科技风,2007(01):34.

? 思考并讨论

为什么当年被同学视为"永远不能成才"的霍金、不安分的"问题学生"普京能成为举世瞩目的人物呢?

第一节　儿童发展的差异性与特殊需要学生

从霍金、普京的成长经历中我们不难发现,每个孩子都会在某些方面表现出不同于他人的特点,他们对教育有着独特的需要。只有适应孩子特点的教育才是有效的教育,才能真正促进孩子的成长。

一、儿童发展的差异性及其表现

世间万物,各具特色。正是这种差异性构成了丰富多样、色彩斑斓的世界。儿童因先天素质和后天环境的不同,在发展中存在着各种差异。如性别有男、女,身材有高、矮,有的人性格开朗活泼,有的人性格内向腼腆……"世上没有两片完全相同的树叶",生活中也没有两个完全相同的人。一般来讲,儿童发展的差异主要表现在两个方面:生理差异和心理差异。

(一)生理差异

生理差异主要指儿童身体及其组成部分的形态或机能在生长发育过程中所表现出来的不同。儿童生理差异主要表现为以下几点。

(1)体形的差异,如高矮、胖瘦的差异。

(2)肢体的差异,如肢体的健全或伤残的程度会有不同。

(3) 身体各脏器及其机能的差异，如有的儿童的某一脏器发育不全或有一些病症，儿童血压、肺活量等存在差异，等等。

（二）心理差异

心理是人脑对客观现实的反映。心理差异是指儿童心理发展的时间、发展的速度、发展的类型、发展的水平等方面的差异。儿童心理差异一般表现为以下几点。

（1）精神状况的差异。如有的儿童患有儿童期精神分裂，表现出思维异常、妄想等。

（2）注意差异。儿童在注意的集中性、稳定性、注意的分配及转移等方面会表现出不同的特点，还有的儿童有注意缺陷，如多动症。

（3）认知差异。儿童在视、听、动、感、知通道上的优势不同，认知方式及类型不同，观察力、记忆力、想象力、思维能力等的发展水平不同。

（4）言语差异。如口吃、失语症等。

（5）情绪、情感差异。儿童在主导心境、情绪与情感的理解、表达与调控方面有很大不同，如有的儿童过度焦虑、抑郁。

（6）个性差异。儿童的气质类型、性格类型不同。

（7）自我意识差异。如有的儿童狂傲不羁，有的儿童自卑等。

（8）社会性差异。儿童的交往能力、社会适应能力等发展水平不同，在利他行为、攻击性行为、合作行为等方面的表现也不同。

儿童间的差异是普遍存在的。造成这种差异的原因有多种：儿童先天素质的不同；儿童后天生理发育的不同；儿童后天生活环境，如生活地域的经济文化发展状况、家庭生活条件、家庭氛围、父母的教养方式等的差异。每一个儿童在其独特的环境中，通过与环境的交互作用不断地成长、发展，表现出不同于他人的身心特征。

二、特殊需要学生

（一）特殊需要学生及其范畴

1. 特殊儿童

"特殊"是相对于"一般"而言的，是指不同寻常、不同一般。在生活中，人们常把与大多数人的特点不同的人称为"特殊的人"。在理论上，如果以任一指标对人群进行分类，最终都会遵循正态分布的规律，即绝大部分人处在中等状态，极优秀或极端差的人都很少。通常把高于或低于平均数两个标准差的称为"特殊人群"。

虽然儿童在成长和发展中会表现出自身独特的特点，但独特并不意味着特殊。特殊儿童是指在智力、感官、情绪、身体、行为或沟通能力上与正常情况有明显差异的儿童。

广义上，特殊儿童既包括发展指标低于正常的儿童，也包括发展指标高于正常的儿童。

但早期人们更多地把特殊儿童理解为残疾儿童——生理或心理上有缺陷的儿童,这是一种狭隘的理解。20世纪七八十年代,一些学者认为,每个儿童都是平等的,不应该把儿童分为有无残疾,残疾儿童分类给儿童打上了有害的"标记",仅有医学意义,对教育没有意义。他们提出用"特殊教育需要儿童"代替"特殊儿童"或"残疾儿童"的概念。

2. 特殊需要儿童

特殊需要儿童又称"特殊教育需要儿童"。这是从教和学的角度考察儿童的个别差异,在强调儿童个别差异的基础上更加关注那些与教学有关的、具有教育意义的个别差异因素,强调那些达到一定程度、引发特殊教育需要的个别差异因素。这一界定凸显了对儿童差异进行分类的教育意义。

在国际上,"特殊需要儿童"概念的提出最早源于英国。1981年英国将特殊教育定义为"对具有特殊教育需要儿童进行的教育",使特殊教育对象的主体发生了变化——特殊教育对象已不仅仅只是残疾儿童,还包括大量有学习困难的儿童。

1994年世界特殊需要教育大会召开并通过了《萨拉曼卡宣言》(以下简称"《宣言》"),《宣言》强调"学校应适合于所有的儿童,而无论这些儿童处于何种身体、智力、社会、情感、语言及其他状况。这些儿童应包括残疾儿童和天才儿童,流浪儿童与童工,边远地区及游牧民族的儿童,少数民族儿童及其他处境不利的儿童"。《宣言》发表后,"特殊需要儿童"的概念代替了"特殊儿童""残疾儿童"的概念,被世界各国普遍接受。

美国在1990年颁布的《能力缺陷者教育法》中规定,"只有当残疾的性质或严重度已达到了在正常班级教育中使用补充帮助仍不能令人满意时",学生才能被安置在特殊班或隔离的环境中。随后在1991年、1997年,美国分别将"脑外伤""自闭症"和"发展迟缓"纳入特殊教育服务对象范围之中。目前,美国普通班级中的特殊需要学生主要包括了13类,分别是:特殊学习障碍、言语或语言障碍、智力落后、情绪障碍、听觉障碍、多重残疾、肢体障碍、聋盲、视觉障碍、其他健康障碍、脑外伤、自闭症、发展迟缓,服务对象十分广泛。

资料链接 9-1

《萨拉曼卡宣言》

1994年6月7—10日,联合国教科文组织和西班牙政府在西班牙萨拉曼卡市联合召开了世界特殊需要教育大会,大会通过了《萨拉曼卡宣言:关于特殊需要教育的原则、方针和实践》和《特殊需要教育行动纲领》两份重要文件,明确提出:

- 每个儿童都有受教育的基本权利,必须给予他实现和保持可接受水平的学习之机会;
- 每个儿童都有其特性、兴趣、能力和学习需要;

- 教育制度的设计和教育计划的实施应该考虑到这些特性和需要的广泛差异；
- 有特殊教育需要的儿童必须有机会进入普通学校，而这些学校应以一种能满足其特殊需要的儿童中心教育学思想接纳他们；
- 以全纳为导向的普通学校是反对歧视态度、创造受人欢迎的社区、建立全纳社会以及实现全民教育的最有效途径；此外，普通学校应向绝大多数儿童提供一种有效的教育，提高整个教育系统的效率并最终提高其成本效益。

资料来源　赵中建.《萨拉曼卡宣言》摘录[J].全球教育展望,2005,34(02):80.

3. 特殊需要学生

特殊需要学生是指在学校中的需要特殊教育帮助的学生，即学校中的特殊需要儿童。随着教育的发展，特别是全纳教育的兴起和发展，普通学校中需要特殊帮助的学生越来越多，特殊需要学生的范畴更为广泛。主要包括：

生理特殊需要学生，如体弱多病、肥胖、遗尿症、睡眠障碍等；

注意特殊需要学生，如多动症、抽动症等；

感知发展特殊需要学生，如感觉运动统合失调、视听残疾、弱视、弱听等；

智力发展特殊需要学生，如智力超常、智力障碍等；

情绪特殊需要学生，如易怒、忧郁等；

个性特殊需要学生，如嫉妒、依赖、孤傲、自卑等；

学习特殊需要学生，如学习障碍、非智力性学业不良等；

交往特殊需要学生，如交往紧张、不合群等；

品行特殊需要学生，如说谎、攻击、偷拿、打骂行为等；

处境特殊需要学生，如单亲家庭子女、下岗工人子女、城市务工人员子女、服刑人员子女等。

> **思考并讨论**
> "特殊儿童"与"特殊需要儿童"的本质区别是什么？

（二）正确认识特殊需要学生

近年来，随着融合教育观念的普及，小学中特殊需要儿童的数量呈现增长的趋势。据教育部统计数据显示，"目前，我国特殊教育在校生为79.46万人，其中，随班就读在校生39.05

万人,约占特殊教育在校生的 49.15%"①。

班内特殊需要儿童数量越多,班级管理的难度也就越大。一些教师对特殊需要学生或声严色厉,或不闻不问,这些态度都是不正确的。作为班主任,必须正确认识和接纳特殊需要儿童。

1. 特殊需要儿童的产生是不可避免的

特殊需要儿童的特殊既不是家长的错,更不是孩子的错。儿童的发展受多种因素影响,先天的遗传素质、基因突变,后天成长中的疾病、身体损伤以及生活的物质环境、社会环境等因素都会影响儿童的身心发展,使儿童表现出与众不同的独特性,这是一种正常的现象。而把特殊需要儿童——特别是残障或心理障碍儿童——的产生归罪于家长,或认为是"前世作孽所以遭报应"等,都是迷信、缺乏科学依据的。班主任不能指责或鄙视特殊需要儿童,而应用更多的包容与爱对待这些孩子。

2. 特殊需要学生既具有一般学生的共性,又具有其特殊性

特殊需要儿童不管属于何种情况,也不论特殊情况程度的轻重,他们身心发展的基本规律仍然与普通儿童相一致,他们在很多方面和正常儿童是一样的。对绝大多数特殊需要儿童来讲,在与环境的相互作用中,他们的身体机能、心理都在不断地成熟、发展;他们与普通儿童一样是正在成长中的、具有独立人格的个体,特殊需要影响的只是其某些方面发展的速度和水平。因此,班主任要尊重特殊需要儿童,不因其生活依附于父母或学习上依附于教师而忽视孩子的主体性,任意安排孩子的活动。

但也应看到,与普通儿童相比,特殊需要儿童是有其特殊性的,特殊需要给他们带来了生活、学习上的困难,他们可能看不到、听不见、感知范围狭窄、与环境格格不入……他们需要班主任给予独特的、适合其特点的帮助。

3. 用发展的眼光看待特殊需要学生

一些特殊需要儿童在生理或心理上存在某些缺陷,其身心发展可能落后于正常儿童,但对绝大多数特殊需要儿童来说,他们是可以接受教育的。换句话讲,适合其特点、有针对性的教育可以在一定程度上促进特殊需要儿童的发展。

有些班主任老师怕麻烦,对于班内不列入班级考评的特殊需要儿童缺少指导,认为"反正已经这样了,学也学不会,自己能跟到什么程度就什么程度吧",这是缺乏责任心的表现。其实,大多数特殊需要儿童只是在某些方面存在问题,在生活中他们可以通过补偿作用或某些优于他人的心理潜能让自己适应生活,接受教育。如有阅读障碍的儿童虽然自己不能阅读书面资料,但可以通过听别人讲读来学习。班主任要细心地观察这些儿童,了解他们独特的需要,选择适合其发展水平、发展特点的教学材料及教学方法。

---

① 张烁.为了他们不失学辍学——加强残疾儿童少年义务教育阶段随班就读工作[N].人民日报,2020-06-29.

第二节　特殊需要学生的引导

在一个班级中,特殊需要学生在日常学习、活动中的表现是千差万别的。要使每一个学生在原有的水平上得到提高,就需要班主任了解他们的特殊性,并给予恰当的引导。本节主要讨论注意缺陷多动障碍学生、智力特殊需要学生、学习障碍学生、情绪/行为障碍学生的行为表现及引导。

一、注意缺陷多动障碍学生的引导

> **案例9-2**
>
> 约翰7岁,他的妈妈感到很绝望,跑来求助。"这个小孩总是在屋子里跳来跳去,撞来撞去。他一刻也不能停,总是很冲动,无法静下来听别人说话。他的生活没有什么规律而且很少睡觉。纪律对他毫无作用。"
>
> 他的老师说约翰做一件事的时候总是留意别的事情。"他在课堂上会忍不住脱口而出,时不时烦躁不安或离开座位。"尽管约翰有能力完成作业,但他却经常忘了把写作业所需的书本带回家。当他确实完成了功课时,却忘了把它放到书包里或忘了交作业。排队等候或像其他小孩一样遵守纪律对他来说是件十分困难的事。其他小孩觉得他是个"怪人",不喜欢和他一起玩。
>
> 资料来源　[美]艾里克·J·马施,大卫·A·沃尔夫.儿童异常心理学[M].孟宪璋,等,译.广州:暨南大学出版社,2004:143.

> **案例9-3**
>
> 她的学习成绩很不稳定,就数学一科来说,成绩浮动较大,常在70多分到90多分之间浮动。据她妈妈所说,她平时在家做作业的时候很少能够集中注意力,总是写一会儿作业就要离开书桌做一些别的事情。在写作业的过程中,也经常是一科作业写到一半就改写另一科,常常不能坚持完成一项任务。
>
> 老师给她讲题的时候,她总东张西望,常有各种小动作出现,如玩身边的东西等。有一次给她讲题,老师刚讲了几句,她就开始打岔,说:"老师,我要跟你说

> 件事情。"老师听她说了几句发现这件事情跟讲课内容没有关系,急忙打断她,接着讲题,这时她又突然说:"老师,你这件衣服是什么样的啊?我看看……"
>
> 另外,她在学习上经常出现马虎的错误,忘写得数、抄错数、漏写题目等问题屡见不鲜,错过的题下次再做时往往还会出现错误。

? 思考并讨论

上面案例中的两个儿童,其表现有什么共同点?

(一) 注意缺陷多动障碍及其表现

像案例中的学生这样智力正常或接近正常的,具有活动过多(部分病例无活动过多的表现)、注意力不集中、情绪不稳、冲动任性等特点,并伴有不同程度的学习困难等表现,一般可判定为注意缺陷多动障碍,一些人习惯称其为"多动症"。研究发现,注意缺陷多动障碍儿童在全球的平均患病率约为5%,我国儿童和青少年总体患病率为6.26%[1],男孩的出现率远远高于女孩。

儿童注意缺陷多动障碍是一种比较常见的儿童注意缺失障碍,其突出的特点是注意力不集中、易分散。有些孩子会像约翰那样伴有多动的症状,而有些孩子则比较安静。一般注意缺陷多动障碍儿童的主要表现有以下几个方面。

(1) 注意力不集中。这类儿童有意注意差,无意注意强,上课不专心听讲,爱走神,精神涣散,喜欢东张西望。

(2) 自控力差、缺乏时间观念和任务观念。具体表现为做作业时拖拖拉拉,没有时间观念;常常厌烦家庭作业,不愿意去完成;缺乏自制力,不能成为活动的领导者。

(3) 动作过多、过度。上课不能克制自己,经常搞小动作,甚至在教室内走动或跑出教室;双手、双脚经常乱动,一刻也不闲着;常玩自己的头发、衣角、铅笔等;上课时不能安静地坐在座位上,也不能安静地完成一项娱乐活动,在公众场合,随便奔跑,蹿上跳下;活动过多,老师和家长的劝说无济于事。

(4) 学习困难、对学习不感兴趣。他们常因注意力难集中、自控能力差而导致记忆力低下,学习成绩下降,对学习亦缺乏兴趣。

(5) 冲动、任性。这类儿童遇事不思考,上课回答问题时未等老师说完题,即脱口而出;在有组织的场合,不服管教,我行我素;经常打扰或干涉他人的休息或活动;脾气大、任性,想干什么就干什么。

---

[1] 朱琳,等.4种常见评定量表在儿童注意缺陷多动障碍诊断与随访管理中的应用[J].重庆医科大学学报.2020,45(01):32—35.

注意缺陷多动障碍儿童与一般调皮、好动儿童的行为表现是有本质区别的。突出表现在他们的不能集中自己的注意力、冲动、多动等行为是无意识、难自制的,无论何种场合都会表现出来。但一般调皮儿童是能够集中自己的注意力的,他们在自己喜欢的活动中能全神贯注、专心致志,只是在自己不感兴趣的活动中才会表现出"坐不住""冲动"的行为。一般情况下,正常儿童可以通过意志努力克制自己的冲动行为,特别是处于陌生环境或在一些重要的场合,他们都能按照家长或老师的要求较好地表现。

> **资料链接 9-2**
>
> **美国精神病协会标准:诊断注意缺陷多动障碍的核心特征**
>
> 具有以下注意缺陷症状6项(或以上)并且持续至少6个月,程度达到适应不良或与发展水平不一致:
>
> (1) 经常无法对细节给予紧密关注或在学校功课、工作或其他活动方面经常犯粗心大意的错误;
>
> (2) 经常很难对任务或游戏保持注意力;
>
> (3) 经常无法集中注意听别人对自己说话;
>
> (4) 经常无法完全听从指令或无法完成学校功课、杂务或工作任务(并非因对抗行为或不明白指令);
>
> (5) 经常很难有条理地组织和参与活动;
>
> (6) 经常逃避、不喜欢或不愿意投入需要持久脑力活动的任务(如学习任务和家庭作业);
>
> (7) 经常丢失完成任务或活动所需要的东西(如玩具、学校作业本、铅笔、书或工具);
>
> (8) 经常容易被无关的外部刺激干扰;
>
> (9) 经常忘记日常事务。
>
> 具有以下多动—冲动症状6项(或以上)并且持续至少6个月,程度达到适应不良或与发展水平不一致:
>
> **多动:**
>
> (1) 经常手脚不停地动以及坐不住;
>
> (2) 经常在教室以及其他应该保持在座位上的场合随意离开座位;
>
> (3) 经常在不恰当的场合过分地到处跑和爬;
>
> (4) 经常很难安静地玩耍和投入娱乐活动中;

(5) 经常在"忙碌中"或像"被马达驱动"一样；

(6) 经常过多地说话。

冲动：

(1) 经常脱口而出地回答还没问完的问题；

(2) 经常很难排队等候；

(3) 经常打断或打扰别人（如在谈话或游戏中插嘴）。

资料来源　[美]艾里克·J·马施，大卫·A·沃尔夫.儿童异常心理学[M].孟宪璋，等，译.广州：暨南大学出版社，2004：147.

（二）注意缺陷多动障碍的成因

目前，国内外对注意缺陷多动障碍的病因并不完全清楚，归纳起来有以下几方面。

(1) 轻微脑组织损害，包括妊娠时病毒感染、服药及早产、难产、剖腹产等多种原因所致的脑缺氧、脑损伤等；

(2) 遗传因素；

(3) 微量元素缺乏，如脑内神经递质代谢异常、糖代谢障碍等；

(4) 家庭心理因素，如家庭环境不良及教育方法不当；

(5) 有害物质中毒，如铅中毒、食物中防腐剂的侵害等。

我国传统医学则认为，先天禀赋不足、后天调养不当所致的阴阳失衡、外伤及其他因素可导致儿童出现注意缺陷多动障碍。

（三）注意缺陷多动障碍学生的引导

由于注意缺陷多动障碍儿童的智商正常，所以一般情况下他们和其他孩子一样在正常的学校环境中学习。

在班级管理中，班主任要全面观察儿童，敏锐地觉察注意缺陷多动障碍的早期警告信号，及时与家长沟通，实现早发现、早治疗。对注意缺陷多动障碍儿童的治疗一般采用药物治疗与心理治疗相结合的方法。心理治疗主要采用支持疗法、环境治疗和行为治疗等，通过自我控制训练、放松训练等帮助儿童学会自我调控。

除了配合专业机构实施药物治疗和专门的心理训练外，对待患有注意缺陷多动障碍的儿童，班主任还要做到以下几点。

(1) 明确疾病性质，宽容、理解儿童，克服粗暴、冷淡、歧视的态度，与家长相互协作，耐心而有计划地进行教育。

(2) 安排合适的学习环境。可以将这类学生的座位安排在讲台边上，便于教师随时提醒学生；或在其座位四周安排守纪律、克制力强的学生，这样一方面可减少分散其注意力的外部刺激,另一方面也可以为其提供好的榜样;尽量不要让他们坐在门口或靠窗(靠电扇、空调等)等易分散注意力的位置上。

(3) 要求适当。对这类学生的要求不能与一般学生一样,只能要求他们将行动控制在一定范围内,随后再慢慢提高要求。另外,班主任提出的要求必须非常明确、具体,尽量给出简单的指令,避免多重指令。而且对于提出的要求,要确保孩子已经清楚。

(4) 密切监控。班主任要明确这类学生是需要长期帮助的,要督促他们记下每天的作业,与家长一起帮助孩子养成一个时间段只做一件事情的习惯。测试的时候可给其提供较为充足的时间,只考察其知识水平而不是注意力,尽量帮助其减少因注意力问题而产生的学习压力。

(5) 即时反馈。对于这类学生要注意多鼓励、少批评。当学生表现出适当的行为时要及时给予表扬,教会学生进行自我激励。

(6) 满足活动和交往需要,给予宣泄的机会。针对这类儿童精力旺盛的特点,可指导他们参加跑步、踢球等体育训练,同时要教给他们与同学交往的技巧,劝止一些攻击性行为。

二、智力特殊需要学生的引导

生活中人们常说的一个人聪明与否,实质指的是一个人的智力发展水平的高低。

对于"智力"的界定,心理学界众说纷纭。有人认为它是个体有意识地以思维活动适应新环境的潜能;也有人认为它是一种学习能力;还有人认为它是判断、推理能力,或获取知识的能力;等等。早期研究者认为智力是一元的——智商高的人在任何方面都很优秀,智商低的人在各种活动中均表现不佳;而当代研究者大多认为,存在多种形式的心理能力,智力是多元的,如加德纳提出的理论、斯腾伯格(R. J. Sternberg)的智力三元论等都支持多元智力理论。

无论是一元理论还是多元理论,评价一个人智力发展水平的高低要借助智力测验。最早的智力测验工具是由法国人比奈(A. Binet)和西蒙(T. Simon)创设的比奈—西蒙智力量表。当前最流行的智力测验是韦氏智力测验。韦氏智力测验由言语量表和操作量表两个部分组成,两部分测验所得分数的总和即为一个人的智商(IQ)。在韦氏智力测验中,IQ 平均分为 100 分。由于人的智商是呈正态分布的,当把一个儿童的智商与同年龄组的平均分和标准差进行对照时,我们就可以对其智力水平进行判定。如用韦氏儿童智力测验测查儿童的智商,测得的智商平均数约为 100,标准差为 15,那么智商在 70—130 之间的儿童即为智力一般或正常的儿童;而智商低于 70 或智商高于 130 的儿童,则称为"智力特殊儿童"。一般把智商低于 70 的儿童称为"低常儿童",或"智力迟滞儿童";智商超过 130 的儿童称为"超常儿童",也称"天才儿童"。

> **资料链接 9-3**
>
> **正 态 分 布**
>
> 　　正态分布是连续随机变量概率分布的一种,自然界、人类社会、心理与教育中大量现象均按正态形式分布。正态分布的形式是对称的,对称轴是经过平均数点的垂线,平均数、众数、中数相等,左右相当距离的面积相等,y 值也相等;正态曲线下的总面积为 1,每一横坐标值对应的面积即为随机变量出现的概率。
>
> 图 9-1　正态曲线下单位标准差面积比例
>
> 资料来源　张厚粲,徐建平.现代心理与教育统计学[M].北京:北京师范大学出版社,2004:162—163.

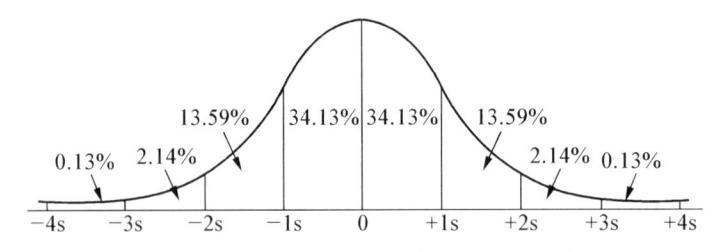

(一) 智力落后学生的引导

1. 智力落后及其表现

智力落后也称"智力迟滞""精神发育迟滞",是指儿童在智力功能和行为适应方面明显低于同龄儿童的状态。

> **资料链接 9-4**
>
> 　　美国智力落后协会(American Association on Mental Retardation,简称 AAMR)1983 年和 2002 年对智力落后的界定分别为:
>
> 　　智力落后是指一般智力功能水平明显低于平均水平,导致适应性行为缺陷的存在,并且表现于发育时期。(1983 年)
>
> 　　智力落后是一种在智力功能和适应性行为上都存在显著限制的障碍。适应性行为表现为概念的、社会的和应用性的适应性技能。智力落后发生于 18 岁之前。(2002 年)
>
> 资料来源　[美]休厄德.特殊需要儿童教育导论(第八版)[M].肖非,等,译.北京:中国轻工业出版社,2007:124—125.

> **? 思考并讨论**
> 这两种定义的相同之处和不同之处是什么？你还读出了什么？

我国按照儿童的智力发展水平将智力落后分为轻度、中度、重度和极重度四个级别。

轻度智力落后儿童的智商在55—70之间；适应行为低于一般水平；掌握相当的实用技能，如生活能自理，能承担一般的家务劳动或工作，但缺乏技巧和创造性；一般在指导下能适应社会环境，经过特别教育，可以获得一定的阅读和计算能力，对周围环境有较好的辨别能力，能比较恰当地与人交往。

中度智力落后儿童的智商在40—55之间；适应行为、实用技能不完全，阅读及计算能力较差；对周围环境的辨别能力差，能用简单的方式与人交往。

重度和极重度智力落后儿童的智商分别为25—40和25以下；这两类儿童生活基本不能自理，需要他人照顾；运动、感觉功能较差，交往能力也很差。

在我国，大多数智力落后儿童的教育安置主要是在家庭或特殊教育学校。近年在回归主流的教育思想的影响下，越来越多的轻度智力落后儿童走进普通中小学。这部分智商处在临界值（70左右）的儿童在心理和行为表现方面具有以下特征。

（1）注意力问题。他们常关注错误的事情或无法恰当地分配注意力。

（2）记忆方面存在困难。他们只能记住一些简单的内容，无法记住复杂的、需要深层次加工的内容。

（3）在自我调节方面有困难，不能有效地调节和控制自身的行动。

（4）语言发展明显落后于一般儿童。

（5）社会交往方面有问题，不会交朋友，对自我概念的感知较弱。

（6）学业成绩落后，产生习得性无助。

资料链接 9-5

习得性无助

习得性无助是指有机体经历了某种学习后，在情感、认知和行为上表现出消极的、特殊的心理状态。

"习得性无助"是美国心理学家塞利格曼（Seligman）1967年在研究动物时提出的。他用狗做了一项经典实验，起初把狗关在笼子里，只要蜂音器一响，就施以难受的电击，但狗关在笼子里逃避不了电击。多次实验后，蜂音器一响，在实

> 施电击前,先把笼门打开,此时狗不但不逃,而且不等电击出现就先倒地开始呻吟和颤抖,本来可以主动地逃避却绝望地等待痛苦的来临,这就是习得性无助。
> 　　随后的很多实验证明了这种习得性无助在人身上也会发生。

2. 智力落后的成因

智力落后通常是多种因素综合作用的结果。从生物学因素来看,染色体变异,如第 21 对染色体额外增加一条导致唐氏综合征,智力迟滞是其主要特征之一。母亲怀孕期间感染风疹、疱疹、梅毒,被过量的反射线照射,酗酒或滥用药物,都可导致儿童的智力落后。儿童大脑缺氧、脑部外伤等也可影响其智力。

从社会文化的角度来看,低收入或贫穷、不良的语言模式、社会剥夺、较低的成就需要等也可导致儿童的智力落后。

3. 智力落后学生的引导

国外近年来的研究发现,智力落后儿童的能力可以通过恰当的教育得以改善,特别是对于轻度智力落后儿童,早期干预和教育的效果更为明显。作为班主任,识别和了解这些学生的心理和行为特点,为其创设恰当的教育环境,制定促进其智力发展的个别化教育方案尤为重要。具体有如下几点。

（1）对智力落后学生要多些理解与宽容。智力落后儿童因智力功能和适应性行为水平均低于普通正常儿童,他们在学习及班集体活动中都会落后于其他同学,有时其不恰当的行为还可能会影响到班集体的荣誉。这时,班主任不能责怪这些学生,更不能因为"持有智力残疾证明者成绩不列入班内评估"而忽视这些学生;相反,应对他们多些关注,耐心、细致地指导其行为,对其点滴进步都要及时给予肯定和鼓励,帮助学生获得成功的体验。此外,班主任应教育班集体接纳、关爱智力落后学生,创设良好的班级氛围,为智力落后学生的发展创造良好的外部环境。

（2）根据每个学生的智力发展水平为其设计个别化教育方案,要求要明确具体,并且要及时评估学生的行为表现。一般地,在小学低年级,班主任要重点培养智力落后学生的准备技能,如安静地坐着、注意老师、区分信息、遵守指令、学会表达自己的想法、增强运动协调性、培养生活自理能力、学会和同学交往等;在小学中高年级,班主任要培养智力落后学生的学习能力以及作为个体独立做事的必需技能,如阅读书报、简单计算、抄写、查看电话簿、填写表格等,以后可逐渐教给学生一些基本的社会和职业生存技能。在辅导智力落后学生学习时,班主任要注意从激发兴趣入手,利用原有兴趣转移、采用多种教学方法等方式使其投身于学习活动中。

（3）在日常的学习及生活指导中,给智力落后学生的指令要简单;教他们做事时尽量采用直观方法，不仅要讲明基本程序，还要提供可参照的模板或身边的同伴榜样。班主任应创造条件，为智力落后学生提供更多的练习机会，鼓励他们表达。

> **资料链接9-6**
>
> ### 个别化教育计划
>
> 个别化教育计划（Individualized Education Program，简称IEP），是一种根据残疾儿童的身心特征和实际需要而制定的、针对每个残疾儿童实施的教育方案。它既是残疾儿童教育和身心全面发展的一个总体设想，又是对其进行特殊教育的具体实施方案。
>
> 个别化教育计划通常由一个包括了学校行政领导、心理学工作者、医生、社会工作者、特殊教育教师、正常班级教师、学生家长（或法定保护人）、学生本人和其他成员的专门小组制定。对于初次接受特殊教育的儿童，IEP小组一般在儿童入学前的一个月内为其提供一个适合其身心发展状况的个别化教育计划。以后至少每学年重拟或修订一次，直到儿童毕业离校。
>
> IEP主要包括以下几个部分：学生学业成就的现状、年度教学目标和短期教学目标、学生所需的具体教育性服务和其他有关服务、服务日期和评价标准、制定个别化教育计划的成员及签名、父母同意执行个别化教育计划的签名。
>
> 资料来源　钱志亮.特殊需要儿童咨询与教育[M].北京：北京师范大学出版社，2006：294—295.

（二）智力超常学生的引导

> **案例9-4**
>
> ### 名人童年与众不同
>
> **比尔·盖茨：9岁起就常"泡"图书馆**
>
> 从9岁起，比尔·盖茨就经常"泡"图书馆了，他花了大半年的时间将《世界图书百科全书》从头读到了尾，并因而对数学和自然科学大感兴趣。渐渐地，老师们发现盖茨与别的孩子越来越不一样，他的观察能力和组织能力出众，知道的事情特别多，特别是在写论文时，别人只能交两页，他却可以毫不费力地写满14页。

> **"股神"巴菲特：从小就对数字特别痴迷**
>
> 有"股神"美誉的巴菲特出生在美国中部内布拉斯加州的一个城市家庭。在童年时代，他就对数字特别痴迷，汽车的车牌号、每个单词在报刊上出现的次数、棒球赛比分，甚至报纸上刊载的社会名流的生死年份，都能引发他的浓烈兴趣。也许正是因为拥有这种与生俱来的天赋，在进入投资领域后，他计算投资风险和回报的本事比任何人都强。
>
> 资料来源　匿名.名人童年与众不同——俄总统普金曾是"问题学生"[J].科技风，2007(01)：34.
>
> **? 思考并讨论**
> 比尔·盖茨、巴菲特两人童年时的表现有何共同特点？

1. 智力超常及其表现

在智力特殊需要儿童群体中，除了有智力落后儿童外，还有像比尔·盖茨、巴菲特等很小就在观察、记忆、思维等方面表现出优于一般儿童特点的智力超常儿童。智力超常儿童一般是指智商在130以上、有较强的学习能力和解决问题能力或有某方面特殊才能的儿童，也称"天才儿童""英才儿童""资赋优异儿童"等。

传统意义上对超常儿童的界定主要参考智商。按照智商的正态分布曲线，这类儿童约占同龄儿童数量的1%—3%。近年来，对超常儿童的界定除考虑总体智能外，也考虑儿童在特定学业智能、创造性思维、在表演艺术上的才能以及领导力等方面的表现，这样，超常儿童的比例就远远超过3%，可达10%—15%。

研究发现，智力超常儿童一般具有这样的心理和行为特征：有旺盛的求知欲和广泛而强烈的认知兴趣，观察事物细致、准确，注意力容易集中，记忆速度快、准确而牢固，思维灵活，有创造性，不易受具体情境的限制。

2. 智力超常的原因

超常儿童被一些人称为"神童"，其实神童并不神秘，优越的自然素质是超常儿童发展的物质基础。美国心理学家特曼（L. M. Terman）的追踪研究发现，天资优秀的儿童身心发展优于一般儿童，他们开始走路和说话的时间较早，学习成绩比一般儿童好，学习兴趣广，社会智能比一般儿童强，情绪比较成熟稳定。而且，他们子女的智商也比一般人高，这说明了遗传的某些作用。

此外，早期环境对儿童智力发展也有重要影响。研究发现，人的智力发展的关键时期是小学之前，此时智力发展最快，而且对以后的发展有很大影响。教育开始得越早，儿童潜在能力得到发掘的可能就越大。我国心理学家对超常儿童的调查表明，超常儿童几乎都享有优越的早期教育条件。这说明,理想的早期教育是超常儿童成长的重要条件。

3. 智力超常学生的引导

在我国,除了极少数非常优秀的智力超常儿童在特殊学校或班级(如天才班、少年班)等接受有针对性的教育外,大多数智力超常儿童就读于普通的学校班级中。这些智力超常儿童常因其较高的智能水平而在学业或其他活动中表现出众,传统的班级授课制往往很难照顾这些孩子的特点,这在一定程度上会影响他们的发展。对这些学生,班主任有责任给予他们特殊的教育,促进他们更大的发展。在教育中,班主任要注意以下几点。

(1) 正确理解智力超常的概念,了解每个学生的智能优势。超常儿童都是智力非凡的学生,但每个人的表现可能不同,有的学生一般认知能力优异,有的学生可能拥有特殊才能。班主任只有全面了解每个学生的特点,如兴趣、爱好、记忆力、理解力、创造力、知识经验、意志品质等,才能进行有针对性的指导。每个智力超常学生都有自己的优势,也会有自己的不足,不可能十全十美。因此,班主任不能对其求全责备,而要对学生有正确的期待。

(2) 采用多种方法满足智力超常学生的学习与发展需要。在学习内容上,由于智力超常学生比大多数学生学习速度快,并能吸收和重组更多概念,因此,班主任应协同各学科教师允许这些学生按照自己的进度尽可能快地学习相关的知识,也可鼓励学生围绕所学知识对感兴趣的问题进行拓展研究。在学习方式上,教师要鼓励智力超常学生的独立学习与研究。可在教室的某个角落安排学习角,允许智力超常学生在不影响正常教学的前提下在此进行感兴趣内容的学习;也可以让这些学生到图书馆、阅览室去学习,还可以鼓励他们跨年级选择感兴趣的课程学习;此外,班主任还可以给这些学生提供与更高水平人员共同学习、研究抽象问题的机会,以促进学生创造力和发现问题、解决问题能力的发展。班主任可与智力超常学生制定契约,以培养他们的自主学习能力。

(3) 关注智力超常儿童的情感和人格发展。人们一般认为智力超常是天生的,智力超常学生可以轻松、独立地完成学业,无需教师的额外帮助。国外一些研究发现,无论种族、性别、社会经济地位等情况如何,高能力和才能出众的学生都对同样的恐惧和沮丧更加敏感。许多智力超常儿童因一直是大家夸赞的对象而在面对挫折时会产生强烈的挫败感,还有一些儿童可能会产生盲目的自信。因此,班主任在日常教育中要关注这些孩子的情感变化,引导他们正确地认识自己与环境,培养他们良好的意志品质。

资料链接 9-7

双重特殊学生的特点及其教育干预(节选)

双重特殊学生也称为"超常障碍学生"或"具有障碍的超常学生",在中国港台地区多被称为"资优障碍学生"。双重特殊学生,既在某些领域拥有超常天赋,又在某些领域伴有障碍,是超常与障碍同时存在、需要接受特殊教育支持的学生。尼尔森(Nielsen)等学者从能力水平的角度为双重特殊提出明确的定义,即具有身心障碍情况(多半为轻、中度障碍,其中又以学习障碍、沟通障碍,以及情绪障碍最为常见),同时被鉴定为具有天赋超常(智商在 130 以上),或潜在天赋超常(智商介于 120 到 129 之间)的特质,或在创造力、批判思考,以及其他学科领域有突出表现。

目前国外学者对双重特殊学生的研究主要集中于:伴有学习障碍的超常学生、有注意缺陷多动障碍的超常学生和伴有自闭症的超常学生,前两者在学校的出现率较高,是研究者关注较多的两大类,后者出现率则不断增加,近年来受到越来越多的重视。

资料来源　鲁明辉,等.双重特殊学生的特点及其教育干预[J].广西民族大学学报(哲学社会科学版).2020,42(01):209—214.

三、学习障碍学生的引导

案例 9-5

小龙是个男孩子,他上课听讲不集中,或者说不会听讲。老师讲课他不跟着老师思考,一会儿回头看别人,一会儿拿一支笔用嘴咬笔头。写作业的时候经常不会做,总是抄同桌的,尤其是数学题,抄都抄不全。例如,一道计算 204 除以 12 的题,他不仅没有抄题,竖式中连商都没抄上。

小龙的语文学习也很困难。对语文字词的抄写,他也像其他同学那样一遍一遍地抄,可就跟没过脑子一样,一到听写字词时他总是错得最多的那一个。他的作文字也写得很少,五年级了只能写几句话,而且写出的东西令人费解。有一次,教师要求根据"小喜鹊灰灰是妈妈疼爱的孩子。有一天,一场大风把小喜鹊灰灰刮到一个陌生的地方……"这段话展开想象,写一个故事。小龙是这样写的:"把喜鹊吹到一个森林找不着出口,而且喜鹊翅榜(膀)受伤了,我看见一位同学把它抱回家,把喜鹊的伤口包扎好。把它放回大自然,找到了母亲终于母子团园(圆)了。"作文只写了两句话,还有错别字。上课回答问题时小龙总是结结巴巴,无论多简单的问题从未顺利地回答出来。别看小龙学习成绩不好,可他的手工却非常棒。他用泥巴捏的小动物逼真极了,叠的纸飞机飞的时间和其他同学的相比,是最长的。

> **思考并讨论**
> 案例中的小龙是个怎样的学生?他和前面讲的智力落后学生一样吗?

(一)学习障碍及其表现

1. 学习障碍的界定

学习障碍是20世纪60年代从学习困难研究中分离出的一个新的研究领域。所谓"学习障碍"是指智力正常,甚至看上去很聪明,也无情绪方面的障碍和家庭方面的教育问题,只是在听、说、读、写、算能力的获得与运用上出现困难,并因为这些能力的落后导致学习上的失败。[①]

学习障碍与学习不用功或学习习惯不良不同。学习障碍不是学习态度和学习习惯方面的问题,它是某一特定学习能力的缺损导致的学习落后。学习障碍也并不等于智力落后。在学校中,许多智力正常甚至是优等的学生也会因学习能力的缺损而在学业方面表现较差,与其智商不相匹配。此外,学习障碍不包括因情绪障碍而导致的学习成绩下降,那些由于明显的生理残疾而导致的学习落后也不属于学习障碍。

2. 学习障碍儿童的特点

学习障碍儿童具有以下几方面的生理和心理特点:①活动量特殊。或活动过量,或过于懒散。②好动,但缺乏运动技巧。动作不协调,常显得笨手笨脚。③注意力反常。选择性注意能力、注意的集中能力、注意转移能力都比较差。④知觉异常。如无法正确抄写文字,无法辨别相似图形,字、图倒写,不易分清声母的发音等。⑤记忆缺陷。短时记忆、有意识提取能力等较差。⑥内在能力特殊。如理解力极强但空间知觉、协调能力等低下,且个体之间差异大。⑦成就低下。虽智力正常,但实际学习效果往往较差。⑧固执。不能轻易转移注意焦点,经常出现重复性行为。[②]

研究表明,大约5%—10%的中小学生属于学习障碍儿童。

3. 学习障碍的类型

一般认为,学习障碍主要表现为以下三种类型。

第一类是书写障碍。有书写障碍的儿童写作业十分粗心,经常多一撇、少一画,把答案

[①] 刘翔平,等.让学习障碍儿童突破学习困难[M].北京:中国妇女出版社,2005:1.
[②] 郑雪.小学生心理健康教育[M].广州:暨南大学出版社,2001:266—267.

抄错。有时难题可以解出来，简单的计算题却算错了。他们的眼睛似乎与别人的不一样，被称为"懒惰的眼睛"，总是漏掉许多明显的信息。这类儿童学习时对部分信息视而不见，考试时竟然可以把整道题丢掉，事后说自己没看见这道题。这种问题是儿童的视知觉的分辨力、记忆力和视—动统合能力相对落后造成的，是一种特殊的学习能力障碍。案例中小龙在数学作业中的表现就属于这种情况。

第二类是阅读障碍。阅读障碍是学习障碍中人数最多的，且男生多于女生。这类儿童往往记不住字词，听写与拼音困难，或朗读时增字减字，写作文语言比较贫乏，阅读速度特别慢，逐字地阅读。他们可能在玩下棋和电脑游戏方面头脑非常灵活，但在写作业及听讲方面表现极差。这种表现可能与左脑落后有关。案例中的小龙也表现出这种问题。

第三类是数学障碍，又叫"非语言学习障碍"。这类儿童在机械图形识别与数学任务处理方面能力落后，他们记不住人脸的形状，交往能力差，在运动和机械记忆方面有困难。这类障碍男女无差别，约 0.1%—1% 的儿童有此障碍。他们可能爱读书，也会讲故事，可逻辑思维和空间想象能力差，学习时较为刻板，不能将新学习的操作迁移到新环境中。这种表现可能与右脑落后有关。

（二）学习障碍发生的原因

从学习障碍研究的历史和现状来看，不同学科、不同时期的研究者，从不同角度揭示了学习障碍形成的原因。研究发现，学习障碍的形成是一个复杂的过程，是许多因素交互作用的结果。

有研究者认为，儿童的轻度脑损伤或轻度脑功能障碍是引起学习障碍的重要原因。20世纪 70 年代，"感觉统合功能的缺陷是学习障碍的主要原因"的观点曾流行一时，但因感觉统合治疗学习障碍的效果不理想而不久就衰落了。美国全国学习障碍委员会（National Joint Committee on Learning Disabilities，简称 NJCLD）于 1988 年在"学习障碍"的定义中指出：这些失调的原因是个体内在的，并被认为是由中枢神经系统功能失调而引起的。[1] 也有的研究者发现，一些学习障碍儿童的父母也曾有学习障碍，因而提出了遗传—素质假说，认为遗传是学习障碍的一个原因。很多学者都认为环境因素也是学习障碍的一个主要影响因素。此外，缺乏母爱、营养不良、不适当的教育方法、老师的偏见等也都是产生学习障碍的原因。

总之，内在中枢神经系统的缺陷、环境的不利影响、学校教育的误区等多种因素的交互作用共同导致了儿童学习障碍的发生。

（三）学习障碍学生的引导

（1）班主任应当了解学生的学习心理出现了什么问题，严重到什么程度。要正确对待学习障碍导致的问题，既不歧视学生，也不要对学生失去信心。

---

[1] 佟月华. 美国学习困难学生的教育对策[J]. 外国教育研究，2001(05)：28—32.

（2）寻求专业人士的帮助，为学习障碍学生设计个性化的教育方案，针对学生缺失的特殊的学习能力进行培训。如进行有关知觉—动作技能的训练、感觉统合训练、协调能力训练、松懈能力训练、听语能力训练等。班主任也可以协同学科教师在课堂教学中实施一些补救措施。学习障碍学生在阅读、书写、计算、表达等不同领域明显落后于一般学生，因此，班主任在指导中要注意给学生提供详细的指引，给学生提的问题要慢速、清晰地表达，最好能重复表达或用书面语言表述。每次给学生的要求不要太多，简单的、渐进的方法要比试图一次解决所有问题的方法更有效。在技能训练中，要尽量使训练的内容、形式富于变化，以激发学生的学习兴趣。

（3）运用计算机辅助学习阅读、拼写和数学，可以在一定程度上提高学生的早期学业和言语能力。班主任可以为这些学生提供专用的计算机及辅助程序，指导学生进行语音、词汇的辨别训练。

（4）指导学习障碍学生学会使用自我监控、自我记录、自我评价和自我强化管理等策略，强化自我控制。可以由让学生自己给自己提问题入手开始训练，帮助学生明确自己要做的事情，逐步掌握做事的方法。

> **思考并讨论**
>
> 传统意义上对学习障碍的矫治更多地采用的是"补救"的方法，近年来有学者提出了"扬长"的方式。你更赞成哪一种意见？

四、情绪/行为障碍学生的引导

> **案例9-6**
>
> 王丽自其他学校转到本校。在老师的眼中，她是一个差生。直到有一天老师收到了她母亲的一封信后，才对王丽有了新的认识。
>
> 信中说："这是王丽的第二次转学了……刚上学时的王丽也是一个积极向上、天真活泼的孩子，但第一次转学后，由于是插班生，对环境不适应，作业量大，老师要求又很严格，只要她作业没有完成或成绩不好，老师就经常批评她，同学也对她不屑一顾。从那时起她就有了一种心理障碍，怕见老师和同学……其实王丽是一个很重感情、很天真的孩子，她是多么渴望自己和别的同学一样能得到

老师的赞扬和肯定啊！但是她一次次的希望都没实现，学习成绩不好，回家还要遭到父亲的打骂……作为母亲我只能求助于老师您，希望老师再多帮助她一点，关心她一点，多一些鼓励，使她感到自己是能干的，逐步树立起对自己的信心。"

王丽智商属于中等偏低，语、数成绩在班中处于下游；身体协调能力不强，因而体育成绩不太好；唱歌时因常走调使得她认为自己五音不全；对于老师和父母的期望，她总是无法满足。时间一长，王丽觉得自己永远不可能有好的学习成绩，所以学与不学其实都是一样的。在这种心态下，她每天都是在茫然地混日子。

> **思考并讨论**
> 王丽对学习的态度及行为表现有怎样的变化轨迹和影响因素？

（一）厌学学生的引导

1. 学生厌学问题的表现

学生厌学问题的主要表现是不想学习、不爱学习、对学习没有兴趣、从内心讨厌学习。厌学的学生对学习有强烈的反感，一提到学习就心烦意乱、焦躁不安，只要不说学习，做什么都可以。由于对学习的排斥，这些学生的学习成绩都比较差，有的还兼有品德问题；学生厌学情绪严重或受到一定诱因影响时，往往会出现旷课、逃学或辍学现象。

2. 学生厌学的原因

造成学生厌学的原因有很多，主要有以下几方面。

（1）学校教育中的一些问题。一些教师缺乏先进的教育理念，不了解学生的情感需要，缺少对学生的尊重、理解，甚至讽刺、挖苦学生。学生的自尊心受到伤害是导致其厌学的重要因素。有些教师在教学中没有处理好"教"与"学"的关系，不能有效地激发学生学习的主动性、积极性，导致学生被动、机械地学习；学生学习负担重、压力大，也会产生厌学心态。另外，教师忽视学生的个别差异，对所有学生采用统一标准进行评价，且评价时只重视考试成绩，也都有可能造成学生的厌学情绪。

（2）家庭教养方式不当。例如，父母望子成龙心切，重分数而不重实际潜能的开发，甚至经常就学习问题责骂或体罚孩子，使儿童对学习产生畏惧心理和厌烦情绪。尤其是当前，许多父母都有"不让自己的孩子输在起跑线上"的想法，不顾孩子的实际情况，盲目地给孩子报名参加各种学习班，致使孩子休息时间严重不足，游戏、玩耍的时间更是少得可怜。这种不顾儿童年龄特征的教导方法直接导致一些儿童的厌学情绪。

（3）社会不良风气的影响。社会上的某些不正之风，以及媒体的一些错误的导向，是造成儿童厌学问题的社会诱因。例如，一些媒体对未接受过系统学校教育的名人过分渲染，也会使辩证思维能力还不强的小学生对学习活动产生错误认识，导致厌学。

3. 厌学学生的引导

（1）正确认识学生的厌学问题，了解学生厌学的真正原因，对症下药。要注意学生厌学问题主要是因社会病理现象引起的，学生本身无生理、心理缺陷。厌学学生表现出来的对学校的逃避不同于学校恐惧症。后者除了情绪上的恐学状态之外，还同其他生理、心理缺陷有密切联系。班主任耐心细致、有针对性的教育是可以改变学生的厌学状况的。

（2）关爱、理解厌学学生，帮助他们在学习上获得成功体验。对于一些学生来说，长期的失败体验使他们产生了习得性无助感，对学习丧失希望。如果班主任空洞地强调学习的重要性，只会令他们对自己更加失望，一味地批评也只会加重学生对学习的厌恶。对于这些学生，最重要的是点燃他们心中的希望之火。班主任应以无限的爱心关爱、理解他们，细心地观察他们在学习、生活中的表现，及时捕捉闪光之处，大力表扬、鼓励，帮助他们重拾自信。

（3）做好家长的工作。班主任应与家长一起分析孩子的优缺点，引导家长正确认识孩子的特点，适当调整对孩子的期望。另外，父母在学习上也应多关注孩子，辅导孩子进行学习，当孩子在学习上有进步时给予一定的鼓励，激发孩子的学习兴趣，恢复其学习的信心。班主任还应教育家长转变教育观念，尊重孩子的人格，抛弃简单粗暴的教育方式，通过和谐的学习型家庭氛围去熏陶孩子，通过父母自身对学习的热爱去影响孩子，帮助孩子克服厌学心态。

（二）焦虑学生的引导

案例 9-7

小晖，女，12岁，某小学六年级(5)班学生。她自尊心很强，做什么事都要争第一。由于学习踏实、认真，她的成绩在班里一直名列前茅。小晖原本是个性格温顺的孩子，但升入六年级后，家长反映她脾气越来越不好，经常莫名其妙地向家长发火。问她原因，要么爱搭不理，要么用"烦死了，别问了"做回应。本来很细心的她最近也变得丢三落四的，今天要家长送红领巾，明天又要送作业本，搞得家长也很烦。想说她几句，但看她吃饭不香、心神不宁的样子，家长又有些心疼。在学校，老师也反映她最近学习成绩有些下滑，单元检测成绩不理想，试卷中的一些错误都是不该有的，如有两道题是因为抄错数而失分，这种情况在以前是很少出现的。细心的老师还发现她在每次考试前都表现得非常紧张，总是要上厕所，考完试后特别关心成绩，总追着老师问。如果知道自己成绩不错，则一脸释然；要是成绩不好，就一副失落的神态。

> **案例 9-8**
>
> 肖利利是小学三年级学生。人长得比同龄孩子瘦小，性格内向。上学前一直由姥姥带。上学后就读于一所重点小学的重点班，他的班主任是一位以对学生管理严格而著称的骨干教师。肖利利入学以来由于老实、听话，学习态度认真，学习成绩较好，屡屡受到老师的表扬。二年级下学期的一次语文考试，肖利利因为审题不仔细，落了两道题没答，结果（用他的话说）"考砸了"。从那以后，他一听到考试就紧张，并且还添了个新病：一到考试前一两天，不是发烧就是嗓子痛。弄得肖利利的父母只好"未雨绸缪"，临考试前半个月就开始给他喝板蓝根冲剂。可无论采取什么措施，总是防不胜防，肖利利考前必发病已成规律。每一次肖利利都不肯因病弃考，结果只能带病上考场，成绩当然是一次不如一次。奇怪的是，考试一结束，肖利利的发烧、嗓子痛便不治而愈。

思考并讨论
上述两个案例中，儿童的情绪和行为有什么异同？

1. 儿童焦虑的种类及表现

焦虑是个体应对具有潜在威胁的人、物体或事件时的适应性情绪反应，主要表现为强烈的负性情绪（紧张、烦躁、恐惧等）和紧张的身体症状（哭泣、心慌、出汗、面色苍白、呼吸困难、心跳加快、失眠、疲乏、头痛等）。在生活中，适度的焦虑可以调动人的潜能，促使其更好地应对当前的挑战；但一个人若长时间处在焦虑状态，对其身心健康是有害的。

焦虑是儿童较为常见的心理问题。小学生常见的焦虑问题主要有广泛性焦虑、分离性焦虑等。

广泛性焦虑的主要表现是：长期或过度地担忧和紧张；在没有任何迹象的情况下，持续不断地预期灾难的发生，并且是恐惧性地预期，常伴有发抖、肌肉紧张、头痛、恶心等躯体症状。例如：有的儿童经常莫名其妙地担心父母发生车祸，只要有一会儿没看到父母就感觉紧张、烦躁、恐惧；有的儿童对未来的情况产生过分的不切实际的烦恼，担心自己无能力完成学业，害怕考试成绩不好被嘲笑，担心与同学相处不好会遇到困境和耻辱等，因而出现紧张、窘迫感。考试焦虑是小学生中比较常见的焦虑问题，上面两个例子都是考试焦虑的表现，但产生的原因又有不同。

分离性焦虑多见于学前儿童或小学低年级儿童，表现为与亲人分离或即将分离时出现明显的焦虑反应，表现出过度的痛苦和忧伤。如有的孩子经常做与分离有关的噩梦，并且因害怕分离而不愿上学或哭哭啼啼。

2. 儿童焦虑产生的原因

引起焦虑的原因有很多，可以从环境因素和个体因素两个方面探讨。

环境因素方面主要与家庭影响有关。研究发现，溺爱或管教过严都会导致儿童的焦虑。过于严厉的管教使儿童感受不到父母的关爱，从幼年起就失去了安全感，因而导致日后的焦虑；而父母过分溺爱，导致儿童幼稚、不成熟、缺乏独立生活的能力，这也成了日后焦虑的潜伏因素。另外，家庭中有焦虑特质的人，也会对儿童焦虑性性格的形成产生影响；学校中课业负担过重也是引起儿童焦虑的重要因素。

就个人历史原因来说，生活中所产生的一些不良的情绪体验也是导致儿童焦虑的重要原因。创伤性情绪体验是指幼童时期热衷于干某些被家长强行制止的事情并遭到恐吓或威胁，这一方面给了孩子挫折，另一方面也给了他暗示，使他觉得他所热衷的、令自己愉快的事是危险的，甚至泛化地认为凡是能引起愉快的事都是有危害的。于是，这些创伤性的情绪体验就可能引发焦虑，或是为以后的生活播下焦虑的种子。同时，学校生活过于强调竞争，教师过于严厉的管理和教育方式也容易导致儿童的焦虑。此外，儿童的一些性格特征，如敏感、多疑、胆小、任性、心胸狭窄、依赖性强、过分关心自己，也会在一定条件下引起焦虑。

3. 小学儿童焦虑问题的引导

（1）要了解儿童产生焦虑的原因，消除和处理好使之紧张焦虑的刺激因素。例如，对于案例 9-7 中的小晖，班主任可通过理性情绪行为疗法，帮助小晖改变不正确的认知——"我一定要考第一"，从而减轻孩子的焦虑。对于案例 9-8 中的肖利利，班主任应首先通过认知疗法帮助他认识自身的优势，多关心、多鼓励、多安慰，少些斥责和不满。

资料链接 9-8

理性情绪行为疗法

理性情绪行为疗法（Rational Emotive Behavior Therapy，简称 REBT）由美国心理学家艾里斯（Albert Ellis）在 20 世纪 50 年代创立，最初叫理性疗法。其基本要点是：人天生具有歪曲的非理性思考的倾向，造成心理问题的原因不是事件而是个体对事件的判断和解释；情绪障碍来自不合理的思考，进而引起自我挫败行为。理性情绪行为疗法是一种通过"驳斥"、优劣分析、劝服他人、认知重整等认知技术和无条件接纳、鼓励、会心演练等情绪技术以及增强与惩罚、技能训练等行为技术进行多角度、多层次治疗的方法。

资料来源　俞劼.班主任心理辅导基础[M].北京：教育科学出版社，2007：97.

（2）要注意培养儿童良好的性格品质。班主任要创造条件和机会，鼓励这些儿童积极参与群体活动，多和同学、伙伴交往，培养其开朗、乐观、活泼的性格。另外，也要注意给学生提供适当的困难情境，锻炼他们的意志力，培养他们勇敢、顽强、自信的意志品质和抗挫折能力。

（3）要通过自我暗示、松弛训练等方法帮助儿童战胜焦虑。还可以教给他们一些具体的放松方法。

（三）攻击性学生的引导

1. 攻击性行为及表现

> **案例9-9**
>
> 小斌，男，12岁，为家中独子，父母在市场经营杂货。小斌自小与爷爷、奶奶及父母居住。爷爷百般溺爱他，对他提出的要求尽量满足；母亲极少管教儿子；父亲脾气暴躁，文化素质低，要么袒护儿子，要么就采用打骂等简单粗暴的教育方法。
>
> 小斌从小就经常打同伴，一年级时就曾用一支铅笔插在小童肩上，导致流血，并留下疤痕。小斌在课上，不但不听课，而且还经常捣乱。例如：突然站起来学老师说话；在教室里跑来跑去，一边跑一边用文具猛击同学头部；把老师的书抛给同学；等等。
>
> 小斌经常无故打骂同学，致使同学轻则手腿被抓伤、淤肿，重则流血。全班41名学生，都曾被小斌攻击过，其中受伤的占80%。
>
> **思考并讨论**
> 案例中小斌的行为与小朋友一般在玩耍时偶尔发生的口角、争斗是否相同？

攻击性也叫"侵犯性"，指的是个体有故意侵害他人的倾向性，不仅包括外显的攻击性行为，而且包括隐性的攻击或侵犯他人的意图。在小学生中，主要的攻击性行为有横行霸道、恃强欺弱，具体有打、推、咬、撕、拧、踢其他人的身体，对人吐口水，用其他物品伤害别人，强夺别人的物品，骂人、撒谎、偷盗、破坏性恶作剧等行为。

攻击性行为分为工具性攻击行为和敌意性攻击行为。工具性攻击行为指向渴望得到的东西（如财物或权力），以伤害他人作为达到非攻击性目的的手段。而敌意性攻击行为以人为定向，旨在伤害他人（身体、情感和自尊等），以报复、支配他人等。在小学生中，主要发生的是工具性攻击行为，敌意性攻击行为相对较少。

小学阶段是儿童尝试和学习与同伴交往的重要时期，交往方式往往反映了他们对自己的认识，对与人交往的看法。如果习惯于以攻击性的方式与人交往，就可能随着年龄的增长逐渐将这种不正常的行为方式固化下来，最终会导致严重的个性偏差，这也会对其今后适应社会带来很大的困难。

2. 攻击性行为产生的原因

（1）不良的家庭教育使孩子养成自以为是、以自我为中心、处处要求别人按自己的意图做事的不良性格。在家庭中，孩子只要不如意就大发脾气，甚至打骂家长，家长非但不批评，甚至发笑或即刻满足他的要求。久而久之，儿童就形成了对所有人都采取横行霸道的行为的习惯。

（2）横行霸道或攻击性行为是从生活经验中学来的。如果一个孩子攻击或抢他人东西的时候，被欺负者只是哭着躲开，则被欺负者的退缩、谦让行为对维持其横行霸道和攻击性行为起到了重要的强化作用。相反，如果被欺负者采取对抗的攻击行动而获得了胜利，孩子就从中懂得了只有采取攻击行为才能不受欺侮，因此他们也学会了称霸或攻击行为。当幼年经常受欺侮的儿童不再甘心忍受而起来对抗时，经常会诉诸武力来威胁其他孩子。

（3）幼年生活缺乏温暖的感情和关怀。父母经常用强制或打骂的方式教育孩子，或父母一方唯我独尊，谁都要听其支配，剥夺孩子应有的一切自主权利，在这种环境下成长的孩子，可能会学习这种以控制他人来达到自己目的的行为方式，进而模仿父母的行为到外边去发泄自己的压抑，任意欺侮别人、威胁别人。

（4）现代传媒的不良影响。为了吸引青少年的注意，一些影视作品大量充斥武打、暴力等内容。小学生由于好奇、情绪发育欠成熟(崇尚体力、武力)、爱模仿、是非辨别能力弱等特点，容易学会媒体中的攻击性行为。

（5）不当的宣泄方法。孩子遭受挫折后，常常会表现出某种攻击性行为，以发泄自己的愤怒、寻求心理平衡。如果孩子平时自我感觉良好、鲁莽、冲动性大、缺乏生活经验，就会将其愤怒的情绪直接发泄到使其遭受挫折的人身上（如同学、朋友、父母等）；如果孩子平时缺乏自信心、情绪悲观、力量较弱或自制能力较弱，其攻击则通常会转嫁到其认为可以攻击的人身上（如弱小孩子、父母、自我攻击等），或以其他歪曲的形式表现出来，如吸烟、撒谎、破坏性恶作剧等。

3. 对有攻击性行为学生的引导

（1）对学生的攻击性行为进行分析，适当的自卫可予以鼓励。

（2）协同家长对儿童的日常环境进行适当的控制，尽可能减少其接触攻击性行为的机会。例如，不让学生观看武打、凶杀、暴力性的影视节目，不允许其玩暴力电子游戏等。

（3）加强对学生的交往指导，教会其发泄不满的方法。有的儿童可能是因为言语表达能力差，不善于说出自己的想法和感受，在遇到问题时习惯使用攻击性行为来发泄不满，因此，班主任可以帮助他们提高言语表达的能力，引导他们在遇到问题而心中不满的时候向班主任、家长等诉说，或者教会儿童转移注意力的方法，如在冲动的时候可以对着玩具或枕头拳打脚踢、大哭一场、大喊大叫或进行体育锻炼等。

（4）适当的处罚。即当发生攻击行为后，让其安静地在一个角落独处一阵，平静地命令他："好好想想你错在哪里。"等其安静下来之后再讲道理，并重点申明：之所以受惩罚是由于其攻击性行为。

（5）进行移情训练。让有攻击性行为的学生感受、模拟感受被攻击的痛苦，通过"移情"的方法使其感受到对方的痛苦，从而达到行为改变的目的。

（6）与家长多联系，引导家长改变不良的家庭教育方式，双方及时沟通孩子在家庭、学校的表现。

需要特别注意的是，在孩子发生攻击行为后，班主任应尽早进行教育，时间间隔越短，效果越好，而且要及时说明教育和惩罚的原因是其攻击性行为。在对学生进行教育、引导的时候，班主任要特别注意保护学生的自尊心，尽量避免在公共场合点名批评他们。这样可以维护孩子的自尊心，也能避免其他人对该学生的消极看法。在学生有了一点良好的表现后，应及时给予其表扬和鼓励。班主任最好在全班公开表扬，这样不仅更有助于改变整个集体对其的态度，也有助于消除其对班主任的敌对情绪，还可以使同伴从中学习到积极的东西。

（四）退缩学生的引导

> **案例 9-10**
>
> 鹏鹏，男，12 岁，小学六年级学生，独生子女。他成绩中等，性格内向；在校极少与人交往，从不参与集体活动，偶与同学产生摩擦，总是畏惧退让；他害怕在众人面前说话，在被叫到回答问题时总是脸红，语无伦次，手哆嗦；在家里有客人来时，他也总是躲在自己的房间里。
>
> **思考并讨论**
>
> 孩子太乖也是问题吗？有人说，小学生的退缩行为对集体或他人没有明显的危害，可以不予关注。你认为呢？

1. 退缩行为的界定

退缩行为往往表现为逃避、依赖、好哭、不爱社交、自暴自弃等。一般可以分为两种：一种是学生对与人交往根本就不感兴趣或由于焦虑、担忧等原因而不能与人交朋友，我们将此称为"交往退缩",这是一种比较典型的交往心理障碍;另一种是学生不被同伴所喜爱,与他人交往时遭到了拒绝。

小学生的退缩行为常以消极、顺从的形式表现出来,对集体或他人没有明显的危害,一般不易引起班主任的注意。但这类问题行为实际上对小学生身心的健康发展有着潜在和深刻的不良影响,不可小视。

2. 造成退缩行为的原因

造成退缩行为的原因有很多种,综合起来可归纳为以下几个方面。

(1) 婴儿期的不当抚育方式。一些研究者认为,如果人在婴儿期不能对某个亲近的人形成依恋,在性格上所留下的烙印就可能影响后来发展正常、顺利的人际关系的能力,在其后与他人的交往中可能表现出退缩行为。

(2) 不当的家庭教育方式。家长对孩子过分保护,不让孩子与小伙伴接触,害怕其与"坏孩子"来往,怕孩子受欺负,这样教育出来的孩子由于身边缺少同龄伙伴和朋友,他们能与给自己保护和支持的成年人(如班主任)很好地相处,而不会处理与同龄人的关系。过多的保护和支持使这样的孩子缺乏应付挫折和同伴间矛盾的经验,因此在交往中表现为胆小、懦弱。此外,父母对孩子教育的一致性、父母对孩子的关爱与控制程度,也会影响孩子退缩行为的表现程度。一般认为,缺少关爱且被父母控制程度高的孩子更易表现出退缩行为。

(3) 交往中的挫折感。研究发现,强烈的羞耻感往往是造成儿童在人际交往中出现退缩行为的重要原因之一。可能是因为一次事件(如有的孩子可能在幼儿园或小学低年级因尿裤子而遭到同伴们的哄笑)造成的,也可能是多次积累(如在和同伴一起玩耍时,总是落在别人后面,拖了大家的后腿)造成的。儿童为了回避心理上的不快,就会产生逃避集体场面的心理和行为。

3. 对退缩学生的引导

(1) 查找原因,根据具体问题确定适当的引导方法。对于退缩行为比较严重的学生应建议寻求专家的帮助。

(2) 引导退缩学生进行自我肯定训练,鼓励学生自由表达个人愿望并强化主动行为,这种方法对于缓解学生的退缩行为比较有效。具体步骤如下。

其一,鼓励学生发现和表达内心的愿望。小学生尚处于自我发展的自我中心阶段,缺少与人交往的经验,会认为自己的需要、想法、情绪别人都是了解的,而且和自己的了解是一样的,因此意识不到要主动将自己的内心要求表达出来。班主任应激发这类学生表达的愿望,善于倾听其心声,并帮助他们提高对自己内心的了解程度和自我表达的能力。

其二,给学生布置"作业"。要求学生在学校中对同伴、在家中向父母明确表达自己的想法和要求,并且与家长相互配合。对孩子完成"作业"的过程中做得不合适的地方给予指导和纠正,对做得好的和取得的进步及时表扬,帮助其建立和增进信心。

其三,帮助学生扩展自己的进步。当学生在自我肯定的某个"作业"中有进步之后,班主任要帮助学生将这种行为逐渐扩展到与人相处的其他方面,从而使其能够真正形成自信的交往方式。这样既能帮助学生维护自己的正当权利,又能够促进其与同伴友好相处。

(3) 帮助退缩学生通过认知重建,形成正确的自我评价。儿童的退缩行为常常源于不正确的自我评价。一方面是对自己的看法有偏差,如认为自己不够聪明、身材瘦小、学习不够好、老师不喜欢自己;另一方面是对别人怎么看自己有偏差,比如,认为别人看不起自己、对自己有敌意、不喜欢自己等。班主任要帮助学生挖掘内心深处的这类想法,分析其不合理的地方,从道理和事实多方面帮助其重新认识自我,树立信心,树立正确的自我评价,从而消除心理上的包袱,轻松地与同伴交往。

(4) 在集体活动中给退缩学生创造交往的机会。退缩学生一般在集体活动中比较消极,总是退缩在后面和角落里,不主动发言,也不愿引起别人的注意。班主任就应该去寻找这样的同学的兴趣和优势在哪里,有意地给他们创造表达和表现的机会,使他们体会到取得成功和受到表扬的积极感受,从而逐渐树立信心,从退缩的行为和思维模式中走出来,增进与同学、同伴的交往。

视野扩展

1. 学习中国特殊教育网(http://www.spe-edu.net/)中"培智教育""自闭症""优才教育"等板块的相关内容。

2. 阅读华国栋的《特殊需要儿童的心理与教育(第 2 版)》(高等教育出版社 2011 年出版)。

3. 阅读毛荣建的《特殊需要儿童的心理辅导》(东北师范大学出版社 2012 年出版)。

实践探究

1. 调查本地某一小学特殊需要学生的分布情况(特殊需要学生的表现类型、年级分布、性别分布等)。

2. 走访 1—3 位小学教师,了解其特殊学生教育观及具体的教育措施并进行评析。

我的思考与收获

第十章 班级管理评价

> 一个教育者,只有当他正确地看待善与恶,正确地评价心灵、思想、意图、志向的最细微的激情的时候,才会成为一个有理智的、善良的、永久的传播者。[①]
>
> ——苏霍姆林斯基

学习目标

1. 理解班级管理评价的意义,掌握班级管理评价的作用、原则和内容,并能据此分析案例。

2. 体会对班级、对学生的评价过程也是教育的过程。

3. 掌握有效评价班级、学生的主要方法。

案例 10-1

某班定有"班级公约"。"班级公约"第一章总则的第七条强调以"班级排行榜"作为评价学生全面发展水平的唯一标准。关于"班级排行榜",在"班级公约"第六章中有详细解释,具体如下:

第六章 班级排行榜

第二十八条 每学期开学每个学生以 100 分起计。

第二十九条 每学期最末一次排行榜的前 6 名同学获"三好学生"提名;前 15 名获"积极分子""文明学生"提名。

第三十条 排行榜每周一由班主任公布。

第三十一条 排行榜加扣分标准:

1. 加分标准:①各科测试成绩。②获奖:全国级前三名分别加 100、80、70

---

① 蔡汀,等.苏霍姆林斯基选集(五卷本)(第 2 卷)[M].北京:教育科学出版社,2001:353.

分,省市级 80、60、50 分,县级 60、40、30 分,镇校级 40、20、10 分,班级 10、7、5 分。③发表作品:全国级 80 分,省市级 60 分,县级 40 分,镇校级 20 分。④获荣誉称号每次加 5 分。⑤获队章每次加 3 分。⑥班干部每周加 3 分。⑦做好事每件加 2 分。⑧与末 5 位同学结对子每周加 3 分。⑨每承包 1 项工作每周加 3 分。⑩小组比赛获奖每个成员加 1 分。

2. 扣分标准:①得黄牌每次扣 1 分。②得红牌每次扣 2 分。③缺课每次扣 5 分。④迟到或早退每次扣 1 分。⑤讲方言每次扣 1 分。⑥骂人每次扣 2 分。⑦打架每次扣 4 分。⑧使班级扣分每次扣 5 分。⑨抄作业或不及时完成作业每次扣 2 分。⑩参与违法活动每次扣 10 分。

资料来源　薛朝阳.依法管理班级,培养学生自立[J].中小学管理,1999(01):5—6.

思考并讨论

如果你是该班学生,你对这种评价方式持何种态度?

第一节　班级管理评价概述

所谓"班级管理评价",这里专指班主任在班级管理过程中对学生的评价。它是指班主任为促进学生全面、健康地发展,在系统、全面、准确地搜集、整理、分析学生发展过程与发展状况信息的基础上,对该阶段学生德、智、体、美、劳全方面素质做出综合判断的过程。

正确地评价学生是班主任班级管理工作中的一项重要任务,它在很大程度上影响着学生的发展,同时也是保证班主任工作顺利开展的关键。

一、班级管理评价的作用

案例 10-2

黑格尔毕业文凭上的评语

1793 年,23 岁的黑格尔从图宾根神学院毕业了。神学院在他的毕业文凭上写了评语:"健康状况不佳,中等身材。不善辞令,沉默寡言。天赋高,判断力健全,记忆力强。文字通顺。作风正派。有时不太用功。体质一般。神学有成绩,虽然定式讲道不无热情,但看来不是一名优秀的传教士。语言知识丰富,哲学上十分努力。"正是因为这段评语,使受家庭影响原本打算毕业后从事当时颇受人尊敬的牧师职业的黑格尔毅然决定扬长避短,改行从事哲学研究工作,创立了完整的、庞大的客观唯心主义体系,成为哲学史上的一代巨人。

资料来源　陈木.对黑格尔的评语与干部考察材料[J].领导科学,2000(12):32.

(一)激励—导向作用

班主任对学生的评价是依据一定的标准和最终所要完成的目标进行的价值判断,通过评价,能引导学生的行为朝着正确的方向发展。这对于小学生而言尤其重要。

皮亚杰在《儿童的道德发展》一书中指出,5岁左右的儿童常常把教师、父母等长辈的话作为行动标准,认为规则代表着权威和神圣,是不可怀疑的、固定不变的。皮亚杰称这一阶段为"他律道德"阶段。9—12岁左右,儿童开始认识到社会规则不是固定不变的,是一种可以改变的社会契约,判断他人行为时开始考虑动机与情感问题,不再以成人的判断为标准,这一时期为"自律道德"阶段。而在由"他律道德"向"自律道德"转化的过程中,即儿童对社会规范的学习和内化过程中,必须以一定的权威作为中介媒体,再逐步摆脱权威,形成道德自我。初入学的小学生正处于"他律道德"阶段,还没有形成对事和人合理评价判断的能力;而整个小学阶段恰恰处于由"他律道德"向"自律道德"转化的阶段,所以来自成人的权威判断至关重要。

班主任对学生的评价,一方面可以使小学生学会根据标准和目标来评价自己和他人,另一方面可以使小学生了解自己是否达到目标,行为是否合乎规范等。这无疑对小学生的行为起着导向作用。而童年时期来自成人的积极、客观、公正的评价能使小学生正确地了解自己,不自大、不自卑,有利于小学生形成健康积极的个性。

(二)反馈—调节作用

班主任对学生的评价对于师生双方都有反馈—调节作用。对班主任而言,在评价学生的过程中,不仅可以全面综合地了解学生,更能进一步了解影响学生的各种因素,从而及时、明确地调整班级管理目标、管理内容和方法,以提高管理水平;对学生而言,教师的评价能使他们明确自己在各方面表现出来的长处和不足,并及时调节、矫正自己的行为。小学生因为年龄小,道德认识的发展不完善,是非分辨力差,班主任的评价可以为小学生了解自我、矫正自身行为提供参照。

(三)沟通—互信作用

小学生对他们最尊敬的班主任是否关注自己、如何评价自己十分期待与敏感,而小学班主任的工作繁复、琐碎,要和班里几十位学生都达到深入沟通,显而易见是十分困难的。因此,班主任可以借助对小学生的评价弥补这一不足。小学生在看到班主任详细中肯、有针对性的评价时,不仅能了解自己的表现,更能感受到班主任对自己的关注、期待,从而更加喜爱、信任班主任,大大拉近师生之间的距离,这又会给班主任开展班级工作带来极大便利,实为"双赢"。

这种沟通作用还发生于班主任与小学生家长之间。因为教师、家长双方工作繁忙,见面交谈机会少,通过班主任的评价,家长可以了解孩子在校内的表现与今后的努力方向,积极与学校、教师配合,真正做到家校协作,确保孩子的健康成长。

资料链接 10-1

罗森塔尔效应

罗森塔尔(Robert Rosenthal)是美国心理学家。1968年他和助手做了一个著名的实验。他们来到一所小学,声称要进行一个"未来发展趋势测验",并煞有介事地以赞赏的口吻将一份"最有发展前途者"的名单交给了校长和相关教师,叮嘱他们务必要保密,以免影响实验的正确性。其实名单上的学生是随机挑选出来的。但8个月后,奇迹出现了:凡是上了名单的学生,个个成绩都有了较大的进步,且各方面都很优秀。

显然,罗森塔尔的"权威性谎言"对教师产生了暗示,左右了教师对名单上学生的能力的评价;而教师又通过情绪、语言和行为将其"真诚的期待"传递给了学生,使这些学生变得更加自尊、自信和自强,从而各方面取得了异乎寻常的进步。这种因教师暗含期待而对学生产生潜移默化的影响,从而使学生取得教师所期望的进步的现象叫作"罗森塔尔效应",亦称"期望效应"。

罗森塔尔的这个实验是受希腊神话的启发。远古时期,塞浦路斯国王皮格马利翁性情孤僻,但善雕刻。他用象牙雕刻了一座表现他理想中女性的美女像,久久依伴,竟对自己的作品产生了爱慕之情。他祈求爱神阿佛罗狄忒赋予雕像以生命,爱神为他的真诚爱情所感动,就使这座美女雕像活了起来。皮格马利翁遂娶她为妻。因此,"罗森塔尔效应"也被称为"皮格马利翁效应"。

详细内容请阅读 [美]罗森塔尔,雅各布森.课堂中的皮格马利翁——教师期望与学生智力发展(第3版)[M].唐晓杰,崔允漷,译.北京:人民教育出版社,2020。

二、班级管理评价的内容

20世纪90年代以来,随着素质教育的推行,我国学生评价的内容和范围日益拓宽,越来越注重对学生全面发展的评价。2002年颁布的《教育部关于积极推进中小学评价与考试制度改革的通知》(以下简称《评考改革通知》)强调"中小学评价与考试制度改革,要全面贯彻党的教育方针,从德、智、体、美等方面综合评价学生的发展,培养学生热爱党、热爱社会主义、热爱祖国、诚实守信、助人为乐的高尚道德品质,终身学习的愿望和能力,健壮的体魄,良好的心理素质以及健康的审美情趣","评价的内容要多元,既要重视学生的学习成绩,也要重视学生的思想品德以及多方面潜能的发展,注重学生的创新能力和实践能力",明确提出了七大方面学生"基础性发展目标"。

2013年颁布的《教育部关于推进中小学教育质量综合评价改革的意见》(以下简称《综合评价改革意见》)再次强调:"推进中小学教育质量综合评价改革,是推动中小学全面贯彻党的教育方针、全面实施素质教育、落实立德树人根本任务的重要举措,是引导社会和家长树立科学的教育质量观、营造良好育人环境的迫切需要,是基本实现教育现代化、加强和改进教育宏观管理的必然要求。"构建了包含品德发展水平、学业发展水平、身心发展水平、兴趣特长养成、学业负担状况五个方面评价内容、二十个关键指标的"中小学教育质量综合评价指标框架(试行)"。

2021年,教育部等六部门印发《义务教育质量评价指南》,形成了包含县域质量评价、学校办学质量评价和学生发展质量评价三个层面且各有侧重、相互衔接、内在统一的义务教育质量评价体系。其中的"学生发展质量评价"包含五项重点内容、十二个关键指标和二十七个考查要点。以上关于学生发展质量评价的具体内容详见表10-1。

作为对班级学生"全面负责"的班主任,承担着对本班学生实施和组织实施综合素质发展评价的任务。班主任的评价工作要顺应国家评价改革的导向,展示评价改革的理念,依据最新的学生发展质量评价内容、具体指标和考查要点进行。

表10-1 学生发展质量评价内容与指标

《评考改革通知》(2002)学生"基础性发展目标"	《综合评价改革意见》(2013)		《义务教育质量评价指南》(2021)"学生发展质量评价"	
	评价内容	关键指标	重点内容	关键指标
道德品质	品德发展水平	行为习惯 公民素养 人格品质 理想信念	品德发展	理想信念 社会责任 行为习惯
公共素养	学业发展水平	知识技能 学科思想方法 实践能力 创新意识	学业发展	学习习惯 创新精神 学业水平

(续表)

《评考改革通知》(2002) 学生"基础性发展目标"	《综合评价改革意见》(2013)		《义务教育质量评价指南》(2021) "学生发展质量评价"	
	评价内容	关键指标	重点内容	关键指标
学习能力	身心发展水平	身体形态机能 健康生活方式 审美修养 情绪行为调控 人际沟通	身心发展	健康生活 身心素质
交流与合作能力	兴趣特长养成	好奇心、求知欲 爱好特长 潜能发展	审美素养	美育实践 感受表达
运动与健康	学业负担状况	学习时间 课业质量 课业难度 学习压力	劳动与社会实践	劳动习惯 社会体验
审美与表现				
学科学习评价				

> **? 思考并讨论**
>
> 以上三个文件中,关于学生发展质量评价的内容与指标有哪些变化?

三、班级管理评价的类型

(一) 学生自我评价与他人评价

以参与评价的主体划分,班级管理评价可分为学生自我评价与他人评价。学生是发展的主体,学生的自我评价过程也是促进学生自我认识能力和自我教育能力提高的过程。他人评价也称外部评价。对于某个学生而言,班主任、各位任课教师、同学、家长等都属于"他人"。除班主任之外,多元、其余"他人"也都从某个侧面、在一定程度上了解学生的情况,他们的评价有助于学生更全面、多元、客观地认识自己。

班主任不仅要对学生的全面发展直接予以评价,还要组织学生进行自评、学生之间互评以及发动家长开展评价、整合各学科教师的评价结果。班主任在对学生进行评价和组织学生评价工作的过程中,要充分考虑小学生(特别是低年级小学生)自我意识的发展特点,既要客观、真实,更要注重鼓励,以增强学生的自信。

案例 10-3

五年级第一学期期末评价表

姓名：_____ 学号：_____

评价人	优 点	改 进
自评	1. 2.	
同桌评	1. 2.	
小组评	1. 2.	
责任班长		

资料来源　北京市海淀区上地实验小学王海月。

此案例中的追踪式评价表打破了教师一元评价的现状，引导学生在集体中相互促进、共同成长。评价表中的评价人包括：本人、同桌、小组成员、组长、责任班长，评价结果更全面、更客观。评价内容又分为两个栏目：两个优点和需要改进的一处，使学生更容易接受别人的建议。每学期完成评价表填写后，学生竖看评价表，从自己的评价到责任班长的评价，体会不同视角下的自己，再横看评价表，圈出自己最大的、最多人提及的优点和最亟须完善之处，发现自己完美和不完美的地方，在悦纳自己的基础上找到自己的最近发展区。在接下来的学期评价中，各个评价人在填写时都会参考前一次需要改进之处，评价表进而变为了学生成长的记录，以及一种对学生完善自我过程的追踪。追踪式评价表的使用使班集体愈加规范、优秀，也让个人得以在集体中悦纳、发展、完善自我。

（二）相对评价与绝对评价

按照评价的基准，班级管理评价可分为相对评价和绝对评价。相对评价是指将某个学生的状况与其自身原有发展状况进行纵向对比，或者将其与其他学生进行横向比较的方法。其中前者也被称为个体内差异评价或增值评价。班主任要多对学生或引导学生进行纵向比较，即突出学生的努力程度和进步程度，而少做学生之间的横向比较。绝对评价则是指将学生与预先确定的某个客观标准（如学生发展质量评价的关键指标和考查要点）进行比较，判断其达到标准程度的方法。

(三) 特色评价与综合评价

根据评价的内容，班级管理评价可分为特色评价与综合评价。特色评价是指对学生的某个侧面、突出特性进行的评价；而综合评价则是指对学生的德、智、体、美、劳全方面发展进行完整性的、系统性的评价。班主任在评价每一个学生时都要注意兼顾二者。

(四) 定量评价与定性评价

依据评价的方法，班级管理评价可分为定量评价和定性评价。定量评价是指用数据（如分数、等级）反映学生发展状况的方法。定性评价则是用语言文字的方式（如评语）对学生的发展状态和发展过程进行描述性评价的方法。学生发展质量评价通常需要定量与定性评价相结合。

(五) 诊断性评价、过程性评价与终结性评价

依据评价的时间和作用，班级管理评价可分为诊断性评价、过程性评价和终结性评价。诊断性评价是指班主任在对学生采取教育措施之前，为使教育能更有针对性、更有效，对学生的现状、问题及原因进行的评判；过程性评价也叫形成性评价，是指侧重于关注学生成长的过程、阶段性地承前启后所开展的评价；终结性评价是指在学期末，班主任对一个学期以来学生的各方面发展做出的综合性评判。

(六) 线下评价和线上评价

依据评价结果的载体，班级管理评价可分为线下评价和线上评价。传统的学生发展评价均为线下评价，即依赖班主任和其他评价者手工记录学生成长的种种表现、书写评价结果。随着一些区域或者学校开发的、基于计算机终端或手机终端的学生综合素质评价平台的建立，线上评价及其导出的评价报告逐渐成为一种主要方式和评价载体。线上评价仍体现了评价主体的多元化、过程性评价与终结性评价的结合、定量评价与定性评价的结合。线上评价在一定程度上减轻了班主任组织、实施学生评价的工作量，但是班主任对学生发展表现的日积月累、组织实施中的正确导向对于发挥评价的教育作用仍是十分重要的。

四、班级管理评价的原则

(一) 发展性原则

《基础教育课程改革纲要（试行）》强调："建立促进学生全面发展的评价体系。评价不仅要关注学生的学业成绩，而且要发现和发展学生多方面的潜能，了解学生发展中的需求，帮助学生认识自我，建立自信。发挥评价的教育功能，促进学生在原有水平上的发展。"

发展性原则强调班主任要以发展的眼光看待、评价学生，同时应通过评价帮助学生正确认识自我，激发其进一步发展的自信。在评价学生时，班主任既要考虑学生的过去，又要重

视学生的现在,更要着眼于学生的未来,即要注重学生的纵向提高,及时肯定学生的成绩,把学生的缺点和错误看作其成长过程中正常的、暂时的、有待克服的现象,引导学生认识自己的发展潜力,防止过多地横向比较造成的伤害。

小学生正处于人生初期的发展阶段,可塑性很强,通过发展性评价促进学生健康成长是必要且可能的。

(二) 全面性原则

我国的教育目的是培养德、智、体、美、劳全面发展的社会主义建设者和接班人。全面性评价原则即强调班主任应从这一目的出发,全面关注学生品德发展、学业发展、身心发展、审美素养、劳动与社会实践等各方面的发展状况,防止以单一的学科考试成绩代替对学生的全面评价的倾向。

全面性评价原则还意味着班主任应辩证地评价学生,不仅听其言还要观其行。特别是不能对优等生只看优点而不看缺点,而对"差生"只见缺点、不见优点。

(三) 针对性原则

针对性原则即要求班主任在评价学生时应针对学生的实际,在考虑发展性的同时兼顾准确性,在考虑全面性的同时兼顾差异性。对小学生进行评价时,要针对以下三种差异。

(1) 小学生与其他阶段学生的差异。小学生年龄小,知识经验少,领悟能力低。所以,评价用语要简单准确,所提要求要切实可行,不能超出小学生的能力范围。

(2) 不同年级小学生之间的差异。小学低、中、高年级的学生之间年龄差别不大,但各方面的发展差异较大,因此,评价标准要随之变化。

(3) 小学生个体之间的差异。班主任按同一标准考查全班同学时,也要根据每个学生的性格、兴趣爱好、能力特点做出明确的评价,使每个学生不仅能认识到自己的优势与劣势,明确发展方向,更能体会到班主任对他的特殊关注与期待。

资料链接 10-2

小学生行为习惯评价表(低年级)

注:三颗"☆"表示"好",两颗"☆"表示"较好",一颗"☆"表示"要努力"

	内　容	本人	同学	家长	老师
在家做好孩子	听从父母的教导,关心父母家人		—		—
	学会收拾好自己的物品,初步养成良好的作息习惯		—		—
	到别人家要做文明的小客人,接待客人要做热情的小主人		—		—

(续表)

	内　容	本人	同学	家长	老师
在学校做好学生	尊敬老师和同学，主动问好			—	
	能够和同学友好相处，懂得谦让，学会互相帮助，不拿别人的东西			—	
	要做到按时上课，珍惜时间，专心听讲			—	
	养成认真完成作业的习惯			—	
	做好个人和班级卫生，积极参加体育锻炼			—	
	在校园里不追跑打闹			—	
	能正确地排队走路			—	
	自觉遵守学校纪律，心中有集体			—	
在社会上做好公民	尊重国旗、国徽，唱响国歌				
	对人要有礼貌，不给别人添麻烦				
	不说谎话，知错就改，学会道歉				
	爱护花草，不随地吐痰，把纸屑扔进垃圾桶				
	懂得拾金不昧				
	初步具备安全防范意识				

小学生行为习惯评价表（中年级）

注：评价标准为优、良、达标、再努力

	内　容	本人	同学	家长	老师
在家做好孩子	用心感悟父母的亲情，体贴家人，做家长的小帮手		—		—
	尊敬长辈，善待老人，爱护幼小		—		—
	在家里能够独立完成作业，正确处理好学与玩的关系，多读书，读好书，培养有益的兴趣爱好		—		—
在学校做好学生	尊敬老师和同学，主动问好			—	
	在与同学的交往中懂得宽容，主动帮助有困难的同学			—	
	不打架，不说脏话，不追跑打闹			—	
	能自觉地排队走路			—	
	要有主动学习的意识，追求上进，养成爱学习、勤思考的习惯			—	
	遵守课堂纪律，坐姿、站姿及写字姿势正确			—	
	爱护学校的公共设施，自觉维护校园和班级的卫生			—	
	积极参加体育锻炼和集体活动，努力为集体争光			—	

(续表)

	内　　容	本人	同学	家长	老师
在社会上做好公民	尊重国旗、国徽,唱响国歌				
	做人要守信用,做事有始有终				
	具备自理自护的能力,懂得珍爱生命				
	具有保护文物、保护环境的意识				
	勤俭节约,不占他人或公家的便宜,尊重他人的劳动				
	自觉遵守社会公德,公共场所轻声交谈,右行礼让				

小学生行为习惯评价表(高年级)

注：评价标准为优、良、达标、再努力

	内　　容	本人	同学	家长	老师
在家做好孩子	敬爱家人,力所能及地分担家庭的责任,有家庭责任感		—		—
	不乱花钱,不摆阔气,不与人攀比,与邻居和睦相处		—		—
	合理地安排课余时间,绿色上网,自己的事情自己做,发展有益的特长		—		—
在学校做好学生	尊敬老师和同学,主动问好			—	
	能够正确地评价自己和同学,学会为同学负责,能与同学团结协作			—	
	不打架,不说脏话,不追跑打闹			—	
	能自觉地排队走路			—	
	热爱科学,有良好的学习习惯,勤学好问,乐于探索,努力提高学习成绩			—	
	能自觉遵守课堂文明礼仪的要求			—	
	积极参加体育锻炼,上好"两操一课"			—	
	爱护学校的公共财物,懂得个人服从集体的道理,有集体荣誉感			—	
在社会上做好公民	尊重国旗、国徽,唱响国歌				
	遵守社会公德,乘车购物不拥不挤,观看演出、比赛文明喝彩				
	遵守规则,走人行横道,不闯红灯				
	关心时事,热心公益事业,尊重各行各业的劳动者				
	珍爱生命,善待生命,不做危险活动				
	遵守法律法规,增强法律意识				

(四)综合性原则

综合性原则是指班主任在评价前要多途径地搜集学生信息,并通过多种方法全面而准确地反映学生的状况和发展过程。

《评考改革通知》强调:"教师要在教育教学的全过程中采用多样的、开放的评价方法(如行为观察、情景测验、学生成长记录等)了解每个学生的优点、潜能、不足以及发展的需要。"班主任应综合考虑学生的自我评价及其同学评价、任课教师的评价、家长评价和班主任自身评价的结果;综合运用量化和定性的评价方法,兼顾诊断性评价、过程性评价和终结性评价。每一个评价主体所了解的信息都可能是不全面的,所以不能简单地凭第一印象或道听途说就贸然地下定论;每一种评价方法也都各有特点和优势,各有其适用范围,比如,量化评分的方法在评价学科知识的掌握时就相对比较准确,而在评价道德、品质等的发展时就比较主观。综合使用多种方法才能给出客观、真实的评价结论,真正起到促进学生发展的作用。

(五)及时性原则

小学生处于社会化的快速阶段,对其好的社会化行为应及时加以表扬和赞赏,以期巩固和定型,而对其不良的社会化行为应及时指出和批评,以期避免和改正,这就是及时性原则。如果不及时评价,总是采用"算总账"的方式历数学生的缺点或堆砌学生的优点,可能就会失去最佳的教育机会。所以,班主任应时刻关注小学生的行为表现,及时对小学生的突发状况给予反馈、做出评价,帮助小学生巩固优点、改正缺点。

第二节 小学生综合素质评价的实施

一、学生成长档案袋

(一)学生成长档案袋简介

基础教育课程改革以来,学生成长档案袋(portfolio)(或称"成长记录袋",通常简称"档案袋")已经广泛地应用到学校的教学及管理之中。

从班级管理角度来看,档案袋是保存学生成长过程中的各种资料,展示学生的成长足迹,为班主任评价学生以及引导学生自我反思和自评提供丰富证据的一种重要形式。根据档案袋的不同功能,可以将其划分为三种主要类型。

(1)记录型档案袋(documentation portfolio)。它是详尽、真实地装载学生学习和其他各项活动中的各方面材料,以获得关于学生发展过程的完整信息的形式。它可以由学生、教师、家长及其他相关人员共同完成。

(2) 展示型档案袋(showcase portfolio)。它收集的是由学生自己选择出来的最好的或最喜爱的作品，以期向家长和其他人展示。

(3) 评价型档案袋(evaluation portfolio)。它是根据预定的评价标准存放学生的相关材料，以反映目标达成程度的形式。

(二) 学生成长档案袋与班主任工作

班主任的职责在于对全班学生进行全方位的教育和管理，因此，能够动态地反映学生发展过程与状况的档案袋有助于班主任全面、详尽地了解学生，客观、准确地评价学生，有针对性、发展性地教育学生。班主任还可以利用档案袋发展学生的收集和整理信息能力、批判性思考能力、反思能力等，以增强学生的自信。

班主任不仅可以引导班委会建立班级发展档案袋，也可以引导学生建立个人成长记录袋。班主任在进行学生评价时，可采用以下措施充分发挥档案袋的作用。

(1) 引导学生设计封面或首页。这项活动不仅可以培养学生的想象力、创造力、审美能力和动手操作能力，还有助于学生思考和表达对自我和集体的期望。

(2) 注重材料的备注。在收入材料时，应注意对材料的完成背景、过程、时间、地点或收入原因等相关情况加以说明，以便当利用材料进行学生评价时能充分考虑情境的因素。同时，班主任撰写备注或引导学生撰写的过程，也是促进班主任自身发展或促进学生反思的过程。

(3) 真实收入与定期整理。尽量把学生每一步成长的材料都保存下来，避免因过早的筛选而影响材料的真实性和完整性；但一个学期要收入的材料肯定是繁杂的，因此，需要事先确定分类或定期进行分类和整理，以利于材料的条理化，激发反思，增强成就感。可以定期引导学生对分类收集的材料进行回顾与再整理；也可以在平时全面收集材料的基础上，引导学生定期整理出不同类型的档案集，如"最佳（最满意、最喜爱）档案集""最不满意档案集"，或"个人资料集""成长足迹集""心灵独白集"，或"班集体活动档案集""个人活动档案集"，或"教师评价材料集""家长评价材料集""自我评价材料集"等。

(4) 发挥家长的作用。家长更了解自己孩子的个性和校外活动状况，他们自身就是重要的教育者和评价者，同时，他们的评价也有利于提高班主任评价学生的准确性。因此，档案袋的完成需要家长的参与。而对于小学低年级学生而言，有些档案的收纳、整理以及档案袋的保管还需要家长的大力协助。

教育部《评考改革通知》强调："学生是成长记录的主要记录者，成长记录要始终体现诚信的原则，要有教师、同学、家长开放性的参与，使记录的情况典型、客观、真实。"班主任要充分认识学生成长档案袋的作用，正确使用学生成长档案袋这种评价形式，防止形式主义倾向。

案例 10-4

一位小学生的音乐学习成长档案袋里所保留的作品：在他学习拉小提琴的过程中，家长在不同的阶段分别为他保存的练习录音："今天是某月某日，从今天开始，我练习拉某曲子。"然后是断断续续，不成曲调的练琴声。接着是"今天是我练习某某曲子的第十天"，大家听到的是已经连贯的练习曲。这组录音的最后一部分是该小学生即将登台演出的前一天录的："明天是'六一'儿童节，我将在全校的庆祝会上演奏这支曲子。"这时他拉出的曲子欢快、流畅，已经十分娴熟。

案例 10-5

一位学生自己选择收集的档案袋里的内容的目录：

一、语文类

1. 有好有坏的课堂作业本
2. 从一般到优秀的预习本
3. 一次在全班中成绩最好的作业
4. 值得回忆的听写成绩
5. 值得骄傲的一张考试卷

二、写字类

1. 由一般到优秀的钢笔字作业
2. 由一般到优秀的毛笔字作业

三、生活类

1. 摄影作品
2. 一篇不同寻常的读后感
3. 自制工艺品（老虎头香袋）
4. 一把让人吸取教训的梳子
5. 一只在梦想中能载着我飞出去的纸飞机

资料来源　钟惊雷,边玉芳.小学生档案袋评价的实践探索[J].当代教育科学,2005(01): 42—44.

二、小学生综合素质评价手册和电子平台

（一）综合素质评价手册和电子平台简介

《小学生综合素质评价手册》一般是由地方教育行政管理部门研制的、对学生一个学期的各方面发展过程和发展状态进行全方位评价的小册子。这种评价形式的推广有些是自上而下模式——由教育行政管理部门主持研制、实验后推广到各个学校；有些则是自下而上模式——由学校研制、试行，得到教育行政管理部门认可后推广。可以说，手册是学生成长档案袋的浓缩版。随着网络信息技术对教育的支持，各地以及一些学校纷纷开发学生综合素养评价平台，形成电子化的学生成长档案，为更加便捷地实施评价、查询和运用评价成果，以及长久保存档案提供了有力保障。以下提供两个示例。

1. 北京市《小学生综合素质评价手册》和电子平台

北京市从1986年就开始试行小学生质量综合评价工作，以彻底摆脱以往单一评价主体、单一评价内容、终结性的"学生成绩单"的形式，代之以学生自评、同学互评、家长评价、任课教师和班主任评价相结合，形成性评价与终结性评价相结合的多方面、多角度评价方式。1998年秋季开学时，《小学生综合素质评价手册》在全市推行。2009年修订的《小学生综合素质评价手册》包括"我的自画像""思想道德""学业成就""身体健康""心理健康""个性发展"和"我的收获"七部分内容。2014年，北京市教育委员会印发《北京市小学生综合素质评价方案（试行）》（以下简称《北京市综评方案》）。评价指标由思想道德、学业成就、身心健康、审美素养和个性发展五个一级指标、十四个二级指标构成。前四项一级指标是小学生都能够达到的基础性目标，个性发展指标则体现了学生的兴趣爱好和特长。依据此方案，同年启用了新版的《小学生综合素质评价手册（试行）》。新版保留并进一步完善了原有七个部分，增加了"实践活动""审美素养"两个方面，此外附有《北京市中小学生守则（修订）》和《小学生日常行为规范三字歌》。一个学年两个学期的评价集于一册，六个年级采用不同颜色和图案的封面设计。

《北京市综评方案》指出："小学低、中年级主要采用纸质文本呈现评价结果，有条件的学校可以适当采用电子文本呈现部分评价结果。小学高年级以纸质文本的方式为主，鼓励学校使用电子文本呈现评价结果，有条件的学校可开发小学生综合素质评价电子平台，丰富学生评价结果呈现方式，探索建立学生评价数据库。"当前，北京市小学生综合素质评价仍以手册为主要结果载体。部分学校选用了第三方电子平台，或者独立开发、联合开发了电子评价系统，以配合手册使用。北京市教育委员会开发的"北京市学生综合素质评价平台"目前主要用于初高中阶段。

2. 南京市的《我的成长脚印》

2005年，江苏省南京市的小学启用名为"我的成长脚印"的素质发展记录册，分低年级、

中年级和高年级三版。① 2019秋季,全市启用最新修订版。新版《我的成长脚印》更加注重全面育人,尤其突出学生道德养成、体质与心理健康、劳动和艺术修养;更加注重夯实基础,增加对学生发展核心素养的评价项目;更加注重实践育人,按照不同年龄段的特点设置不同梯度的实践活动记录,让丰富多彩的校内外实践活动成为学生成长中温暖而生动的记忆;更加注重习惯养成,突出过程性评价和表现性评价;更加注重简便易行,将各科学业成绩一律改用优秀、良好、及格、不及格四个等级来评价。版面设计也更加简洁生动,更加符合儿童的审美,并提高印刷标准以便于学生长期保存。除统一性要求外,还注重给学校自主办学,给学生自主发展留有选择性空间。②

(二)小学生综合素质评价与班主任工作

1. 班主任应充分发挥组织、协调作用

小学生素质综合评价,无论是手册还是电子系统的评价,都要求评价的主体是多元的、内容是多方面的。学生在各门课程中的学业表现和学业质量主要依靠每一位任课教师予以评价,因此,班主任需要协调各科教师的填写,并结合各科教师的评价结果予以总结评定;学生的品德习惯、心理健康、综合实践、个性发展的评价以及综合评语等则需要班主任亲自操作;班主任还必须组织学生开展自评、互评,发动家长参与评价。班主任要善于将评价活动作为一个教育契机,促进学生反思意识的形成,增强自信,树立榜样,明确未来发展方向。

2. 班主任可参照评价手册的内容进行班级管理

班主任不能仅仅将小学生素质综合评价手册作为一个评价蓝本,而要认识到其内容标准即为班级管理和学生教育的目标;不能仅在学期末才使用手册,平时也应以此为依据及时鼓励学生的成长或纠正学生的问题。

三、评语

评语是指在学期末由班主任用文字对学生的各方面发展所做的概要评价。虽然它通常作为学生综合素质评价手册中的一部分,但对班主任来说,却是一项非常重要的工作。适宜的评语能帮助学生正确地认识自己,明确进一步努力的方向。撰写评语也是班主任了解学生的体现,是班主任表达期望的重要途径。当前,许多地方要求将评语填写在当地中小学生学籍管理信息系统中,作为学生成长过程性评价的重要素材和未来升学的重要依据,因此班主任应认真、慎重地对待学生评语的撰写工作。

---

① 佚名. 南京小学至高中全部启用素质发展记录册. 江苏教育,2005(12A):1.
② 荔枝网.《我的成长脚印》升级啦! 2019年秋季南京将启用新版小学生素质发展记录册[EB/OL]. (2018-12-25)[2021-06-08]. http://news.jstv.com/a/20181225/5c21fb42b831895834bab89e.shtml.

> **资料链接 10-3**
>
> 朱水萍和吴凤娟两位研究者通过对江苏省某市两所小学600份班主任评语的分析发现,班主任评语的信息量相差较大,但相对以往来说更全面;评语仍最为关注学生的学习(包括学习态度、上课情况、作业、学习成绩)和学生的个性(如性格、为人)两方面指标,而对行为习惯、身心健康、特殊能力、人际关系等较为忽视;评语有一定的区分度,但套话使用的情况依然存在;在评语用语方面,形式活泼,表达了较好的情感色彩,但还缺少一定的语用策略意识。
>
> 资料来源　朱水萍,吴凤娟.小学班主任评语的调查研究——基于600份评语的文本分析[J].上海教育科研,2015(08):43—46.

> **思考并讨论**
>
> 请从评语所涉及的指标、信息量和用语角度,比较分析下面两则评语有何不同?
>
> (1) 虽然你经常调皮捣蛋,上课有时走神,但老师还是发现了你这学期的进步,现在的你能按时完成作业,字迹也比之前端正漂亮;遇到老师时能主动热情地打招呼!你常说自己笨,学不好,但老师觉得你并不笨,你只是缺少学习上的勤奋和方法,如果你在学习上能更努力一些,你一定会有更大的进步!
>
> (2) 看似乖巧的你有点调皮,只要老师一不留神,你就要贪玩了,孩子,对待学习是要下苦功的,不刻苦钻研,知识就掌握得不牢固,好好努力吧!

(一) 评语应有的特征

评语的撰写除了应遵循评价的基本原则外,还应突出体现以下五个特点。

1. 言简意赅

评语是对学生一学期表现的概要总结,语言应尽量精练、朴实,但要重点突出。

2. 一分为二

评语既要对学生的优点和长处给予充分的肯定,又要用恰当的语言指出学生的不足及改进的方向;要让优秀学生看到自己的不足,也切忌将"学困生"的评语变成"告状单"。

3. 激励性

评语应多采用激励性的语言,帮助学生认识自我、树立自信,并促进学生的不断成长。

4. 个性鲜明

苏霍姆林斯基曾告诫教师："记住！没有也不可能有抽象的学生。"[①]评语虽然概括，但要有针对性，真实地反映每一个学生的突出特征和表现，不可千篇一律。

5. 有亲切感

评语是师生间交流的工具，人性化的评语能让学生感到班主任对自己的感情和期望，而不是冷冰冰的说教和评论。

（二）评语撰写技巧

评语不仅仅是一种评价方式，而且是一种教育的手段。要充分发挥评语的教育作用，班主任应注意以下几点。

1. 平时的资料搜集

班主任要细心观察学生，并及时记录学生的点滴表现和自己的思考。班主任可以充分发挥学生成长档案袋的作用，广泛地搜集资料、定期整理和阅读资料。只有平时的积累，才能为评语的撰写奠定坚实的基础。

2. 借助评语互动

班主任应认识到，并不是每一个学生、每一位家长都会在意班主任的评语。因此，班主任可以让学生及其家长写下阅读评语的感受和评论，借助评语促进师生之间、班主任与家长之间的交流，拉近彼此的距离。为了促成相互沟通，班主任还可以具体提出需要反馈的问题，以便得到学生与家长，尤其是家长的重视。

案例 10-6

原来我也被关爱！

这不，又到期末了，我们班这学期换了班主任，他30多岁已有了白发。这半学期，我有了很大进步，与以前相比真是天壤之别，这都是老师的功劳。可我总觉得我与老师之间隔着什么，老师对我好像有些冷淡。因此，对于素质报告单上的评语，我曾有很多猜想：老师会怎样写我呢？是平平淡淡地说两句，还是……原来，老师并不像我想的那样草草了事，连我的发言次数多了这样小小的变化都记得非常清楚。哦，老师，原来您在一个我并不知道的角落里，仔细地观察着我的一举一动……

资料来源　杨楫.考场作文里的报告单——如何写好操行评语[J].中国德育 2002(012)：11—13.

[①] [苏]Б·А·苏霍姆林斯基.给教师的一百条建议[M].周蕖，等，译.天津：天津人民出版社，1981：21.

四、"三好学生"及其他优秀学生评选

为了树立学生身边的榜样、激励学生取得更大的进步,进行优秀学生的评选和表彰是学校中一件非常重要的教育活动。其中,最为人熟悉的,也是沿袭多年的办法就是"三好学生"和"优秀学生干部"的评选。在我国,优秀学生的评选主要由班主任组织。

(一)"三好学生"评选的由来

1953 年,中国新民主主义青年团第二次全国代表大会期间,毛泽东主席发表了《青年团的工作要照顾青年特点》的重要讲话,其中提出把"三好"作为青年团工作的方向,要求青年们做到"身体好、学习好、工作好"。从此,争当"三好"的活动在全国迅速开展起来,大大激发了青少年积极向上的热情。当时,"三好"并非专门面向学校,工厂里有"三好青年",社区里还有"三好少年",等等。1955 年,教育部公布的《小学生守则》和《中学生守则》的第一条都提到"努力做个好学生,做到身体好、功课好、品行好","三好学生"的评选活动在全国教育系统普遍推行开来。

"文化大革命"期间,评价体系演变成了以"出身论"为基础的"黑五类""红五类"。"文化大革命"后的拨乱反正中,"三好学生"评选被重新提出。1982 年 5 月,教育部、共青团中央联合公布《关于在中学生中评选三好学生的试行办法》,倡导在学校里评选"三好学生",规定"三好学生"的标准是:思想品德好、学习好、身体好;评选学生比例约占学生总数的 5%—10%;其中还着重提高了"三好学生"的相关待遇,譬如对于连续几年被评为"三好学生"的学生,在升学和分配上都给予优先选择的机会,"三好学生"评选由此制度化。

(二)关于"三好学生"评选的存废争论

辩一辩

"三好学生"评选该废止了吗?

废除"三好学生"评选制度!

主要理由:

1. 培养全面发展的人才是我国的教育方针,因此 90% 以上的学生都应当是"三好学生",显然,"三好"评比违背了我国教育方针的本意。

2. 现实中的"三好学生"评选已经走偏了方向。

3. 从心理学上讲,评选"三好学生"给学生造成了分等级的压力,过早给孩子贴上"好学生"与"坏学生"的标签。

4. 评先进、评优秀只适合于成年人,在儿童中开展评比只会传染给他们成人拉关系的不良作风。——顾明远(中国教育学会会长、北京师范大学教授)

也有媒体刊发评论指出:评选"三好学生"容易让孩子们产生"学习成绩最重要"的错误印象,影响其全面发展;也容易让家长与教师都按照"三好"模式去教育孩子,忽

略孩子个性塑造和潜能开发,显然对孩子的成长不利。异化的"三好"评选早该变革。

取消"三好学生"评选是因噎废食!

先全用不着告别"三好学生"弄出些新玩意来,关键是应当建立严密的制度来保障其不被滥用;学校可以灵活制定奖项,没必要一刀切。——黄向阳、周彬(华东师范大学教授)

一些媒体也评论指出,对于"三好学生"不应单纯讨论存废,而要改革其评选内容,保证其评选机制和程序的公正公平,克服在加分、报送等利益驱动下的"评选腐败",回归"三好学生"本身的激励意义。

> **思考并讨论**
>
> 你对"三好学生"评选有何看法?若认为不必取消,那么应遵循哪些原则才能消除现存弊端?若认为应该取消,你是主张取消一切激励制度,还是主张用更完善的制度来替代?设计什么样的制度才能更完善呢?

(三)当前关于优秀评选的一些尝试

针对"三好学生"评选的不足,很多地区和学校对优秀学生的评选从评选条件、评选模式、评选过程等方面都进行了改革尝试。

北京市:2009年6月1日,北京市教委公布了新修订的《北京市中小学市级三好学生、优秀学生干部和先进班集体评选办法》。小学市级"三好学生"条件为:"具有爱祖国、爱人民、爱劳动、爱科学、爱社会主义的情感。模范遵守《中小学生守则》和《小学生日常行为规范》。积极参加综合实践活动和公益活动,表现突出。品德行为表现获得同学、教师、家长和社区好评。学习兴趣广泛,初步养成良好的学习习惯,善于提问,乐于探索,学科学年总评成绩优良。积极参加文体活动,有良好的生活习惯。身心健康,开朗乐群、不怕困难。体育课成绩优良并达到《国家学生体质健康标准》优秀等级(测试成绩达到85分及以上)。残疾学生(须持有中华残疾人联合会核发的残疾证)能努力参加力所能及的体育锻炼。"其中,突出了对社会实践活动和品行的要求;降低了对学科成绩的要求,将原先的语、数、外三门主科学年总评成绩为优,改为"学科学年总评成绩优良";提高了对身体健康的要求;进一步加强了评选的公开与平等性,将评选结果的公示时间由两天延长为三天,外地借读生也可以参评市"三好"。为了增强品德评价标准的可操作性,规定"三好学生"评选应与学生的综合实践活动表现(包括研究性学习、社区服务、社会实践等)挂钩。

江苏省南京市鼓楼区:2006年,鼓楼区除了在六年级继续保留评比"三好学生"之外,其他年级改为"鼓楼之星"的评选。2007年彻底取消了"区三好生"的评选。新的"鼓楼之星"评选制度是在广泛征集学生、教师等各方面意见的基础上形成的,设置有十种星:合作之星、学习之星、体育之星、艺术之星、自理之星、希望之星、自强之星、创造之星、读书之星、环保之星。受奖励的学生数也比原先的"三好学生"评选扩大了五倍。新的评价制度还推动了一些学校的评价创新,如南昌路小学评选"乐乐娃":读书娃、创造娃、爱心娃、智慧娃、进步娃等,从学生的方方面面,只要有表现突出的地方都能获奖。但此举措也受到部分家长的一些异议。①

> **探索并讨论**
>
> 你所在地区取消"三好学生"评选了吗?奖励优秀学生的制度是怎样的呢?
>
> 当前许多地区和学校都在做有益的尝试,但这些新的尝试是否也存在弊端呢?是否在实施时也出现了形式主义倾向呢?新的评价机制不但要准确、全面地评价学生,而且可操作性要强,能长期、充分地发挥出评价的发展性功能。这是一个需要在理论上和实践中继续研究与探索的课题。

视野扩展

1. 阅读巴顿(James Barto)、柯林斯(Angdo Collins)的《成长记录袋评价:教育工作者手册》(中国轻工业出版社2005年出版)。你是否能先建一个自己的成长记录袋呢?

2. 阅读《义务教育质量评价指南》全文,查阅当地教育行政部门关于学生综合素质评价的文件。

实践探究

1. 请针对你的某个同学或熟悉的小学生写一份评语,并问问他看到后的感受。

2. 你所在地区使用《小学生综合素质评价手册》了吗?使用情况是怎样的?你有何进一步改进的建议?

3. 调查当地的一所学校,了解该校评选优秀学生的方案和师生的反馈。

我的思考与收获

---

① 胡瑞祚. 40人班级中30个三好生 家长发帖质疑含金量[EB/OL]. (2012-01-17)[2022-01-08]. https://news.qq.com/a/20120115/000064.htm.

第十一章
中队辅导员角色的履行

> 信仰不是一种学问。信仰是一种行为,它只在被实践的时候才有意义。
>
> ——罗曼·罗兰

学习目标

1. 理解少先队的基本特征,知道少先队发展历程中的重大事件和组织建制。
2. 明确中队辅导员和班主任两种角色的相同点与不同点。
3. 掌握少先队组织教育和活动课程指导的基本内容和要求。

第一节　中国少年先锋队简介

> **体验活动:重温少年时代**
>
> 1. 唱队歌
> 2. 敬队礼
> 3. 呼号
> 4. 画队徽
> 5. 说说你作为少先队员时的一些故事
>
> **思考并讨论**
> 少先队组织具有怎样的教育作用呢?

中国少年先锋队,简称"少先队",是中国共产党委托中国共产主义青年团领导的少年儿童的群团组织,是少年儿童学习中国特色社会主义和共产主义的学校,是建设社会主义和共产主义的预备队。

一、少先队的由来与发展

中国最早的革命儿童组织叫"劳动童子团",它诞生于中国人民反帝反封建的革命风暴之中。在 20 世纪 20 年代初,我国仍是一个半封建半殖民地国家——外有帝国主义的侵略,内有军阀混战,以及地主、资本家的压迫和剥削,广大劳动人民过着苦难的生活,少年儿童同他们的长辈一样挨饿受冻,大批失学,甚至根本没有受教育的权利。在城市,他们小小年纪就到工厂当童工,进商店当学徒,从事繁重的劳动,受尽资本家的剥削和压迫;在农村,他们给地主放牛、牧羊、做小长工,许多女孩子还被卖去做奴婢、当童养媳,饱尝人间的苦难。1922 年,中国共产党在江西安源组织工人运动时,也把安源煤矿的小矿工和工人子弟学校的小学生组织起来,建立起安源儿童团(后发展为劳动童子团),共同为自由解放而斗争。1925 年 11 月 7 日——俄国十月革命纪念日的这一天,广州市也成立了劳动童子团,当时的中共广东区委书记陈延年为童子团员戴上第一条红领巾。① 此外,上海、武汉、天津、唐山、广东、湖南、江西、海南岛等地也都建立了劳动童子团。党委托共青团领导劳动童子团的工作,1926 年 7 月,共青团第三次扩大会议做出决议:以工厂童工及工人子弟、乡村农民子弟、小学生及城市贫苦儿童作为儿童组织的对象,"教育儿童,养成他们勇敢牺牲的精神和团体生活的习惯,训练他们成为将来继续革命的战士"。此后不久,劳动童子团团章制定,规定:以养成劳动儿童团体生活的习惯,勇敢牺牲的精神,为劳动阶级服务为宗旨;以红色领带作为团员的标志;以右手并拢举到额头作为团礼;劳动童子团的口号是"准备着,打倒帝国主义!""准备着,打倒军阀!""准备着,做全世界的小主人!"至 1927 年 5 月,全国各地的劳动童子团员达到 15 万人。他们跟随长辈参加反抗剥削的罢工、反对帝国主义的示威游行;组织开展了张贴革命标语、散发传单、街头演讲、站岗放哨、侦察联络、筹募捐款等大量革命活动。

在 1927 年至 1936 年土地革命战争时期,党在各革命根据地——苏维埃地区,为少年儿童建立了"共产儿童团"。1928 年 7 月,共青团第五次全国代表大会做出的《儿童运动决议案》,回顾了过去的工作,指出:劳动童子团是团结童工、学徒、工农子弟的一个很好的组织。1930 年,共青团五届三中全会决议确定儿童运动的性质是"共产主义儿童运动",它的任务是以共产主义精神教育儿童;规定现有儿童组织进行改组,统一名称为"共产儿童团"。儿童团以红领带为标志;口号是"准备着,时时刻刻准备着!"其意义是:现在要打倒帝国主义、国民党反动派,打倒地主、资本家,拥护苏维埃、拥护红军,将来要创造共产主义的世界,要时时刻刻准备着;团礼是五指并拢,高举过头,表示全世界五大洲的无产阶级的利益高于个人的利益。共青团中央儿童局还创办了儿童刊物《时刻准备着》,指导共产儿童团的工作。

抗日战争时期,广大少年儿童也积极投入到抗日救亡运动之中。1938 年 6 月 26 日,毛

---

① 共青团中央少年部.中国少年先锋队队章学习读本[M].北京:中国少年儿童出版社,2000:13.

泽东同志为《边区儿童》（半日刊）题词："儿童们起来，学习做一个自由解放的中国国民，学习从日本帝国主义压迫下争取自由解放的方法，把自己变成新时代的主人翁。"在党的领导下，广大抗日根据地建立了抗日儿童团，由青年抗日救国联合会、中华民族抗日先锋队等青年组织直接领导。1938年10月，西北青救会第二次代表大会通过了抗日儿童团的组织章程，团章规定：建立儿童团的宗旨是"联合全中国的小兄弟、小姊妹结成好朋友，大家共同学习、工作和游戏，参加救国工作"；儿童团的任务是"宣传大家打日本、侦察敌情捉汉奸、站岗放哨送书信、尊敬抗战官和兵、帮助抗属来做事、学习生产不稍停"；团礼为右手五指齐额举起，表示中华民族的儿童团结起来，打倒日寇汉奸；口号是"时刻准备着！"西北和华北各地的儿童们纷纷加入儿童团，积极参加抗日救国斗争。除抗日根据地外，广大沦陷区和大后方的少年儿童在党的领导下也都纷纷组织起来开展活动，同样成为宣传抗日和争取民主的一支重要力量。这一时期的少年儿童工作，无论是组织形式和组织规模，还是活动内容的广泛性，都有很大的发展。但是，由于战争形势所迫，当时的儿童团组织仍未能建立全国性的组织领导系统，只是在各抗日根据地党和青救会的领导下开展工作。因此，此时儿童组织的名称也多带有地方色彩，如延安儿童团、冀东儿童团、苏北儿童团等。

在人民解放战争中，党领导的解放区的少先队、儿童团和国民党统治区的地下少先队，积极参加革命斗争，也贡献出了自己的一份力量。在党中央所在地陕北，少先队和儿童团都有自己的章程，但没有统一的标帜和队歌。他们在青年联合会的领导下，开展自己的活动和工作。华北晋绥边区建立的少先队组织在队章中指出：建立少先队的目的是为培养少年儿童一代，提高其文化、政治水平，让其学习各种技术与社会知识，为独立、自由、民主、统一与富强的新中国培养人才；少先队的任务是积极学习以提高文化、政治水平，配合民兵站岗放哨、清查户口、防奸防特，辅助大人生产，参加社会活动（如拥军优属、宣传卫生），等等。在国民党反动派的政治经济中心上海，地下党为少年儿童创办了《新少年报》，秘密建立了"报童近卫军""地下少先队"组织。地下少先队员们的红领巾不能戴在胸前，只能深深地藏在心里。他们在党的领导下开展了大量的革命活动，也在斗争中得到了锻炼。

1949年4月，共青团第一次全国代表大会决定建立全国统一的少年儿童组织——中国少年儿童队。同年10月13日，团中央公布了《关于建立中国少年儿童队的决议》和《中国少年儿童队章程草案》。决议指出："中国少年儿童队是在中国新民主主义青年团领导下的少年儿童组织，吸收9岁到15岁的少年儿童参加。这个组织是在学习和各种集体活动中，团结和教育少年儿童，培养他们成为爱祖国、爱人民、爱劳动、爱科学和爱护公共财物的新中国的优秀儿女。"从此，"中国少年儿童队"——一个全国统一的中国少年儿童组织随着中华人民共和国的创建而诞生了。1949年10月13日，也就成为中国少年先锋队的建队纪念日。1951年11月，《中国少年报》创刊，它是中国少年先锋队的机关报。1953年6月，共青团第二次全国代表大会一致通过把"中国少年儿童队"改名为"中国少年先锋队"，以"更确切地反映少年儿童队的性质任务和适应儿童们的愿望"，并于1954年6月1日正式公布了《中国少年先锋队队章》。1954年7月,团中央又创办了指导全国少先队工作的刊物《辅导员》杂志。

1966年"文化大革命"开始以后,在"批判修正主义路线"的高潮中,在"红卫兵运动"的影响下,少年先锋队被诬蔑为"抹煞阶级和阶级斗争""不突出毛泽东思想""实际上已经失去了先锋战斗作用的修正主义的全民队"。少先队被所谓"革命性、战斗性的先进少年儿童组织"——红小兵所取代。红小兵"以劳动人民家庭出身的革命学生为主体",而把其他很多少年儿童排除在组织之外。

1978年10月,经党中央批准,共青团十届一中全会通过了关于恢复"中国少年先锋队"名称的决议。1979年10月,团中央召开了第六次全国少先队工作会议,这次会议标志着我国少年儿童运动进入了一个新阶段。会议确定了新时期少先队工作的任务:坚持德、智、体、美全面发展的方针,贯彻"五爱"教育,把全体少年儿童组织起来,把少先队工作活跃起来,为把少年儿童培养成为献身人民、热爱科学、具有民主精神和健壮体魄的新一代,为造就一支朝气蓬勃的"四化"建设预备队而奋斗。会议讨论并修改了《中国少年先锋队工作条例(试行草案)》,表彰了159名全国优秀少先队辅导员。同年,中国少先队工作学会成立,对少先队工作的理论研究有所加强。1980年,由共青团中央、全国少工委主管的队刊《中国少年儿童》诞生(原名为《中国儿童》)。1984年7月,全国少先队员和辅导员代表会议(即第一次少代会)在北京召开,会上选举产生了我国第一个少先队的全国领导机构——中国少年先锋队全国工作委员会(简称"全国少工委")。2001年1月1日,全国性少先队教育刊物《少先队小干部》创刊。2003年9月,经全国少工委批准,《少先队小干部》杂志继《辅导员》《中国少年儿童》之后正式成为中国少年先锋队队刊。"一报三刊"成为少先队工作重要的舆论宣传喉舌,是少先队组织指导工作、增进交流的重要阵地。2005年6月,中国少年先锋队第五次全国代表大会在以往多次修改的队章基础上,审议通过了更加突出时代特色和儿童特色、进一步体现对少年儿童身心发展规律的尊重的《中国少年先锋队章程(修正案)的决议》;会议还选举产生了新一届中国少年先锋队全国工作委员会,其中,第一次增加了31名少先队员作为少年儿童委员,提出要"教育引导少年儿童时刻准备着为建设中国特色社会主义贡献力量"。同年11月,全国少工委印发了《全国少工委关于少先队员委员履行职责的办法(试行)》。2005年7月,全国少工委还印发了《少先队辅导员工作纲要(试行)》,把基层少先队工作进一步规范化、系统化,根据不同年龄少年儿童的特点提出了少先队教育的要求,明确了辅导员的工作任务,为基层少先队组织和广大辅导员开展工作提供具体指导。2007年,共青团中央、教育部、人事部、全国少工委联合出台《少先队辅导员管理办法(试行)》,首次对少先队辅导员的角色地位、任职条件、配备与管理、职责、培训、业绩考核及奖励进行了明确。

2012年,《教育部关于加强中小学少先队活动的通知》明确规定将少先队活动作为国家规定的必修的活动课,小学1年级至初中2年级每周安排1课时。全国少工委于2013年出台、2015年和2021年两次修订《少先队活动课程指导纲要》,对于少先队活动课程的性质、理念、目标、内容、形式、激励评价方式以及课程管理与保障等完整的课程体系进行了具体设计和实施指导。随着新时代少先队组织的发展对辅导员队伍专业化要求的提升，2012年底，少先队教育的学科以"少年儿童组织与思想意识教育"的名称被列为教育学下属二级学科，全国许多院校也从2013年开始开展研究生层次的招生，以培养高素养的少先队辅导员和工作者候选人。2015年，中国少年先锋队第七次全国代表大会召开，会议向全国少先队员提出"准备着，为实现中国梦美好未来接力奋斗"的口号，习近平总书记也满怀深情地道出"美好的生活属于你们，美丽的中国梦属于你们"。习近平总书记十分关注少先队的事业，关心少先队员的成长，多次亲临教育一线参加少先队活动并做讲话，鼓励少先队员牢记社会主义核心价值观、学习英雄榜样、热爱劳动、锻炼身体，极大地鼓舞了少先队员的热情和决心。

2017年，共青团中央、教育部、全国少工委联合印发《少先队改革方案》，强调"以保持和增强政治性、先进性、群众性为基本要求，坚持少先队作为中国特色社会主义事业战略预备队的基本定位和促进少年儿童全面发展的工作主线，紧紧围绕立德树人的根本任务，推进少先队工作改革创新"。基于坚持党的领导、牢记队的使命、服务队员成长、打牢基层基础、积极继承创新五大原则，"与共青团'凝聚青年、服务大局、当好桥梁、从严治团'工作格局衔接，与基础教育改革衔接，推进少先队工作制度化、专业化、时代化、系统化和与学校教育的特色差异化发展。通过改革，使少先队作为党领导的少年儿童群众组织的特点更加鲜明，让少先队员更喜欢少先队，光荣感和组织归属感显著增强，少先队吸引力、凝聚力进一步提高；让辅导员更热爱少先队，获得感显著增强，专业化能力水平进一步提高；让学校更重视少先队，少先队集体和活动更有活力，在立德树人中的独特作用和贡献度、价值创造进一步提高；让家庭和社会更支持少先队，发挥少先队的桥梁和纽带作用，少先队的服务能力和影响力进一步提升"。

2020年2月，印发《共青团中央、教育部、人力资源和社会保障部、全国少工委关于加强新时代少先队辅导员队伍建设的意见》，从"聚焦主责主业，提升辅导员队伍政治素质""明确岗位要求，配齐配强辅导员队伍""完善管理机制，规范辅导员成长发展路径""强化素质培养，促进辅导员能力提升""加强考核激励，提升辅导员工作积极性""强化组织领导，确保各项工作落到实处"六大方面全面规划少先队辅导员队伍的建设，以切实增强少先队辅导员队伍的政治素质和履职能力，为增强少先队员光荣感提供有力保障。

2020年7月，中国少年先锋队第八次全国代表大会通过了《中国少年先锋队章程(修改案)》(以下简称《新队章》)。其中，将少先队的性质更正为"群团组织"，首次明确提出了少先队所应遵循的指导思想，补充了少先队目的的时代性要求，对于入队条件、少先队组织建设、活动形式与内容、辅导员要求等也与时俱进地予以完善。

2021年1月，《中共中央关于全面加强新时代少先队工作的意见》正式印发，成为新时代少先队工作的行动纲领。这是新中国历史上第一个以党中央名义下发的专门加强少先队工作的文件，鲜明宣示了"少先队是什么样的组织""少先队培养什么样的人"等基础性、本源性问题，对新时代少先队工作做出全面部署。

> **思考并讨论**
> 从少先队的历史发展中,你能总结出少先队是一个怎样的组织吗?

二、少先队的基本性质

(一) 鲜活的儿童性

少先队"是中国少年儿童的群团组织"。少年儿童天性活泼、单纯、率真,与成人既有许多相同的需求,又有其独特的精神世界。少先队充分尊重少年儿童的主体地位,遵循少年儿童的年龄特点,认真把握少年儿童的情感、意识、信念形成的基本规律,以少年儿童为开发和实施主体,发挥少年儿童的自主作用、创造精神和少先队集体的力量,精选与少年儿童学习、生活经验密切相关的教育内容,采取少年儿童易于接受的方式,以校园为基础、家庭为补充、社会为天地,组织开展丰富多彩的实践性、体验性教育活动,尊重和保护少年儿童的天性。

(二) 广泛的群众性

"团结教育少年儿童",共同为实现革命理想而努力,这是中国共产党创建少先队的根本目的。新中国成立后建立了人民民主政权,通过少先队团结教育整个少年儿童一代,更加明确地成为少先队的基本原则。根据《新队章》:"凡是6周岁到14周岁的少年儿童,愿意参加少先队,愿意遵守队章,向所在学校少先队组织提出申请,达到入队要求后,经批准,就成为队员。"把全体少年儿童都组织起来,让大家都来受教育,少先队的组织目的才能得以实现。

团结教育全体少年儿童,也符合少年儿童的心理需求。少年儿童喜欢与同伴交往,集体生活有助于满足他们对于安全感的需要;少年儿童都有上进心,愿意追求进步,把全体少先队员吸收到少先队组织中,有助于满足他们尊重及自我实现的需要。因此,少先队开展的各项活动应面向全体少先队员。

> **知识问答**
>
> 1. "中国少年儿童队"改称为"中国少年先锋队",是不是只有"先进"学生才能入队呢?
>
> 答:少先队名称的改变并不是要改变队的性质、任务,中国少年先锋队仍然是广泛性的少年儿童的群众组织。将"先锋"这样一个富有教育意义的称号加之于少年儿童的组织名称中,主要是教育儿童学习先锋,继承他们的事业,沿着中国共产党开辟的道路勇敢前进,而并不要求少先队员起先锋作用。

> 2. 既然少先队是个群众组织,少年儿童都可以参加,是不是表现好与不好都无所谓呢?
>
> 答:少先队是一个组织,少年儿童入队时都要宣誓"我热爱中国共产党,热爱祖国,热爱人民,好好学习,好好锻炼,准备着:为共产主义事业贡献力量!"每一个队员都应牢记誓词、遵守诺言。同时,队章规定,"每个队员都要遵守纪律,服从队的决议,积极参加队的活动,做好队交给的工作,热心为大家服务"。凡是做得好的,队组织就会予以表扬和奖励;做得不好的,队组织会进行批评教育,帮助改正。只有少先队具有群众性,才能帮助所有的少年儿童更好地进步。

(三)独特的教育性

少先队是一所特别的学校,是少年儿童"学习中国特色社会主义和共产主义的学校"。它通过丰富的少先队活动和少先队组织生活,旨在让每一位少先队员"爱祖国、爱人民、爱劳动、爱科学、爱社会主义,学习和实践社会主义核心价值观,树立远大理想,培养优良品德,勤奋学习知识,锻炼强健体魄,培养劳动精神,从小学先锋、长大做先锋,立志为建设中国特色社会主义现代化强国贡献力量,努力成长为社会主义现代化建设需要的合格人才,成长为能够担当民族复兴大任的时代新人,做共产主义事业的接班人"。

(四)鲜明的政治性

少先队是一个具有鲜明政治性的少年儿童组织。首先,中国少年先锋队是中国共产党创立和领导下的少年儿童组织。从少先队的建立与发展来看,少先队因中国共产党的革命斗争需要而产生,其发展历程与中国共产党的革命历史息息相联。党、团、队是革命的一家人,共产党是革命的"先锋队",共青团是革命的"突击队",少先队是革命的"预备队"。少先队员要"听党的话、跟党走"。其次,少先队是"以马克思列宁主义、毛泽东思想、邓小平理念、'三个代表'重要思想、科学发展观、习近平新时代中国特色社会主义思想为根本遵循"。此外,少先队的标志礼仪都饱含着政治意蕴:少先队的队旗是少先队组织的标志,它是五角星加火炬的红旗,其中五角星代表着中国共产党的领导,火炬象征光明,红旗象征革命胜利;红领巾是少先队员的标志,它代表红旗的一角,是革命先烈的鲜血染成的,少先队员佩戴它体现了以先辈为楷模、继承革命事业,并努力为它增添新的荣誉;右手五指并拢高举头上的队礼,表示人民的利益高于一切;少先队的呼号("准备着:为共产主义事业而奋斗!"回答:"时刻准备着!")表达了实现崇高革命理想的坚定决心。可见,政治性也是少先队的突出特征,少先队是"建设社会主义和共产主义的预备队"。

资料链接 11-1

少先队标志及其基本规范

2017年，共青团中央、全国少工委印发《中国少年先锋队标志礼仪基本规范》（以下简称《标志礼仪规范》）。

中国少年先锋队大队旗：

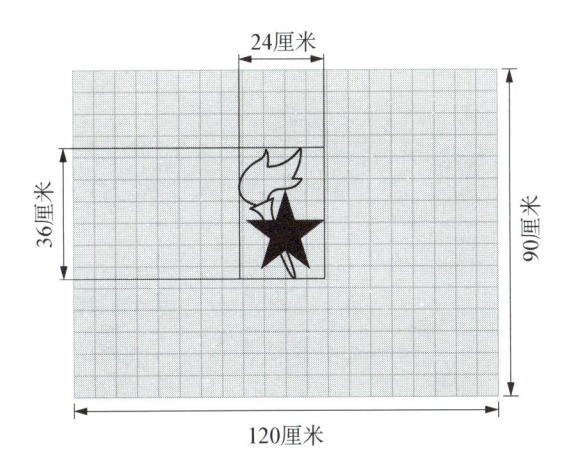

中国少年先锋队中队旗：

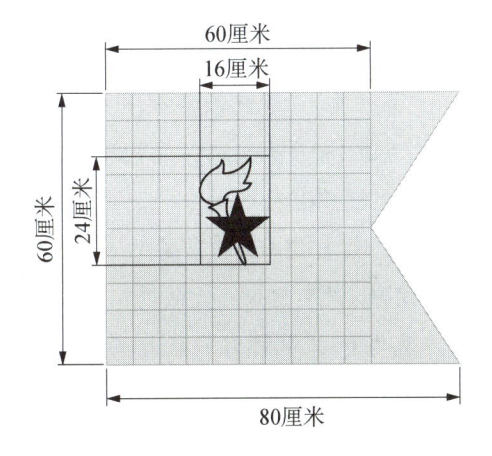

队旗在少先队组织开展集体活动、入（离）队仪式、成立大队或中队、举行重要会议时使用。在集会、活动中出旗、退旗时，少先队员应敬队礼。1名少先队员旗手和至少2名少先队员护旗手组成护旗手组合，旗手右手握旗杆下部贴腰，左手伸直握旗杆中上部，队旗倾斜成约45度角。

红领巾：在参加校内外少先队集会、活动，参加升国旗仪式、开学典礼、毕业典礼等重要仪式活动时，少先队员、辅导员及特邀来宾均须佩戴红领巾。

小号：

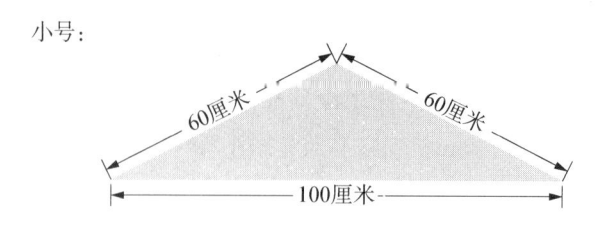

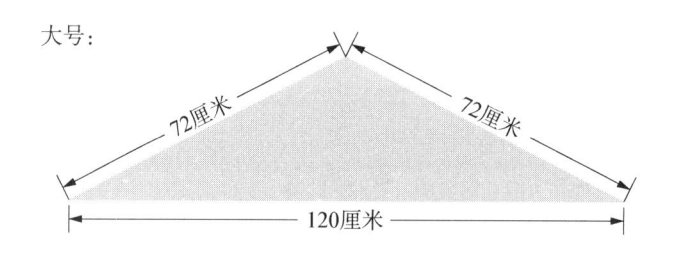

60厘米　　60厘米

100厘米

大号：

72厘米　　72厘米

120厘米

队徽：五角星加火炬和写有"中国少先队"的红色绶带组成少先队队徽。五角星、"中国少先队"五个字和火炬柄为金色，绶带和火炬的火焰为正红色，火焰和绶带镶金边，"中国少先队"字体为黑体。供队员佩戴的徽章规格为高 2.2 厘米，宽 1.8 厘米。队徽是少先队组织的象征，可以在少代会等重要场合和相关外事场合、少先队标志性阵地、团委和少工委会议室悬挂或张贴图案，在少先队各级组织颁发的荣誉性文书、证件、奖旗、奖章等以及少先队刊物、网站上印制或使用。不同场合使用的队徽可根据实际需要等比例制作。

队委（队长）标志由白底、红杠组成，白底高 7 厘米、宽 6 厘米，红杠长 4 厘米、宽 1 厘米。大队委标志中间为三条红杠，中队委标志中间为两条红杠，小队长标志中间为一条红杠。红杠之间相隔 1 厘米，与白底左右边缘各相距 1 厘米。大队委标志上下各空 1 厘米，中队委标志上下各空 2 厘米，小队长标志上下各空 3 厘米。标志可用布、塑料等材料制作。左臂佩戴。

队礼：立正，右手五指并拢，手掌与小臂成直线，自下至上经胸前高举头上约 5 厘米（约一拳），动作自然流畅，掌心朝向左前下方。少先队员在升降国旗时、在队旗出场和离场时、在烈士墓前、在参与队活动仪式时都要敬队礼。在其他场合中，如遇到师长等，队员也可行队礼。少先队集会报告和列队、行进、检阅时，只由小队长、中队长、大队长敬队礼，其他队员注目致敬。少先队辅导员和少先队工作者在参加少先队的集会和活动时，应同少先队员一并行礼。受邀参加少先队活动的领导、来宾可行注目礼，在接受少先队员敬礼、献红领巾时应回敬队礼。

队歌：《我们是共产主义接班人》（周郁辉作词、寄明作曲）。在少先队集会或活动时唱完整队歌（两段歌词）。少先队队室陈列队歌曲谱和歌词。

注意：《标志礼仪规范》明确指出，红领巾及其名义、星星火炬名义、队旗和队徽及其图案不得用于商标、商业广告以及商业活动。各级少先队组织、少先队员、少先队辅导员不得购买使用不合规定的标志或标志物。2018年，教育部、共青团中央、全国少工委联合发布通知，再次强调严肃规范红领巾等少先队标志标识的使用，禁止不当使用、佩戴红领巾，尤其是利用红领巾等少先队标志标识恶意营销炒作。

（五）突出的自主性

少先队是少年儿童自己的组织，少先队员是少先队组织的主人。每一个少先队员在队里都有选举权和被选举权，可以对队的工作和队的活动提出意见和要求；小队长和中队、大队委员会都由队员选举产生，全国和地方少先队经常性工作的领导机构——全国、地方各级少先队工作委员会，也是由同级少先队代表大会选举产生的。少先队的各项活动，从主题活动的规划布置、节目编排到活动评价等，都应由队员自主决定，通过行使权利，帮助队员逐步形成自我管理和自我教育的能力，树立主人翁意识、民主意识，为将来成为中国特色社会主义建设的主力军、当好国家未来的主人翁而做好准备。

三、少先队的组织建制

（一）领导机构

1. 领导者

中国少年先锋队的领导者是中国共产党。党委托中国共产主义青年团直接领导少先队。

2. 全国和地方领导机构

中国少年先锋队全国工作委员会（简称"全国少工委"）是全国少先队组织的领导机构。

它经每五年召开一次的中国少年先锋队全国代表大会选举产生。全国少工委的主要任务和职责是：根据中国共产党对少年儿童教育工作的要求，提出每个时期少先队工作的任务，制定工作计划，负责组织发展工作，倡导并指导开展各种形式的少先队活动；加强对少先队辅导员配备、培训、表彰工作的指导；指导少先队理论研究工作，推进其发展等。

全国各地的各级少先队工作委员会，是各级地方少先队经常性工作的领导机构，由各地各级少代会选举产生。全国各地的各级红领巾理事会（少先队队部），是各地方少先队组织的自治机构，由各地各级少代会选举产生。

（二）少先队基层组织

队章规定，在学校、社区建立大队或中队，中队下设小队。

（1）小队。小队由5至13人组成，设正、副小队长。

（2）中队和中队委。中队由两个以上的小队组成，成立中队委员会，负责领导组织中队的工作和活动。中队委员会由3至7位委员组成。

（3）大队和大队委。大队由两个以上的中队组成；成立大队委员会，由7至13人组成。少先队大队委员会是学校少先队组织的最高领导和决策机构。大队委员会的基本职责是：负责制定大队工作计划；组织大队活动；主办大队的各种"小家务""小建设"；研究讨论大队工作，领导各中队的工作等。少先队大队委员会在学校接受校党支部的领导，并受党支部委托的共青团团支部的直接领导，在大队辅导员的指导下，完成具体工作和组织开展教育活动。

小队长和中队、大队委员会均由队员选举产生。半年或一年选举一次。中队和大队委员会可以根据工作需要，设队长、副队长、旗手和学习、劳动、文娱、体育、组织、宣传等委员。

（三）少先队代表大会

少先队代表大会，是少先队大队或大队以上的组织机构召开的，由队员代表作为主体参加的、反映少先队员意志和愿望的会议，简称"少代会"。少先队代表大会是同级队组织的最高权力机构，它有商讨、决定一个时期队的重大事务，监督各级少先队的组织工作，选举产生队工作领导委员会的重要职能。学校少代会一般每年召开一次。少代会闭会期间，队的经常性工作由少代会选举产生的队的领导委员会负责。

少先队代表大会是队组织实施民主集中制领导和管理方法的具体体现，是让少先队员实施民主权利、当家作主的重要保证，是队员学习民主、发扬民主、培养民主能力和主人翁意识的重要形式。

（四）少先队辅导员

1. 少先队辅导员的配备标准

2020年印发的《共青团中央、教育部、人力资源和社会保障部、全国少工委关于加强新时代少先队辅导员队伍建设的意见》（以下简称《辅导员队伍建设意见》）要求：省、市、县、乡级行政区和设有中小学校的开发区等,要配备少先队总辅导员。省、市总辅导员配备在同级团委,县和开发区等总辅导员配备在同级团委或教育部门,乡少先队总辅导员可由学校大队辅导员兼任。有条件的街道、社区可配备少先队总辅导员。少先队大队要聘请1名大队辅导员。规模较大的学校可根据实际情况聘请副大队辅导员或执行大队辅导员,小学部、初中部分设的学校需分别聘任大队辅导员。少先队中队要聘请1名中队辅导员,可由班主任或其他教师担任。中队辅导员不能由大队辅导员兼任。校外辅导员由各级少工委从本地区优秀校外思政课教师、优秀团干部、团员、青联委员,拥护党的领导、道德高尚的劳动模范、科技工作者、青年志愿者等各行业先进人物中选聘,注重发挥拥护党、高素质的家长作用。省、市、县级少工委要建立校外辅导员人才库,为中小学少先队组织开展相关工作提供支持和保障。

2. 少先队辅导员的角色地位

《辅导员队伍建设意见》指出:"少先队辅导员是党的少年儿童思想政治工作者,是少年儿童亲密的朋友和指导者,是党的少年儿童思想政治工作中的重要力量,是中小学思政教师队伍的重要组成部分。少先队辅导员要将少年儿童政治启蒙和价值观塑造作为主责主业,树立和增强少先队员光荣感,确保主要精力投入到主责主业当中。"《新队章》进一步明确,辅导员工作的出发点应是"帮助中队或大队委员会进行工作,组织活动"。

3. 中队辅导员的任职资格和素质要求

《辅导员队伍建设意见》强调,聘任少先队辅导员时要突出政治素质,加强对人选的政治考察。《新队章》也再次强调,辅导员"由共青团选派优秀团员或聘请政治素质过硬、思想进步、作风正派、知识丰富、热爱少年儿童的教师以及各条战线的先进人物来担任"。中队辅导员一般应为中共党员、入党积极分子、优秀团干部、优秀团员或积极申请入党的优秀教师,忠诚于党,理想信念坚定。无不良言行。城镇中小学中队辅导员应具有大专以上(含大专)文化程度,农村中小学中队辅导员应具有中师以上(含中师)文化程度。中队辅导员还应具备1年以上学校教育教学工作经验。

中队辅导员应具备如下素质。

(1) 具有较高的政治素质和坚定的理想信念,能增强"四个意识"、坚定"四个自信"、做到"两个维护",严守政治纪律和政治规矩,有较强的政治敏感性、政治辨别力。

(2) 热爱少年儿童,了解和掌握少年儿童思想意识发展和教育规律,了解少年儿童的生活、思想实际。

(3) 热爱少先队工作,有责任心和敬业精神。具有发现教育契机,并及时进行教育引导的能力。

(4) 了解少先队基本知识、工作理念和工作方法,具备一定的教育教学经验。

(5) 具有较强的组织协调能力和语言、文字表达能力,以及较强的观察、引导能力。

(6) 具有主动学习精神,有创新理念。

4. 中队辅导员的岗位职责

（1）聚焦少先队主责主业，突出政治启蒙和价值观塑造，传达党对少年儿童的关爱，在大队辅导员的领导下，通过每周1课时的少先队活动课和校内外少先队活动，指导队员利用校内外时间、资源自主开展活动，向队员讲解党的历史和领袖，介绍党的成就，引导队员听党的话、跟党走，树立和增强少先队员光荣感。

（2）抓好少先队中队组织建设、开展中队组织生活，增强党、团、队组织意识和教育内容的衔接，帮助队员树立党、团、队相衔接的组织意识和集体意识、服务意识。

（3）服务队员现实需求、维护队员正当权益。

（4）掌握少年儿童的思想状态，及时解决队员思想上的困惑和问题，引导少年儿童树立正确的价值观。

第二节 中队辅导员与小学班主任角色

少先队中队是少先队生活的基本单位，是支撑少先队组织的关键层级。学校的少先队工作要通过中队贯彻实施；少先队组织特有的教育作用，也要通过中队工作来有效发挥。在小学，中队一般建立在教学班上，因而，中队辅导员通常由班主任兼任。

在实际工作中，一些小学班主任对中队辅导员这个特殊身份及其工作的认识处于模糊状态，很容易将"班主任"与"中队辅导员"等同起来，出现"班、队混淆"甚至"以班代队"的情况，使少先队的组织教育功能未能启动或未被合理启动。因此，正确认识班主任和中队辅导员两种角色的共同点和不同点，有着十分重要的意义。

一、任职条件的异同

（一）相同点

班主任和中队辅导员都在学校教育中扮演着重要角色，都对少年儿童的成长具有重要影响，因此，都要选派思想端正、知识丰富、热爱少年儿童、具有较强的沟通和教育引导能力的人员担任。

（二）不同点

班主任是由学校选聘的，而中队辅导员是由共青团选派的；班主任来源于班级任课教师，而中队辅导员必须是较优秀的共青团员才能担任，可以是教师中的团员，也可以是其他各条战线上的先进人物；在素养方面，对班主任与学生家长及其他任课教师进行沟通的能力和组织管理能力的要求较高，而对中队辅导员的要求则是思想先进、信念坚定、有较强的组织观念和教育引导能力。

二、教育对象的异同

（一）相同点

小学班主任和中队辅导员的教育对象都是少年儿童及其组成的群体。而且，因少先队"全童入队"的原则，在儿童入队、班主任兼任中队辅导员之后，小学班主任和中队辅导员两种角色由一人兼任，其所面对的群体也会是同一个少年儿童群体。

（二）不同点

虽然教师面对的是同一群少年儿童，但是少年儿童所组成的群体却具有两种不同的组织特性：作为班主任，所面对的是一个一般社会组织——教学班级；作为中队辅导员，所面对的是一个政治性、革命性组织——少先队中队。从群体成员的身份来看：在教学班级中，组织成员是"小学生"；而在少先队中，组织成员是"少先队员"。

三、教育目标的异同

（一）相同点

小学班主任和中队辅导员的终极教育目标是一致的，即都要促进少年儿童德、智、体、美、劳全面发展，使全体少年儿童成长为社会主义事业的建设者和接班人。

（二）不同点

在促进全体学生全面发展的过程中，班主任工作的侧重点在于形成班集体，并通过集体的力量带动全体学生在原有的学业基础上获得最大的发展；而中队辅导员的侧重点则是帮助少年儿童了解少先队的知识，并通过队组织教育使学生继承革命传统、树立共产主义理想。

四、师生关系的异同

（一）相同点

无论是班主任，还是中队辅导员，都应和学生或少先队员建立平等、和谐的师生关系，成为他们的"亲密的朋友"和"指导者"，成为他们"健康成长的引领者"和"人生导师"。

（二）不同点

相对而言，班主任的主要角色定位应是教育者、管理者、组织者，当然，在教育和管理学生的过程中要注意充分调动和尊重学生的主动性、积极性,帮助学生养成自我教育能力;而中队辅导员的首要角色定位应是少先队员的"亲密朋友",其次是"指导者",这是少先队的组织性质——自主性所决定的,也是队章所明确规定的。因此,相对于班级管理来说,中队辅导员更要把少先队中、小队组织和中、小队干部向前推进一步,而自己则向后退一步,即引导少先队干部和少先队员独立开展工作、组织活动,而将自己摆在"从旁指导"的位置,充分尊重少先队"组织自转、自我教育"的本质特征,给队干部出主意、当参谋,设法启发队员们的积极性、创造性。[①]

五、教育途径的异同

(一) 相同点

在班级管理和少先队工作开展的过程中,都应引导学生或少先队员开展内容丰富、形式生动的各项活动,寓教育于活动之中。另外,班主任和中队辅导员都应重视文化建设,让学生或少先队员在班级和少先队文化中受到潜移默化的影响。

(二) 不同点

与班级活动不同的是,少先队有着自己的品牌活动,如体验教育活动、"手拉手"互助活动、"红领巾争章"活动、"民族精神代代传"活动、少年军校活动、中国少年儿童平安行动、中华少年小甲A足球活动、中国少年科学院活动等。此外,少先队还要开展组织建设和阵地建设。

少先队活动还在重大节日、纪念日、组织集会或者举行大、中队会时必须举行完整而独特的仪式,通过仪式培养少先队员的组织纪律性、荣誉感和责任心。严肃的列队、逐级报告人数,能增进队员的组织观念;激昂雄壮、催人奋进的号声,节奏明快、鼓舞人心的鼓乐,徐徐行进的队旗,少先队员举手敬礼、高唱队歌、举拳呼号,无不叩击着队员的心扉,感染着队员的情感,体现了队员的崇高理想和决心,引发队员们对美好生活和真理的深切向往。

在参加活动或队员集会时,辅导员也必须和队员一样佩戴红领巾、敬队礼,以体现与队员的平等关系和对队组织的尊重。

资料链接 11-2

少先队队会仪式基本程序

少先队组织在重大的节日、纪念日、组织集会或者举行大、中队会时,都应该举行队会仪式。

[①] 王延风.中队辅导员应把握好"一进一退"[J].辅导员,2007(10):34—35.

举行仪式前,先要集合,整理队伍,报告人数。

报告时,小队长向本小队队员发出"立正"口令,然后跑步到中队长面前,敬礼,报告:"报告中队长,第×小队应到队员×人,实到×人。报告完毕。"中队长回答:"接受你的报告!请稍息。"敬礼。小队长回原位发出"稍息"口令,小队稍息。

各小队报告毕,由中队长向中队辅导员报告。

报告时,中队长向全中队发出"立正"口令,然后跑步到辅导员面前,敬礼,报告:"报告辅导员,本中队应到队员××人,实到××人。报告完毕。"

辅导员回答:"接受你的报告!请稍息。"并根据活动性质提出祝贺语,如"预祝本次活动成功!"敬礼。中队长敬礼,回原位,发出"稍息"口令。

(如是大队集会,就由各中队长依次向大队长报告,再由大队长向大队辅导员报告。视活动实际情况,也可由大队长直接向大队辅导员报告。)

接着活动开始,程序如下:

1. 全体立正,仪式开始
2. 出旗(奏出旗曲,全体队员敬礼)
3. 唱队歌
4. 中队长讲话(如果是大队集会,由大队长讲话)
5. 进行活动
6. 辅导员讲话(活动结束时做简短小结)
7. 呼号
8. 退旗(奏退旗曲,全体队员敬礼)
9. 活动结束

出旗时,旗手、护旗手应从整个队伍正后方出发,从全体队员中间经过,到队伍正前方停下,退旗时按原路退出。出旗和退旗时,辅导员、全体队员和护旗手敬礼。

入队仪式基本程序

队员入队要举行入队仪式,一般由共青团组织代表或少先队大、中队长主持。基本程序如下:

1. 全体立正,仪式开始
2. 出旗(奏出旗曲,全体队员敬礼)
3. 唱队歌
4. 大队委员会宣读组建一年级少先队组织的决定,宣布新队员名单

> 5. 为新队员授红领巾
> 6. 新队员宣誓（由大队辅导员或大队长领誓）
> 7. 为新建中队授中队旗
> 8. 为新建中队聘请中队辅导员
> 9. 党组织、团组织代表或大队辅导员讲话
> 10. 呼号
> 11. 退旗（奏退旗曲，全体队员敬礼）
> 12. 仪式结束
>
> 资料来源　共青团中央　全国少工委.中国少年先锋队标志礼仪基本规范[EB/OL].（2017-03-10）[2021-09-18]. http://zgsxd.k618.cn/zqhg/201703/t20170310_10578801.html

第三节　中队辅导员的教育工作

作为中队辅导员，首先在思想上要正确理解少先队教育任务的必要性和特殊性，在工作中把各项要求和任务正常化、制度化、系统化，围绕培养少年儿童朴素的政治情感和共产主义道德，开展少先队组织教育、自主教育、实践教育，实施少先队员阶梯式成长激励体系，引导队员听党话、跟党走，争做新时代好队员，不断树立和增强少先队员光荣感。

一、少先队组织教育

少先队是一个革命性组织，帮助活跃中队生活、建设中队文化，以加强组织教育，是中队辅导员的重要工作内容之一。

（一）队前教育

由于少先队的群众性、教育性等特性及"全童入队"的工作原则，中队辅导员，包括尚未成为中队辅导员的小学一年级班主任，需要做好或协助少先队做好组织发展工作。

1. 队前教育的目标和内容

（1）激发少年儿童入队的愿望。少先队的入队是建立在少年儿童"愿意参加少先队"的基础之上的，因此，中队辅导员或班主任应首先激发少年儿童入队的愿望，培养、保护或增强他们对少先队的向往之情。

（2）通过少先队基本知识的普及，引导少年儿童树立学习革命先锋、继承革命传统的意愿。中队辅导员或班主任要向少年儿童进行少先队基本知识的普及，达到"七知""六会""一

熟悉":知道少先队的队名、队旗、队徽、红领巾、队礼的含义,知道队的领导者和队的作风;会写入队申请书、会读入队誓词、会戴红领巾、会行队礼、会唱队歌、会呼号;熟悉少先队仪式的基本程序和要求。在普及少先队基本知识的过程中,中队辅导员还要渗透革命传统教育,激发少年儿童建设社会主义、为共产主义事业而奋斗的信念。

(3) 引导少年儿童以实际行动争取入队。队章规定,少年儿童"入队前要为人民做一件好事",因此,中队辅导员或班主任要引导、鼓励少年儿童以实际行动争取入队,将入队的过程变成少年儿童自我教育的过程。

2. 队前教育的途径

队前教育可以由中队辅导员或班主任亲自实施,也可以邀请高年级少先队员和其他有关人士共同施行。例如,发动高年级少先队员开展迎新活动,带领一年级新生参观校园、队室等;组织新生观摩高年级的队会或其他队活动;邀请有关人士开展中国共产党的革命历史、少先队历史的讲座;组织班会学习队章知识;等等。

> **思考并讨论**
>
> 有的老师认为,那些非常顽皮、总犯错误的孩子应暂缓入队,"应让他们羡慕羡慕红领巾,以促进他们改正缺点",而且"这样对于表现好的同学来说,也才公平"。你是否赞同这种说法和做法?

(二) 组织建设

少年儿童入队后,中队辅导员就要引导队员开展好中队和小队的组织建设。

1. 完善组织结构

少先队中队一般以班级为单位组建,也可根据队员需求和实际工作需要跨年级、跨班级建立临时性或较长时间的联合中队;少先队的小队一般即为教学班的教学小组,也可以根据特殊需要(如家庭住址、兴趣爱好等)组建。中队辅导员要帮助少先队员按照队章中有关基层组织组建的规定形成小队和中队,指导队员进行小队长和中队委员会的选举,协助队干部开展少先队的各项活动。

> **资料链接 11-3**
>
> **小队的优化组建**
>
> 全国少先队学会基础理论专业委员会主任、全国少先队学会名誉副会长段

镇同志指出,理想的小队组建方法是尊重队员的意愿,"自愿结合、合理编队、自取队名、自选队长、自定目标、辅导员自聘、自主开展活动"。他提出了"小队优化组建"的八种方法。

(1) 实行自愿编队,合理组合。

(2) 取名设标,强化小队集体意识。

(3) 实行一年一次的常任小队长和一月一次的轮流小队长相结合的队干制度。

(4) 实行队员岗位职称制,人人有岗位。

(5) 建立定期的小队活动制度。

(6) 评比竞赛,激励导向。

(7) 引导发动孩子自己去聘请小队校外辅导员。

(8) 优化大、中队的组织领导,让小队建设同整个集体建设相配套。

集体建设重在小队,小队活力在于自动,自动需要系列改革,合理的改革才能达到小队集体优化组建的目的。

资料来源　段镇.少先队学[M].上海:上海人民出版社,2008:125—127.

2. 队干部选举的组织与工作指导

(1) 组织民主选举。少先队员是少先队组织的主人,在队里享有选举权和被选举权。少先队小干部的产生要坚持民主选举,并让队员在选举过程中体会"民主集中制"这一中国共产党的基本组织原则。中队辅导员应引导队员按照"申请—审核—参选—投票"的程序选举产生队干部。队员在酝酿和提出新一届队委会候选人时,可以发表意见,做出评价。原则上,小队、中队干部每届任期为一个学期,每个学期选举一次,以尽量让更多队员得到锻炼,享受"当家"的权利。选举仪式应隆重、严肃,让每个队员投上神圣的一票。

(2) 指导队干部成长。中队辅导员要注意培养队干部,指导他们开展工作。例如,可以为新上任的队干部举办队长学校、队干部专题讲座,定期或不定期召开队干部例会进行交流等,使队干部明确自己的工作职责,树立自觉接受群众监督、不断为集体服务的意识,增强工作的自信心。中队辅导员还要指导队干部制定工作计划并督促落实,提高小干部的工作能力。

> **? 思考并讨论**
> 学习成绩不好的队员就不能当少先队小干部吗?

3. 协助健全管理制度

中队辅导员应协助中队委员会建立、健全管理制度，包括选举制度、干部例会制度、评议与考核制度、队活动制度等。通过完善的制度，规范少先队的工作。

（三）少先队队务建设

少先队的队务建设（俗称"小家务"），是少先队基础建设的内容之一，是少先队渗透组织教育和集体观念、提高自我管理和教育能力的重要途径。

少先队大队的队务项目主要有：少先队队室、红领巾广播站及电视台、红领巾走廊或红领巾区、鼓号队、红领巾文明示范岗、红领巾储蓄站、小主人信箱、少先队日志、光荣册、少先队插旗制度等。

少先队中队的队务项目主要有：队报、中（小）队活动日志、光荣册、各种队角、小队之家、主题教育活动专栏等。[①]

少先队中队报包括黑板报和队员自办报，是少先队宣传教育的主要阵地。一张队报的版面主要由报名、栏目、标题、文章、题图、插图、报头、尾花、编辑姓名等部分构成。主题教育活动专栏可布置在教室的一面墙上，可包括教育主题、中小队目标、活动进展情况、活动效果、队员感受等分栏。队角是指利用教室的一角，由少先队员收集资料并布置的一块小阵地，常见的有"英雄角""科技角""图书角"等。中（小）队活动日志主要是用来记录中（小）队的会议、活动、"小家务"、队员情况、组织工作等的载体，它平时可摆放在中队队角以供全体队员翻阅、评议和监督。如果具备相应条件，还可建立中队网页，即由中队基本情况、中队特色建设、中队之星、中队"红领巾争章"情况、中队和小队活动等内容构成的中队网上之家。

图 11-1 中小学少先队队室示范挂图（全国少工委办公室）[②]

在少先队的队务建设中，中队辅导员必须首先明确少先队队务建设的"队员自理"原则，充分尊重和发挥队员的主动性、创造性，不可包办代替。但是，中队辅导员也应关注队务建

[①] 少先队北京市工作委员会. 写给少先队小干部[M]. 北京：中国少年儿童出版社，1999：71.
[②] 中国少年先锋队网站[EB/OL]. (2017-11-12)[2022-02-22]. http://zgsxd.k618.cn/zywj/201710/t20171027_13924050.html.

设情况,积极提供支持、协调关系、予以指导,帮助队员完善和提高,增强教育效果。

二、少先队活动指导

开展丰富多彩、生动活泼、具有教育性和知识性的少先队活动,是少先队团结教育少年儿童的主要途径和方式,是少先队员成长的摇篮,也是少先队工作生机与活力的体现和保障。少先队有一些特有的品牌活动,中队辅导员可以结合或借助这些品牌活动协助中队委员会开展各项富有特色的活动。

(一) 少先队活动及其课程化

长期以来,少先队开展的教育实践活动在引导学生树立远大理想、形成坚定信念、提升综合素质等方面发挥了不可替代的作用,成为中小学教育的重要组成部分。

2012年9月发布的《教育部关于加强中小学少先队活动的通知》,强调"各地要充分认识加强少先队活动的重要性,采取有力措施,切实予以加强"。同时明确规定:"少先队活动要作为国家规定的必修的活动课,小学1年级至初中2年级每周安排1课时。其中,小学1—2年级少先队活动课时可在地方课程与学校课程中安排,小学3年级至初中2年级少先队活动课时可在综合实践活动中安排。""要充分尊重少年儿童的主体地位,遵循少年儿童的年龄特点,认真把握少年儿童的情感、意识、信念形成的基本规律,将少先队活动与学校其他教育教学活动有机结合。要精选与少年儿童学习、生活经验密切相关的教育内容,采取少年儿童易于接受的方式,组织开展丰富多彩的实践性、体验性活动,努力增强少先队活动的吸引力和实效性。"

2013年3月,全国少工委出台《少先队活动课指导纲要(试行)》,对少先队活动课的性质、目标与内容、课的形式、实施要求、评价、管理与保障以及分年级活动建议进行了全面阐述,少先队活动正式"课程化",成为中小学"活动课程"的重要组成部分。2014年,习近平总书记的"六一"讲话强调"少先队要坚持开展组织教育、自主教育、实践活动,把广大少年儿童团结好、教育好、带领好"。2015年9月,为深入贯彻落实党的十八大以来中央的有关要求,深入贯彻落实习近平总书记对少年儿童和少先队工作的一系列重要指示精神,贯彻落实中央党的群团工作会议精神,贯彻落实共青团十七大和第七次全国少代会精神,在充分吸收各方面意见建议的基础上,全国少工委组织修订并印发了《少先队活动课程指导纲要(试行)》。经过再次修订,《少先队活动课程指导纲要(2021年版)》(以下简称《指导纲要(2021)》)正式印发。《指导纲要(2021)》更加全面、详细、系统,进一步加强了对于少先队活动的指导性。

《指导纲要(2021)》内容概要如下。

(1) 课程性质:政治性、组织性、实践性和儿童性。

(2) 课程理念:聚焦少年儿童政治启蒙和价值观塑造;坚持组织教育、自主教育和实践教育相统一;坚持课堂内外、学校内外、线上线下相结合;坚持课程的表现性评价与阶梯式激励相衔接。

（3）课程目标与内容：以培养新时代少先队员"理想信念、政治认同、组织意识、道德品行、精神品质"等核心素养为目标，从政治启蒙、组织认同、道德养成和全面发展等四个课程模块入手对少年儿童开展教育。

（4）课程形式：主要通过组织生活、队课、仪式教育、实践活动、协同教育等形式开展，可以一种形式单独开展，也可以多种形式相结合开展。

（5）课程激励评价方式：围绕培育新时代少先队员核心素养，注重发挥队员的主体性，由队员和辅导员共同商定评价依据，重视情境表现、过程表现、能力表现，通过自我评价、辅导员评价、组织评价相结合的方式进行。评价要与"红领巾奖章"争章等少先队员阶梯式成长激励体系有效衔接。

（6）课程管理：由地方少工委统筹管理和指导，以学校少工委为实施主体，自1年级至8年级全面实施（少先队活动作为国家规定的必修活动课，每周1课时，单独列入课表，其中在校外开展实践活动的课时不少于总课时的三分之一），9年级根据实际情况和少先队员的发展需要开设。课程主要由中队辅导员组织开展，有条件的地区、学校和青少年宫可配备少先队活动课程专任教师。以中队为基本单位常态开展，也可以大队、小队、红领巾小社团等为单位开展，或由校外少先队组织灵活开展。活动应注意八项要求：主题鲜明、目标适切、内容集中、特性突出、元素丰富、时空多维、时尚新颖、辅导到位。

（7）课程保障：完善工作体制机制；加强辅导员队伍建设；加强课程资源保障。

《指导纲要（2021）》还确定了"少先队活动课程分学段目标"，提供了"少先队活动课程分年级活动实施参考"。

（二）活动指导原则

中队辅导员在组织少先队活动课程时应遵循《指导纲要（2021）》八大活动要求，尤其要注重以下原则。

1. 尊重自主性与积极指导相结合

中队辅导员必须牢记，少先队员才是少先队的主人，因此，在少先队活动的设计、组织和实施过程中，要充分尊重和调动队员的积极性和主动性，让少先队员逐步学会自己管理自己、自己教育自己，切忌包办代替、强迫命令，不可擅自剥夺某些队员的活动权利。同时，中队辅导员又有责任引导少先队及其队员的发展，年幼的少先队员也需要中队辅导员的指导，因此中队辅导员在活动中应起到参谋、服务、顾问、支撑等作用，把自己的精心辅导与充分发挥队员的主动性有机结合起来。

2. 严肃教育与生动有趣相结合

少先队活动的主题、内容、方式、方法乃至时间、地点都要充分考虑其教育意义，每次活动都应履行少先队庄严的活动仪式,但同时,活动又必须适应少年儿童的年龄特点,将活动开展得丰富多彩、生动活泼、新颖有趣,这样才能使活动对少年儿童充满吸引力和感染力,将教育深入少年儿童的心灵。

3. 统一活动与具体实际相结合

少先队大队通常会开展统一活动,以营造整体的活动氛围,增强活动效果。此时,中队辅导员要注意把握中队队员的年龄特征和思想实际,避免为了搞活动而搞活动的倾向,力争让每一次活动都使每一位队员身临其境、深受感染,增强教育的实效性。

案例 11-1

中国桥,了不起!

活动背景

中国桥梁建设经历了从学习、追赶到创新、超越的发展变化,如今的中国桥成为跨越天堑、连通世界的一张"中国名片"。2018 年 10 月 23 日,跨越伶仃洋,东接香港特别行政区,西接广东省珠海市和澳门特别行政区的港珠澳大桥全线开通,习近平总书记在开通仪式上称赞:"港珠澳大桥是国家工程、国之重器。中国桥梁人对大桥的设计、建设、运维,发挥聪明才智,克服了许多世界级难题。"在讲话中,习近平总书记称港珠澳大桥为"圆梦桥、同心桥、自信桥、复兴桥"。

一年级的孩子活泼好动、乐于动手、充满好奇。2019 年 5 月 1 日,《港珠澳大桥》记录电影在全国上映,一(1)中队组织少先队员们观看了影片,队员们被影片中恢弘震撼的场景深深吸引,表现出对桥梁建筑的浓厚兴趣和热情,并且对桥梁建设充满好奇,队员们都想了解更多的桥梁知识,亲自体验桥梁的设计和建设,近距离感受桥梁的无穷魅力。于是,我与队员们设计了"桥梁设计师"创意活动,用"彩纸七巧板"巧妙设计、拼接出造型多样的桥梁进行展示交流,引导队员表达自己对桥梁的热爱和赞美。

为了让队员们走进桥梁的世界,了解和探寻桥梁知识,感受中国桥梁技术的神奇与伟大、中国桥梁人的智慧与了不起,激发队员们的自豪感和对祖国的热爱之情,我与队员们一起设计了"中国桥,了不起!"活动。

本次活动课属于《北京市少先队活动课实施细则》第一板块"爱党爱社会主义祖国的朴素感情培养"一年级教育目标中的第二个目标:体验和赞赏美丽而伟大的祖国。

活动目的

本次课程以队员感兴趣的"桥"为切入点,引导队员在"造桥、识桥、话桥、颂桥"的一系列实践活动和交流分享中,了解我国桥梁的发展历史和辉煌成就,感受领跑世界的中国桥梁技术,中国桥,了不起,激发队员们对祖国桥梁事业的自豪之情,对伟大祖国的骄傲之感,将爱国心和民族情落实到自己的行动中。

活动准备

一、队员准备

(一)全体队员参与"七巧板造桥"创意活动,并进行投票评选。

(二)观看《港珠澳大桥》电影,激发对桥梁的兴趣和好奇心。

(三)中队委在中队辅导员的指导下制定活动流程和规则。

(四)准备中队旗、PPT课件、图片、锦囊袋等。

二、中队辅导员准备

(一)了解中国桥梁的相关知识,指导并帮助队干部确定活动形式,准备相关物品、奖品、桥梁图片。

(二)组织"七巧板造桥"创意活动,协助队干部进行"桥梁设计师"的投票评选。

(三)与桥梁专家沟通,预约时间、商讨内容。

(四)带领队干部做好安全防范教育。

活动过程

活动前,中队干部在中队辅导员老师的带领下进行交流讨论,发现队员们对"桥"有着浓厚兴趣和强烈热情,对港珠澳大桥充满好奇,被造型多样、种类繁多的桥梁深深吸引,对于自己动手设计桥梁跃跃欲试。于是,中队开展"七巧板造桥"创意活动,鼓励队员们动手剪切制作"彩纸七巧板",并通过拼接、粘贴设计出各种各样的桥梁。与此同时,队员们非常渴望了解桥的发展历史和变化过程,学习更多的桥梁知识,于是通过"动手排序识桥""聆听故事话桥""感悟强大颂桥"的活动,一步步深入了解桥梁的发展历程,感受中国桥梁的辉煌成就,激发对祖国的自豪与热爱之情。

巧用彩纸造桥

这天,一(1)中队的少先队员们兴致勃勃地聚集在整洁明亮的教室中,开展了一次有意义的少先队活动课。中队长在大家炯炯有神、充满期待的目光中走上讲台,开始一番动员:"亲爱的少先队员朋友们,中国桥,多骄傲;越海峡,港珠澳;小巧手,会创造,七巧板,变成桥;设计师,都来到。在上周我们观看了《港珠澳大桥》这部电影,队员们热血沸腾,在中队辅导员老师的建议下,我们中队开展了'七巧板造桥'创意活动。经过大家的点赞投票,我们中队产生了五名小小'桥梁设计师'，让我们用掌声向他们表示祝贺!"五名"桥梁设计师"在中队辅导员老师的鼓励和中队长的号召下，向全体少先队员激情洋溢地介绍了自己的设计思路。队员们专心致志地聆听，被"桥梁设计师"的构思和创意深深吸引，看着各种各样造型美观的桥，队员们心中充满热情和力量，对桥的兴趣愈加浓烈，队员们对桥的探索热情也在心中悄悄点燃。

动手排序识桥

为了帮助队员们了解桥的发展历史，中队辅导员老师为每个小队准备了一个锦囊袋，并邀请组织委员采访大家："队员们，在我们身边有各种各样的桥，那你们知道最早的桥是什么样的吗?"队员们争先恐后地抢答，勇敢而有序地表达自己的猜想。组织委员告诉队员们："在我们中国有句古话：'逢山开路，遇水架桥'，我们聪明且富有智慧的祖先早在6000多年前就巧妙地利用木头建造出了最早的桥——独木桥。随着历史的变迁，桥的材质和造型不断发生变化，现在请各小队听从指令，拿出面前的锦囊，经过小队共同讨论后，给锦囊中的桥梁按照时间先后顺序进行排序，计时2分钟，排序正确且速度最快的小队可赢取奖品，挑战现在开始!"

六个小队分别在小队长的带领下小心翼翼地取出锦囊中的桥梁图片，认真细致地观察，激烈地讨论、研究，整个活动热烈而有序。有的小队经过讨论迅速得出结论，安静地恢复成一列纵队；有的小队在讨论中遇到了困难——南京长江大桥和北盘江大桥的先后顺序让队员们犯了难，大家各有各的想法，虽然对排序标准和依据不确定，但队员们都在认真表达自己的观点，激烈地讨论着；还有的小队拿出图片后就一筹莫展，大家面面相觑，不知道从何下手，但小队长迅速调整，带领队员仔细观察图片，鼓励大家各抒己见，最终完成了任务。"时间到!"组织委员声音洪亮地宣布挑战结束，各个小队把自己的研究成果粘贴在白板中。随后，组织委员向大家公布了正确的顺序："赵州桥—卢沟桥—南京长江大桥—北盘江大桥—港珠澳大桥；恭喜第一小队获胜，让我们用热烈的掌声祝贺他们!"在其他队员羡慕不已的眼神和热烈的掌声中，第一小队兴奋地走上台前，中队辅导员老师为他们颁奖祝贺。随后，有的队员举起手来，提出自己的疑问和困惑，中队辅导员一一做出回答并向队员们介绍了这几座桥梁的建造时间和发展历史。

队员们认真地聆听中队辅导员老师的讲解，原来，桥梁主要分为拱桥、梁桥、悬索桥、斜拉桥这四种类型，由于我国山地较多，石料资源丰富，拱桥多以石料为主，所以石料的拱桥时间最为久远……当队员们看到1400年前中国最古老的大跨径石拱桥——赵州桥在世界上独树一帜，中国还被世界称赞为"拱桥王国"时，大家不由自主地响起热烈的掌声，高呼"中国桥，了不起！"；当了解到世界上其他国家的桥梁数目逐渐增加而中国停滞不前时，每个人都瞪大了双眼，眼神中充满期待又带有一丝感伤；终于，当他们听到"经过很长很长一段时间，历经各种千辛万苦，中国第一座自主设计、制造的南京长江大桥正式通车"时，队员们的眼中瞬间闪烁着光芒，一个个欢欣鼓舞，绽放出灿烂的笑容。大家听得更认真了，中国的桥梁数目越来越多，桥梁样式越来越丰富，桥梁工具越来越先进。首座跨径千米的江阴长江大桥、位于台风区宽阔海面的舟山西堠门大桥、建立在200层楼高的"世界第一高桥"北盘江大桥……"中国桥梁繁花似锦，这是时代的发展、科技的进步，这也是中国人民不断探索、克服困难、勇于创新的表现。"听了中队辅导员老师的话，队员们兴奋不已、欢呼雀跃，不由自主地赞叹："中国桥，了不起！"惊叹声、掌声不断响起。更让大家激动的是，中国建造的桥梁不仅越来越多，还走出了国门，走向了世界的其他国家，看着中国建造的身影出现在世界的其他角落，队员们兴奋得又蹦又跳，纷纷竖起大拇指，大声高呼："我们中国真厉害！中国桥，了不起！"

聆听故事话桥

宣传委员昂首挺胸地走上台前，用洪亮而富有震撼力的声音向大家介绍："亲爱的少先队员们，目前，我国公路桥梁超过80万座，铁路桥梁超过20万座，我们中国，已经成为世界第一桥梁大国。就在2018年10月开通的连接香港、珠海和澳门的港珠澳大桥更被世界称为'超级工程'，在建造中多项技术刷新世界纪录，将不可能变为可能，令世界震惊！今天，有一位神秘嘉宾来到了我们的课堂，她亲身参与了港珠澳大桥的建设，让我们用热烈的掌声请出李子墨妈妈为我们讲述港珠澳大桥的建桥故事！"

子墨妈妈的出现让队员们更加兴奋，他们小小的身躯坐得更加笔直，眼神中闪烁着更耀眼的光芒，雷鸣般的掌声不绝于耳。子墨妈妈为队员们准备了一个介绍中国桥的视频，队员们全神贯注地观看视频，惊叹于中国桥能攀越世界屋脊，能越过崇山峻岭，还能跨越海峡深沟。"我们的中国桥真是太神奇了！""我们中国人真是太了不起了！""世界上排名最高的桥梁，中国有8座，我们国家真厉害！"队员们争相举手发言。此时，活动逐渐达到高潮。随后，子墨妈妈又为我们讲述了"超级工程"港珠澳大桥的建设故事。其中，还有"桥梁知识大比拼"的考验，队员们积极参与，在想要了解更多的桥梁知识的同时，又表现出对中国桥梁的希望、畅想和期盼。

"港珠澳大桥建设历时14年,在这个过程中攻克了无数个世界级难题,打破了无数的世界纪录……"队员们一边听着子墨妈妈的讲解,一边聚精会神地看着一张张图片,不由自主地发出声声赞叹、阵阵掌声。当他们听到中国在遭遇国外考察被拒、天价技术咨询费的嘲讽之后,中国岛隧工程总工程师林鸣下定决心自力更生,带领团队开始自主研发,队员们无比兴奋,眼神中迸发出期待和骄傲的光芒。看到一个个技术难题得到突破,队员们非常激动:有的队员张大了嘴巴;有的忍不住跳跃起来;有的相互示意,击掌庆祝。队员们惊叹于海底沉管隧道的修建,把每节长180米、宽38米、高11.4米、排水量7.8万吨的沉管安装在海底,并确保误差在0.5毫米以下,同时保证120年滴水不漏。当他们看到工人们需要亲身钻进壁厚仅1.5米的钢筋笼里,把近100根注浆管的安装效果一一检查到位,确保每一个焊接位置的密闭性能时,队员们纷纷竖起大拇指,为数以万计的建设者和默默无闻的奉献者们点赞。

感悟强大颂桥

看到队员们在今天的活动中团结合作、积极探寻、分享收获,中队辅导员老师激动不已,走到队前,亲切而自豪地对大家说:"亲爱的少先队员们,港珠澳大桥的建设是在伶仃洋上'作画',在大海深处'穿针'。数以万计的建设者百折不挠、不懈奋斗,用心血和汗水浇筑成这横跨三地的'海上长城'。大桥每一个节点的进展、每一次攻关、每一次创新,都蕴含着可经受历史考验的中国工匠精神。差之毫厘,谬之千里。在高温、高湿、高盐的环境下,一线建筑工人舍身忘我,以'每一次都是第一次'的初衷,焊牢每一条缝隙,拧紧每一颗螺丝,筑平每一寸混凝土路面,在日复一日、年复一年的劳作中,将大桥'平地拔起'。正是他们的默默付出,让港珠澳大桥从图纸变成了实体。这就是习近平总书记提出的'逢山开路、遇水架桥'的奋斗精神,也代表着我们中国勇于探索、不怕困难、团结一致的民族精神!队员们,今天我们一起走进了桥的世界,共同探索桥的奥秘,了解桥的发展历史,更震撼于中国桥一次次将不可能变成可能,成为一张响亮的'国家名片'!队员们,这就是我们的中国桥!让我们一起振臂高呼:'中国桥,了不起!中国人,了不起!'相信此时此刻的你们也有许多话想说,现在,请你们认真思考,你们可以为此做些什么呢?"

中队辅导员的一番话让队员们热血沸腾,大家争相举手发言,都想表达自己此时的心声。小艾同学激动地说:"看到我们中国人在这么多有难度的地方建造出这么多漂亮又坚固的桥,我觉得我们中国人特别了不起,我为自己是中国人感到骄傲自豪!"小乔自豪地说:"我为我是中国人感到自豪,从现在起,我也要好好学习，学习更多的知识，将来为祖国做贡献！"喜欢画画的小胡说："看到有那么多人设计建造出这么厉害的桥梁，将来我一定要好好学习画画，为中国设计出更多更美观、更实用的桥，给人们的出行带来更多的便利！"

看到队员们满怀憧憬、充满自豪地表达自己的心里话，中队辅导员老师感动不已，激动地对大家说："队员们，你们真是了不起的孩子，老师相信你们的愿望一定能实现！现在，让我们一同唱响《中国桥》这首歌曲，表达我们对中国桥的赞美和骄傲之情，对中国桥梁人深深的敬意！"伴随着音乐声，队员们立正站好，四名志愿辅导员共同捧起鲜艳的五星红旗，走到队员们的身边，队员们个个精神抖擞，高亢嘹亮、激情澎湃的歌声在教室中回荡。

中国桥，起源早，
赵州桥、卢沟桥、广济桥、五亭桥，
中华名誉响四海，
拱桥王国美名扬，
全世界都在夸中国桥。
中国桥，越来越国际化，
全世界都在赞中国桥。
神奇的中国桥，
了不起的中国人。

美妙的歌声中传递着队员们对中国桥的赞叹、对中国桥梁人的敬佩，更深深地传递着队员们对祖国的热爱与自豪。队员们热血沸腾、满怀希望，大家一起唱响队歌，振臂呼号："时刻准备着！"

活动结束后，队员们对桥的热爱之情更加高涨，他们用自己的实际行动表达对中国桥的赞美，身为中国人的骄傲之情也深埋队员的心中。

他们课下积极阅读有关桥梁的故事和书籍，跟父母、家人、朋友一起交流桥梁知识；各小队制作的"了不起的中国桥"手抄报，向更多的人们介绍中国桥的知识；反响热烈的"桥梁知识大讲堂"活动如约开展，我们的队员走进其他中队，传播桥梁知识，讲述中国桥梁人的故事和精神；"我为中国桥代言"的演讲比赛也吸引了许多队员的参加，他们慷慨激昂，讲述自己与桥的故事，描绘自己的桥梁梦想；"桥梁知识挑战赛"如火如荼地开展起来，每个队员都热情参与，表达自己的自豪之情，队员们正用自己的实际行动表达对中国桥的深深赞美和由衷的自豪与热爱。

不仅如此，队员们课堂上听讲更认真了，写作业时也更专注了；课间休息时，越来越多的队员捧起一本本书籍全神贯注地阅读；升旗仪式上，队员们面向国旗站得更挺拔了,少先队队礼也更标准了,他们望着冉冉升起的五星红旗,唱着雄壮有力的国歌,眼神中迸发出骄傲自豪的光芒,对祖国的自豪感和热爱之情已经悄然扎根在队员们的心中,鼓舞着队员们努力学习、奋勇向前,为实现中华民族伟大复兴的中国梦而努力奋斗!

资料来源　本案例由北京市海淀区上地实验小学刘莹老师提供。

案例 11-2

"嘀嘀嘀"我们出发喽!

活动背景

习近平总书记教导我们说:"我国社会主义现代化、中华民族伟大复兴的中国梦,将来要在你们手中实现,你们是未来的主力军、生力军。希望全国各族少年儿童都好好学习、天天向上。"

我校少先队一直注重队员们自主学习和创新能力的培养,教育队员们从小立志向、有梦想,积极拼搏、锐意进取,呵护梦想的种子。在二(7)中队,有这样一群队员:他们好奇,喜欢对事物展开联想,总想探索一些答案;他们爱看书,有着丰富的课外知识;他们爱科技,痴迷于各种科学实验,积极在中队参加科学实验项目。

《全国少先队活动课程指导纲要(试行)》中明确指出:要教育引导少年儿童敢于有梦、勇于追梦、勤于圆梦。根据《北京市少先队活动课实施细则》二年级第五板块中的"活动目标及要求",中队委活动前同队员们交流,发现不少队员对现代交通工具产生了浓厚的兴趣。为满足队员们对科技历史和发展前景了解的愿望,二(7)中队决定在北京市汽车博物馆展开一次关于汽车知识的学习实践活动,将汽车发展与人类科技发展联系起来,将"个人梦"与"中国梦"联系起来。

活动目的

以孩子感兴趣的"汽车"为切入点,引导队员在学习、实践的同时追溯汽车的发展历史,激发其对科学的热爱之情和学习科学的兴趣;帮助队员树立科技梦想,为祖国的繁荣发展而努力学习;在实践中体验科学技术改变世界、改变生活的巨大力量,并积极行动起来提升自主能力。

活动准备

一、中队辅导员准备

(一)了解汽车博物馆的展览内容,协助中队干部确定活动形式。

(二)和汽车博物馆的工作人员预约时间、场地。

(三)帮助中队干部做好安全防范教育。

二、队员准备

(一)各小队组织队员收集相关资料,选派汽车知识丰富的队员担任讲解员。同时准备物料,包括汽车卡片、各队的小汽车标志、讲解员指示牌等。

(二)中队长做好铺垫工作,组织观看《汽车总动员》,激发队员对汽车的兴趣。

(三)中队委制定活动流程和比赛规则,确定评选优胜小队的标准。

(四)准备中队旗、PPT课件、板书贴图等。

活动过程

一、准备出发

这天,二(7)中队的少先队员们兴致勃勃地来到了北京市汽车博物馆,开展了一次有意义的少先队活动课。大家一来到博物馆,立刻被这里琳琅满目的展品吸引住了。中队长看见队员们眼睛里充满了探索的渴望,知道大家已经迫不及待了,于是开始了一番动员:"亲爱的少先队员朋友们,你们知道生活中最重要、最常见的交通工具是什么吗?是啊,在我们的生活中,汽车扮演着越来越重要的角色。汽车渐渐改变了我们的生活,让我们的生活变得更加有趣、更加便捷。今天我们来到汽车博物馆。在这里,不仅可以了解到汽车的发展历史,找到各种各样有趣的、新奇的汽车,也可以了解到最新的汽车科技。希望队员们带着一双发现的眼睛,去寻求自己感兴趣的汽车知识,在这里度过一段愉快而难忘的时光。"

队员们被中队长的话深深地感染了,他们将要在博物馆里积极学习,发现科学的奥秘。

二、探索之旅

为了活动的顺利进行,组织委员公布活动规则:"队员们,今天我们的活动分为三个部分。第一部分是探索之旅。请每小队的队长到我这里领一张探索卡,卡片上有一些汽车的图片,请大家在汽车博物馆的二层找一找这些汽车,找到之后将图片与对应的名字连起来。连对最多的小队获得胜利。获胜的小队可以获得第二部分发现之旅的优先选择权。"

"加油!"队员们充满了热情,六个小队分别在小队长的带领下在汽车博物馆二层指定区域内进行活动。有的参照地图耐心地寻找着,有的拿着笔纸认真地记录着,还有的在一起悄悄地商量着。他们找到了中国自己制造的第一辆汽车,区分出电动车与普通汽车的不同,发现了与自家轿车同品牌的汽车……活动热烈而有序地进行着。

"时间到!"担任裁判的中队辅导员大声宣布着。中队干部紧张地统计着各小队的正确率。当他们宣布第二小队获胜取得了下一环节的优先选择权时,队员们兴奋得又蹦又跳。其他的队员们则羡慕地望着获胜队,心中充满了对胜利的渴望。比赛将激励他们勇往直前,更加努力。

三、发现之旅

第一环节的比赛让队员们对汽车知识有了初步的了解,他们心中对科学产生了巨大的兴趣,盼望着去不断发现。这时组织委员公布规则:"队员们,这个环节叫作'发现之旅'。我这里有六个任务卡,每个小队可以选择一个任务卡。拿到任务卡之后,队员们在队长的带领下到指定位置跟随讲解员阿姨了解这一部分展区的内容。十五分钟后集合。之后我们按照先后顺序请各小队的队员们为我们讲解这些展示区的主要内容,讲解得最清楚、最有趣的小队可以得到奖励哦!有请获得第一名的小队先来挑选他们的任务卡。"新的活动让队员们兴奋不已,他们分头进行参观学习,了解任务卡上相应位置展厅的主要内容。

每个小队的新发现让队员们都激动不已,他们开心地与他人分享。通过队员们的讲解,大家更加了解汽车的发展历史,也更加了解汽车与人类的关系。他们感叹司空见惯的汽车里竟蕴含了如此丰富的科学知识,感叹科学给人类生活带来了无比的便利。队员们积极探索、努力发现,中队干部们则尽职尽责,组织大家评选"最佳发现小队"。评选采取不记名投票的形式进行表决,每位队员一票,得票最多的第五小队获得胜利,由中队长为他们颁发了奖品。

四、梦想之旅

活动气氛逐渐达到高潮,探索发现让队员们爱上了科学。理想的种子已经在队员们心底萌发,他们充满了对未来的向往。于是,每位队员欣然在便利贴上写下自己的汽车梦,贴在汽车形状的白板上,并向大家介绍自己的汽车梦。一向喜欢模型的小睿睿说:"将来我要发明一种可以让盲人驾驶的汽车,让残疾人出行更方便。"美术课代表小毓把自己理想的汽车画在了卡片上,她希望学好美术,将来设计出多种多样的汽车,让人们的生活更美好!一遇到学习就头疼的小明发自内心地说:"这次参观,让我懂得了学习的重要性,我要努力学习,和懒惰说再见,将来建设美丽的祖国!"

五、结束仪式

每一个梦想都是宝贵的,每一个梦想都是最纯真的。中队辅导员被队员们的笑容所感动,被大家追求梦想的精神所感动,走到队前,激动地对大家说:"队员们,今天的活动你们开心吗?从你们每个人脸上都洋溢的笑容可以看出,这是一次难忘的活动。在这次活动中,我们了解了许多关于汽车的知识,不仅知道了汽车工业是怎么从无到有、一步步发展起来的,也知道了汽车是怎样走进我们平凡百姓的生活、慢慢改变我们的生活方式的。在最后的梦想之旅,我看到了你们都怀着一个美好的汽车梦、科技梦。今天,我看到了你们的梦想,是那么绚烂、那么动人,相信在不久的将来,你们的梦想也可以实现,你们每一个人的小小的梦想汇聚在一起,就是我们伟大的中国梦!队员们,少年强则国强,大胆去追逐你们的梦想吧!我们的国家、我们的民族会因为你们为实现梦想的一个个行动和练就的本领而日益强大。"

中队辅导员的一番话使队员们热血沸腾,大家唱响队歌,振臂呼号:"时刻准备着!"

资料来源 本案例由北京市海淀区上地实验小学王海月老师提供。

视野扩展

1. 阅读段镇的《少先队学》(上海人民出版社2008年出版)。

2. 浏览中国少年先锋队网站(http://zgsxd.k618.cn/)、《中国少年儿童》期刊及其网站(http://www.ccppg.com.cn/baokan/zhongguoshaonianertong/)、《中国少先报》及其网站(http://www.ccppg.com.cn/baokan/xinwenzhongxin/zhongguoshaonianbao/)。

3. 学习《少先队活动课程指导纲要(2021版)》《共青团中央、教育部、人力资源和社会保障部、全国少工委关于加强新时代少先队辅导员队伍建设的意见》全文。

4. 比较新旧《中国少年先锋队章程》《中国少年先锋队标志礼仪基本规范》。

实践探究

1. 结合本班计划举行的班会主题,按照少年队队会仪式,模拟召开一次主题中队会。

2. 根据《少先队活动课程指导纲要(2021版)》附录二"少先队活动课程分年级活动实施参考",任选一个年级和一个课程目标,以小组为单位,模拟开展一次活动课程。

3. 调研本地区学校少先队活动课程的开展情况。

我的思考与收获

第十二章
小学班主任的自我管理

> 对于一个班主任来说,推动其教育事业发展的应该有两个轮子,一个叫作"情感",一个叫作"思考"。教育情感使他热爱学生,忘我地工作,并从中体验到奉献的自豪;教育思考使他明确自己的教育方向,科学而理性地设计、实施自己的教育,同时不断地总结、提炼、升华自己的教育实践。因此,做一个反思型班主任,在反思中提高自己的专业化水平,应该成为我们的不懈追求。[①]
>
> ——李镇西

学习目标

1. 理解班主任自我管理的含义及其意义。
2. 提升自我分析和自我规划的意识和能力。
3. 能将自我管理的策略应用到自己的教育或学习、生活之中,提升专业发展水平。

案例 12-1

沉醉不知归路——我的班主任成长三部曲(节选)

一、误入藕花深处

1997年夏,当学校领导宣布由我做新生班主任的决定时,身边亲友无不为我捏一把汗。除了真情、激情和爱心,年轻的我不知道自己还有什么可以奉献给我的工作、我的学生。

没有冷静沉稳的办事风格,没有圆融豁达的交流技巧,更没有长远的目光和顾全大局的缜密思维,那时的我常常干一些"出力不讨好"的事情。

学校要开运动会,运动会一结束就放假。有几个学生哭着闹着要请假回家,

---

① 李镇西.做一个反思型的班主任[J].天津教育,2006(01):22.

我心一软批准了。没批准的学生干脆不辞而别。运动会结束后全校清点人数，校长勃然大怒，当着全校师生的面批评我……我心中一酸，回到宿舍泣不成声。恰好班长找我有事，我把自己的委屈一股脑儿全向她倾诉，转眼间她和我一样也成了泪人。班长将我的烦恼一一告知其他同学。当天晚上，没走的同学代表全班向我道歉，并修订了班规班纪。师生在一起，有了进一步的理解，我忍不住又一次泪水长流。

根据这一经验，我与学生相处时不再隐瞒自己的感情，高兴时我们一起欢笑，痛苦时我们一起流泪，我和学生产生了心有灵犀的感觉。从此，我的班主任生活变得幸福绵长、有滋有味。

二、沉醉不知归路

三年后，我又迎来了自己的第二届学生。这是一个只有38名学生的班级，学生多是文静谦和的"甜妹子"。因为有了三年班主任的工作经验，我带这一届学生非常顺利，没有下什么功夫，班级里就井井有条。但我觉得和她们的感情没有和第一届学生那么深。这是一个沉稳型班级，班风极正。我却总感觉不过瘾，如同演员和观众没有互动一般，想达到第一次带班时"金箍棒一挥，众猴儿抓耳挠腮"的效果，简直是痴心妄想。

如今认真思索原因，我明白自己第一次带班时风华正茂、激情飞扬，学生又是温厚纯洁、积极上进的。这个时间段教师的"冲击力"相当强。我对于教育抱有各种新的理解，往往与一般教学方式有很大的差别，不可避免地带有反叛的特征，而这种特征恰恰满足了青少年反叛求新的天性，所以学生很容易把老师当作"自己人"，对新老师抱有很多宽容。师生所作所为，浑然天成，在情感上有天然良好的沟通。第一届学生常常用崇拜的眼光看我，模仿我的发型、衣服，甚至说话的语气和走路的姿势。第二次带班，除了学生本身的结构因素，还有一个原因：随着我年龄的增长，刚当班主任时具有的天然优势在变化甚至消失，而学生对教师的期望却在逐渐提高，师生的隔阂由此产生。这时候教师若不及时调整教育方法，很可能迷茫困惑，失去信心。好在我的第二个班级"战斗力"不太强，同时我自己在常规管理方面的业务能力也有所增长，因此班级在一个相对稳定的环境中，依然能不断成长和进步。

我的烦恼、困惑是从第三次当班主任开始的。班级刚成立时简直可以用"鸡飞狗跳"来形容：学生打架、三次丢钱、逼班长退位、发癔病、被外班男生追求等。"炒我的鱿鱼"当属班级故事的高潮：学生集体给我提意见，言辞别提多尖刻了。我难过得要命，要辞去班主任职务。她们却又哭着向我道歉，还在大喇叭里一遍遍对我说对不起，生怕别人不知道似的……我们就是这样既有矛盾，又有和谐，既相互生气，又相互关心地相处着。每到矛盾爆发，眼看不能收拾的时候，便换成了宽容、理解，于是和好，然后下一个矛盾继续产生。

现在思索原因：我的挫折来自自己一直在"纯天然"地凭感觉带学生，我似乎只有程咬金的三板斧，缺乏十八般武艺。在前两届学生面前，我有"大姐大"的影响，学生对我是宽容的，而现在的学生一进校门就听说我带班不错，便偏要找到我不如她们意的地方。而我却没有及时调整自己的方法，只停留在吃"老本"的阶段，偏偏我的"老本"——年龄优势已不复存在，不免犯下"刻舟求剑"的错误。

尝过了当班主任的乐趣，我不满足自己失去年龄优势的现状，这样的困惑让我对班主任工作的研究欲罢不能、沉醉其中。

三、惊起一滩鸥鹭

2005年8月，我在《班主任之友》杂志上看到了李镇西老师为自己的班级日记《心灵写诗》写的序言，决心要做像李镇西那样的老师。我开始在夜深人静的时候，一边回忆着当天发生的事，一边在键盘上一个字一个字地敲下来，细细体味生命的律动。当时我没有想到这些文字将来能出版，只是想在书写的过程中，反思自己教育里的失误，提高班主任工作能力。

2005年12月，我开始上网。那时我的班级日记已经写下了十万字。我先是在"班主任之友"发表帖子，这真实的教育日记立即引起了众多老师的关注。接着我进入了"教育在线"，找到了无数志同道合的朋友和让我敬仰已久的良师。我的生活因此而有了转折。

李镇西老师曾经说："教师的成长，实践是基础，读书是关键，思考是灵魂，写作是成果！"我迫切地要成长，我已经在实践、在思考、在写作了。张万祥老师说："闭门即是深山，读书随处净土。"在他的指点下，我广泛阅读各种书籍，尽力保持着心境的宁静平和。在这样的阅读、写作中，我的思索越来越深刻。我翻阅自己写下的班级日记，思考着每一个案例的处理是否得当，并随手将阅读时的思考记录在每一篇日记后面。没想到，这样的思考对我的专业成长颇有益处。当我把四个问题学生的成长日记和反思整理完毕，著作《她不仅仅只叫"刺麻苕"——四个问题学生的成长及反思》也完成了，用时仅仅三个月。这本书与我的班级日记和随笔同时公开出版。

一个普通平凡的一线教师，同时出版四本著作，这一消息在网上和现实里颇让人吃惊，如同李清照"误入藕花深处"后，"惊起一滩鸥鹭"。

> 路漫漫其修远兮，吾将上下而求索。
>
> 资料来源　李迪.沉醉不知归路——我的班主任成长三部曲[J].班主任，2009(6)：3.有删减。

❓ 思考并讨论

李迪老师是怎样由一个少不更事的年轻教师成长为一个硕果累累的班主任的？李老师的成长轨迹对你有何启示？

古今中外，凡大成者，绝不仅仅是在被别人管理或管理别人中获得成功的，无不是通过严格的自我管理才获得圆满的。班主任工作是一项专业性、实践性、艺术性很强的工作，具有情境性、复杂性和不可预见性。班主任要对班级实施有效的管理，首先要管理好自己。只有这样，才能更好地完成"为党育人、为国育才"的重任。

第一节　班主任自我管理及其内容

一、自我管理的含义及其意义

（一）自我管理的含义

在传统意义上，管理的主体和客体是分离的，管理的主体是"管理者"，管理的客体则是"他人"。但是在很多时候，我们既是管理者，又是被管理者。比如：为了达到一定的目标，我们会考虑如何分配时间和精力以更有效地完成工作和学习任务；为了保持良好的健康生活状态，我们会克制自己而不暴饮暴食，会给自己提出锻炼身体的要求并约束自己长期坚持……诸如此类的，我们自己有意识地把自己当作"客体"，对自己的思想和行为进行的管理，就称之为"自我管理"。自我管理就是指具有自我意识、自主意识和自由能力的个人在正确认识自己的前提下，为了实现组织的目标，通过合理的自我设计、自我学习、自我协调和自我控制等环节，以个人的自我实现和全面发展为价值诉求而进行的管理实践活动。[①]

与传统管理思想中将人作为一种经济资源来看待，人是管理的接受者，受制于企业的规章制度等观点不同，自我管理实现了管理主体、管理客体的统一，凸显了人的主体性，强调人的自我意识、自主意识及自由能力，是主体回归的管理思想，有人本管理的本质特征。

（二）自我管理的意义

自我管理对人们的学习、生活、毕生发展等有着非常重要的意义。在现代信息社会和学

[①] 王永明，潘惠香.自我管理的哲学审视[J].社会科学辑刊，2006(05)：21—24.

习型社会中,人们会面对多种可能的选择,一个人能否认清自己的长处与不足并为自己确定富有挑战性的目标、能否有效地监控自己的行为以保证目标得以实现、能否在外在约束和奖励机制缺失的情况下根据自己的标准对自身的认知、情绪、行为以及外在环境进行调控……所有这些将直接影响个体的学习、工作效能及自身发展水平。科德雷(Corderey)认为自我管理能提升工作满意度。原因在于自我管理使得工作更富有趣味和挑战性,满足了员工自我控制的需求,还使工作内容更丰富,从而能提供更多成长发展机会;此外,还有研究认为自我管理可提升员工的自我效能感,进而对个体绩效产生正向影响作用。[1]

自我管理能力在帮助个体良好适应环境、达到自在自为的同时,还减少了社会、组织和他人进行管理监督的成本。如果下属都善于自我管理,管理者便可将更多精力用于考虑组织未来发展的长远问题上,这对于提升组织的效能具有重要作用。

二、班主任自我管理及其必要性

教师是学校的重要组成部分,教师管理直接影响着学校的发展。随着人本管理思想的普及与深入,教师的自我管理在学校管理中越来越受到重视。教师的自我管理是指教师在教学、学习、生活中对自己的身体、思想、情感、意识等进行的管理,是教师从自身出发进行的对内的调节与管理。自我管理不同于传统意义上的教师管理,它是在与组织管理不相冲突的前提下,教师运用各种技能、技巧来减少自己在工作过程中的职业压力,在学习中提升自我的专业素质,在生活中愉悦自己的身心。

(一) 班主任自我管理的含义

班主任自我管理是班主任对自己的身体、思想、情感、意识等的管理,是班主任在正确认识自身的情况下,通过合理的自我设计、自我学习、自我协调和自我控制以促进自身专业发展,提高班主任工作绩效的过程。

(1) 班主任自我管理充分尊重了班主任的自主性,是班主任基于自身现状,自主设计发展方向,并进行自我调整、监控的自己对自己的管理过程。这种内源性的、以班主任为本的管理是推动班主任专业发展的不竭动力。具有较强自我管理能力的班主任不被外部激励所左右,他们会给自己设定恰当的目标,努力将其付诸实现,并以此作为激励自己前进的力量。他们会"戴着镣铐跳舞""痛但快乐着",体味着做班主任所独有的幸福,无怨无悔。

(2) 班主任自我管理的目标着眼于班主任自身的专业发展及其所在学校班主任工作目标的达成,这两者是和谐一致的。班主任的自我管理是在不与学校目标冲突情况下的自我管理,自我管理得越好,越有利于学校教育目标的实现;而一旦班主任自身的目标与学校目标不一致,一个优秀的自我管理者能够协调自己,或作用于外部环境,或调整自身的目标,通

---

[1] 杨廷钫,等.自我管理理论研究现状——基于组织行为学视角[J].科技管理研究,2009,29(06):560—563.

过自我调控,身心愉快地投入到新的行动当中。这里特别需要注意的是,班主任自我管理不是完全封闭的"自我"的管理,而是开放的、与他人合作的管理。班主任个体和学校目标的实现依赖于班主任与其他教师之间的相互信任、支持与合作。因而,班主任要想做到有效的自我管理,需要主动承担维系人际关系的基本责任。

(3) 班主任自我管理是以全面、正确的自我认识为前提,以自我学习为核心,通过自我设计、自我协调和自我控制等一系列过程实现的。其中,自我学习贯穿始终,班主任通过自我学习认清自己,在学习中给自己设定目标,通过学习调控自己(或修正目标)以最终实现符合自身的目标。班主任自我管理的过程就是一个认识自我、通过不断学习超越自我的过程。

班主任的自我管理是一个多维度、多层面的概念,在认知上它体现为教师要学会自我认识,包括自我分析和自我评价;在情感上教师要自我激励,主要是在精神层面上的内在激励;在行为训练上要注重自我修养、自我规划;在意志品质上教师要自我监督、自我控制和调节。简而言之,教师的自我管理应当是教师在正确认识自我的基础上,通过自我激励,主动向自身提出发展目标,并能自觉地自我规划、实施、控制和调节,从而达到理想发展目标的过程。[①]

(二) 班主任自我管理的意义

在学校教育教学中,班主任自我管理具有非常重要的意义。班主任是教师中的特殊群体,是学校教育教学工作的直接实施者,是学校德育、班级管理工作的直接组织者,是连接教师与学生的桥梁,是维系学校与家庭的纽带。作为学校工作与学生的最直接的"亲密接触者",班主任在学校教育教学中发挥着重要作用,是学校教师队伍中的中坚力量。由于多重角色融于一身,班主任的工作庞杂、琐碎而繁重。而仅靠外部的、制度的管理,就会出现本章开头所描述的状况——班主任普遍会抱怨,会觉得烦心。因此,在学校管理中能够调动内在积极性的班主任自我管理愈发重要。社会在变,学生在变,班主任自身的思想、观念、行为等也在不知不觉中发生着改变,只有通过自我管理,班主任才能对自己、对周围的环境有一个理性的认识,才能够不断地建构自我,促进自我的可持续发展。在此基础上,才能够根据自己的特点,结合学生的特性,有效地开展班级管理工作,促进学生的发展。

从学校管理者的角度看,班主任自我管理突出了班主任的专业地位,始终把"人的发展"放在最重要的位置上,管理的内容从"事"转移到"人",管理的理念从"约束控制"转变为"促进发展",即通过各种有效途径引领和促进班主任专业成长,这是现代学校发展所必需的。

从班主任自身发展的角度看,班主任的自我管理是班主任提升自身专业化发展水平、促进自我成长的前提条件和重要内容。其中,班主任专业化是指教师通过学习、实践、研究、培训和反思,达到班主任专业水平的过程。这是一个动态的过程,是外部压力与个人努力相结合的成长过程。若没有外部条件的推动和促进,一个班主任很难得到有效的提高。但外界

[①] 李飞.自我管理——教师可持续发展的有效途径[J].教学与管理,2011(01):19—22.

再优越的条件和因素也要通过班主任自身内在系统的调节才能产生作用。班主任自身才是成长的主人,强大的内驱力是班主任专业发展的源泉。班主任只有在全面了解自我,自觉规划自身职业生涯,合理管理和监控自我发展的基础上,才能实现预定的专业发展目标,有效地实现自身的专业成长。而班主任坚定地走自主专业发展之路,不断地追求自我专业成长的过程,就是持续开展自我认识、自我激励、自我监控及自我完善,提升自我管理水平的过程。

三、班主任自我管理的内容

由于学术背景、研究切入点等不同,不同的研究者对自我管理的内容结构的观点也不尽相同,目前仍缺少一个为大家所广泛接受的、完善的自我管理内容结构模型。在自我管理构成维度方面,尽管大家基本认可自我管理是一个多维结构,但对到底包括哪些维度以及各维度的具体内涵还缺乏一致的看法。

索雷森(Thoresen)和马奥尼(Mahoney)以自我控制为切入点研究自我管理,提出了自我管理由自我观察、自我目标设定、线索化策略、自我强化、自我惩罚和练习六个维度构成。[①] 德鲁肯(Drucken)从自我认知的角度研究了自我管理,指出自我管理是在充分了解自身优势、价值观、行为方式和归属等的基础上,不断提升个人价值和为组织创造价值的过程。自我管理构成维度包括六个方面,即了解自身优势、了解自身行为方式、了解自身价值、了解自身归属、了解自己应该贡献什么及对关系负责。[②] 科恩(Cohen)采用实证分析的方法,通过问卷调查得到了自我管理的构成维度,它们是:练习、自我目标设定、自我批判、自我激励、自我期望、自我观察/评价。[③]

综合以上研究者的观点,我们认为,班主任的自我管理应该包括以下一些基本内容。

(1) 自我认识,即通过对自己性格、能力、所拥有资源等方面的全面审视,找出自己的优缺点和当前的需求状态,发现自己努力的方向。

(2) 自我目标设定,即在全面、正确的自我分析的基础上,明确自己的发展方向,将其具体化为行动目标,落实到某一个或一些动作的结果上。

(3) 自我资源管理,即调节好自己的身体状态、情绪及心理状态,协调好自身的各种社会关系、安排好自己的时间,以有效地实现预定的目标。

(4) 自我激励与自我监控,即通过反思,对有利于目标达成的行为进行自我奖励,体验到满足感;对与预期目标不一致的行为进行分析,修正预定目标或调整行为,以促进自身的发展和组织目标的实现。

---

① 杨廷钫,等.自我管理理论研究现状——基于组织行为学视角[J].科技管理研究,2009,29(06):560—563.
② 杨廷钫,等.自我管理理论研究现状——基于组织行为学视角[J].科技管理研究,2009,29(06):560—563.
③ 杨廷钫,等.自我管理理论研究现状——基于组织行为学视角[J].科技管理研究,2009,29(06):560—563.

第二节　班主任自我管理的途径

> **资料链接 12-1**
>
> 　　有人说，生命是一支队伍。缓慢的人发现队伍走得太快了，他就走出队伍；快步的人发现队伍走得太慢了，他也走出了队伍。名师常常要走出队伍，因为他们发现队伍走得过于缓慢，要走得快一点，那样才能发现更美的风景。他们相信自己，相信自己的理想，不放弃追求；相信自己的实力，不抛弃自己的奋斗；相信自己的个性，不轻易改变。但他们又不自恋，不沉溺于自我欣赏。他们不自我捆绑，不故步自封，常常有不适感和被追逐感，因而总是鼓足干劲，一直向前走去。自信，坚持了自我，不自恋，又抛却了"小我"；他们自信，不一味地羡慕别人、仰望别人、崇拜别人，不自恋，又总是向别人学习，总是跨越自己。
>
> 　　资料来源　成尚荣.生活在规律中的主人——谈名师成长的方式[J].人民教育，2009（09）：46—49.
>
> **? 思考并讨论**
> 名师的成长对你有什么启发？

无论是名师，还是优秀的班主任，他们的成长都源于对自我的正确认识、恰当定位，他们能有效地利用自身及周围的资源，积极地调控自我、超越自我，正是这种高效的自我管理成就了名师，成就了优秀的班主任。

一、班主任的自我认识

（一）自我认识的含义

"人贵有自知之明。"自我认识就是指人对自己及其与外界的关系的认识，主要包括自我感知、自我概念、自我评价等要素。自我感知是对自己外部特点的具体的认识；自我概念是对自己内部特征的抽象的认识；自我评价是对自己能力、品德、行为等方面的社会价值的评估，是通过与他人比较获得的对自己的判定，它最能代表一个人自我认识的水平。

正确的自我认识就是指一个人对自我的认识全面、客观，与自我的实际情况相符合。既能认识自己的外部特点，又能认识自己的内在素质；既能看到自己的优点，又能明白自己的不足；既能悦纳现实的自我，又能用发展的眼光，不断完善对自我的认识；不仅能全面认识自我的特点,还能认识到自我与社会、集体的关系。

(二) 自我认识的途径

要获得全面、正确的自我认识,一般可通过下面的一些途径来进行。

(1) 通过自我观察、自我反思认识自己。即在日常生活中对自己的外貌、风度和健康状况,自己在所生活的集体中的位置和作用,自己在公共生活中的举止表现及社会适应能力,自己的政治态度、道德水平、智力水平、能力、性格、兴趣、爱好、特长等方面进行反思,总结自己是一个什么样的人,找出自己的优点和缺点。

(2) 通过别人对自己的评价来认识自己。"不识庐山真面目,只缘身在此山中。"有时仅凭个人的力量,很难获得对自我全面而正确的认识,而周围人的态度和评价能帮助我们认识自己、了解自己。当然,对这些态度与评价,我们要做冷静的分析,既不能盲从,也不能忽视。

(3) 通过与他人比较来认识自己。他人是反映自我的镜子,与他人交往,在交往中与他人对事物的态度、言行进行比对,是个人获得自我认识的重要来源。当然,对比较对象、比较内容的选择等非常重要。

(三) 班主任的专业自我认识

自我是一个复杂、多维、动态的表现体系,是人和环境之间长期相互作用的结果。班主任要想形成正确的自我认识,不仅要认识自己在生理方面、心理方面及社会性方面的特点,更要对专业自我有一个正确的认识。

专业自我体现了班主任对自己从事的工作的接纳和肯定的心理倾向,包括班主任对自我角色、自我价值观、自我专业发展状况等方面的认识。

有人说:班主任是一个"社会工作者",是传授知识、开发智力、塑造个性的"灵魂工程师",是班级小社会的"引路人",是班级人际关系的"协调员",是班级学生进步的"阶梯"和成功的"欣赏者",是班集体创建活动的亲密的"合作者""参与者",更是学生心理健康的"指导者"。

还有人说:班主任是学校收钱的"机器",班主任是领导手中的一粒"棋子",班主任是"副科"老师眼中的"托儿",班主任是学生家长的"上访对象",班主任是学生心目中的"老黄牛"。

? 思考并讨论
你认为新时期班主任的角色是什么?

班主任对自身工作角色的认识是专业自我认识的关键。班主任的角色是多重的,班主任既要是一名优秀的教师,又要是学生德育的"首席执行官"。班主任是学生全面发展的指导者、促进者,学生道德行为的示范者,良好习惯的引领者,地位平等的对话者,心理问题的疏导者,班级教育活动的主要实施者,班级文化建设的引导者,各方面教育力量的协调者,学生发展的研究者,自身专业成长的研究者……班主任能否认识到自身角色的多重性及其意义,将直接影响班主任的专业自我状态,影响其工作感受、工作接纳与工作动机。

班主任的价值观是在日常的工作、学习、生活中逐渐形成的,是对是非、对错、善恶、美丑等的判断,其对个体的行动具有指导、约束、规范的作用。班主任要了解自己的价值观,特别是自身对教育、学生发展、教师与学生发展的关系等问题的看法,即自身的教育观、学生观、发展观、教师观。这些观念具有内隐性,需要班主任通过经常性的行为反思才能使之清晰化。此外,班主任也要了解学校的价值观,尽可能使自己的价值观与学校的价值观相容或者相似。

班主任要发现自己的专业优势与不足。班主任可以将自己的性格特征与新时期班主任的职业要求进行对照,从中找出自己哪方面适合做班主任,也可以对自己工作的成效进行反思,找到自己所擅长或不擅长的工作内容、适合的工作方式、学习方式,如自己更喜欢与他人合作还是单独一人工作、学习等。

班主任在工作中要通过各种方法形成全面、准确的自我认识。可经常反思自己:自己喜欢班主任工作吗?班主任工作的价值是什么?自己的重要性是什么?自己的专长是什么?自身哪些优势有利于这个工作的完成?有哪些特点不利于工作的开展?还有哪些工作可选择?……班主任也可通过与其他班主任进行比较来认识自我,与他人比较有助于班主任看到自身的优势与不足。当然,也要与自己比较。工作一段时间后,班主任可以反思一下现在的自己和前一段时间相比在哪些方面有了提高,哪些方面还有待发展。自我比较一方面可以强化班主任的自信心,另一方面也有利于班主任明确今后的发展方向。总之,班主任要通过经常的反思、比较,认清自己的优势与不足,强化自身的专业意向,形成积极的专业自我定位。

练一练 12-1

认识自我

1. 如果我们可以选择做动物,你最想做的是什么?写下它的名字,简要说说为什么。(这是一个简单的投射测验,你所选择的动物的个性往往就是你希望自己能够拥有的个性。)

2. 把一张白纸分成四份,具体如下:

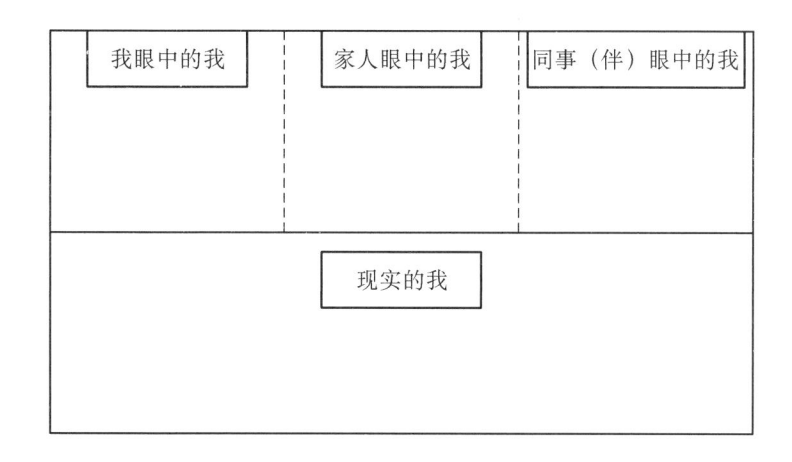

```
┌─────────────┬─────────────┬──────────────────┐
│  我眼中的我  │ 家人眼中的我 │ 同事（伴）眼中的我 │
├─────────────┴─────────────┴──────────────────┤
│                                              │
│                   现实的我                    │
│                                              │
└──────────────────────────────────────────────┘
```

其中的第一部分为"我眼中的我",即写出你对自我优缺点的认识,至少要写出五个优点。第二部分为"家人眼中的我",请你的家人写出你的优缺点(不要让他们看到你的自评)。第三个部分为"同事(伴)眼中的我",请你的同事、同伴写出你的优缺点(不要让他们看到前面的任何评价)。当三个部分都完成后,自己比较一下,再综合考虑各种评价,重新认识一下自己,在第四部分写下"现实的我"。

二、班主任自我专业发展规划的设计

近年来,随着教师专业化研究的不断深入,班主任专业化问题开始为大家所关注。长久以来,在很多人心目中,班主任与其他教师相比,除了"更加劳累、辛苦"外,似乎没有太大差别,是"人人能为"的工作。但现在人们逐步认识到：班主任工作是一个专业性很强的工作,没有经过系统专业学习的教师,是难以承担这个工作的。即便是有一定工作经验的班主任,如不能保持经常性的学习与研究,也难以积极有效地开展班主任工作。

班主任的专业发展是指班主任为适应当前工作需要,不断提升自身教育理念、完善自身专业道德、拓展自身专业知识、提高自身专业能力的过程。不断学习、实践、反思以促进自我专业发展已成为现代班主任自我管理的重要内容。

班主任的自我专业发展规划是班主任本人为自己的专业发展设计的蓝图。它可以为班主任的专业发展提供引导和监控,也能为班主任对自身专业发展的反思提供一个参照。自我专业发展规划是班主任自我管理的动力和源泉,有清晰的规划意识才有可能将自己的职业生涯变得丰盈而充实。

案例 12-2

班主任自我发展，须从自我规划开始

参加工作15年了，也做了近15年的班主任，始终不变的感受就是当老师就要做班主任，因为做班主任虽然累，但快乐着、幸福着。班主任是一个班集体的组织者、领导者和教育者，班主任工作是富有挑战性和创造性的工作，班主任必须摒弃因循守旧、循规蹈矩的教育思想，用智慧和爱心经营班级。多年以来，我一直希望自己成为一名"智慧、爱心型"的优秀班主任。教育智慧从哪里来？被誉为"中国的苏霍姆林斯基式的教师"的李镇西、教育改革家魏书生、为班主任支招的张万祥，以及全国"十佳"班主任之一的王立华老师为我们提供了答案，那就是要爱孩子，还要追求"专业化水平的自觉提高"，勤于读书，养成终身学习的习惯，不断从书籍中汲取营养，内化之后，运用到自己的班级管理实践中。曾有老师形象地描述：理论学习与实践反思是班主任专业自主发展的双翼，必须并驾齐驱。在阅读《小学班主任工作实务》第三单元后，我更加坚定了做"智慧、爱心型"班主任的目标，明白了成为一名"智慧、爱心型"班主任的主要途径。在专业道德上，要以学生为自己的生命；在专业知识上，要有先进的教育理念，储备教育科学知识；在专业能力上，要潜心研究，做教育研究的先行者；在专业文化上，要做教育理论的创生者；在专业智慧上，要做教育智慧的生发者。

现在，我主要凭借十几年来积累的管理经验完成班级管理工作，在应对学校提出的任务要求、学生习惯培养和基础道德养成方面走在了全校的前列，得到了领导、家长和学生的一致认可。但是，我不能创造性地教育学生和管理班级，不能机智地应对和解决班级中突发的特殊问题，班级管理还存在着"高耗低效"的不足。所以，我认为自己在专业成长方面，尚处在分化发展阶段。

现在，我所面临的主要问题是专业化程度低，理论储备不足，用理论指导实践的能力不够，反思提升的能力不强，尤其是不知道如何建构自己的班主任知识能力体系。为解决问题，提升自我，特制定以下发展规划。

一、认真进行管理反思，争做教育理论的创生者

为提升自己的管理反思能力，我准备做到以下两点：首先，我将搜集名师经典教育反思案例，总结其一般思路、写法和先进理念，并进行深刻分析，探究他们成功的深层次原因，并写出收获和反思，以此提高自己的理性认识，更新教育观念，改革教育方法，积累教育经验；其次，针对自己面临的问题，认真写好周反思和月反思，将反思和学习、工作结合起来，通过自己的教育实践与反思，增长才干，并争取每年至少有一篇教育反思在市级以上刊物上发表。

二、坚持写好教育管理日志，争做研究型班主任

撰写教育管理日志，在生活中寻找到有意义的生活细节，改进、重建自己的教育生活，有效反思自己成长的经验得失。首先，我将努力养成天天写教育日志的好习惯，记好自己的教育故事；其次，丰富自己的理论素养，提升自己发现、处理和筛选案例的能力；再次，注重案例交流，将自己的日志及时发到校园网上，实现教育生活经历的共享，运用互动和比较的方式来学习。每学期争取出一本个人管理日志集。

三、加强吸纳内化，争做学者型班主任

现阶段的孩子个性鲜明，班主任所面临的新问题、新矛盾越来越突出。这就要求班主任不断更新理念，以新的管理理念为指导，深入研究新时期学生的新特点，以新的管理方式来管理学生，让教育无痕。这就要求班主任要加强自主学习，而自主学习的最佳途径就是多读好书。李镇西老师认为：第一是读"专业性"书籍，如教育名著、教学专著、教育教学报刊等。第二是读"人文性"书籍。作为人类精神文明的传承者，除了认真阅读教育教学专业书以外，还要读一些政治、哲学、经济、历史、文学等方面的书，徜徉于人类精神文明的长廊。兼顾这两类书，才能均衡教师的职业营养。

首先，我将依据需要，本着"取法乎上"的原则，精选教育理论和班主任工作艺术书籍。歌德说："读一本好书，就是和许多高尚的人谈话。"今年我将读完《学校是一段旅程》《窗边的小豆豆》《夏山学校》《赏识你的孩子》《班主任之友》《给教师的一百条建议》《中国著名班主任德育思想录》《班主任创新工作100招》《班主任工作漫谈》等著作或杂志，认真向书本学习；其次，向网络学习，开阔视野，扩展信息面，重点浏览张万祥、李镇西等教育专家的博客；再次，向名师学习，我将积极参加教育局组织的教育专家、名师、知名班主任讲座，与专家零距离接触，领略教育专家的风范，感受他们先进的教育思想，体会他们的教育方法和策略，学习他们的教育艺术，提高自己的班主任工作素养。

四、潜心科研，争做教育的先行者

在报刊上读到魏书生、李镇西、张万祥等名师的名篇佳作，看到他们无痕的教育，我在羡慕赞叹的同时，总在自问：为什么我就做不到呢？苦苦地思索，我终于感到了自身的不足：我在对教育教学工作的认识水平、反思能力和理论素养等专业能力方面还很欠缺，这也是我做了15年班主任却依然凭经验管理班级、总是在一条水平线上徘徊的重要原因。突然顿悟，不禁汗颜！怎样提高自己的专业能力呢？除了上述提到的读书学习、实践反思以外，还应该通过教育科研

项目来实现。尽管我知道课题研究很难，但我认定：我可以以小课题研究来助推自我，促进自我发展，提升管理班级的能力。在研究过程中，要把每一个学生当作研究对象，把每一个难题当作课题，以研究的心态对待每一个学生，严格按照科学研究规律，紧密结合工作实际，选择研究内容和方法，制定切实可行的研究方案，科学地开展研究活动，从中发现班主任工作规律，创新班主任工作方法，提高自身素质，促进班主任工作的优化。

做个优秀的班主任，是我自我发展的目标。班主任专业化成长是一个没有止境的过程。而做优秀的"智慧、爱心型"的班主任，是我永远的追求。社会在不断前进，教育实践和教育理论在不断发展，优秀的班主任，需要保持着对教育的激情，永远地学习，不断地反思，在学习反思中提升教育的品质，在实践运用中丰富教育智慧。我坚信：我付出的或许只是一缕春风，但我得到的会是整个春天！

资料来源　董琨.班主任自我发展须从自我规划开始[EB/OL].(2019-08-06)[2021-10-08].http://www.bcedu.com.cn/bcjynews.asp?id=1590.

> **? 思考并讨论**
> 1. 你认为班主任自我专业发展规划应包括哪些内容？
> 2. 学完下面有关知识后，你认为这份班主任专业发展规划设计得如何？需要完善的地方有哪些？

研究者通过对优秀班主任成长案例的分析发现，班主任要想在工作中有所建树，就必须为自己的发展制定规划——包括专业成长目标与追求、预期效果、专业素养目标的细化、各成长阶段的设计、实施方案与策略等。这些发展规划不但可以促使班主任认真分析自我，促进其反思，而且可以使班主任有专业发展的紧迫感，另外，还能促使班主任不断寻找自己在班主任群体中的位置，不断激励自己。更重要的是，规划对班主任的发展起到了具体的指导和监控作用。[①]

班主任自我专业发展规划的制定一般要经过自我分析、环境分析、目标确立、策略拟定等环节。

（1）自我分析，全面充分地认识自己。即对自己的能力、兴趣、需要等个性因素进行全面的分析，充分认识自己的优势与劣势，明确自己的专业发展方向。处于不同发展阶段的班主任在自我分析上的要求是有区别的。初任班主任应能基本清楚自己当前的工作状况和能力，初步规划自己未来3—5年的发展方向；对于具有3—5年工作经验的班主任来说，

---

① 刘京翠,等.北京市中小学优秀班主任的成长轨迹与规律[J].中国德育,2015(14):10—18.

则要求能认识自己与过去相比取得的进步和存在的不足,与同事相比较存在的差距,找到自我更新的方向;对于骨干班主任来说,不仅要能够总结出过去的工作经验和成就,对其他班主任起到示范作用,而且要对自己当前工作中所存在的问题做出客观和理性的分析,并对前沿的问题有较为准确的把握。一般从事工作一段时间后,班主任会经历职业发展中的两个特殊时期——职业倦怠期和职业高原期。处于这两个时期的班主任要特别注意对自我的正确分析,并积极地进行自我调适,顺利度过这些时期,迈上专业化发展的新台阶。

> **资料链接 12-2**
>
> **职业倦怠期与职业高原期**
>
> 职业倦怠,指由于教师长期工作在压力的情境下,或由于工作中持续的疲劳及与他人相处中的各种矛盾、冲突而引起的挫折感加剧,最终导致在情绪、认知、行为等方面表现出精疲力竭、麻木不仁的高度精神疲劳和紧张状态。它属于一种非正常的行为心理,一般出现在职业生涯的第四年。教师职业倦怠的表现:疲劳、自我贬损、效能降低、出现不良行为症状等。
>
> 职业高原,指个体职业生涯进入某个阶段后,因个体获得进一步晋升的可能性较小而出现的发展缓慢或停滞现象。个体进入职业高原的时间有所不同,一般发生在职业成熟时期;持续的时间根据个人情况的差异也有所不同。职业高原对每个教师的意义是不同的,有的教师把它视为"挑战+机会",有的教师则认为是职业的终点。
>
> 资料来源 丁志强.试论教师专业发展与教师职业倦怠[J].教育与教学研究,2009,23(05):43—44.

(2) 环境分析,把握专业发展的方向。即收集专业发展的信息,抓住专业发展的机会。具体做法是:分析学校的目标和改进计划以及对班主任的要求;分析学生的需求及其成长对班主任的要求;平衡自身需求、学校需求和学生需求三者的关系。

(3) 目标确立,形成愿景。即要明确自己的发展方向和路径,明确期望达到的结果,综合考虑自己的个人特点和环境因素,确定现实的发展目标。目标可围绕班主任的专业理念、专业知识、专业能力等方面进行设定。目标包括长期目标和短期目标,其具体程度可因规划或计划的长远性差异而有所不同。越是短期目标越应当具体,长期规划中也应当包括较为具体的阶段性目标。

(4) 策略拟定,设计行动方案。目标一旦确定,就要考虑实现目标所要采取的由具体的措施和活动构成的行动方案。具体包括:根据自己的发展目标和各方面的条件,分析达到目标所需的资源,确定达到目标所需的特定专业发展内容,进而确定完成专业发展任务所要开展的活动,如班主任专业知识的阅读与学习、班主任专业能力的实践、班主任的专业反思等。

三、班主任的自我学习与自我调控

班主任的自我专业发展规划只是一个美好的发展蓝图,要将其转化为现实,离不开班主任的工作实践及在实践中的自我学习与自我调控。

案例 12-3

实践·反思·重构——优秀班主任专业成长路径的个案研究

班主任 A、B、D 的自我报告显示,他们的班级管理初始经验都来源于自己受教育的经历,即借鉴读中小学时自己班主任的经验。"比如,排座位、安排卫生、选拔班干部等都来源于自己的受教育经历,我的班主任当时是怎么做的,我就学着先来一遍,摸着石头过河,试看效果。"班主任 C 报告他的初始经验是通过向校内的老班主任请教而获得的。尽管 C 在大学里选修过管理学,但"依然不知'管理'为何物,幸好自己比较灵活,乐于接近其他前辈。所以,我急急忙忙向老班主任请教相关事项,确实对我'镇'住那个讲台帮助很大"。

A 的成长来自与一本书的相遇:"我的人生是比较幸运的。管理班级是个累活儿,一开始我按照自己的经验来,后来,我通过观察,向其他做得好的班主任学习。我比较内向,不爱开口问,但喜欢观察。我的转变来自一次偶然的际遇。有一次,我去同学家玩,他母亲是个高中班主任,家里放着一本魏书生写的《班主任工作漫谈》。我那时候还不知道魏书生是谁,随手一翻,就被里面关于班级管理的精彩内容吸引住了。他的'人人有事做,事事有人做',我觉得非常有道理,于是就按照这个原则和方法操作起来,做了一段时间后,我从中找到了乐趣。对照我以前的班级管理方法,我发现自己管得太死了,自己累,学生也累,只是表面看起来很好罢了。我想如果我轻松一些,学生快乐一些,班级管理成效更大一些,那不是更好吗?""通过十年的学习、摸索和修正,我已娴熟地掌控班级管理的各个流程,初步形成了自己班级管理的风格,学生和家长对此都比较认同。我现在不觉得班级管理是什么负担,而是觉得和学生在一起'有点爽'。你看,别人当班主任当得累,感叹待遇低,我还能到处做做讲座,把我管理班级的经验与广大一线班主任分享,这是一件多么快乐的事情啊。同时,做讲座还促进我不断思考、改进自己的方法。我看到其他地方的一些好做法就拿来用,又丰富了自己的做法。做好了再出去讲,形成了良性循环。"

B的班级管理是按部就班的,"我每天都按照学校的标准来做我的管理工作,不好,也不差。当然我的压力很大,我每天都盯着学校的评分黑板,每天都在紧张中度过。每个学期我最期待的事情就是放假"。B在自我报告中很少提及思考和反思,她更多的是按照上级的要求来做。只要一达到目标,她就会觉得很自在。至于对方法是否合理以及应当如何改善,她很少反思。

B的自我报告是:"我感觉有点倦怠了。刚开始那几年,我还是比较有激情的,但后来觉得学生越来越难管了,一届比一届不懂事。所以,我就觉得特别痛苦。好想只当一名任课老师,这对我来说是个梦想。"

C有偶然的反思,"我也会看看书,看书是我的爱好。我也知道李镇西、魏书生这些人,也会通过他们的做法来对照自己的做法,比一比。有比较才会有成长,有比较才会知道差距在哪儿。跟他们比,我的差距确实很大"。C在自我报告中谈到:"当时我还是有一些想法的,只是没有胆量付诸行动,挺可惜的。我也想过要做一名像李镇西那样既做得好,又总结得好,不断推陈出新的好班主任。但作为女教师,我要改革,会面临更多的压力。现在,我年龄大了,再来做,有些力不从心。"

D的专业成长最快,相较而言,她的实践路径更清晰:"我是一个很喜欢想办法的人,遇到一件事情,我会努力把事情处理好,而不是去想理论上是可行还是不可行。我相信理论是随着时代而改变的。刚开始,我的好多方法都来自老班主任,我会抓住一切机会向他们请教。大家在一起吃午餐的时候,我会向他们请教;课间操的时候,只要我发现哪个班的学生比我们班的学生到得早,我就会问这个班的班主任是怎么做到这一点的。同时,我喜欢验证从不同班主任那里得到的不同的方法,比较哪些方法更容易让学生接受,效果更好,哪些方法学生的接受度差些。慢慢地,我就形成了自己的一套班级管理方法了。"

资料来源 刘永存.实践·反思·重构:优秀班主任专业成长路径的个案研究[J].中小学管理,2014(06):37—39. 有删减。

? **思考并讨论**

为什么初始状态接近的四位老师后来的专业成长会出现差异?

(一) 自我学习

班主任的专业发展从本质上讲就是班主任通过自我学习而实现成长的过程。

自我学习是班主任主动建构自身的班主任理论性知识与实践性知识的过程。班主任的自我学习可以有很多途径。可以向书本学习，即通过广泛的阅读拓展自己的知识、丰富自己的精神世界，开阔视野，也可以向专家请教，通过与德育专家、有经验的骨干班主任交流，向其质疑问难，更好地把握德育的规律，少走弯路；还可以与同伴切磋，通过观察同事的行为，与同事探讨班级管理策略，以分享教育经验，拓展工作思路，提高工作技能；要向学生学习，他们的求知欲望、创新精神以及激情满怀、纯真烂漫的个性特征等都是值得班主任学习的；还要善于从自我的经验中学习，通过对自身行为的反思，发现工作中的不足，及时进行调整、改进，并在今后的工作中加以克服。

资料链接 12-3

班主任专业成长推荐书目

- 《苏霍姆林斯基选集（五卷本）》，[苏]苏霍姆林斯基（教育科学出版社 2001 年版）
- 《学校与社会·明日之学校》，[美]杜威（人民教育出版社 2005 年版）
- 《窗边的小豆豆》，[日]黑柳彻子（南海出版公司 2003 年版或 2011 年版）
- 《第 56 号教室的奇迹》，[美]雷夫·艾斯奎斯（中国城市出版社 2009 年版；光明日报出版社 2014 年版）
- 《遭遇问题学生——问题学生的教育与转化技巧》，万玮（中国轻工业出版社 2010 年版）
- 《孩子，把你的手给我》，[美]海姆·G·吉诺特（京华出版社 2010 年版）
- 《活出最乐观的自己》，[美]马丁·塞利格曼（万卷出版公司 2010 年版）
- 《教师生活与工作的质性研究》，[英]艾沃·古德森（教育科学出版社 2013 年版）
- 《我的教育视界》，窦桂梅（华东师范大学出版社 2013 年版）
- 《教育魅力》，于漪（华东师范大学出版社 2013 年版）
- 《静悄悄的革命——课堂改变，学校就会改变》，[日]佐藤学（教育科学出版社 2014 年版）
- 《关心：伦理和道德教育的女性路径（第二版）》，[美]内尔·诺丁斯（北京大学出版社 2014 年版）
- 《我这样做班主任：李镇西 30 年班级管理精华》，李镇西（漓江出版社 2012 年版）
- 《听，学生在说：故事里的教育心理学》，赵希斌（华东师范大学出版社 2015 年版）

- 《美国人心中最好的老师——2005—2014年美国国家年度教师透视》，胡乐乐编译（中国人民大学出版社2015年版）
- 《为未知而教，为未来而学》，[美]戴维·珀金斯（浙江人民出版社2015年版）
- 《正思维、正能量和正教育——魅力班主任的幸福教育生活》，钱碧玉（中国轻工业出版社2016年版）
- 《为了自由呼吸的教育》，李希贵（教育科学出版社2017年版）
- 《教育科学与儿童心理学》，[瑞士]让·皮亚杰（教育科学出版社2018年版）
- 《学会思考：会思考的孩子有更好的未来》，洪兰（光明日报出版社2018年版）
- 《爱的极简法则》，[英]理查德·泰普勒（人民邮电出版社2018年版）
- 《实现自我：神经症与人的成长》，[美]卡伦·霍妮（中国人民大学出版社2018年版）
- 《未来的学校——基础教育革新建议》，[法]让-米歇尔·布朗盖（教育科学出版社2018年版）
- 《核心素养十讲》，钟启泉（福建教育出版社2018年版）
- 《教师自我突围的秘诀：36位名师的专业成长经验》，汪瑞林（华东师范大学出版社2019年版）
- 《班主任微创意：59招让班级管理脑洞大开》，吴小霞（华东师范大学出版社2018年版）
- 《学校变革，我们一起来！——教育引导者的12种角色》，[美]R·布鲁斯·威廉姆斯（教育科学出版社2018年版）
- 《教师情感表达与师生关系构建操作手册（小学教师卷）》，刘胡权（北京师范大学出版社2018年版）
- 《我的教育故事》，于永正（上海教育出版社2018年版）
- 《跨学科的项目化学习："4+1"课程实践手册》，张悦颖、夏雪梅（教育科学出版社2018年版）
- 《幸福的科学：积极心理学在教育中的应用》，曾光、赵昱鲲等（人民邮电出版社2018年版）
- 《少年江湖——校园欺凌的预防和应对》，宗春山（华东师范大学出版社2018年版）
- 《关键改变：如何实现自我蜕变》，[美]科里·帕特森等（机械工业出版社2018年版）
- 《觉者为师——好教师成长之新境》，任勇（华东师范大学出版社2019年版）

- 《教育的情调》,[加]马克斯·范梅南、李树英(教育科学出版社2019年版)
- 《不让一个孩子受伤害》,[美]埃利奥特·阿伦森(华东师范大学出版社2019年版)
- 《做更好的教师：教育怎样发挥作用》,[美]伊丽莎白·格林(华东师范大学出版社2018年版)
- 《班主任工作思维导图》,陈宇(教育科学出版社2019年版)
- 《思维影响教育——给教师88个批判式思考》,徐明(华东师范大学出版社2019年版)
- 《一辈子只做班主任》,张万祥(华东师范大学出版社2019年版)
- 《掌控习惯》,[美]詹姆斯·克利尔(北京联合出版公司2019年版)
- 《反思的爱：看见自己,看见孩子》,[加]雷吉娜·帕利(中国轻工业出版社2019年版)
- 《园丁与木匠》,[美]艾莉森·高普尼克(浙江人民出版社2019年版)
- 《慢煮生活》,汪曾祺(江苏凤凰文艺出版社2017年版)
- 《聪明的笨小孩：如何帮助孩子克服阅读障碍》,[美]萨莉·施威茨(北京师范大学出版社2019年版)

班主任在自我学习中要养成勤于思考、勤于动手的习惯,及时对自己学习的过程、感悟进行记录,定期总结,以提升对班主任工作的认识,提高自己的专业水平。

某特级教师对反思与写作的认识：

反思的最有效方式是把反思落实在文字上……形成文字的过程,是与自己对话、跟自己诉说、和自己谈心的过程,渐渐地,养成了过内心生活的习惯……用文字记录自己的实践,给日渐贫瘠的心灵以丰富温暖的慰藉,给平淡无奇的日子以清新亮丽的感动。

资料来源　成尚荣.生活在规律中的主人——谈名师成长的方式[J].人民教育,2009(09)：46—49.

思考并讨论

你是如何看待班主任撰写教育案例、教育故事或教育反思的？这位特级教师的观点对你有何启示？

(二) 自我协调

自我协调是指班主任能有效地调整自我,使自我的身心关系以及自身与环境的关系得以协调发展。自我协调一般可通过自我激励、压力管理、时间管理等得以实现。

1. 自我激励

自我激励是指激发自己的行为动机,从而使自己产生一种积极向上、超越自我的心理历程。自我激励可以让人看到自身的积极方面、自我的价值,并勇敢、充满自信地面对生活中的各种挑战。班主任的自我激励来自班主任对自身专业角色的正确认识,积极的心态,乐观向上、奋发进取的个性。懂得自我激励的班主任会永远保持一颗年轻的心,对事业充满激情,对学生满含期待,每时每刻体验着快乐与幸福,而不至于未老先衰、牢骚满怀、怨声载道。

2. 压力管理

班主任的日常工作繁重,且具有情境性、复杂性、不可预见性,加之社会、家长对班主任工作的高期待,或班主任自身较高的自我实现需求等,都会使班主任在工作中承受较大的压力。有关压力及其后果的研究表明,如果一个人长期处于高度压力状态,会降低工作效率,影响人的认知,同时,由于自主神经系统长期处于高度紧张状态,会阻碍免疫系统功能,影响内分泌与激素的协调,从而诱发各种生理、心理疾病。面临同样的压力,有些教师能化压力为动力,积极应对,创造性地解决各种问题和矛盾,出色地完成工作任务,保持着健康的心态。相反,有些教师或无所适从、怨声载道,或疲于应付,出现了各种心理问题,抗压能力不足。

资料链接 12-4

教师在教学活动中情绪管理存在的问题

根据相关数据显示,大部分的教师在情绪管理方面都是有较大提升空间的,主要表现为对消极心理的回避态度。其中九成的教师表示,他们可以非常清醒地认识到自己情绪不佳或者情绪疏导不良,但是在情绪管理中,有七成的教师表示从未向外界寻求专业人士的帮助,有五成的教师表明他们无法完全及时地进行情绪管理,还有一成的教师表示他们完全不会管理情绪,任其自由发展。

班主任在教育教学活动中面临诸多压力,如不能合理应对,将引发情绪问题,影响工作效率,影响师生关系,也会影响自己的心理健康。因此,能应对压力,做好情绪管理是班主任的重要素质。情绪管理不是简单的压抑、控制自己的情绪,而是要在正确理解情绪、体察接纳自身真实情绪的基础上,掌握调适不良情绪的有效方法与技巧,让自己成为情绪的主人,让"平和、仁爱、喜悦"等主导情绪成为日常工作、生活的基调。班主任要通过各种方式做到劳逸结合、放松自己。可以通过娱乐活动,如唱歌、听音乐、看表演、与朋友聚会等方式,也可以通过适量的文体活动,如下棋、登山、游泳、旅游、学书法等方式,或通过一些专业的心理放松技术,如正念、冥想、入静、生物反馈、催眠等方式,清除肌肉和神经的紧张,调节情绪,从而使自己能更好地工作和生活。

资料来源　魏娴.教师如何提升情绪管理[J].智库时代,2019(52):103—105.

练一练 12-2

情绪管理的小窍门

1. 保持积极的情绪

每天早上对着镜子做微笑练习;

用热情的声音告诉自己"今天不错哦!"

2. 认识、接纳、体察自己的消极情绪

感到生气/烦恼/伤心的时候,承认、接纳它,并表达出来(以不会带来严重后果的形式);

暂时让自己离开会使自己产生消极情绪的事物/人/场景等,如实在不能离开,试试转身—深呼吸—告诉自己要平静—微笑—再转身面对。

3. 培养一种稳定的兴趣

4. 向亲密的人宣泄(以较为合理的方式)

5. 养成健康的生活方式

3. 时间管理

? 思考并讨论

被誉为"美国时间管理之父"的阿兰·拉金(Alan Lakein)说:"有时候,慢些比快些好。"你是怎样理解这句话的?

很多班主任都觉得自己的时间不够用,每天都很忙,可却看不到自己付出后的"回报"。究其原因,主要是时间管理不善。造成时间浪费的因素有很多,包括缺少计划、缺乏重点、重复工作、犹豫不决、缺少授权、信息不足或材料储备无条理、交际过多、能力有限、缺乏耐心等。班主任要认真分析自己浪费时间的原因,有针对性地采取措施来改善时间管理。时间管理的策略主要有:使自己的工作有计划、有重点,将事务按轻重缓急排序,合理安排每件事的时间,让自己"时时有事做,事事有时做";对一些无关紧要的事情要学会说"不";培养自己做事果断、不拖拉、不半途而废的个性品质;教学资料、日常用品要整理有序;等等。需要注意的是,时间管理的最终目的是增加可支配的个人时间和休闲时间,而不是让自己变成工作机器。

(三) 自我控制

自我控制是指班主任自我矫正自身发展中的偏离和错误,从而使自我发展的计划得以最终实现或得以适时调整。

自我控制是实施自我管理的保障环节。由于在自我管理目标的实现过程中往往有很多干扰和破坏因素,班主任必须以自己设计的目标为指导,适时监控总体目标与分目标的实现进度,对有利于自我管理目标实现的因素加以保持,对有害于自我管理目标实现的因素予以排除和遏制。班主任的自我控制体现在:在工作中能够克服各种困难,想方设法实现预定的目标;不受外界环境影响,坚持自己正确的行为;对难以实现的目标果断进行修订;不断给自己提出新目标,实现自我超越。班主任对自己的教育教学行为自我控制的水平越高,越能促进班主任自身的专业发展。因此,班主任只有在实践中不断地修炼自己,相信自己的理想而不放弃追求,相信自己的实力而不抛弃奋斗,相信自己的个性而不自恋,才能真正实现自我管理,彰显自身的价值。

视野扩展

在"班主任专业成长推荐书目"中至少选择一本进行阅读,写下书评或读后感,并与他人交流或争取发表。

实践探究

1. 在全面自我分析的基础上,给自己设计一份班主任专业发展规划。
2. 在自己的学习和工作中尝试进行时间管理和情绪管理。

我的思考与收获